证据科学技术译丛/丛书主编：李玉基　郑志祥/丛书主审：魏克强　郭武

Environmental Forensics Fundamentals
— A Practical Guide

环境法医学基础
——实践指南

〔美〕I. G. 彼得里绍尔（Ioana Gloria Petrisor）　著

郑志祥　宋俊密　**主译**

吕康乐　任书芳　**主审**

甘肃省证据科学技术研究与应用重点实验室　**组译**

科学出版社
北京

图字：01-2024-5194 号

内 容 简 介

本书由环境法医学领域的资深专家 Ioana G. Petrisor 博士撰写，是一部全面深入的环境法医学实践指南。本书旨在为环境科学家、工程师、法律专业人士以及对环境法医学感兴趣的读者提供一本实用的参考资料。全书分为三个主要部分，涵盖了环境法医学的证据、技术与实际应用，以及该领域的挑战与对策。

本书不仅适合环境科学、法律、工程等领域的专业人士阅读，也适合对环境问题有深刻认识和兴趣的普通读者。

图书在版编目（CIP）数据

环境法医学基础：实践指南 ／（美）I. G. 彼得里绍尔（Ioana Gloria Petrisor）著 ；郑志祥，宋俊密主译 ；甘肃省证据科学技术研究与应用重点实验室组译. 北京：科学出版社，2024. 11. --（证据科学技术译丛 ／ 李玉基，郑志祥主编）. -- ISBN 978-7-03-080284-2

Ⅰ. D912.604

中国国家版本馆 CIP 数据核字第 20242AL133 号

责任编辑：谭宏宇 ／ 责任校对：周思梦
责任印制：黄晓鸣 ／ 封面设计：殷 靓

科学出版社 出版

北京东黄城根北街 16 号
邮政编码：100717
http://www.sciencep.com

南京展望文化发展有限公司排版
上海锦佳印刷有限公司印刷
科学出版社发行　各地新华书店经销

*

2024 年 11 月第 一 版　开本：B5(710×1000)
2024 年 11 月第一次印刷　印张：22 1/2
字数：384 000

定价：180.00 元
（如有印装质量问题，我社负责调换）

　　证据科学技术译丛为甘肃省一流学科——证据科学学科建设特色成果之一。本书的翻译和出版得到了甘肃省高等学校产业支撑计划项目(2020C‑32)和甘肃省重点人才项目(2022RCXM085)的支持。

丛书序

　　证据是"以审判为中心的刑事诉讼制度改革"的核心要素。证据科学是研究证据采集、物证鉴定、证据规则、证据解释与评价的一门证据法学与自然科学的交叉学科，其理论体系与应用研究是一个具有创新性和挑战性的世界性课题。证据科学是发现犯罪、证实犯罪的重要手段，是维护司法公正和公平正义的有力武器之一。随着科学技术的迅速发展和我国法治化进程的快速推进，我国证据科学技术研究、学科发展和人才培养取得了长足发展，国内专家也已出版多部证据科学技术领域的著作，并形成了一套相对完善的证据科学理论和方法体系。然而，相对欧美等国家对证据科学的研究和应用，我国对于证据科学的研究仍处于起步阶段，对国外证据科学体系了解相对欠缺，在一定程度上限制了我国证据科学技术与国际前沿的有效衔接。为顺应学科交叉融合发展和司法实践需要，甘肃省证据科学技术研究与应用重点实验室以甘肃省级一流学科"证据科学"为依托，历时三年完成"证据科学技术译丛"系列丛书的编译工作，为我国证据科学技术注入了国外血液，有力推动了我国证据科学技术的发展与实践应用。

　　该译丛遴选了国外证据科学技术领域最前沿或影响力较大（多次再版）的经典著作，其内容涵盖了犯罪现场勘查技术、血迹模拟技术、枪伤法庭科学技术、文件检验技术、毒品调查技术、反恐程序与技术、火灾现场证据解读技术、网络及数字取证与调查技术、指纹技术、法医植物学、法医微生物学、法医毒理学、法医病理学、爆炸物识别调查与处理技术、法医影像技术、法医人类学、毒品物证信息解读技术、犯罪现场毛发和纤维、爆炸物和化学武器鉴定技术、法医埋葬学土壤分析技术、环境物证及犯罪心理学技术等多个领域。该译丛是我国第一套证据科学技术领域的译著，是一套对物证信息解读技术研究与应用及我国法庭科学/司法鉴定高层次专业人才培养和科学研究工作非常有价值的国外参考资料，对推动我国证据科学学科发展、法学与自然科学的深度交叉融合发展具有十分重要的意义。该译丛汇集了领域多位知名专家学者的集体智慧,可供广大法庭科学/司法鉴定从业人员和相关研究人员借鉴和参考。

中国工程院院士,法医毒物分析学家

2023 年 1 月 16 日

译者前言

在这个环境污染日益严峻的时代,环境法医学作为一门科学,不仅承载着揭示环境真相的使命,更是维护环境正义的重要工具。呈现在读者面前的这本书,是一本深入探讨环境法医学基础与实践的专业著作。《环境法医学基础——实践指南》这本书,由 Ioana G. Petrisor 博士倾注多年研究成果与实践经验所著,为我们提供了一本全面深入的环境法医学指南。环境法医学,作为一门交叉学科,它融合了法律、化学、生物学、地质学等多个领域的知识,致力于解决环境污染问题,揭示污染源,评估污染责任,并为环境修复提供科学依据。

Ioana G. Petrisor 博士的这部著作,以其丰富的案例分析、严谨的科学态度和前瞻性的研究视角,为我们展现了环境法医学的全貌。从证据的获取到技术的应用,从挑战的应对到策略的制定,书中的每一部分都是作者深思熟虑的成果。我们希望通过我们的翻译,能够让更多的中文读者了解并掌握这门科学,共同为环境保护事业贡献力量。

作为译者,我们深感荣幸能将这部作品介绍给中文读者,在翻译这本书的过程中,我们深感责任重大。环境法医学不仅是一门科学,更是一种追求环境正义的艺术。本书的作者 Ioana G. Petrisor 博士,通过其丰富的学术背景和实践经验,向我们展示了环境法医学的多维度视角和深层次思考。她对环境法医学的热爱和对科学的执着追求,贯穿于全书的每一个章节。翻译工作是一项细致且充满挑战的任务。我们力求保持原著的准确性和权威性,同时也努力使语言流畅、易于理解。在翻译过程中,我们特别注重专业术语的准确性,以确保传达作者的原意,并为中文读者提供可靠的参考。

本书不仅适合环境科学、法律、工程等领域的专业人士阅读,也适合对环境问题有深刻认识和兴趣的普通读者。我们希望这本书能够成为中国读者了解和学习环境法医学的重要资源,为中国的环境法治建设和生态文明建设作出贡献。

　　本书的翻译工作由郑志祥和宋俊密共同完成,其中第六章和第三部分由宋俊密完成,字数合计 12.3 万字。

　　在翻译本书过程中,我们得到了许多同行和专家的帮助与支持。在此,我们对他们表示衷心的感谢,特别要感谢司法鉴定科与研究院的沈敏教授对本书翻译的指导及西北师范大学的张克辉博士为本书翻译作出的贡献。最后,感谢科学出版社和所有参与本书翻译、编辑、校对的工作人员,没有他们的辛勤工作,这本书的中文译本不可能如此顺利完成。同时,我们也希望读者能够提出宝贵的意见和建议,帮助我们不断提高翻译质量。让我们一起翻开这本书,探索环境法医学的奥秘,为我们共同的家园——地球,贡献出自己的一份力量。

"Our fingerprints don't fade from the lives we touch!"

("Remember Me" movie, 2010)

"我们的指纹不会从我们接触过的生命中消失!"

影片《勿忘我》

To my husband Adrian and to my parents Maria-Viorica and Ioan

... whose fingerprints touched my life and have shaped me into who I am!

敬我的丈夫艾德里安,敬我的父母玛丽亚-维奥丽卡和伊恩

……他的指纹触动了我的生活,成就了现在的我!

序 言

Lorne G. Everett, Ph.D., D.Sc.

　　从一些像罗马尼亚这样遥远的国家开始,并在美国做出出色的环保事业,这是很少能有机会看到的,更不用说参与其中了。这不禁令我想起了我的职业生涯,它开始于加拿大,正是通过一些非常出色的专业书籍,才实现了突飞猛进的发展。这本由 Ioana Petrisor 博士编写的环境法医学著作,它注定会非常畅销,因为它不仅具有极高的专业价值,更是倾注了 Petrisor 博士对环境法医学的热爱。

　　这是一本内容翔实、参考价值极高的书籍,其中部分内容源自 Petrisor 博士的最初研究,当时她还是一名做博士后的生物化学家,在佛罗里达州立大学(FSU)国际合作环境研究所进行美国能源部的相关项目研究工作。也正是在这里,作为美国海军设施工程服务中心国家碳氢化合物试验场计划成员的我,第一次见到了 Petrisor 博士。我应邀参加了美国能源部在 FSU 主办的国际遏制技术会议与培训。她在植物修复和植物重金属提取方面的工作引起了美国能源部研究界的极大兴趣,也为她在本书中深入探讨树轮的指纹鉴定专题奠定了基础。

　　我对 Petrisor 博士的印象非常深刻,因此我热情地推荐她加入洛杉矶南加州大学 Teh Fu Yen 博士的团队。Yen 博士可以说是美国"最优秀的碳氢化合物化学家"。在 Yen 博士的实验室工作期间,Petrisor 博士进一步发展了她创新的修复方法,加深了她对污染物在地下环境中的归宿(去向)和迁移的理解,并在石油和氯化碳氢化合物的指纹鉴定领域有了更深的造诣。她与 Yen 博士合作的尖端技术为本书的碳氢化合物指纹鉴定和手性指纹鉴定章节奠定了基础。随后,Petrisor 博士在 DPRA、Cardno ENTRIX 以及 Haley & Aldrich 等公司工作,努力提高自己的法医技能。在与 Petrisor 博士合作处理多个案件期间,我见证了她在取证和庭审技能方面的卓越贡献。一位陪审团顾问指出,她是他在证人席上见过的最优秀的专家,因为在法庭上,Petrisor 博士了解到哪些法医学技术能给非专业陪审团留下最深刻的印象。她将自己的法庭经验和生物化学见解提炼成对法医学技术和法医学策略的理解,这些在书中都有清晰的体现。

对于这本法医学著作来说,最重要的或许是 Petrisor 博士作为《环境法医学杂志》(*Environmental Forensics Journal*)主编所积累的深厚经验。该杂志是一份国际性季刊,由同行评审,提供科学研究,探讨环境污染的来源、归宿(去向)、迁移和生态影响,并从化学特征、生物影响、责任方和法律后果等方面对污染进行描述。Petrisor 博士每周都能目睹环境法医学技术在国际上的发展,她的专业论文评述在环境法医学技术领域享有盛誉。她对这份环境法医学领域的国际期刊非常熟悉,这使得她在介绍每种法医学技术时,不仅可以引出每种技术的经典参考文献,而且还能够列出用于改进和巩固她所提出的法医学技术的最新参考信息。虽然这本书源于 Petrisor 博士对其科学研究的热爱,但更重要的是,这本书代表了当前环境法医学技术的国际水准。

如果我没有提到 Petrisor 博士那充足积极的干劲,就太失职了,她不仅能够如饥似渴地评估大量文件和数据,而且能够比我见过的任何人都更快地得出专业解释和辩护方案。她的这本书所基于的结构也许可以确定她是如何保持这种强度的。正如《犯罪现场调查》(*CSI*)电视剧曾三次成为国际电视剧榜首一样,Petrisor 博士也以同样的魅力和热情对待书中的每个案例和每项技术,以得出辩护案例。

前面提到 Agatha Christie 的作品,这不仅对 Petrisor 博士,更是对所有那些喜欢通过法医学技术解决神秘悬疑故事的读者来说,都极具象征意义。这些复杂的技术交织在一起,就像 Agatha Christie 小说中的犯罪现场调查情节一样,让读者有机会满怀热情和期待地阅读这本环境法医学著作。

非常荣幸以及高兴地向您推荐这本最先进的环境法医学著作。

免责声明

本书通篇未透露现场名称和具体细节,因为这些名称和细节与案例研究的演示目的无关。除了学习和获取对环境法医学领域的挑战与对策的策略理解之外,任何人都不得将各种案例研究中提供的信息用于任何其他目的。

所提供的信息和证据链仅是作者根据自己的理解得出的观点,并不一定意味着这些观点和证据链已在法律或监管方面得到认可。

本书中的任何解释、观点和建议都反映了作者的观点(基于个人经历、知识和引用的出版物),在此仅作说明之用。

本书中介绍的与各种案例研究相关的对策和解释可能无法直接适用于其他现场和案例的研究,即使它们很相似或属于同一类问题。每个现场都应根据其历史背景进行单独评估。每个法医学调查人员都有责任根据自己的知识、经验,以及对具体现场的历史和分析数据的全面评估,做出个人的解释和结论。

请注意,本书中的解释和观点是在详细研究了历史文件、其他可用数据和证据链(针对每个案例)之后得出的。由于本书旨在作为快速学习的实用指南,因此不会在有限的篇幅内描述得特别详细。

本书第三部分对每个案例研究的简要描述只是为了传达与法医学目的相关的主要概念和发现,并不意味着是全面的。由于每个案例研究都有许多具体的方面和细节,因此不可能在此描述与每个现场有关的每一个特征。这本书的目的是通过作者对"全局"的认识和理解,提供精选的相关信息(法医学调查简要说明)。最终的目的是指出问题所在,并使读者掌握足够的知识和策略制定方法,以独立应对环境法医学领域的挑战。

前　言

为什么要阅读本书?

我相信,任何一个被《犯罪现场调查》(*Crime Scene Investigation*, *CSI*)电视剧所吸引以及重视我们生态环境的人都会对本书有兴趣。

同样,如果你是一名环境专业人士,想专门研究环境法医学中使用的某些法医工具(如同位素检测或树木取芯分析),或只是想了解法医学技术带来的机遇,本书将为你提供所需的全部信息。

我相信,本书所包含的信息能够让任何专业的人士(无论是科学家、工程师、律师、监理还是一线操作人员)获得相关的知识和理解,从而在环境法医学这一令人兴奋的领域开展业务,而无须花费大量时间翻阅成千上万的相关信息。本书提供了相关的指南、足够的细节与示例,以及对真实和假设案例的研究与要点,以指导读者了解环境法医学这一具有挑战性的领域。此外,本书还向读者传授了我在这一领域多年研究和实践后所掌握的关键知识和策略制定方法。

我记得,当我开始从事环境法医学工作时,我得到了几本厚厚的教科书和许多文献。在过去的几年里,我成功将这些信息以及一些额外的信息全部进行了阅读。我现在意识到,如果能有一本指南类的书籍,一以贯之地介绍迄今为止的主要法医学技术,并提供关键应用和有选择性的参考信息,使读者能够从单一来源学习基础知识,那将是多么有用。现在,我相信这本书正好达到了这个目的。

此外,作为一名期刊编辑和该领域的讲师,我意识到向读者和学生传授制定策略所需的指南和概念是多么重要。考虑到这一点,我注意到许多常见的法医学难题都可以归纳为某些主要类型,需要采取特定的策略。通常情况下,专业人士会发布案例研究,但不会按问题类型归纳案例。本书不仅介绍了案例研究,还介绍了一些常见的法医学问题类型和应遵循的策略。当然,还有其他类型的问题没有包括在这里,但我相信书中列出的都是最常见的问题。

我坚信,环境法医学不仅令人兴奋,而且对于确保地球和我们所有人的健康非常有必要。

什么是环境法医学?

环境法医学是一个不断发展的科学领域,它结合了侦探小说的刺激、法庭的严谨和前沿科学的创新,以解决"环境犯罪"问题。与人类犯罪相比,针对我们环境的犯罪有时会被忽视,被认为不那么有趣和重要,但它们可能会在不知不觉中影响我们所有人。受影响的不仅是我们自然环境的美观,还有可能影响我们的健康以及自然资源,最终影响我们留给子孙后代的遗产。毕竟,地球只有一个,在人类找到其他太空家园之前,我们应该尽力保护我们的地球。环境犯罪是现代人类社会最棘手的问题之一,环境法医学在识别和预防此类犯罪以及确保责任方所需的环境恢复作出应有贡献方面发挥着关键作用。

我希望读者能够像我一样,对这一不断发展的科学领域感到兴奋。但是,究竟什么是环境法医学呢? 一般来说,法医学是指根据留下的痕迹重建过去的事件。具体来说,环境法医学侧重于重建过去的污染事件,以及污染物排放到环境中的相关归宿(去向)和迁移。因此,环境法医学的"谜题"可以用在受污染现场经常提出的几个基本问题来描述:

- 谁污染了环境?
- 污染发生的时间和方式?
- 如果确定了责任方,他们各自的责任有多大?

为了回答这些问题,环境法医学利用了各种科学调查技术,通常称为"指纹鉴定"技术。因此,环境法医学利用指纹鉴定技术来揭示存在的污染是如何到达检测现场的、污染源是什么或污染是何时排放的。法医学调查可能会发现同一现场存在相同或不同化学药品的多次排放,这通常需要对已确定的每一次排放进行责任分配。当不同的责任方(潜在责任方,potentially responsible parties,PRPs)在不同时间对同一现场排放污染物时,或者当多个责任方排放的污染物混入同一个羽流中时,责任分配就变得尤为重要。因此,环境法医学调查员的职责就是解决这些错综复杂的环境难题,为诉讼和非诉讼情况提供充分的证据。

环境法医学有哪些具体应用?

谈到法医学,人们不可避免地会想到犯罪现场,环境法医学也是如此。环境法医学一般被认为是利用科学的方法解决环境犯罪引起的法律纠纷。环境犯罪一词则一般是指任何有意或无意在环境中排放污染物的行为。

除了在解决环境纠纷方面的"经典"应用(如诉讼支持)外,环境法医学还在法庭之外的常规环境现场调查中加以应用。这是因为环境法医学技术是许多环境相关问题(如受污染现场的特征描述和修复设计)的重要工具。将环境法医学纳入定期现场评估和修复调查具有以下优势:

- 通过使用适当的修复限值,极大节省场地修复成本。环境法医学可以根据背景污染值和潜在的场外贡献确定具体现场的修复限值,并获得监管部门的批准(另见本书第三部分的案例研究7.1)。
- 通过针对具体来源和排放类型进行更好的修复设计,实现有效的长期修复。这一点不足为奇,因为法医学调查的目的是找到"罪魁祸首"(污染源),而污染源并不总是显而易见的;有报告称,在经过多年修复后,污染突然加剧,原因是常规现场检测发现了额外或持续的污染源。
- 为接受自然衰减等"绿色"修复替代方法提供令人信服的直接证据,从而消除徒劳无益、成本高昂的主动修复替代方法[例如,同位素证据在证明监测自然衰减(monitored natural attenuation, MNA)是可行的现场修复替代方法方面具有决定性作用]。
- 通过最准确的现场特征描述以及对污染物归宿(去向)和迁移机制的了解,开发可靠的现场概念模型。
- 通过采用适当的修复设计,有可能缩短修复时间。
- 在证据丢失或发生重大变化之前收集足够的证据,消除或最大限度地减少未来遭受法律索赔的可能性。环境法医学调查提供了宝贵的信息,可用于今后的任何纠纷,以推翻未经证实的索赔。
- 通过对由多家保险公司承保过的污染现场进行年代测定,为保险索赔提供可靠的证据。保险索赔需要对污染进行可靠的年代测定,以便找到当时承保的保险公司。
- 通过早期识别未来潜在的责任类型问题,预防与土地交易相关的损失。

对于本书可以期待什么?

本书为有兴趣学习环境法医学或只是想了解法医学在环境中的应用、CSI类型的环境故事问题以及如何解决这些问题的任何人(可能需要具备基本的科学知识,尤其是化学、生物和地质学领域的知识)提供了一本通俗易懂、条理清晰的指南。

　　这本书主要是为现代社会中那些比较忙碌的人编写的,许多地方刻意进行了简化。本书旨在提供概念和指南,使读者在无须查阅大量信息的情况下,能够理解各种法医学技术和应用,并在这一领域进行实践。从这个角度来看,尽管该领域的科学文献(包括教科书和文章)越来越多,但本书填补了这一块的空白。需要注意的是,我特意收录了一些关键的参考文献,只是为了以最有效的方式就某些主题提供更深入的信息。

　　本书包含与环境法医学证据、技术和实际应用相关的信息。无论是一般信息还是具体信息,都以通俗易懂、易于使用的方式呈现,它们主要分为三个部分:

- 第一部分涉及证据。法医学调查通过寻找关键证据来解决环境难题。正是这些证据——那些被忽视的重要小痕迹——提供了线索,帮助揭示了真相。这就是为什么本书强调证据及其在法医学调查和法庭诉讼中的作用。此外,这本书还提供了常见的法医学概念和获取可靠证据的要点。

- 第二部分介绍了环境法医学调查技术的最新进展。为了便于理解和学习,这里涉及的每项技术的信息都是经过精心挑选和组织。此外,还包括分步实践指南(一般在"方法步骤"部分),方便读者在实践中应用该技术。此外,还包括主要局限性、后续建议和要点以及应用示例(假设示例以及文献中或本人参与的真实案例),并有条理地提供信息,不涉及过多科学细节。对于那些有兴趣了解关于具体问题或技术更多细节的人,他们可以根据提供的部分重要参考文献来进一步研究。

- 第三部分涉及策略制定。通过我参与的真实案例分析,对几类常见的环境法医学问题进行了策略性的讨论和举例说明。每个案例分析都以"故事"的形式呈现。所选案例涵盖了大量法医学场景和污染物,以及各种法医学方法。该部分说明了"真实世界"中的法医学难题是如何利用在第二部分中讲到的技术来处理并最终解决的。此外,该部分还包含一些关键性的评论,为类似案件提供有用信息,并传达从每个故事中汲取的"经验教训"。

　　最重要的,所提供的信息将作为一种指南,帮助读者了解和选择适当的法医学技术,以解决环境和法律难题,并获取可靠证据。

环境法医学为何令人着迷?

　　我们今天的环境是人类活动长期复杂叠加的结果。

我对悬疑和侦探小说的着迷要从我第一次读 Agatha Christie 的小说说起，那部小说名为《无人生还》(*And Then There Were None*)，它是世界上最畅销的悬疑小说之一，也是有史以来第七大最受欢迎的小说。这个故事描述了一个完美的犯罪，讲述了一桩悬而未决的罪行，但却被保存在一个漂流瓶里……这条信息是罪犯自己写的，他希望全世界都能对他的罪行感到惊叹。故事引人入胜，最后以罪犯和受害者立场的戏剧性转换达到高潮。对我来说，这是我人生中阅读的第一本推理小说，它不仅激发了我阅读推理小说的强烈热情，还点燃了我解开谜团的强烈愿望。

我意识到，任何谜团都有线索，任何行动都会留下痕迹，它们即证据。即使是 Christie 笔下最完美的悬案，也存在蛛丝马迹：漂流瓶里的信息，使我们有可能揭开整个耐人寻味的故事。

有了这些想法，我开始整理思路，确定工具，然后对其进行检测、应用和改进，以解决越来越多的悬疑故事。我练习得越多，识别线索和解开谜团的能力就越强。我还注意到，如果我想象出自己的短篇推理小说，我就会创建一个架构来检测我的推理工具效率，其原理是在实地应用之前，在实验室对新产品（如新的药剂或污染环境的修复试剂）进行检测。例如，我创建了自己的思考法则，用于解决复杂的谜题，它包括 10 个步骤，我至今仍忘不了这个法则。现在，我很高兴与各位读者分享这些步骤，因为对我来说，它们被证明在解谜过程中非常有用，而且可能适用于任何类型的犯罪——与人类或环境有关的犯罪。

解谜步骤：

1. 从以下方面收集可用信息：

　　a. 故事——仔细阅读故事；

　　b. 其他相关信息——从故事本身以外的来源获取有用信息。

2. 仔细检查所得信息的准确性和细节。

3. 建立对"全局"的掌控——梳理（记录并整理）所有信息（证据），包括：

　　a. 客观信息——辨别并记录所有无可争议的事实；

　　b. 主观信息——确认并整合所有"推测"信息。

4. 找出线索和漏洞，例如：

　　a. 相关信息；

　　b. "不合适的细节"——与一般事实不符的数据；

　　c. 不寻常的、出乎意料的数据、细节、人物反应，它们可以提供一些要点；

  d. 缺失的信息和数据。

5. 确定"嫌疑人"并假设：

  a. 将事实和线索联系起来，得出故事的结局；

  b. 始终考虑其他情况。

6. 填补数据空白（如有必要）：

  a. 收集更多证据（样本、分析、数据处理等）；

  b. 与嫌疑人及相关人员进行面谈；

  c. 获取更多相关信息（根据已确定的嫌疑人或假设）。

7. 根据线索和所有数据信息检验各种假设：

  a. 考虑理论情况下："如果我是……，我会怎么做？"

  b. 考虑其他类似案件以及从过去案件中吸取的教训；

  c. 从全局出发，解读不恰当的细节。

8. 解谜——选择"可能性大于非可能性"的假设。

9. 记录经验教训和"解谜策略"，以帮助解决未来的谜题。

10. 记录并整理信息（案例和发现），以便日后快速参考。

这些步骤不仅有助于解开谜团，还让我明白了一个道理：

"学习是对知识的梳理！"

  多年来，悬疑故事的吸引力，加上对父母的深深钦佩，以及像父母（都是科学家）一样每天学习和发现新事物的渴望，激励着我成为一名科学家。然而，我当时并不知道，除了研究和发现之外，有一天我会成为一名"侦探"，调查真正的"环境之谜"。换句话说，我很幸运能够运用自己的解谜技能以及科学知识和经验，解决现实世界中与最大的环境犯罪——污染有关的环境谜团。

  你们现在可能已经明白，我为自己是一名调查环境污染事件的科学家而感到自豪，调查的主要目的是查明是谁造成的，以及何时和如何发生的。而且，由于在"法医学"调查过程中获得的知识能够更好地修复现场，我认为我所做的工作最终将为更绿色、更环保的环境作出贡献。

  如果此时此刻，您仍然想知道是什么让我的工作如此令人兴奋，那么我的答案就是：环境法医学调查——与经典的侦探小说类似，环境法医学调查也是从犯罪（故意或意外污染事件）和众多嫌疑人（潜在责任方）开始的。调查通过线索和先进的科学技术来确定责任方（源头）并提供证据。换句话说，法医学调查通过揭示过去（有时是几十年甚至几百年前）发生的事件来纠正错误。之所以能够做到这一点,是因为各个科学领域的进步提供了尖端的技术,使我们能够回到过去,根据留下的证据重建环境污染事件。

　　总之,这就是我对环境法医学的看法,也是我自豪并热衷于称自己为环境法医学家或"环境侦探"的原因。能够有机会应用尖端科学,发现新事物,最终实现更环保、更可持续的明天,这种解谜的满足感使我对环境法医学着迷。我希望,您读完这本书后,也能对环境法医学产生热爱。

Ioana G. Petrisor 博士

致　谢

感谢我所有优秀的同事和导师，在 Cardno ENTRIX、Haley & Aldrich、DPRA/Zymax Forensics、南加州大学、佛罗里达州立大学、昆士兰大学、雅典国立技术大学和罗马尼亚科学院生物研究所工作的这些年里，我很享受与你们一起工作和学习的每一段时光。

感谢 Haley & Aldrich 和 DPRA/Zymax Forensics 的同事们，本书中的一些案例研究是与你们合作完成的。

尤其感谢 L. Everett & Associates 公司的 Lorne Everett 博士和 James Wells 博士，你们的信任、鼓励以及帮助使我成为一名环境法医学专家。在与你们的团队合作过程中，我学到了很多东西。还要感谢 L. Everett & Associates 公司的 Jorge Matos 先生以及 Haley & Aldrich 公司的 Helder Costa 先生和 Jeroen Leroy 先生，感谢你们对本书中一些说明材料的贡献。

感谢 DPRA 的 Robert Morrison 博士，是您将我带入了令人兴奋的环境法医学领域，您永远是我的良师益友和学习榜样。您一直鼓励我撰写一本关于环境法医学的书籍。

感谢加利福尼亚州圣迭戈市 Caufield & James 事务所的 Jeffrey Caufield 先生，我曾与您合作开展过一些具有挑战性的诉讼项目，其中包括本书中的一个案例研究。

感谢法国巴黎的 Yvan Razafindatandra 先生，我与您合作完成了所介绍的几个案例研究，您也曾鼓励我去撰写一本书。

感谢巴黎国际环境组织的 Chris Balouet 博士，是您将我带入了令人惊叹的树轮生态学（树轮指纹鉴定）领域，与您合作，我学到了许多与树木证据相关的有用和有趣的知识。

感谢 Zymax Forensics 公司的 Alan Jeffrey 博士，感谢您多年来的指导和建议，以及您对本书中一些说明材料的帮助，在此表示衷心的感谢。

感谢 RJ Lee 实验室的 Stephen Kennedy 博士,感谢您对本书部分说明材料的帮助。

感谢 AEHS 基金会的 Paul Kostecki 博士对我的信任和支持。此外,您还为我提供了开展环境法医学在线课程的机会(我通过 AEHS 基金会讲授该课程),这为我撰写本书提供了额外的动力。

感谢许多同事和同行,你们给了我鼓励,并为我提供了有益的意见,帮助我改进了本书。特别感谢 L. Everett & Associates 的 Lorne Everett 博士;萨凡纳河国家实验室的 Anna Knox;Haley & Aldrich 的 Helder Costa;ENVIRON 的 Manuel Dekermanjian 博士;Resources & Systems International 的 Ashok Katyal 博士;加拿大环境部的 Zhendi Wang 博士、巴西 Instituto Geral de Pericias 的 Cristina Barazzetti Barbieri 博士、中国台湾弘光科技大学的 G. C. Fang 教授以及希腊克里特技术大学的 Kostas Komnitsas 教授。感谢你们对本书部分内容的评审。

衷心感谢本书的出版商 Taylor & Francis/CRC Press,感谢你们对本书内容的信任。我在 Taylor & Francis 共事过的每个人都非常乐于助人,而且非常专业。特别感谢 Laurie Schlags 女士和 Joseph Clements 先生,你们一路上给予了我极大的支持和鼓励。

感谢支持本书所述工作并相信我有能力开展有效调查的各位客户。

最后,感谢我的丈夫 Adrian Petrisor 以及我的父母 Maria Viorica 和 Ioan Lazar,感谢你们始终无条件的信任和支持!

感谢所有人。你们在我的事业和生活中留下了足迹。

Ioana G. Petrisor 博士

《环境法医学杂志》主编

AEHS 基金会和 NWETC 讲师

环境顾问

美国加利福尼亚州圣迭戈

电子邮箱:Environmental.Forensics@ gmail.com

联系电话:619-318-3574

目 录

第一部分 证 据

第二部分 技 术

第三部分　挑战与对策

引言：环境法医学
——超越法律纠纷领域的科学

过于仁慈……往往导致更多的罪行，这些罪行对无辜的受害者来说是致命的，如果正义放在第一位，仁慈放在第二位，他们就不必成为受害者。

——Agatha Christie

I.1 法医学和环境科学领域的环境法医学

环境法医学的重点是根据遗留的证据重建过去的污染事件（例如，测定环境污染物的来源和年代，分配污染责任）。法医学证据是通过一系列技术获得的，首先是历史文件的审查，最后可能是先进科学检测技术的应用。环境法医学检测技术一般使用指纹鉴定这一通用术语。与凶杀案件或其他犯罪案件中用来鉴定罪犯的指纹类似，污染物指纹也是用来鉴定污染源或最终要赔偿损失的责任方。与刑事法医学一样，司法和法律系统在这一过程中发挥着重要作用。通常情况下，提起诉讼后，通过环境法医学研究获得的证据将用于诉讼支持。不过，与刑事法医学不同，环境法医学也有许多不涉及法律诉讼或纠纷的应用，如污染现场的调查和修复（见序言中的讨论）。虽然这些非法律应用在不断增加，但刑事法医学与环境法医学之间的联系显而易见，并将继续影响着环境法医学，使其独树一帜。

显然，环境法医学应被纳入环境科学和法医学的范畴。然而，环境法医学调查有一些明显的具体目标和特殊性。这就是为什么必须事先确定环境法医学调查在更大的环境和法医学研究领域中的地位。关于法医学的更多信息，推荐参考 Brettell 等人的综述（Brettell et al.，2009）。

总之，环境法医学与环境科学和法医学相比，既有相似之处，也有不同之处。

这些特征见表 I.1。例如,与环境科学相比,环境法医学更进一步,不仅要调查现场存在哪些污染以及污染程度,还要调查所发现的污染是如何产生的。

表 I.1   法医学与环境科学:共性与区别

学科	定义/目标	共性特征 (调查方法)	区别特征 (调查对象/有待回答的问题)
一般法医学	根据遗留的证据重建历史事件 最终目的是解决法律纠纷和提供科学证据		根据现有证据调查各种历史事件发生了什么?何时以及如何发生的?谁该对此负责?
考古法医学	重建历史事件、行为模式,确定历史遗址和事件的年代 其最终目的是获取有助于重现消逝文明历史的证据		调查古代文明 发生了什么?何时以及如何发生的?为什么会发生?这意味着什么?
刑事法医学	根据对犯罪现场的证据研究,重建犯罪过程并找出罪犯 最终目的是获得辩护性的证据,以便在法庭上将罪犯绳之以法	利用科学技术和原理来研究获取证据	调查犯罪过程以及罪犯,通常不涉及污染物,但可能涉及 DNA 和其他指纹鉴定技术 谁干的?何时以及如何发生的?
环境法医学	根据对现有证据(历史证据和实验证据)的研究,重建污染事件,确定污染物的来源和年代,以及污染物的归宿(去向)和迁移 最终目标是获得辩护性的证据,以解决环境纠纷和责任分配	一切以证据为基础	调查: ● 污染源 ● 污染年代 ● 多个污染方之间的责任分配 是谁造成的?何时以及如何造成的?是如何迁移的?
一般环境科学	研究环境污染物及其对自然、生态栖息地和人类的影响 最终目标是设计出高效且具有成本效益的预防和修复系统,以恢复环境并保护人类健康	一切以证据为基础	调查环境污染物的现有模式(如污染物的类型、浓度、位置),以确定对人类和环境的风险,并设计有效的修复措施 污染物都有什么,是如何表现的?

通常情况下,法医学调查员会利用与现场有关的全部现有信息,从现场历史、航空摄影和与现场一线作业人员的访谈开始,同时利用任何现有的现场操作和环境监测数据来建立独立的证据链。在某些情况下,可能会进行额外的指纹鉴定类检测。

I.2   刑事法医学与环境法医学

虽然刑事法医学和环境法医学是两个不同的领域,但它们有一些主要的共同点。即它们都是由"犯罪"引发的;它们都使用科学的调查方法来识别和确认责任方;最终,它们都确保正义得到伸张,以补偿受损方并恢复秩序。

这两个法医学领域的区别主要在于"犯罪"的类型，包括犯罪手段。刑事法医学适用于人类犯罪，而环境法医学则指"环境犯罪"，即环境污染事件。

因此，环境犯罪的直接和主要受体是环境（包括土壤、空气、地表水以及地下水）。然而，在许多情况下，环境既不是唯一的受体，也不是最终的受体。这是因为生态系统和人类在接触受污染的环境时可能会最终受到影响。正是这种影响人类健康和生态系统的潜力，使得环境犯罪的"长期"重要性与任何其他犯罪相当，甚至更高。对人类、生态系统和自然资源造成的破坏性以及长期影响，可能会威胁到我们的未来。因此，亟须认识惩处环境犯罪的重要性以及发展合适的环境法医工具方法。

各种法医学和环境法医学领域的一个共同点是证据——这也是这些研究的最终目标。

调查任何事情都需要证据。证据是法医学和环境科学的核心。虽然证据是一个共同特征，但法医学研究和环境研究的证据类型和调查细节是不同的。环境科学一般研究的是现在外面有什么，以及外面的东西如何影响我们和环境。法医学则不仅要调查外面有什么，还要调查外面的东西是怎么来的，什么时候来的。因此，环境法医学可被视为连接环境科学和法医学的"桥梁"。

I.3　为什么要关注环境污染？

虽然环境犯罪的直接目标是环境，但也可能引发重大的附带损害，对人类和其他生物造成潜在的严重后果。因此，人们不应被蒙蔽，以为环境犯罪在某种程度上不如其他犯罪重要或对我们的影响很小。相反，根据其严重程度和规模，环境犯罪可能包括对人类和生态系统的各种短期和长期负面影响。这些负面影响除了可能对环境造成长期破坏，对受影响地区的经济造成严重影响外，还可能严重损害人类和动物的健康，甚至导致死亡。

因食用受污染的食物（如受污染的鱼类）而导致人类死亡的大规模中毒事件是环境犯罪中复杂急性的"典型"示例。然而，尽管这些急性接触事件可能非常惊人并广为人知，但它们并不常见，因为在日常活动中长期暴露于低污染水平（持续时间较长）的情况可能更常见，这可能会对更多人造成长期影响，并可能对健康造成严重后果。最棘手的是，这种后果很多时候与环境污染无关，环境污染通常仍是一个"隐蔽且未被考虑的问题"，例如，长期接触某些化学品或污染物,即使是低浓度的,也可能导致或助长日后各种癌症的发生。日常接触可能是通过简单的机制,例如在不知情的情况下呼吸受污染的空气或饮用受污染的水源,就像污染羽流位于住宅下方,且污染物具有挥发性(会变成气体,通过土壤孔隙和房屋地基向上扩散,侵入住宅室内空气),这种情况就可能发生在我们的家中。这种接触机制的危险之处在于,它们可能被忽视,并可能在家中或办公室中对人们造成日常影响。根据污染类型的不同,即使是我们的感官无法察觉的低浓度污染,也可能长期对人体造成危害。

此外,污染可能会耗尽地球上有限的自然资源(如饮用水源、农业用地和住宅区),并且对于这个我们无偿开发和享受的蓝色星球,还可能损害它为我们提供美丽自然奇观的能力。

鉴于上述原因,我们必须防止环境污染,并对已经受到污染的环境进行处理。此外,我们还需要为任何新的意外排放做好准备。环境法医学为了解污染物排放后的情况提供了必要的工具,从而设计出适当的修复方案。此外,环境法医工具还能确定责任方,以确保为昂贵的修复计划提供充足的资金。

I.4　谁可能从本书中受益?

本书可能会吸引任何有志于解开"环境之谜"和迈向更环保、更可持续未来的人,并且有些读者可能会发现其中的信息对他们的相关活动特别有用。表 I.2 列出了可从本书所述信息中受益的具体职业。

表 I.2　环境法医学的主要相关专业应用

主要应用	案　　　例	主要相关专业人员
涉及环境污染或受污染人群的法律纠纷	在环境诉讼案件中提供有关污染源特征、污染程度或责任分配的证据,例如,可能涉及 ● 多个污染源责任方的诉讼 ● 有毒物质侵害(受污染人群对污染源责任方提起诉讼) ● 自然资源损害赔偿(通常是州政府和市政府就自然资源损害提起诉讼) ● 来源不明或有争议的海洋油品泄漏事件 ● 国家或国际空气污染问题	环境律师和法官 潜在责任方(如制造公司、采矿和冶炼厂、铸造厂、化工公司、石化公司和炼油厂、废物处理和运输、垃圾填埋场、干洗店、开发商、建筑公司)的环境管理人员 监管机构成员 可提供专家证人证词或诉讼支持的环境顾问和大学教授

续　表

主要应用	案　　例	主要相关专业人员
保险索赔和保险诉讼	• 提供与污染排放事件发生时间相关的证据，以便根据现场的保险合同和政策向保险机构追讨修复费用；通常，这适用于因排放而触发保单的情况 • 提供与污染排放特征相关的证据，以证明保险合同中规定了某些类型污染物排放的承保范围 • 评定受污染地下水羽流向场外迁移的紧迫性 • 确定损害是否是"有意造成的"（例如，通过比较设备的操作和历史废弃物处置的操作） • 当多个污染责任方分担修复成本时，确保公平的成本分担；否则，可能会对政策覆盖范围产生争议	保险公司员工 环境顾问 环境律师 投保公司的环境经理
土地交易	买方委托进行的环境法医学研究： • 在尽职调查期间为现场特征的描述提供有价值的工具和适当的证据，最大限度地减少买方未来可能承担的责任 • 提供适当证据，估算受污染土地交易的现场修复成本 卖方委托进行的环境法医学研究： • 当发现污染时，法医学调查可能会发现潜在的其他责任方	环境律师 开发商/承包商 买方/卖方 环境顾问（进行尽职调查）
用于修复设计的现场特征描述	• 提供准确的工具，用于确定所有污染源、污染途径以及修复工作应针对的具体污染源→建立现场概念模型	环境顾问 工程师 现场运营商/业主以及修复产品供应商的环境经理
确定具体场地的修复限值	• 提供正确的调查工具，以确定背景值（例如，在位于采矿区或自然金属含量较高地区的场地进行金属修复时，金属的背景值应作为场地修复限值，无论其是否高于监管健康的限值）	环境顾问 环境律师 监管机构和市政当局的科学家和管理人员 工业现场运营商的环境管理人员
防止或尽量减少未来的债务	• 获取法医监测数据（例如，在选定的相关样本中） • 对现场处理的产物进行法医定性，提供具体的相关指纹鉴定，以便于确定和解决未来可能的索赔 • 详细记录各种操作和意外情况	环境顾问 工业现场运营商的环境经理 环境律师 工业现场业主/运营商

　　此外，我们还强烈建议学术界的教授和学生（学习科学或法律的）参考本书。环境法医学既令人兴奋，又非常有意义；希望这本书能为世界各地制定环境法医学的教学计划提供帮助。

作者简介

Ioana G. Petrisor 博士是一位在学术界和业界拥有 20 多年经验的生物化学家，专门从事环境法医和诉讼支持工作。她曾应用多种法医学技术追踪环境污染物的来源和年代。Petrisor 博士曾在加利福尼亚州法院的多起案件中担任专家证人，为环境污染的归宿（去向）和迁移以及污染源头和污染时间作证。她还在加利福尼亚州圣迭戈提供环境顾问的服务。

Petrisor 博士是《环境法医学杂志》的主编，也是该期刊的科学带头人，能够了解最新的前沿研究动态。她拥有丰富的出版经验，包括 1 项发明专利、6 本著作、70 多篇研究和综述文章、12 篇述评和 3 份技术指南。Petrisor 博士经常应邀在国内和国际会议及科学会议上做报告，并定期举办专业的研讨会和讲习班。

作为环境健康与科学协会（AEHS）基金会和环境、外联与管理（EOS）联盟的讲师，Petrisor 博士同时在线上和线下讲授环境法医学课程。她目前正在开发一项关于环境法医学的认证项目。

Petrisor 博士曾为美国能源部（DOE）、美国国防部（DOD）和欧洲共同体管理和开展有关环境特征描述的创新研究，以及开展针对土壤、水生沉积物和水中各种污染物的创新修复技术的开发。她根据实验室和试点规模的数据设计成功开展了实地应用。

Petrisor 博士拥有罗马尼亚科学院生物化学（环境生物技术专业）博士学位和罗马尼亚布加勒斯特大学化学（生物化学专业）学士学位。她的博士论文侧重于环境特征的描述、评估以及针对采矿作业产生的重金属开发创新生物修复技术，该项目由欧盟资助（在罗马尼亚科学院生物研究所和雅典国立技术大学开展研究）。1999 年，她在澳大利亚布里斯班昆士兰大学完成了联合国教育、科学及文化组织（UNESCO）的植物分子遗传学培训项目。

第一部分

证　　据

环境法医学证据

犸罪行为是非常容易暴露的。你的品位、习惯、心态，以及你的精神状态，都会从你的行为中显露出来。

—Agatha Christie

《无人生还》

1.1 "痕 迹" 证 据

每一次的接触都会留下痕迹。正如 Agatha Christie 所指出的，犯罪是由导致犯罪的各种行为本身所揭示的。这是因为任何行为都会涉及某种类型的接触，从而留下痕迹。换句话说，我们都听说过"没有完美的犯罪"。这一切都需要找到能揭示真相的"蛛丝马迹"，即法律术语中的证据。因此，生成的痕迹提供了法律诉讼中绝对需要的实际证据，没有这些证据，即使罪犯有罪，也可能永远不会被指控犯罪。这就是为什么必须确定用于生成犯罪证据的痕迹。

此外，由于导致犯罪的行为至少会产生一种痕迹，因此破案的关键是找到能揭示犯罪的痕迹。不过，顾名思义，痕迹不易察觉，因为它涉及的东西数量很少，通常是隐蔽的或不太明显的。因此，要找到并揭示痕迹，通常需要仔细检查犯罪现场，查阅全面的文件信息，并使用通过实验手段的"指纹鉴定"技术。

痕迹类型：对于大多数犯罪而言，痕迹可分为以下几大类：

1. 有形实体：一般指属于罪犯或与罪犯有关的物品（如罪犯衣服上的小布片、掉落的发绳、血迹、抽了一半的香烟以及衬衫纽扣等掉落的私人物品）；

2. 由罪犯的出现及行为导致的环境变化（如玻璃杯或桌子上留下的指纹、花园泥土上的脚印以及地面或墙壁上的划痕等）；

3. 与罪犯具体行为特征有关的行为变化，换句话说，也就是 Agatha Christie

所说的"品味、习惯、心态和精神状态"。这些具体特征可能会影响导致犯罪的行为类型,重建的行为可以反向用于揭示罪犯的性格,这对于在众多嫌疑人中识别罪犯至关重要。

简而言之,证据在案件侦破中发挥着核心作用。证据不仅有助于重建过去的犯罪事件,而且能够将罪犯绳之以法并追回损失。没有证据,一切都只能停留在猜测层面。

获得可靠和相关的证据非常关键,是任何法医学调查的最终目标,这也是证据发挥核心作用的原因。

对痕迹证据及其作用的讨论适用于任何类型的法医学调查,包括本书研究的环境法医学。到目前为止,我们的讨论还比较笼统,因为从我们熟悉的人类刑事调查入手,更容易理解各种原理和一般概念是如何扩展到环境领域的。

1.2 环境法医学证据

现在是通往过去的钥匙。

——James Hutton

苏格兰地质学家(1726—1797 年)

原则上,解开任何谜团的关键都在于识别和追踪证据。这些证据可能产生于数年、数十年甚至数百年前,即使仍然存在,也可能很难找到,但检测和实验可以帮助揭示很久以前发生的事情。此外,根据前面对现代地质学"鼻祖"James Hutton的引文,可以认为了解事物的行为方式能够用来揭示过去在类似环境中发生的事情。

环境法医学可以追踪环境中的污染物,以调查是谁造成了污染物的排放,以及排放的时间和方式。因此,就环境法医学而言,主要证据类型通常是指前面列出的前两类(有形实体和环境变化)。虽然行为证据在解决环境之谜或"犯罪"方面也可能发挥重要作用,尤其是在怀疑存在蓄意污染的情况下,但这类证据在普通环境法医学调查中使用较少,不属于本书的讨论范畴。本书所讨论的文献和指纹鉴定技术主要是指关于有形实体和环境变化的痕迹证据。

表 1.1 列出了适用于环境法医学案例研究的两大类科学证据(以痕迹为代表),以及可用于揭示各种痕迹和获取可靠证据的主要法医学技术。以下是对表 1.1 的使用要点:

表 1.1 环境法医学证据的主要类型和调查技术

主要证据类型	揭示痕迹/证据的示例	适用的环境法医学技术	法医学原理
"实物"证据	记录在案的排放/泄漏 使用的原材料 废物流 现场特征和作业 偶发事件(如爆炸、火灾、翻新、维修、泄漏、施工) 周边现场和作业	历史文件审查	寻找和调查污染事件的原因,作为揭示痕迹
	变色或受影响的土壤 污染物泄漏 浮油污染 现场特征和作业 化学品储存 场外潜在污染源 历史监测数据 建筑物	历史航空摄影审查/照片判读、数字成像和制图 历史文件审查	重要说明: ● 通常情况下,原因包括排放的污染物本身、污染物混合物、与相关污染物一起排放的化学品以及排放后在环境中形成的降解产物 ● 记录在案的排放或潜在排放迹象也可被视为"实物"证据
	原始污染源的特征和环境中的持久性污染物(类型和数量)	化学指纹鉴定(如全面化学指纹鉴定和手性指纹鉴定技术),如生物标记物、多氯联苯(PCB)同类物	
	混合物中污染物以及污染物及其降解产物的模式(类型和数量)和相关性	化学指纹鉴定:比值分析/相关性分析 统计分析	
	存在与主要污染物相关且为具体来源所特有的化学物质(有助于追踪主要污染物的来源)	标志化合物	
	由一种以上(稳定)同位素元素组成的污染物同位素组分	同位素指纹鉴定(整体、化合物特异性或位点特异性同位素指纹鉴定)	
	土壤或灰尘中与目标污染物相关的颗粒和矿物的大小、形状和化学组分	矿物指纹鉴定	
	土壤、水或空气(环境、室内、土壤气体)中时空分布模式的污染物浓度	地球化学指纹鉴定 数据可视化 传输建模	
"变化"证据	地下水中的痕量大气污染物	大气示踪剂(例如,用于地下水年代测定)	寻找和调查污染物的影响作为揭示痕迹 要点说明: ● 这可能会对微生物、植物/树木或受污染介质本身产生影响
	由于暴露树木吸收污染物,树木生长年轮的宽度和化学组分发生变化	树轮指纹鉴定(树轮生态学)	
	受污染环境(土壤或水)中微生物群落 DNA 组分的变化	DNA 指纹鉴定	

- 揭示痕迹的示例包括在使用某种调查技术时应注意的事项。

- 虽然一项法医学研究可能只用一种调查技术就能解决,但一般建议至少使用两种不同的技术,并对结果进行比较,这是为了提供独立的证据链,对于一个辩护案例,独立的证据链应该指向相同的结论。但如果情况并非如此,则应使用其他法医学技术开展进一步调查,并修改结论或工作假设。需要注意的是,单项法医学技术不一定总是作为独立的证据链使用,在某些情况下,它们是相互依存的,本书在后面将对此进行讨论。

- 污染物留下的痕迹或影响可能会长期存在,而污染物本身则从排放的那一刻起就开始发生变化。

- 对树木年代的树轮指纹鉴定可追溯到数千年前。

- 历史航空摄影审查通常适用于任何案件,并应构成环境法医学调查的第一步。在某些情况下,这些技术提供的证据可能足以破案,而无须通过各种指纹鉴定和其他法医学技术进行进一步的检测。

- 同一现场(同一总体区域)的同类污染的连续排放可通过历史审查或树轮指纹鉴定技术加以解决。因为没有其他法医学技术可以提供证据来区分同一现场在不同时间排放的同类污染物。

- 在所有法医学调查中,对污染物的归宿(去向)和迁移进行详细分析有助于解释历史数据和实验数据,并得出可靠的结论。因此,这种分析应在法医学调查的初始阶段进行。在解释相关信息时,应牢记污染物的物理化学特性如何影响其在具体环境中的迁移。

1.3　环境法医学中的"理想"证据

"理想"的证据不仅要能解开环境之谜,而且要在审判法庭上能够辩护(相关且可靠),易于解释,并能通过成本低廉、易于应用且广泛使用的技术来获得。此外,特别是在与法庭有关的应用中,证据应该直观明了、易于沟通。表1.2揭示了理想证据的主要特征(易于沟通的特征除外,因为这主要适用于法庭应用)。虽然在实际情况中可能永远无法获得真正的理想证据,但理想特征的数量越多,证据就会被认为越完美、越合理。表1.2中提到的理想特征可以为具体案件选择最佳的法医学技术提供帮助。

表 1.2 环境法医学中的理想证据特征(检测证据)

理想特征	解 释	意 义	符合要求的证据示例
具体到原始来源——高度通用	揭示原始来源的"特征",并应明确与具体来源相关联的证据	用于来源鉴定的准确辩护证据	同位素指纹 某些化学指纹(如生物标记物和手性指纹) 标志化合物 矿物指纹/DNA 指纹
在时间上持久一致	在一段时间内(污染物排放后)不应发生变化或变化不大的证据	提高适用性和辩护性	树轮指纹 标志化合物 某些化学指纹(如生物标记物)
普遍适用	能在任何环境(水、土壤、空气)和任何条件(如极端条件)下进行追踪的证据	提高适用性	化学指纹(包括手性指纹和标志化合物) 同位素指纹 DNA 指纹 污染物迁移模型
不受污染物存在与否的影响	即使原始污染物已经消失,仍有可能被恢复的证据	提高适用性	DNA 指纹 树轮指纹
只需通过标准化方法进行监测	应使用科学界公布和接受的标准方法(已知误差率)来提供法庭可接受辩护的证据	降低成本,提高法医代表性和辩护性	化学指纹 同位素指纹/地球化学指纹 树轮指纹
以可预测的方式变化	理想的证据不应发生变化;然而,当发生变化时,如果变化是可预测的,证据仍可用于法医	提高年代测定的准确性和应用性	化学指纹 同位素指纹/地球化学指纹 大气示踪剂
可在混合物中区分	当一个现场存在多个来源的混合污染时,能够进行准确鉴定的证据	提高来源追踪和分配的适用性	同位素指纹 标志化合物 矿物指纹/树轮指纹
可检测到微量	即使只有极少量的污染物存在,也能很容易测量的证据	提高适用性(在时间和空间上)	化学指纹/标志化合物 矿物指纹/地球化学指纹 树轮指纹/大气示踪剂 DNA 指纹
可持续/"绿色"	在获取时,能够尽量减少环境干扰和能源消耗的证据	迈向绿色可持续未来	树轮指纹
易于解释	法医原理应易于解释	提高接受度	树轮指纹/标志化合物 地球化学指纹

如表 1.2 所示,有些特征是许多法医学技术和生成的证据所共有的,而另一些则很少见。虽然大多数法医学技术都能揭示原始污染源的具体污染特征,但对于排放物的历史年代测定,能够使用的技术却相对较少,而当同一现场发生多次排放时,能够提供相关证据的技术就更少了。

任何调查"污染原因"的技术都依赖于污染物本身或任何其他相关化学品（如降解产物、标志化合物）的存在，而它们会随着时间的推移发生改变。然而，基于观察"污染影响"而非污染原因的其他类型技术却可以不受各种环境转化和污染物最终降解的影响，因此在用于更长的时间段，包括一个现场的多次排放的情况时更加灵敏。事实上，在所有环境法医学技术中，只有调查污染影响的技术才可能在污染从研究区域消失（降解或转化）后适用。

表1.2大致反映了与各种实验技术相关的最新技术进展，需要注意的是，它们在环境基质中捕捉污染物的证据（如矿物指纹、地球化学指纹）具有一些独特的优势，而这些优势在本表中并没有体现出来。有关此类证据和相关法医学技术的更全面信息，我们在第5章会进行讨论。

可靠证据的获取

2.1　获取可靠证据的原则和要点

　　下文给出了需要理解和应用的一般法医学原理要点,以便进行有效的环境法医学调查和获取可靠证据,包括通过说明性的对比来对这些概念进行证明:

- 使用多个独立"证据链"的法医学技术:除非案件可以通过一些明显的历史证据(如报告的排放或倾倒)或直接证据得到最终解决,否则建议独立使用一种以上的法医学技术,以获得可靠证据。必须说明的是,使用这一一般概念的目的不应只是为了提供更有力的证据,而是为了核实和解释法医学调查。

- 如果来自多种技术的证据发生冲突,主要有两种解决方案:

  1. 收集更多信息,重新启动法医学调查。这就好比在旅途中发现自己拐错了弯,在这种情况下,最好的解决办法就是回到起点或尽可能往回走,直到步入正确的道路。同样,当两条证据链提供的证据相互矛盾时,应重新开始案件的实验检测,以收集更多信息,就像在旅途中错过了一个转弯一样,不应该在错误的道路上继续前进,指望这条路最终能通向正确的目的地。相反,越早回到出发点,就能越早走上正确的道路,到达理想的目的地。通常情况下,如果两种证据链给出了相互矛盾的结论,不建议尝试第三种方法或证据链,而是应尝试详细分析两种证据链中可能存在的缺陷。如果没有发现任何缺陷,那么就应该对这个案件重新思考,也许是假设不正确,也许是数据不充分,这就意味着要回到起点,但要利用已获得的经验,知道哪些事情不该做,哪些地方不该去。

  2. 如果证据链的特异性存在差异,则需要分配优先级,并且只要在代表性样本上进行了正确的应用,就可以以优先级较高的证据链作为结论。

这就是证据链之间的相互依存关系。例如,化学指纹鉴定和同位素指纹鉴定在来源鉴定之间的对比。如果两个样本中污染物(如原油)的化学指纹相似,而它们的同位素指纹却截然不同,则不应该断定其中任何一个证据链有问题,而应更优先考虑同位素指纹,因为通常这种指纹具有更高的来源特异性。换句话说,两个来源同时产生相同的化学指纹和不同的同位素指纹的情况并不少见。在进行解释之前,我们需要了解相关技术及其来源特异性水平。本书第 4 章包含了这两种技术和证据的相关信息,这些信息证明同位素指纹在来源特异性方面具有更高的优先级。请注意,同位素指纹也可能随时间发生变化,因此也应考虑因同位素的成分随时间变化而产生的不同指纹。由于同位素的变化(分馏)是可以预测的,因此可以评估两个样本指纹的变化是否可能是由于不同程度的风化或不同的来源造成的。

- 在开始任何具体的法医检测之前,阅读并理解所有可用信息(包括历史文件、航拍照片和其他照片,以及现有的环境报告数据)。这将有助于设计更好的取样方法,选择适用的技术,以及对结果进行合理的解释。在充分了解现有信息的基础上制定实验计划并解释实验结果,就好比在了解一个人的某些情况后再去理解他的行为。相比之下,如果不充分了解现有信息就计划实验检测,就好比在不知道照片拍摄现场的情况下解读照片。这可以通过一个假设的示例来进一步说明:如果我们知道一张照片是在夏天拍摄的,那么抛开伪造的情况下,土地上覆盖的白色只能表明是某种灰尘和可能的污染,而不是雪。阅读和了解所有可用信息将确保从一开始就走在"正确的道路"上,而不必回头重新开始。这意味着在前期花费更多时间,但总体成功的可能性却更高,从长远来看,还能为客户节省成本。

- 始终从最简单的直接的证据入手。虽然有许多复杂的法医学技术,但从最简单的技术入手总是可取的。当证据需要通过陪审团审查时,这一点也很重要,因为出色的证据也需要成功地沟通。例如,解释"标志化合物"的法医概念(一种与污染物相关的化学品,并且只有一个可疑来源)要比解释同位素及其检测容易得多;解释树木生长年轮的数据(每个人都知道树木有年轮)要比解释 DNA 的指纹鉴定数据简单得多。此外,请记住,清楚记录的历史证据(通过证词或文件)始终是最简单、最准确的证据类型。

理想的证据可能包括记录在案的信息（如记录在案的污染物排放）和实验检测（证明污染物排放确实对环境产生了影响）。总之，当无法获得那些简单的证据时，建议不要进行复杂的检测。

- 着眼"全局"，不忽视细节。这正是专家的难处所在，他们需要利用很少的同质数据得出答案。很多时候，数据可能相互矛盾，即使揭示了趋势，也可能总有一个或多个具体样本与其他样本产生冲突。计算机程序可能会忽略少数的数据，而专家则不同，他们应该考虑这些数据，并始终在"全局"范围内解释这些数据。虽然趋势对确定专家意见很有用，但相互矛盾的小数据有时可能会抵消趋势。法医学专家的职责是解释和决定这些相互矛盾的少数数据在何时具有相关性。有时，一些微小的信号表明你走错了路。法医学调查的特点正是在于掌握"全局"中细节的运用。

- 避免既定模式。知识的发展日新月异，几年前被认为准确的东西，现在可能并不一定那么准确。我们的思维模式都曾一度受到一般既定知识的影响。虽然模式对于联系事物和得出结论很有用，但我们不应局限于模式。我们应该始终"突破常规思维"，对新的可能性和解释持开放态度。法医意味着调查，而准确的解决方案或许只有思想开放的人才能发现。

- 避免有偏见的调查和"预设结论"。无论代表谁，法医学调查员的目的是寻求真相。当事实对委托人不利时，最好尽快向委托人说明，并制定正确的前进策略。有时，尽早结案可能是正确的策略。如果专家试图证明一个没有证据支持的既定结论，那么专家首先会损害自己的声誉，其次会损害案件，而案件很可能会败诉。在"败诉案件"中，目标应该是尽量减少损失，而不是拼命争取胜诉。如果对文件进行"盲审"没有可能，则可以从不知道客户身份的同事或同行处获得第三种独立意见。

- 推动证据链能够成功使用和沟通的因素主要取决于两个特征：

  1. 细节：成功的证据应基于对细节的解读和对全局的深入了解。

  2. 简单明了：出色的证据能够直观地传达给客户、陪审团、法官以及监管机构等。

- 在可行的情况下，以"共存"的方式结合使用法医学技术。虽然没有任何一种法医学技术能使证据显示出所有的"理想"特征（见表 1.2），但有些技术在这方面可以相互补充。这就有可能结合使用相互关联的两种或多种技术来获得理想的证据。从理论上讲，任何两种或两种以上的技术都可以结合使用,以获得更好、更准确和更可靠的证据。请注意独立使用技术提供独立证据与建议的"共存"使用技术提供更有力证据之间的区别:这种共存使用的一个理论示例是将树轮指纹鉴定与同位素指纹鉴定相结合。这可能会提供更有力、更具体的证据,证明树木污染的来源和年代。就其本身而言,树轮的指纹鉴定本身可以准确确定污染进入树木的时间,但在揭示具体污染物及其来源方面却不那么准确,如果与同位素指纹鉴定相结合(可在感兴趣的树轮内进行),那么不仅能准确测定年代,还能尝试准确的来源鉴定。通过"共存"使用两种或两种以上的法医学技术,理想的证据可能唾手可得,这很可能是环境法医学调查的一条未来之路。有了这么多的技术和飞速发展的知识,这应该会带来无限可能。

2.2　关于深入研究的基本建议

要获得可靠证据,就必须了解法医学领域的最新进展。我们需要了解现有的知识体系以及该领域的任何新方法、新原理或新发现。本书在第二和第三部分对主要的环境法医学技术和应用进行了最新评述。除本书提供的信息外,还推荐了几本基本的环境法医学教科书、综述、期刊论文和述评,供有兴趣就选定主题获取更深入信息的读者参考:

Murphy and Morrison, 2002, 2007:《环境法医学导论》(分别为第一版和第二版),包括有关以下法医学技术调查的信息:

- 历史文件审查——现场历史——环境法医团队的首要工具与摄影测量法、照片解释以及数字成像和制图;
- 土壤气体、土壤和地下水数据的法医审查测量过程;
- 稳定同位素和放射性同位素在环境法医学中的应用;
- 化学指纹鉴定与激光烧蚀电感耦合等离子体质谱法;
- 环境法医学显微镜;
- 氯化溶剂的来源鉴定和年代测定;
- 地下模型与法医空气扩散建模和分析;
- 比值数据统计工具;
- 环境法医学中的主成分分析和受体模型;

- 新兴法医学技术,包括利用大气污染物测定地下水中污染物的年代;树轮指纹鉴定(树轮生态学);DNA指纹鉴定与微生物学技术。

Morrison and Murphy,2006:《环境法医学——污染物特定指南》,包括与以下常见污染物有关的信息:

- 金属:汞(Hg)、铅(Pb)、砷(As)、铬(Cr);
- 氯化溶剂;
- 原油和精炼产品与多环芳烃(PAHs);
- 多氯联苯(PCB)与二噁英和呋喃;
- 高氯酸盐、甲烷(CH_4)、放射性化合物与杀虫剂;
- 石棉与污水;
- 微生物污染与DNA指纹鉴定。

Wang and Stout,2007:《油品泄漏环境法医学——指纹鉴定和来源鉴定》,包括以下具体信息:

- 影响环境中石油指纹的方法和因素;
- 泄漏现场调查;
- 石油生物标记物的指纹鉴定;
- 多环芳香硫化合物的来源鉴定特征;
- 全面二维气相色谱法鉴定油品泄漏;
- 稳定同位素比在油品泄漏鉴定中的应用;
- 油类碳氢化合物的指纹鉴定和泄漏源鉴定的多变量方法;
- 油类碳氢化合物的生物降解及其对泄漏源鉴定的影响;
- 生物样本中碳氢化合物的来源鉴定;
- 海洋油品泄漏轨迹建模;
- 油品泄漏遥感;
- 案例研究,包括埃克森·瓦尔迪兹事件、马来西亚马六甲海峡的油品泄漏事件以及巴西瓜纳巴拉湾的碳氢化合物来源。

Sullivan et al.,2001:《实用环境法医学——过程与案例》,包括以下方面的信息:

- 环境法简介;
- 现场历史;
- 化学指纹鉴定;

- 污染物迁移模型和可视化证据的展示使用；
- 分配评定与风险评定；
- 作为专家证人的策略和技巧；
- 司法案件管理；
- 非诉讼纠纷的解决技巧；
- 沟通和披露问题；
- 解决索赔；
- 法医成本效益。

Hester and Harrison, 2008：《环境法医学——环境科学与技术问题》（第 26 卷），包括以下信息：

- 环境法医学中的微生物技术；
- 稳定同位素分析的空间因素考虑；
- 环境中石油指纹鉴定的特征化合物；
- 追踪氯化溶剂的环境法医学技术；
- 高氯酸盐及其潜在的大量天然产物；
- 适用于地下水污染的环境法医学技术。

Morrison and O'Sullivan, 2010, 2012：《环境法医学——INEF 会议论文集》（分别为 2009 年和 2011 年的会议），这些法医学会议上提交了关于以下主题的论文：

- 石油产品的指纹鉴定；
- 零售石油罐的质量平衡计算；
- 环境法医学数据的可视化和分析；
- 同位素指纹鉴定方法和案例，包括化合物特异性同位素分析（CSIA）和位点特异性同位素分析（PSIA）；
- 干洗设施和溶剂的法医学历史；
- 环境法医学和自然资源损害；
- 二硫化碳：污染物还是生物化合物？
- 二噁英和呋喃同类物在鸡鸭蛋中生物累积过程中的指纹；
- 甲基苯丙胺废弃物的环境归宿（去向）预测；
- 工业扬尘的来源解析；
- 用于测定土壤和地下水中石油排放时间的树轮生态学方法；

- 污水废弃物的法医追踪；
- 分子微生物法医学。

Mudge，2009：《环境法医学方法》，包括以下主题：

- 石油碳氢化合物的化学指纹鉴定；
- 环境法医学研究中的生物标记物和稳定同位素；
- 分子生物学在环境法医学中的应用；
- 作为海洋环境法医工具的生物群落；
- 多元地质统计方法；
- 鉴定空气污染源的建模技术。

综合性的环境法医学评述：

- 《有机残留物的年代测定》（Kaplan，2003）；
- 《法医学技术在年代测定和来源鉴定中的应用》和《环境法医学技术评述》（Morrison，2000a，b，c）；
- 《环境多媒体模型》（Zhang et al.，2012）；
- 《关于氯化溶剂和高氯酸盐的法医学调查》（Petrisor and Wells，2008a，b）；
- 《碳氢化合物燃料排放时间测定》（Kaplan and Galperin，1996）。

关于责任分配方法的文献综述（请注意，由于该内容不属于本书的讨论范围，因此不对具体的来源分配方法进行详细讨论，但这些推荐的论文可为受污染地下水现场的来源分配提供一些实用的方法示例）：

- 《地下水污染诉讼中的责任理论》（Aronovsky，2000）；
- 《地下水修复成本的责任分配》（Graves et al.，2000）；
- 《使用分配公式在潜在责任方之间分摊成本》（Ram et al.，2005）。

关于环境法医学的其他潜在应用，以下论文可供参考：

- 《可持续干旱管理》（Katyal and Petrisor，2012）；
- 《可持续洪水管理》（Katyal and Petrisor，2011）；
- 《现场调查》（Bica et al.，2009）。

《环境法医学杂志》的出版物（2000年起出版）（http://www.informaworld.com/smpp/title~db=all~content=t713770863），包括以下主题：

- 述评（Petrisor and Kitts，2004，2005a，b，2006a，b，c，2007，2012；Petrisor and Westerfield，2008；Petrisor and Lazar，2008）；
- 与石油碳氢化合物有关的文章：

- 《利用多环芳烃指纹区分原油和重油》(Liu et al., 2013);
- 《基于化学比值的碳氢化合物混合物分配》(Lundegard and Surgi, 2012);
- 《应用轻质石油生物标记物对泄漏的轻质精炼油进行来源鉴定》(Yang et al., 2012);
- 《利用烷基多环芳烃的相对丰度标准区分热源型多环芳烃和岩源型多环芳烃》(Saha et al., 2012);

- 《利用稳定同位素指纹鉴定甲基叔丁基醚(MTBE)的生产商》(Shin et al., 2013);
- 《通过化合物特异性同位素分析(CSIA)鉴定受硝酸盐污染的水体》(Bronders et al., 2012);
- 《检测输水管网中可能存在的易燃易爆化学品》(Cho et al., 2013);
- 《将增量取样纳入环境法医学调查》(Hadley and Petrisor, 2013);
- 《利用先进的航空平台和红外热成像技术追踪环境污染》(Lega et al., 2012);
- 2013年12月出版的石油指纹鉴定专刊(Vol. 14, No. 4)。

第二部分

技　术

格言：知识是经过组织的信息！

第二部分各章节评述了环境法医学调查中使用的主要最新技术，旨在传递一般的原理并提供有组织的信息和要点，以便成功地使用每种法医学技术。

本书的目的不是提供与各种法医学技术、证据或环境法医学其他方面有关的全面文献评述和详细科学信息。相反，本书旨在以易于理解和使用的方式选择和组织相关的环境法医学信息和文献参考信息。除了第2章提供的一般阅读建议外，还为有兴趣了解更多信息的读者提供了每种技术的基本阅读建议。本书的主要目的是提高人们的兴趣，为新兴的环境法医学领域的学习和实践提供常识和指导。

知识毕竟是经过组织的信息。因此，所介绍的每种技术信息组织方式都是一致的，包括方法原理、步骤、应用、局限和建议。此外，还插入了一些有用的参考文献以及所介绍技术的应用要点，以及与技术应用相关的假设示例和已发表的案例。最后，考虑到油类成分的复杂性以及与油类指纹鉴定相关的大量法医信息，本书还特别强调了原油和石油产品的化学指纹鉴定。

非检测技术：首要的取证工具

3.1 历史文件审查

　　每一次环境法医学调查都应从历史文件审查开始。这是首要的取证工具（Bookspan et al.，2007），包括收集和审查与现场有关的历史信息以及任何记录的环境数据。通常情况下，这一步骤不需要历史学家的帮助；但是，如果提供这种帮助，历史学家应与法医学家密切合作。本节将主要讲述与历史文件主要来源有关的信息，以及关于寻找什么和如何进行有效历史研究的指导。

　　文件审查可能是一个乏味、耗时的步骤，因为它通常需要法医科学家必须阅读和熟悉数千页或数万页文件。在许多情况下，这些文件无法立即获得，科学家可能需要花一些时间在公共机构、图书馆以及通过其他潜在的来源来寻找并研究文件，以揭示现场的历史。现场历史研究看似是调查工作中枯燥乏味的一部分，也是历史学家的工作，但它却是法医学调查的关键步骤。直接跳过对历史文件的审查或只进行粗略的审查之后就进行法医学调查，无异于在挡风玻璃都不干净的情况下就参加赛车比赛。

　　历史文件审查没有捷径可走。即使聘请历史学家进行研究，法医学家也必须参与其中，以熟悉所获文件的信息。如果法医学家仅仅依靠历史学家提供的相关现场数据，那么重要的科学相关细节就可能得不到揭示，案件也就不可能得到有效侦破，因为你永远无法预先知道确定破获案件所需的所有相关标准。但如果在文件审查阶段更好地了解现场历史后，可能会发现新的标准，例如，某种化学品可能不会对健康造成危害，因此不会作为受关注的污染物进行报告，但仍可能与原始污染物有关（例如，作为添加剂或从同一来源储存和排放），并可能影响原始污染物的归宿（去向）和迁移，以及有可能提供具体来源的特征，这些特殊的信息历史学家可能不会区分或寻找。

　　Bookspan 等人的综述为获取和使用现场历史文件的具体调查工具提供了有用的帮助(Bookspan,2007)。此外,本节内容也提供了关于有效文件审查的指导和要点,以及一个与干洗店有关的理论示例。

3.1.1　寻找什么

　　有效的历史研究应收集两类信息:

- 一般信息
- 具体现场信息

3.1.1.1　一般信息

　　一般信息与调查的行业和业务类型有关(例如,调查现场在历史上可能发生过所怀疑的污染事件)。无论调查现场的具体情况如何,这些信息都应普遍适用于所调查的每一类业务和行业。这些关键信息在法医学调查中可能非常有用,因为它可能有助于预先确定以下内容:

- 与被调查业务类型和行业相关的污染物通常有哪些?
- 与被调查业务类型和行业相关的作业中报告的典型排放机制是什么?
- 与被调查业务类型和行业相关的现场污染问题报告频率如何?
- 在与被调查业务类型和行业相关的现场,是否存在与污染发生有关的模式(例如,污染物的类型、数量以及位置)?
- 与被调查业务类型和行业相关的历史上是否有任何典型的做法会导致污染物的主动或无意排放?

随后,需要获取的一般信息包括:

- 了解业务类型和行业:
  - 生产流程、材料和废弃物
  - 设施:典型用途和故障机制
  - 报告的对环境有影响的做法(如废弃物管理问题、允许或不允许的排放物)
- 了解业务类型和行业的作业背景和过去作业方式(即在该调查业务作业的时间范围内):
  - 历史
  - 监管
  - 科学
  - 法律

- 如可以的话,了解与所调查业务类型和行业有类似作业的常见污染问题现场报告。

- 如可以的话,评定与被调查业务类型和行业有类似作业的污染物现场分布模式。

- 如可以的话,评定与受调查业务类型和行业有类似作业的污染物现场排放模式。

此类一般信息大多可从互联网、相关行业、科学文献以及其他出版物中获得。通常情况下,搜索某些行业和业务类型的报告案例研究可能提供所需的信息,并可能有助于确定与所调查的业务类型和行业相关的模式和典型污染物问题。

3.1.1.1.1　理论示例:一般信息审查在法医学调查中的效用

由于缺乏时间或资金,或者仅仅是低估了获取一般信息的用处,法医学调查人员常常会忽视一般信息。然而,这些信息可能对指导甚至解决环境谜题至关重要。下面将列举几个假设示例。

假设案例研究 3.1

某个历史悠久的垃圾场氯化溶剂羽流来源评定

让我们考虑一个曾被用作垃圾场的假想现场,据报告,该现场浅层地下水中的各种氯化溶剂[如全氯乙烯(PCE)、三氯乙烯(TCE)、1,1,1-三氯乙烷(1,1,1-TCA)、四氯化碳(CCl_4)、氯仿($CHCl_3$)]已超出了监管限值,且该现场没有受到有关无机物的污染(如金属)。此外,与该现场历史和作业有关的具体信息非常有限,也从未有过该现场的历史土壤数据报告。在这种情况下,对氯化溶剂来源的法医学调查具有挑战性。过去十年的地下水监测数据表明,该地区没有其他明显的污染源。即使没有特定现场的历史数据,羽流的位置也证明了该现场过去的作业。此外,环境数据资源(Environmental Data Resources, EDR)调查并未发现邻近现场的其他潜在的污染源。

目前,在没有记录垃圾场作业一般信息的情况下,该现场的历史用途(作为垃圾场)似乎是氯化溶剂地下水羽流的可能来源。然而,在审查了与类似垃圾场现场和作业有关的一般信息后,可能会得出与此处所述不同的法医结论。收集该业务类型(垃圾场)的一般信息会发现,氯化溶剂通常与该业务类型相关的作业和材料无关,而且在许多已公布的涉及其他地区垃圾场的案例研究中,也没有检测到氯化溶剂的报告。一旦确定了这些具有有力文献支持的一般信息,法医学调查人员就会意识到,氯化溶剂羽流很可能与该现场作为垃圾场的历史作业没有直接关联;因此,氯化溶剂的来源可能是:(1)完全来自场外或(2)现场土地存在非法倾倒。不过,如前所述,地下水监测数据和场外调查均未显示存在任何主要场外污染源的可能性,因此唯一合乎逻辑的法医结论是该土地可能存在某种非法倾倒行为。

这一合乎逻辑的结论为法医学研究开辟了新的途径,法医学研究最终可能会找到可疑倾倒的佐证(例如,通过采访过去的操作人员、工人、邻居等)。此外,考虑到桶中残留的任何化学品都有可能被倾倒,这一法医结论可能会指导进一步的调查,重点关注可能曾在该现场储存和使用过的所有桶。因此,特别是在没有具体现场信息的情况下,对业务类型的一般搜索很容易引导法医学调查员得出更合理、更可靠的结论。如果在这个假设的案例中没有收集到一般信息,氯化溶剂的来源很可能会被归咎于之前的现场作业。

然而,在收集了有关垃圾场现场业务和作业的一般信息后,对垃圾场的常规作业作为可能的来源产生了合理的怀疑,并为法医学调查开启了新的途径。需要注意的是,即使可以获得针对具体现场的信息,但如果没有一般信息的支持,也可能会被认为确实使用了氯化溶剂,但可能没有记录在案。

假设案例研究 3.2

某个历史悠久的干洗店对区域氯化溶剂羽流的潜在污染贡献评定

现在,让我们来考虑某个位于购物中心内且历史悠久的干洗店,其位于区域性的全氯乙烯和三氯乙烯(PCE/TCE)地下水羽流的上覆层,该地下水羽流源自上游现场。法医问题是评定干洗店作业对地下水羽流的任何潜在污染贡献,如果发现有污染贡献,则分配贡献量。在这一假设案例中,详细的历史资料涵盖了干洗店作业的整个时期,没有任何泄漏记录。此外,没有土壤数据可将地下水羽流与干洗店位置联系起来。因此,评定干洗店潜在污染源的一种方法是在干洗店的占地区域内确定具体的潜在污染源位置,然后检测这些可疑污染源位置土壤中的残留溶剂。土壤中检测到的任何残留溶剂都可能与干洗店直接相关,从而证明确实发生了干洗店作业排放,并有可能进一步用于提供干洗店排放的化学和同位素"特征",这可能有助于鉴别区域地下水羽流中干洗店的贡献。

在收集了有关干洗店作业、问题以及常规报告的排放模式和做法的一般信息后,这个特殊的法医学难题可能会迎刃而解。这些信息将有助于确定几个需要采样的可疑潜在来源区域。例如,对干洗店通常报告的设施故障机制进行审查(参考评述:Lohman,2002),将有助于确定与报告故障的干洗设施某些部分相邻的潜在污染源区域。此外,对许多干洗店的常见历史做法和废弃物管理问题进行审查,将有助于确定下水道管线是潜在的具体来源,因为有记录表明相关的做法是将受污染的溶剂或受污染的过滤污泥倒入市政下水道系统,以及从水分离装置排放水。

该示例说明,收集有关干洗店常规设施记录故障机制和废弃物管理做法的一般信息,可以指导法医学调查,确定在何处收集样本,从而更有可能发现残留污染,这可能有助于证明或反驳干洗店的历史排放和对区域地下水羽流的贡献。此外,如果在已确定的"问题"区域附近发现任何残留溶剂,则可对其进行进一步的指纹鉴定(例如,化学指纹鉴定、同位素指纹鉴定),以提供具体的干洗店特征,从而分配干洗店对混合区域地下水羽流的贡献。

假设案例研究 3.3

散装化学品的储存和再包装设施作业程序造成的历史污染排放调查

第三个假定案例研究证明了一般信息审查在法医学调查中的效用,涉及化学品储存和再包装的设施。这些设施会定期将化学品从较大的容器转移到较小的容器中,例如,某些现场将接收散装化学品,并使用软管和泵将其输送到现场内的储藏装置(如地下或地上的储藏罐、桶或其他特定装置)中。虽然每天都会接收各种化学品,但用于转移的管道数量有限。为了不影响每种转移产品的纯度,有报告称,在不同的待转移化学品之间清洗管道是一种常见的做法,被称为"冲洗"。基本上,在两次化学品转移操作之间,会用几加仑(美制 1 加仑 = 3.785L)的清洁溶剂(如异丙醇)冲洗管道,随后,这些溶剂将被储存在桶中,并作为废弃物处理。然而,有报告称,冲洗溶剂(以及从管道中冲洗出的少量各种化学品)被倾倒在现场,而不是作为废物收集起来。为了验证其可能性,则需要对散装化学品储存设施的历史处理方式进行调查,尤其是在 20 世纪 80 年代之前的作业流程。因此,这类一般信息可以指导法医学调查,包括作为尽职调查过程的一部分对过去的工人和作业人员进行访谈。

假设案例研究 3.4

前军事基地的污染源评定

一个前军事基地,除了军事用途外,最近还是潜在的污染源。考虑一下在该基地进行法医学调查的情况。法医学调查的目的是确定该现场作为军事基地的历史污染贡献。无论污染的性质如何,由于缺乏与军事行动期间记录的任何泄漏有关的任何具体历史信息,要确定之前军事行动可能造成的潜在污染贡献就成了问题。不过,在查阅类似军事基地的一般信息以及这些现场记录和公布的污染物时,可以收集到可能与军事基地相关的污染物和污染模式的报告证据。此外,还可以确定可能导致污染排放的操作程序或常见做法。例如,据报道,在第二次世界大战期间的军事基地,在遭受可能的轰炸袭击之前,会清空储存罐中的易燃物(如石油产品),以减少爆炸危险。

3.1.1.2　具体信息

具体信息是指与具体调查现场直接相关的任何文件(如公司记录、检查报告、泄漏或违规记录、排放许可、材料以及废弃物)。具体信息应旨在确定可能与污染源和典型受影响区域有关的细节现场特征,具体包括以下内容:

- 现场特征,如:
  - 沟渠、排水沟、集水坑、池塘(包括水池)
  - 污水处理、污水管道
  - 管道、水泵
  - 化学品储存(区域和容器)
  - 装卸区
  - 建筑物、仓库、实验室、机械车间
  - 加热系统
  - 地下储存罐(UST)和地上储存罐(AST)、油桶储存区
  - 可能含有多氯联苯的电气元件
  - 可能含有铅的油漆种类和油漆构筑物
- 以下相关污染物(化学品)的处理:
  - 原材料、溶剂和清洁剂
  - 废弃物:成分、储存、管理以及运输清单
  - 中间产品
- 一般作业程序:
  - 生产
  - 清洁/维修
  - 化学品处理
  - 环境许可证
  - 化学品转移
  - 化学品混合

- 可能记录在案的事件：
  - 水灾、火灾、爆炸等
  - 违规行为
- 业务记录：
  - 公司继承/所有权历史
  - 销售和采购记录
- 其他相关信息：
  - 地形地貌
  - 气候数据
  - 周边现场历史
  - 任何的历史环境数据

对与数据现场相关的所有可用历史记录进行全面审查时，应针对性地列出导致污染物排放的来源或来源区域的特征以及作业方式的特征，并帮助了解现场背景条件和解释环境检测数据。

3.1.2 何处寻找

收集相关历史信息来源的方法有很多，下面将通过一些典型的方法举例说明（需要收集的信息来源和类型）：

- 互联网搜索越来越普遍，由于非常方便，因此应该经常尝试，不过，应严格审查互联网来源和信息的准确性。以下网站可以用来在网上查找与环境有关的信息：
  - 美国国会图书馆：http://www.loc.gov/coll/nucmc/
  - 原始资料库：

    http://www.uiweb.uidaho.edu/special-collections/Other.Repositories.html
  - 加利福尼亚在线档案馆：http://www.oac.cdlib.org/
  - 公共记录：http://publicrecords.netronline.com/
  - 加州大学历史数字档案馆：http://sunsite.berkeley.edu/uchistory/
- 出版文献，包括期刊论文、会议或其他科学会议记录、书籍、报纸以及行业文献等，它们可以查阅到：
  - 现场的一般信息。通过与工业实践、作业程序、污染问题以及其他特征相类似的现场来收集。

- 现场的具体信息。如果现场或现场历史的数据已在现有出版物中公布。

- 与现场遇到的具体问题有关的最新技术[例如,如果现场受到多氯联苯污染,则应查阅有关多氯联苯的相关文献,如有关特性、归宿(去向)和迁移、已知来源以及根据潜在来源与其他化学品的关联等方面的文献]。

- 适用于现场区域的现场气候数据。它们有助于解释环境数据和重建过去的归宿(去向)和迁移情况。在使用树轮信息时,也需要此类数据。

- 收集在现场作业的所有公司的公司记录;通常,在发生诉讼时会提供此类记录。虽然应收集所有公司的记录,但以下数据可能提供更有用的信息,如地图和规划、照片、作业程序手册、通信、会议记录、装运和采购记录、化学品储存和产品材料数据安全表(Material Data Safety Sheets,MSDS)、许可证、检查报告、任何泄漏或环境报告或取样、过去的爆炸/火灾、过去的审判记录、过去的员工证词、公司宣传册或广告以及税收评定记录等。

- 火灾保险地图(在美国通常称为 Sanborn 地图)可提供有关不同场地特征和存储区域的详细历史信息。火灾保险地图还可以显示邻近地产的有用信息。

- 监管机构[如美国国家环境保护局(EPA)、有毒物质控制部(DTSC)、地区水务委员会、空气资源委员会、卫生部门]可以提供:

  - 现有环境报告

  - 通信和检查报告

  - 违规和泄漏记录

  - 许可证,包括工业废弃物处理、特许用途、排放许可证等

  - 危险废物清单、报告、数量、管理等

- 消防部门可提供:

  - 某地多年来储存和处理的各种危险物质清单

  - 检查报告

  - 火灾和爆炸事件、意外泄漏

- 市政部门可提供:

  - 建筑许可证

  - 城市发展地图

  - 税收评定记录

  - 城市目录列表

  - 赠予契约

- 通过确定现场的废弃物运输车（根据公司记录、访谈等）来提供危险废弃物清单（也可从州监管机构，如危险废弃物办公室等处获取）。

- 交通运输部门和公共工程部门也会提供有用的历史信息。

- 如果某个现场和公司以前有诉讼记录，包括可能有用的证词和证物，地方法院记录可能会提供有用的信息。此外，任何的滋扰和污染投诉都应记录在案。

- 地方记录员办公室、城市目录、黄页可能会提供有助于确定过去居住者和位置的信息（如产权链）。

- 如果适用，公用事业部门可提供与现场有关的文件。

- 公共图书馆、国家档案馆和政府机构可提供火灾保险地图；国家档案馆可用于查询世界大战期间的军事行动，包括与军事有关的行业记录。此外，行业贸易文献、商业杂志、报纸或商会文献也可提供准确的历史信息。

- 保险机构可提供现场的有关特征和作业方式的信息。

- 对现在和过去的现场作业人员、管理人员和工人进行访谈，可以提供有关操作、材料和废弃物、处置方法，以及任何未被记录事件（泄漏、渗漏、溢流等）的准确信息。

- 州务卿的文件以及证券交易委员会的文件可用于公司继承研究，这可能有助于揭示责任和在现场作业的各种潜在责任方（PRP）。

有效应用历史文件审查解决法医学难题的要点

- 永远不要认为某些文件没有用。简要检查所有文件，筛选关键问题。与其花更多的时间挑选少数几个文件（而不查看所有文件），不如简要看看所有文件
- 期待意外。在寻找关键问题的同时，还应始终保持开放的心态，期待意想不到的线索。有些线索可能无法预测，但经验丰富的法医学家会在保持开放心态的情况下找出问题
- 寻找细节。法医的破案能力就在于细节。永远不要低估细节。一个司法案件可能就是从这个看似微不足道的小细节开始的
- 掌控"全局"。阅读、阅读、再阅读。在形成观点之前，要吸收有关案件的全面信息
- 从全局出发解读相关细节。无论案件大小，都应如此

3.2 照 片 审 查

本节重点讨论法医学调查中照片信息的使用。虽然任何照片在法医学调查

中都可能有用,但航拍照片是最常用的,这里将对其进行讨论。

与现场相关的照片审查是对历史文件审查的补充,最好包括现场及周边地区多年来拍摄的所有可用照片。航拍照片和其他照片文件可能会显示与环境相关的特征位置(如化学品和废物的储存区域、作业区域以及现场建筑物的位置和大小)、周围的土地和地形的使用情况,以及可能存在问题的区域(如有污染或外观异常的区域、池塘、垃圾填埋场)。此外,由于照片通常是在不同的时间点上获得的,因此任何有记录或未记录的变化都可以推断出与站点特征和运营相关的变化。而且,在极少数情况下,意外泄漏或渗漏可能会被拍摄成照片文件,从而提供有力的法医学证据。

照片审查可包括摄影测量和照片解释。定义和区别见以下材料。

摄影测量学被定义为"从非接触成像系统,通过记录、图像解释和数字表示等处理,获取物理对象及环境可靠信息的工艺、科学和技术"(Colwell,1997)。传统上,摄影测量数据是使用非常精确的摄影测量设备(称为解析立体绘图仪)通过航空摄影制作的。摄影测量设备通常校准到微米级,使科学家能够创建复杂的数学模型,纠正照片中已知的失真。从三维照片模型中,可以获得用于制图和分析目的的高精度测量定位数据(Brilis et al.,2000)。

摄影测量与照片解释不同,不应混淆。前者指的是测量物体,后者则旨在识别物体或与污染相关的特征。

Ebert对利用航空摄影解决环境法医纠纷进行了出色的评述(Ebert,2007)。这种方法主要用于军事、生物和考古目的。事实上,考古学家撰写了一些关于照片解读原理的出版物,这些出版物至今仍很有用(Crawford,1923,1924)。

航拍照片是从空中(如飞机、气球等)拍摄的照片。全世界有数以亿计的航拍照片,这些照片都是一个多世纪以来拍摄的。这些照片记录了自然环境以及人类与环境的互动和变化。一般来说,自20世纪以来任何现场作业都可能被记录在这一巨大的国际照片档案中。在美国,自20世纪30年代以来,对全国进行了系统的覆盖;因此,1930年之后任何地点的航拍照片都有可能存在。除了国际档案的历史照片外,现场特定照片可在现场文件(例如,公司记录)中获得,或可由前现场工作人员和操作员拍摄。

在对历史文件进行审查的同时,还应获取和审查历史航拍照片以及现场和附近地区的任何可用照片,这是环境法医学调查的第一步。虽然法医应审查照片并习惯于将信息用于法医学目的,但在某些情况下,摄影测量学家的帮助可能会很有用。摄影测量学家是专门从事使用和解释航拍照片和其他成像数据(如遥感)信息的科学家。但最终还是要由科学家根据具体情况进行评定，并决定何时需要摄影测量学家提供额外的外部帮助。在许多情况下，关键在于获取尽可能多的照片，并仔细审查这些信息，同时在全面审查文件的基础上，根据现场的具体情况对其进行解释。

3.2.1 航拍照片的选择审查标准

虽然现场的任何照片都可能具有一定的法医学意义，不应舍弃，但当时间和预算限制了航拍摄影的获取时，可以使用几个标准来指导获取最合适的照片。因此，在获取航拍照片时，法医应考虑以下主要标准，以选择适当的照片：

1. 照片比例尺是被摄物体距离和相机焦距的函数(比例尺＝焦距/飞行高度)。1980年以前的照片比例一般为1∶24 000或1∶34 000(1对应于6英寸镜头，1英寸＝2.54 cm)。就1∶24 000比例而言，照片上的1英寸相当于地面上的2 000英尺(1英尺＝30.48 cm)。在这样的比例下，一个50加仑的圆桶直径只有1/1 000英寸。显然，在法医学调查中，比例尺最大的照片能显示更详细的现场信息，因此应获取比例尺最大的照片(如果可能，1∶5 000或更大)。不过，也可以从更小的范围，如周边地区，推断出有用的信息。在大多数情况下，获得两个比例尺(一个尽可能详细地显示现场情况，另一个显示现场附近的情况)就足以满足法医学调查的目的。请注意，现场位置不一定总是在照片的中心。

2. 照片格式是指以下内容：

   a. 媒介类型：照片媒介可以是以下主要类型之一：纸质打印、胶片正片、胶片负片或数字数据。一般来说，数字格式可能会越来越适用于大多数法医学用途，它可以获得最佳的放大照片质量(另见本节的进一步讨论)，并可用于地理信息系统(GIS)格式。

   b. 成品的尺寸：关于照片尺寸，常见的打印纸尺寸有9英寸×9英寸、4.5英寸×4.5英寸和9英寸×18英寸。一般来说，最大的可用尺寸最适合法医学调查。

3. 胶片格式：格式包括以下几大类：

   a. 黑白照片(B&W)：也称为全色照片，是最常见的历史照片类型。

   b. 彩色照片(自然色)：这些照片不太常见，但能提供最好的法医学证据。

  c. 彩色红外(CIR)照片从 20 世纪 60 年代才开始出现,最适合用于区分植被区和非植被区。

此外,法医学家还应了解并核对以下相关的信息:

- 胶片注释(Grip et al., 2000),如以下内容:
  - 照片日期
  - 飞行高度(通常以英尺为单位)
  - 焦距
  - 提供者名称
  - 照片中心地理坐标(经纬度的度：分：秒)
  - 飞行信息
- 照片角度:大多数航拍照片都是以一定角度拍摄的,不应被认为是地图那样的(90°角);因此,考虑所关注的对象(如现场建筑或其他特征)如何因照片角度而失真非常重要。这些失真可以通过摄影测量过程来消除。
- 照片放大:由于大多数航拍照片的比例都不超过 1∶5 000,因此通常需要放大照片。当需要放大照片时,将航拍照片数字化比在相同的胶片透明度上放大照片效果更好(Grip et al., 2000)。

3.2.2　寻找什么

  对于法医学调查而言,没有无法使用的照片,正如没有无用的信息一样。因此,建议收集任何可用的照片,并查找与上一节历史文件审查中建议的同类一般信息。在审查航拍照片和其他照片时,尤其要注意以下几点:

- 现场特征以及这些特征随时间发生的任何变化。特殊相关的内容包括化学品和废物储存区域,生产区域,化学品转移区域,储藏箱、桶存放区域,铁轨和车厢,实验室区域,检测区域,仓库,建筑工程以及建筑物外观的任何变化。
- 现场作业可通过审查所提及的现场特征以及任何其他特殊观测值(如泄漏的圆桶、清洗或转移化学品的人、在一些照片中可以看到的其他对环境有影响的人类活动)来推断。
- 周边现场及其特征随时间的变化。
- 周边地区的土地使用情况及其变化。

- 图片中的褪色、异常颜色以及任何污点或暗色图案——现场或周边地区的地面特征。
- 可能因作业产品的某些变化而导致的颜色变化。
- 沥青和水泥表面的完整性。
- 现场及周边地区的积液池或积液斑块。
- 排水沟、沟渠、渠道。
- 废弃特征。
- 受压植被,这可能是急性污染事件的迹象。

3.2.3 何处寻找

要搜寻航空照片,应根据感兴趣区域周围矩形四角的经纬度来确定研究区域。

确定研究现场后,可在地方(如州政府机构、镇、郡办公室)或联邦(如联邦机构)层面搜寻可用的航拍照片,目前许多照片可在政府机构网站上在线获取。建议先在本节所列各联邦机构的数据库中进行更广泛的搜索,如有需要,再到地方机构进行搜索。在大多数情况下,所需的航拍照片可在所列联邦机构中找到。

一般适用于美国大多数地区的历史航拍照片和地图的推荐来源包括以下内容:

- 美国地质调查局(USGS):
  - 搜索网址:http://eros.usgs.gov/.
  - 照片和地图涵盖范围:
    -可提供从 20 世纪 40 年代至今的各种格式(黑白、彩色、CIR)的印刷、底片、正片以及数字照片。
    -可提供自 1884 年以来的历史地图(见 http://docs.unh.edu/nhtopos/nhtopos.htm)。
  - 其他信息:在南达科他州苏福尔斯附近的地球遥感数据中心(EROS Data Center),美国地质调查局保存着国家陆地遥感数据档案,其中除 4 900 万张卫星图像外,还包括约 800 万张美国航拍照片。
- 国家档案和记录管理局:
  - 搜索网址:http://www.archives.gov/index.html.

- 照片和地图涵盖范围：
  - 仅提供 20 世纪 30 年代至 60 年代的黑白印刷照片。
  - 可提供 1774 年以来的历史地图。
- 其他信息：该机构拥有 900 多万张航拍照片和 200 多万张地图。
- 美国国会图书馆：
  - 搜索网址：http://www.loc.gov/index.html.
  - 卡片目录也可在 http://catalog.loc.gov/上找到。
  - 照片和地图涵盖范围：
    - 提供从 20 世纪至今的各种格式（黑白、彩色、CIR）的印刷和数字照片。
    - 可提供 16 世纪以来的历史地图。
  - 其他信息：
    - 这是获取一些最古老、最稀有历史信息的最佳地方。
    - 美国国会图书馆收藏了丰富的历史照片（20 世纪初到 20 世纪 40 年代）；它还拥有世界上最大的地图收藏，包括 450 多万张地图；要熟悉可用资源，可访问 http://www.loc.gov/rr/geogmap/guide/查阅相关出版物。
- 美国农业部（USDA）：
  - 搜索网址：http://www.apfo.usda.gov/.
  - 照片和地图涵盖范围：
    - 提供从 20 世纪 40 年代至今的黑白和 CIR 格式的印刷、底片以及正片照片。
    - 提供自 20 世纪以来的历史地图。
  - 其他信息：美国农业部将其所有航空摄影作品存放在犹他州盐湖城的航空摄影现场办公室（Aerial Photography Field Office, APFO）。
- 国家海洋和大气管理局（NOOA），国家海洋服务：
  - 搜索网址：http://oceanservice.noaa.gov/.
  - 照片和地图涵盖范围：
    - 提供从 20 世纪 40 年代至今的各种格式（黑白、彩色和 CIR）的印刷、底片和正片照片。
    - 可提供 1700 年代以来的历史地图。

- 其他信息：该机构对美国海岸线和机场进行了空中勘测，拥有约 500 000 张底片照片，并编制了索引和存档。

根据所提供的网址，可以从互联网上免费获取一些照片，为法医学评估提供所需的全部信息。如果需要某些特征的高分辨率印刷照片，可通过互联网或电子邮件、电话、传真或亲自提出申请。建议使用所提供的网址进行查询，了解如何从所列各机构整理所需航拍照片的详细信息。

当对历史航拍照片的研究时间有限时，可以通过专业公司来实现这一目的。可以提供高分辨率照片的专业公司（美国境内）包括：

- GeoSearch（http://www.geo-search.net/site/html/）
- 环境数据资源系统（http://www.edrnet.com/）

3.2.4　应用示例

在法医学调查中，照片审查提供了额外的历史信息，可以对历史文件审查中的信息起到补充或确认作用。此外，在诉讼案件中，照片证据的使用是很有说服力的，应在审判证物中使用，以提供一种直接和易于理解的方式向法官和陪审团传达信息。

在特定情况下，照片审查可提供更多极为相关的信息，这些信息可用于测定污染物的排放时间，以及计算垃圾填埋场中的废物量和随时间推移而发生的变化。这方面的示例包括：

1. 木材处理厂污染物的年代测定。Ebert 描述了一个案例研究（另见 http://www.ebert.com），主要是根据照片证据对排水沟中的污染物进行了年代测定（Ebert, 2007）。为此，使用了不同时期（1959 年和 1965 年）拍摄的该厂历史航拍照片，并观察到未经处理的木桩颜色较浅（几乎是白色），而经过处理的木材颜色较深这一关键信息。因此，通过检查航拍照片中的颜色图案与排水沟距离之间的关系，可以简单明了地发现，只有在 1959 年的照片中，排水沟附近没有经过处理的木材，而在 1965 年的照片中，排水沟旁边出现了经过处理的木材，这表明向排水沟排放化学品的工作一定是在 1959 年之后、1965 年之前开始的，且其迁移机制是雨水的沥滤作用（该现场在雨水充沛的美国东南部地区）。

2. 美国电路板制造厂的产品转移和泄漏鉴定（Ebert, 2007）。对电路板制造区域的特写镜头展示了一个消防栓和一条用于冲洗桶和容器的管道；可以看到流出的污水流入下水道。此外，还发现了一处深色污渍，由于靠近露天储存区（容器中的化学品）和下水道，该污渍被解释为产品转移泄漏所致。这些证据在与其他证据链（如前雇员的证词）结合后得到了证实。

3. 计算不同时期的垃圾填埋量，并在责任方之间进行分配。Grip 描述了使用立体航拍照片计算垃圾填埋厚度随时间（1948—1971 年）增加的方法，该方法使用了基于三角不规则网络的地形模型（Grip et al., 2000）。法医学相关性包括确定与向垃圾填埋场运送废物的不同责任方的相关废物量在不同时期的变化情况。这种计算可进一步用于在各责任方之间进行贡献分配。

有效理解及解释航拍照片的要点

- 考虑现场的作业方式和其他证据链特征，始终在现场背景下解释航拍照片和其他照片
- 考虑照片的比例尺，它是被摄物体距离和相机焦距的函数（比例尺＝焦距／飞行高度）。1980 年以前的照片通常比例为 1：24 000 或 1：34 000（1 相当于 6 英寸镜头）。在这样的比例下，一个 50 加仑的圆桶直径只有 1/1 000 英寸
- 考虑所描绘地形的地貌（平坦或有山丘），这将影响特征的相对大小
- 考虑到各种物体（照片中描述的）的高度会影响它们在照片中的表现方式；这通常被称为径向位移。除非物体位于照片的正中心，否则物体看起来会向外倾斜，倾斜程度随高度增加而增加
- 考虑到照片中的阴影可能会影响照片的解释
- 请记住，并非所有深色污渍或积水都是化学品泄漏的迹象。很多时候，照片中看起来很暗的地方可能只是积水。然而，即便如此，积水仍可能对泄漏化学品的归宿（去向）和迁移产生影响，可能仍然具有环境相关性
- 考虑不同镜头在时间上的动态变化，并始终牢记，只有与其他证据链保持一致和关联，才能对照片进行解释和验证
- 应考虑采用立体视角，这有助于航拍照片的解读。这是指使用立体视镜观察相邻照片（立体像对），以提供地面和各种地物的三维视图。立体视镜的先进程度各不相同，价格从 20 美元到数万美元不等。法医学调查推荐使用的一种类型是反射立体视镜，它可以安装在平行跟踪支架上（Ebert, 2007）
- 考虑照片的分辨率和摄影媒介可能会影响解释。因此，在收集照片时需要知道需求是什么。在这方面存在一些争论，一些摄影测量专家学者建议获取正片透明胶片作为证据解释的基本数据，而另一些专家则建议获取纸质印刷品。然而，复制胶片的分辨率和对比度性能可能会有很大差异，这可能会影响使用纸质印刷品时的证据解释
- 使用原始胶片底片放大是一个很好的法医学选择（Ebert, 2007）。放大照片可以用高分辨率扫描仪进行数字化处理。如果有一对这样的照片（来自同一区域具有不同的帧数），也建议使用立体视镜
- 数字图像处理应谨慎、客观，避免对照片的故意修改。建议将数字图像与原始照片放大后仔细核对，并尽可能使用立体视镜
- 环境法医学的终极目标与考古研究类似，都是为了推断和解释照片上无法看到的事物。也就是说，在我们的案例中，我们要利用所查看照片中不同时间点的零散信息来阐明人类行为对环境的系统性影响

3.3 市 场 取 证

随着销售和其他相关产品信息数据的可用性不断提高,出现了诸如消费品污染物等非控制排放机制的污染物,这为开发一种新的法医学技术(即市场法医)创造了需求和机会。该技术依靠产品制剂和市场销售数据来估算目标污染物(来自消费品)的人为贡献及其对调查废水处理设施的环境负荷(DeLeo et al., 2011)。

市场取证可用于评估符合以下条件的消费品中任何成分的人为污染贡献:

- 排放到环境中可能造成污染问题。
- 除消费品外,还有其他天然污染来源或人为污染来源。

3.3.1 应用示例

在弗吉尼亚州的一个社区(Luray),成功地利用市场取证评估了环境中洗涤剂(脂肪)醇的人为贡献,从而估算了这些化学品每日总负荷量的人为贡献(DeLeo et al., 2011)。通过对所调查的废水处理厂进水进行化学分析,确认了通过市场取证数据(在 24 周内)获得的消费品中醇类物质负荷量,从而验证了该方法(Mudge, 2010)。

3.3.2 主要步骤

市场取证包括以下主要步骤:

1. 确定含有目标污染物(成分)的主要消费品类别。可利用已公布的目标成分的人体健康风险评估结果,以及消费品制造商的行业专家建议来完成。在上述应用示例中,DeLeo 等人确定了六类含醇成分的产品:洗衣粉、液体织物柔顺剂、餐具洗涤剂、肥皂、洗发水和除臭剂,并在上述六个产品类别中,确定了 1 000 多个品牌产品(DeLeo et al., 2011)。

2. 获取研究现场具有代表性的产品市场销售数据;可使用各种信息资源。在所讨论的应用中,DeLeo 等人使用了 Symphony IRI 集团(2011)的出版物,包括主要连锁杂货店的数据[注意 IRI 数据库中没有沃尔玛(Wal - Mart)的数据](DeLeo et al., 2011)。

3. 估算销售区域内选定污水处理厂的目标污染物进水负荷量。具体步骤如下:

a. 从已确定的类别中获取具有代表性的消费品,并对其进行化学分析,以确定目标成分的存在和浓度。

b. 制定选定消费品的人均日使用率;可利用现有调查作为信息来源。在此基础上,再对每种代表性消费品的目标成分进行化学分析,就可以推算出目标成分的人均日用量。

c. 将获得的目标成分人均日用量与被调查废水处理厂服务的居民人数相乘,得出目标成分的日进水负荷量,以及目标成分在废水进水中的化学特征(例如,成分化学类型中单个化学品的比例,如单个脂肪醇的比例,代表某一地区已确定消费品中脂肪醇的日进水负荷量)。

3.3.3　优势与局限

尽管有关产品销售和构成的信息越来越多,使市场取证成为传统分析技术(如实地考察)的一种具有成本效益和吸引力的替代方法,但也存在一系列局限,如与数据可用性和内在变异性相关的局限。此外,该方法的准确度和精确度尚未经过系统检测,数据可能被高估或低估。在这种情况下,市场取证证据不是作为独立的证据,而是作为一种额外的证据补充或证据链,在每个现场的具体环境和设想的限制范围内仔细解释数据。

市场取证可用于补充其他取证方法的结果,并有助于提高取证结论的可靠性。

有效应用市场取证的要点

- 为使证据具有可靠性,建议以检测数据支持市场取证结果。如果无法获得检测数据,市场取证数据可提供一种可能的情况,但应根据具体的现场情况加以解释
- 除消费品外,还应考虑目标污染物(成分)的其他人为来源,如果可能存在此类来源,则市场取证方法的数据将将无法确定是来自人为还是自然。根据当前的问题,数据可能仍然有助于确定某些人为的来源和贡献
- 在决定使用哪种数据之前,检查所有消费品销售数据的来源
- 检查数据的时间依赖性(变异性)和可能的季节性模式,确保使用最能代表当前问题的时间框架。如有疑问,请使用最长可用时间范围内的数据

说　　明

1. 现存最古老的航拍照片是从热气球上拍摄的,显示的是 1860 年波士顿的

一些地区。然而，直到 20 世纪 30 年代中期才有了系统的航空摄影覆盖。

2. 请注意，醇类物质不仅仅存在于消费品中，也存在于自然环境中。

3. 需要注意的是，也可以通过同位素鉴定来区分自然和人为因素，但这种方法通常不如市场取证方法实用，且成本更高。

4

用于环境污染物或
相关化合物的指纹鉴定技术

4.1　化学指纹鉴定技术

化学指纹鉴定是一个通用术语，指的是通过调查环境中污染物和相关化学品的化学模式，以确定排放源或排放时间，并分摊排放贡献的技术。化学模式包括研究环境中污染物的类型和浓度。

4.1.1　全面化学指纹鉴定

4.1.1.1　方法原理和步骤

该方法的原理包括分析研究环境（土壤、沉积物、水、灰尘或空气，以及生物群或生物体）中单个污染物的类型和化学浓度，并将结果与各种相关来源污染物的类型、浓度以及根据排放时间的预期变化进行比较。要解释结果和鉴定来源，需要预先了解潜在的来源成分或比较来源样本（代表原始来源）。

这种方法尤其适用于由单个化合物组成的复杂混合污染物，如原油及其各种的馏分产品、多环芳烃（PAHs）、多氯联苯（PCBs）、呋喃以及二噁英。对于这些由单个化合物组成的复杂混合物，以风险评定和场地修复为目的的标准环境检测通常只对极少部分单个化合物（即只对已知具有风险的化合物）进行调查。然而，现有的分析方法可以描述数量更多的单个化合物，例如原油以及石油馏分物（可识别和量化数百种碳氢化合物）或多氯联苯（可单独报告和量化各种同类物）。

化学指纹鉴定还可用于：

• 带有降解中间体的化合物（如氯化碳氢化合物）。

• 特定来源的"污染物鸡尾酒"，如

- 废液；
- 废弃的混合溶剂；
- 某些应用制剂（如某些商用制剂）。

在使用化学指纹鉴定时,可遵循以下一般步骤：

1. 评估现场条件和污染物性质。这是开始任何检测计划前的必要步骤,应在项目的文件审查阶段进行。根据获得的信息,可以提出相关的法医学取样和分析计划,这可以帮助确定除受关注污染物（COC）外,现场还可能存在哪些类型的化合物。请记住,任何污染物都可能与法医学评估有关。基本上,这一步骤将确定污染物羽流中代表性样本的位置和可疑污染源的位置,以及要检测的污染物（任何可疑的污染物,无论其对环境造成的风险如何）。这一步骤还可能揭示有关可疑来源特征的重要信息（例如,可能存在哪些其他化学品或添加剂,并可能与受关注污染物一同排放）。

2. 确定合适的分析技术。一旦确定了污染物的性质及其潜在来源的位置,就应选择可用的分析技术。通常,应首选检测限最低的分析技术,法医学家应了解各种可用技术的相关局限以及潜在的干扰。此外,如果要将获得的化学数据与历史报告数据进行比较,则应首选与以前使用的相一致的分析技术。如果这些分析技术不能提供最佳的法医学解释,则可使用多种技术对样本进行分析。应以一致性和易于解释为目标。

3. 环境样本的化学分析。应获取具有法医学代表性的环境样本,并根据前面的步骤分析污染物的存在和浓度。结果以化学浓度单位表示（例如,固体为 $\mu g/kg$,液体为 $\mu g/L$,空气样本为 mg/m^3）。

4. 对可疑来源样本进行化学分析。建议确定可疑来源并进行采样。如果无法从可疑来源获取样本或进行采样,则应尽可能在靠近可疑来源的地方采集环境样本（土壤数据仍可能保留具有代表性的污染源特征,因此应优先于地下水数据）。虽然污染源取样或靠近污染源取样很有用,但并不总是必要的,如果存在历史监测或记录在案的污染源成分信息,就可以利用这些信息与研究环境中的化学指纹进行比较。此类信息的存在应在历史文件审查的第一阶段揭示出来（见第 3.1 节）,这就是为什么进行彻底的历史文件审查在任何法医学调查开始时都如此重要的原因。

5. 数据分析和解释。这一步骤可包括使用各种可视化技术（如直方图、双比值图、星形图)、诊断比值以及多元统计(如可使用化学计量学来解释结果——化学计量学是一门将统计和数学方法应用于化学的学科,Brown et al.,1996)。无论使用哪种数据分析技术,可靠的解释都必须基于对具体现场条件以及污染物归宿(去向)和迁移的深刻理解。例如,当汽油排放到地下水中时,甲基叔丁基醚(methyl tertiary-butyl ether,MTBE)的传播速度比苯、甲苯、乙苯和二甲苯(benzene,toluene,ethylbenzene,and xylenes,BTEX)快,这可能有助于将 BTEX 羽流后面的 MTBE 解释为更有可能通过不同的排放造成的(潜在的不同来源或不同的排放时间)。同样,当在氯化溶剂羽流前缘后面发现 1,4 -二氧己环时,也可以做出类似的解释。为深入了解污染物的归宿(去向)和迁移,应同时了解污染物的物理化学特性和排放环境的地质和水文地质情况(针对陆地排放)。此外,应充分了解现场条件(例如,有利于生物或非生物降解、挥发、溶解和水洗),并(根据现有数据和趋势)弄清它们随时间的变化。例如,如果排放发生在某一建筑物的下方,而该建筑物在某一时刻被拆除,则该建筑物下方的羽流条件预计将从无氧或缺氧状态变为富氧状态,在及时重建污染物羽流演变以追踪其来源时,应考虑到这一点。显然,羽流行为的环境建模应记录这些信息以及预计会影响地下条件的任何其他变化。

6. 数据制图是一个辅助步骤,用于帮助解释和整体评定以及交流结果。建议绘制二维和三维(分别为 2D 和 3D)地图,为不同时期提供多个数据层。

4.1.1.2　分析技术

如今,可用于化学指纹鉴定的分析仪器和方法非常丰富,包括固定设备和移动设备。在所有这些方法中,气相色谱法(GC)可能是最常用的有机挥发性和半挥发性化合物指纹鉴定方法。其他分析技术通常用于分析有机污染物和无机污染物,包括光谱法、质量法、比色法、电泳法以及激光烧蚀显微分析法。

本节从使用者的角度简要介绍了一些常用的分析技术。本书的目的并不在于全面介绍分析技术或方法细节,读者可查阅具体参考资料,了解更多详细信息。

基本上,任何挥发而不分解的化合物都可以用气相色谱法进行测量。气相色谱与质谱(MS)联用(通常称为 GC/MS)时,混合物中单个化合物的鉴定很容易实现。此外,使用两个色谱柱的二维气相色谱(GC×GC)能够从原油和石油产品等复杂混合物中分离出数量级更高的化合物。关于气相色谱技术现状的综合性评述已经出版(Dorman et al., 2010),其中包括二维气相色谱等现代技术以及便携式和微加工气相色谱技术。在某些情况下还可使用高效液相色谱法(HPLC)(例如,水果饮料中农药残留的测定;Garcia-Reyes et al., 2008)。

除色谱技术外,其他化学指纹鉴定技术包括:

- 石油产品和原油筛选方法相辅相成,例如以下方法(Fernandez-Lima et al., 2009):
  - 离子迁移率/质谱法(IM/MS)可提供独特的石油指纹,用于快速识别特征构象和组成模式。通常利用尺寸和形貌标示来识别最复杂的杂原子类别;
  - 傅里叶变换离子回旋共振质谱(FTICR)可提供全面的杂原子类别分布(用于石油产品)。它可通过化学标示来解析和识别所有元素成分。
- 用于分析金属或其他无机污染物的方法:
  - 电感耦合等离子体质谱法(ICP‐MS)可用于分析超痕量的金属污染物(更多信息见评述;Beauchemin, 2006)。
  - 电感耦合等离子体原子发射光谱(ICP‐AES)可用于铅(Pb)和其他金属分析。
  - 激光烧蚀显微分析通常与 ICP‐MS 或 ICP‐AES 结合使用,以检测痕量金属(如铅)(Ghazi, 2007)。
  - 原子吸收光谱法(AAS)可用于分析溶液中的高氯酸盐和金属。
  - 拉曼光谱可用于分析高氯酸盐。
- 用于分析放射性元素的方法:
  - γ 射线光谱法可用于分析放射性元素(如^{137}Cs、^{210}Pb)。
  - 热电离质谱法(TIMS)也可用于放射性元素分析。
- 其他具有潜在法医学适用性的方法包括以下几种:
  - 傅里叶变换红外光谱法(FTIR)可用于非常复杂的混合物(见综合性评述;Nyquist et al., 1990)。
  - 分子荧光、磷光和化学发光光谱法是高灵敏度的技术,可用于现场监测(有关这些方法的更多详情请参考著作;Lowry et al., 2008)。
  - 电喷雾离子化质谱法(ESI MS)(Eide and Zahlsen, 2005)可用于检测高氯酸盐和生物大分子,并可与色谱法结合使用。

- 串联 MS/MS 可用于测量二噁英。
- 质量检测技术可用于高氯酸盐检测。
- 比色技术也可用于其他某些应用。
- 还可使用基于电泳的技术。

化学分析仪器的最新进展包括微型和移动式大功率测量设备,例如:

- 微型质谱仪:其用途包括直接从表面检测爆炸物(如 TNT、Tetryl 或 HMX)(Sanders et al., 2010)和环境监测,包括使用选择性固体吸附剂检测空气中的有毒化合物和有毒气体(检测限从 800 ppt 到 3 ppm 不等,1 ppt = $1/10^{12}$, 1 ppm = $1/10^6$)(Ouyang et al., 2009)。
- 便携式拉曼光谱仪(RS):Carron 和 Cox(2010)将其描述为对"未知事务"具有强大"指纹鉴定"能力的方法(Carron and Cox, 2010)。
- X 线便携式荧光仪是一种功能强大的半定量仪器,可用于筛查表面的金属热点(如选择采样位置)。在涉及土壤中金属污染的法医学调查中,这类设备通常用作第一步。

有关化学指纹鉴定方法应用请参考综述:Douglas et al., 2007 和 Wang et al., 2005。

4.1.1.3　影响因素/局限性

从根本上来说,任何影响污染物归宿(去向)和迁移的因素都可能影响原始化学指纹,因此在使用化学指纹鉴定时都应对此进行评定。化学指纹鉴定的主要限制因素包括以下几点:

1. 风化/排放时间/与污染源的距离。污染物一旦排放到环境中,就会开始发生变化。原始化学成分(单个污染物组成的指纹或模式)的这种改变或变化会随着排放时间的推移和与排放点距离的增加而加剧。如果时间足够长或距离足够远,这种改变可能会导致无法识别或成为无关的指纹。改变排放污染物的各种过程统称为风化作用,通常包括以下主要环境转化和改变:
   - 生物降解是指在环境微生物(通常以污染物为食,并充当催化剂以加快各种转化过程的速度)的介导下,对排放的污染物进行降解或生化转化。生物降解通常是主要的风化因素,加上蒸发(对于挥发性化合物),造成了大部分排放污染物的环境变化。生物降解在"治愈"环境的同时,也会改变法医学证据,严重影响原始化学指纹,直至使其失效。

虽然没有明确的规则,但化学指纹鉴定主要适用于新鲜或风化程度较低的排放物。要解决这一限制,可以只使用抗生物降解能力较强的单个化合物来建立化学指纹。此外,只要有历史监测数据,就可以克服这一限制。在此应该指出的是,虽然生物降解和其他风化过程对来源鉴定有一定的限制,但对年代测定调查(如相关的年代分配)可能会有帮助。

- 与生物降解相比,化学降解并不常使用,但对于某些特定污染物(如1,1,1-三氯乙烷)来说,它可能成为一种重要的机制。与生物降解不同,化学降解的速度更容易预测,因此可以用来确定排放时间,但仅限于当化学降解的速度超过生物降解和其他过程时(如降解1,1,1-三氯乙烷)。化学降解与生物降解类似,会改变原始化学指纹。因此,建议选择性使用耐化学降解的化合物来生成指纹。

- 蒸发是指将挥发性或半挥发性污染物从液相转变为气相。对于有机污染物来说,这是一种较为常见的处理方法,但某些无机污染物,如金属,本身可能具有挥发性(如汞),或可转化为挥发性化合物(如砷化氢或金属的各种甲基化形式)。蒸发的最终结果与生物或化学降解类似,可能会大大改变土壤或水中残留的原始化学指纹。在建立具有代表性的化学指纹时,可选择使用挥发性较低的化合物来解决这一局限。

- 水洗是指排放的污染物与水(如降水、地下水或地表水)接触时的溶解,以及在某些条件下可能从水中析出(从液相/溶解相转变为固相)。水洗也会改变原始化学指纹,有可能使其无法辨认。同样,可以通过在化学指纹中选择使用溶解度较低的化合物来解决这一局限。

- 稀释、扩散和分散是污染物在一般地下水中迁移的主要物理过程,其结果是改变排放源的原始化学成分。研究区域距离污染源越远,发生此类改变的可能性就越大。因此,远离污染源的污染物浓度降低并不一定表明发生了降解过程,而可能仅仅是这些物理过程造成的。虽然这些过程不会直接改变化学指纹(单个污染物的模式),但由于污染物浓度降低,转化过程(如生物降解)可能会得到加强。因此,稀释、分散和扩散为化学变化过程的发生创造了有利条件,最终导致原始指纹的改变。此外,较低的污染物浓度会增加化学分析(检测)的难度。

- 吸附/解吸是指将排放的污染物吸附到多孔介质(如泥土、黏土、淤泥、沙)或任何其他吸附材料上。这可能会有选择性地减缓那些与土壤结合亲和力较高的化合物在土壤中或地下水中的迁移速度,从而导致原始化学指纹的改变。这些过程很容易受到土壤中总有机碳(TOC)含量的影响。因此,通过了解土壤成分和污染物的物理化学特性,有助于选择最适合用于(混合物)化学指纹鉴定的单个污染物。

要克服风化效应,可以考虑具有相似归宿(去向)和迁移的污染物比值,而不是其绝对值,也可以只使用耐风化的化合物的指纹(如油品泄漏情况下的生物标记物)。如前所述,建议(在原油、石油产品、多氯联苯和其他污染物等复杂混合污染物中)选择具有相似特性、归宿(去向)和迁移的污染物进行指纹鉴定。

2. 排放环境以及条件都会影响风化的模式,在法医学评定中应始终予以考虑。例如,就油品泄漏而言,在水生环境(如海洋或河流)中排放的泄漏物与在地下(地下水位以下)排放的泄漏之间存在很大差异,前者非常有利于风化过程,而后者的条件通常不利于风化过程。在前一种情况下,应在泄漏后尽快(一般在几天内)收集具有代表性的泄漏样本,而在后一种情况下,在泄漏发生多年后仍可收集具有代表性的原始化学指纹样本。有关排放环境的信息通常通过地质调查、钻孔记录、一般环境监测等方式收集。收集到的信息通常反映的是最近的状况,有可能代表历史状况,也可能不代表历史状况。任何可能的时间变化都应通过历史文件和航拍照片审查进行仔细评定。此外,建筑工程、以前的排放,以及景观美化等也可能会影响地下条件,因此,要准确解释化学指纹数据,就必须充分了解场地条件和随时间推移可能发生的变化。

3. 共污染物(环境中存在其他污染物)可能会影响排放污染物的归宿(去向)和迁移。例如,地下存在的轻非水相液体(LNAPL)游离产物,可提高保留或吸附有机污染物的能力,从而大大延迟污染物在土壤中的垂直迁移。此外,轻非水相液体和重非水相液体(DNAPL)的共存也会影响重非水相液体化合物的归宿(去向)和迁移,延缓其在土壤中的垂直迁移,因为重非水相液体污染物往往会分离到轻非水相液体中。此外,在存在轻非水相液体的情况下,氯化溶剂等重非水相液体化合物的降解可能会增强。因此,必须了解与所研究的污染同时存在或在其附近存在的其他污染物,无论其可能造成的环境风险如何。

4. 多次排放,特别是在某一地区不同时间排放的同类污染物或混合物,会使任何全面化学指纹鉴定失效。这种情况可能常见于长期储存和使用同类污染物的场所,如石油储存设施、炼油厂、加油站、散装化学品储存设施、干洗店、工业场所等。不过,也有一种例外情况,化学指纹鉴定可能会在有多次排放的现场起作用,即当可以证明较早的排放物已经完全降解,且在指纹中看到的是最新排放物时。

5. 取样时污染物的实际存在情况。很明显,某些东西需要实际存在才能被指纹鉴定。虽然污染的存在是法医学调查的触发因素,这似乎合乎逻辑,但在某些情况下,可能会在现场修复后提起法律诉讼(诉讼),目的是收回修复成本。在这种情况下,法医学调查可能无法使用任何要求污染物本身存在的检测方法(如实物证据类型)。在使用本章所述的化学指纹鉴定或其他方法时,无法克服这一局限。不过,即使在没有排放污染的情况下,也可以使用其他法医学方法(如树轮指纹鉴定法、DNA 指纹鉴定法)。

在解释化学指纹数据时,应始终考虑前面提到的主要影响因素。因此,对文件和航拍照片进行全面审查,同时进行基本检测以了解排放区域的环境条件,以及多年来(自怀疑发生排放以来)可能发生的变化,对于解释化学指纹至关重要。

4.1.1.4　应用

化学指纹鉴定可能是最常用的环境法医学方法(除历史文件审查外)。这是因为化学分析一般可以广泛使用,而且成本低廉。在某些情况下,监测数据(化学分析)可能足以获得具有可靠性的指纹。根据定义,只有当污染物(单个成分)的混合物被排放并存在于环境中时,才能应用化学指纹鉴定技术。乍一看,这种技术可能不适用于以单个成分排放的污染物。不过,也有例外情况,下文将解释(全面)化学指纹鉴定在对混合物和单独排放的污染物进行法医学调查方面的"经典"和"新兴"应用,其中还包括具体指纹鉴定技术的示例。

4.1.1.4.1　用于以混合物形式排放的污染物

如上文所述,全面化学指纹鉴定技术是一种针对混合污染物的强大法医学技术。从理论上讲,混合物中单个成分的数量越多,化学指纹鉴定的法医学能力就越强,因为可以获得和比较更复杂的模式。此外,获得独一无二的原始特征模式的可能性也更大。事实上,在混合物(如原材料、废弃物或径流)中排放的任何污染物,只要可能是污染源的特征,都可以成功地进行化学指纹鉴定。

本节将针对油品泄漏、多氯联苯、二噁英和呋喃,介绍"理想"的化学指纹鉴定替补典型示例以及一些具有代表性的指纹鉴定技术。

4.1.1.4.1.1 油品泄漏的化学指纹鉴定

原油和各种石油馏分物(如汽油、喷气燃料、煤油、矿物油精、斯托达德溶剂、燃油、2 号柴油、4 号柴油、船用油、液压油、机油、润滑油)是由数千种独立成分(主要是碳氢化合物和杂环化合物)组成的混合物。

原油的化学成分:来源区分的依据

原油是由单个化合物组成的复杂混合物,其中包括数千种碳氢化合物和非碳氢化合物。原油成分从小到大,从挥发性化合物到非挥发性化合物,可分为饱和物、芳烃、树脂和沥青质(SARA)。与这些主要分类相关的典型化合物类别如下:

- 饱和物或饱和化合物包括只含有单个(sigma)共价键的碳氢化合物,其中包括:
  - 烷烃,包括:
    - 正构烷烃(n-paraffins),即普通或直链烷烃;碳原子数较多的正构烷烃(如 nC18 − nC40 以上)通常被称为蜡;
    - 异构烷烃(iso-paraffins),由支链烷烃(如异戊二烯)组成;
    - 生物标记物,例如(从生物体中提取的具有重复异戊二烯单元的支链烷烃)。
  - 环烷烃(naphthenes),包括以下化合物:
    - 非烷基化环烷(如环己烷)。
    - 烷基化环烷。例如,正烷基环己烷(具有从 C1 到 C25 左右不同碳数的单烷基侧链的环己烷)是一类具有法医学用途的环烷,因为它们的沸程较宽,与正构烷烃相比更耐生物降解(Stout and Wang, 2008);它们在不同油类中的分布模式各不相同。
    - 生物标记物(如倍半萜烷、金刚烷、三环二萜烷、三环三萜烷、甾烷(四环三萜烷)、霍烷和其他五环三萜),它们是来自生物体的复杂分子(包括多个循环和与循环结合的烷基)。
- 芳香族或芳香族化合物,它们包括具有一个或多个芳香环的化学品。一个芳香环由六个碳原子组成,包含三个非定位双键。芳香族包括以下物质:
  - 单芳烃(一个芳香环),如:
    - BTEX 和其他烷基苯(如三甲苯)。
    - 生物标记物,即从生物体中提取的复杂分子,如单芳香族甾烷。
  - 多芳烃(两个或两个以上融合芳香环)或多环芳烃,在原油中主要由二环、三环和四环多环芳烃组成,包括:

　　—母体或非烷基化多环芳烃(C0 – PAH)(例如,环境保护局(EPA)列出的所有 16 种重点污染多环芳烃)。

　　—芳香环上附有 1~5 个碳烷基的烷基化多环芳烃;C1 – C5 –烷基化多环芳烃类被称为同系物(如 C2 –萘),包括芳香环上以不同排列方式结合一定数量碳原子的所有构型异构体。

　　—生物标记物,从生物体中提取的复杂分子,如三芳香族甾烷。

　　——些多芳香族杂环化合物,如环状结构中含有硫的芳香族化合物(如苯并噻吩、二苯并噻吩,通常与多环芳烃一起分析和报告)。

- 树脂,主要包括极性化合物,除碳和氢外,还含有氧、氮、硫或金属。此类化合物主要包括酚、酸、醇、焦油和硫醇。

- 沥青质包括分子量非常大的化合物,有时含有氧、氮、金属或硫。这些化合物不溶解在石油中,而是以胶体形式分散。人们对沥青质的分子结构知之甚少(Wang et al., 2006a)。

- 卟啉,一种卟吩(叶绿素的降解产物)的复杂衍生物,由四个吡咯单元组成,各吡咯核之间相互连接。原油中的大部分卟啉物质都与金属(如钒、镍)螯合。这些化合物构成了一类独特的生物标记化合物。

　　除此之外,还可以参考 Wang 等人提供的有关原油化合物的化学结构、命名以及特性的详细信息(Wang et al., 2006a)和 Fingas 发表的关于原油化学和原油中发现的各种化合物的综述(Fingas,2012)。

　　与法医学关系最密切的是抗风化和具有来源特征的化合物,包括以下物质:

- 多环芳烃(PAHs)是各种单个碳氢化合物的混合物(已确定的多环芳烃有数百种),具有两个或两个以上的苯环或芳香环。此类化合物可能主要分为岩源型(源自石油产品)或热源型(源自不完全燃烧过程)以及生物源型(天然多环芳烃,通常源自岩化作用、生物合成和化石燃料)。可以参考Boehm(2006)对多芳烃及其法医学用途的评述。

- 生物标记物源于生物体(异戊二烯单元的聚合)。如前所述,它们具有属于各类原油化学品的多种化学结构。可参考 Wang 等人对生物标记物化学性质和指纹鉴定应用的评述(Wang et al., 2006a, b)。

原油泄漏和石油馏分物的指纹鉴定

　　原油中各种单独成分和化合物类别之间的比例因原油产地的地质构造以及一系列环境因素而异。因此,确定泄漏油品的化学成分可为来源鉴定提供有用信息。这也被称为油类的化学指纹鉴定。由于油类化合物种类繁多,因此,化学指纹鉴定不仅具有挑战性,而且在鉴定来源方面也非常有效。

　　原油和石油馏分物的全面化学指纹鉴定涉及对单个油类化合物的鉴定。虽然任何油类化合物都可用于指纹鉴定,但有些化合物比其他化合物更有助于来源鉴定,因此在指纹鉴定研究中更有针对性。所有原油中都存在几种能够在环境中稳定存在的化合物,如生物标记物(如异戊二烯、金刚烷、三环萜烷、甾烷、藿烷)和多环芳烃。其他油类化合物也可能有助于评定泄漏油品的风化程度,并通过单个的碳氢化合物确定是否存在相关的生物物质。

　　油品泄漏的指纹鉴定通常采用以下主要技术:

- 查看色谱图
- 查看直方图
- 使用诊断比值,通常可通过以下方式对其进行进一步分析:
  - 双比值图
  - 多元统计
- 生物标记回归分析技术
- 使用单个化合物浓度进行多变量统计

　　本节简要概述了这些主要的原油和石油馏分物化学指纹鉴定技术,并强调了与泄漏源鉴定或风化评定以及泄漏时间确定相关的法医学指纹鉴定比值。所选信息基于许多出版物和作者的经验。下一节将简要介绍应用示例,重点列出与法医学相关的比值,解释使用这些比值的原理,并从文献中选取一些参考文献来支持所介绍的比值。强烈建议在使用任何比值时仔细阅读列出的参考文献,以便熟悉它们的用途和局限。此外,本书第三部分介绍了一些案例研究,说明在油类指纹鉴定中如何使用其中的一些比值和技术。

色谱图审查

　　色谱图是检测设备(色谱仪)根据样本成分及时发出信号(响应)的图形表示。基本上,随着时间的推移,可能会出现许多不同大小(如高度和面积)的峰值。需要注意的是,X 轴表示的是时间,Y 轴表示的是峰值所反映的仪器响应强度(毫伏,mV)。对于原油和石油产品,每个峰代表一种单独的化合物(通常是碳氢化合物),而强度(如峰高或峰面积)则与混合物(油)中该单独化合物的丰度相关。

　　图 4.1~图 4.4 提供了原油和一些常见石油馏分物的色谱示例。部分显示的色谱图上有实验室确定的单个色谱峰,这在解释色谱数据时非常有用。如果实

验室没有提供这些信息,可通过咨询或使用准确的保留时间(每个已鉴定/定量化合物应报告的保留时间)来确定每个观察到的色谱峰与哪种化合物有关。

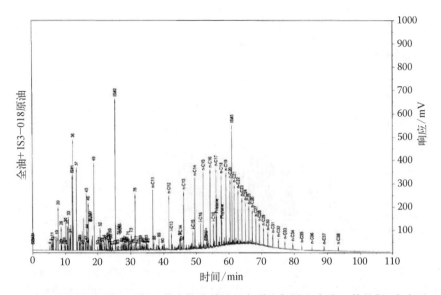

图 4.1　原油的色谱图示例。其中许多单独的色谱峰都被鉴定为正构烷烃,在本示例中,原油中的正构烷烃范围为 n - C11 到 n - C38;图中显示了总离子色谱(TIC)的特征峰,此时没有针对特定组别的碳氢化合物进行详细分析。正构烷烃在未风化原油(如本例中的原油)中占主导地位(通过 Zymax 法医分析)

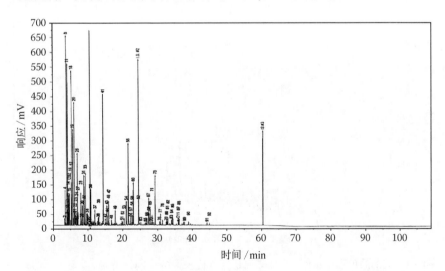

图 4.2　汽油的色谱图示例。从色谱峰偏向左侧的分布可以看出,这是一种未风化的汽油;因为图中汽油的碳范围较低,约在 n - C12 左右,因此所有的色谱峰均出现在色谱图的左侧(通过 Zymax 法医分析)

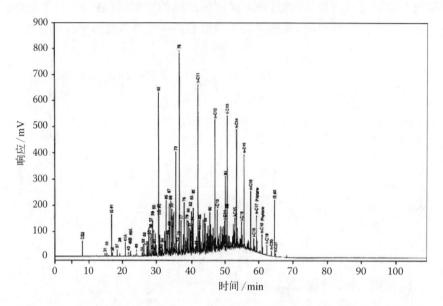

图 4.3　Jet–A 的色谱图示例(Jet–A 是一种轻质馏分油(如汽油))。需要注意的是,图中碳范围向 n–C19 扩大,以及出现轻微的不明复杂混合物和向右移动的色谱峰(通过 Zymax 法医分析)

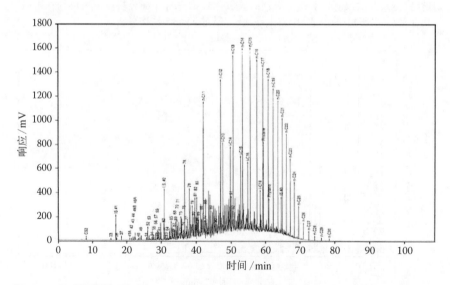

图 4.4　柴油的色谱图示例。2 号柴油是具有代表性的中间馏分油;需要注意的是,图中碳范围向 n–C26 到 n–C27 扩大,以及出现轻微的不明复杂混合物和向右移动的色谱峰;与之前示例中的产品一致,它们均没有被风化(通过 Zymax 法医分析)

需要注意的是,通常分子量较低(碳氢化合物的碳原子数较少)的化合物出现(洗脱)较快,因此在色谱图的左侧。从左到右,单个化合物的质量和结构复杂性通常会随着其抗生物降解和其他风化过程的能力而增加。因此,风化的油类在色谱图左侧的色谱峰会减少,如果风化程度进一步加深,则大部分或所有单个色谱峰都会减少(不再明显),而所谓的不明复杂混合物(UCM)则会变得普遍。不明复杂混合物通常由大分子量化合物组成,这些化合物无法通过色谱分离(解析),因此无法通过单个峰值进行识别。不明复杂混合物通常看起来像一个驼峰。驼峰越大,不明复杂混合物含量越高,因此油类降解得越快(不明复杂混合物按比例增加的原因是,在油类混合物中,产生不明复杂混合物的复杂油类化合物比产生单个峰值的简单化合物更多,后者降解得更快)。

有兴趣的朋友可以参考第三部分的示例研究,了解风化油类和相关不明复杂混合物的一些示例。还要注意的是,图4.1中作为示例展示的未风化原油出现轻微的不明复杂混合物并不表明发生了风化,因为原油中存在大量未溶解的单个化合物,因此许多新鲜原油可能也会显示一些不明复杂混合物。此外,图4.1示例中的油类没有降解(风化),这一点还可以从色谱图中左侧存在的峰得到证明。

评定气相色谱/火焰离子化检测(GC/FID)和气相色谱/质谱(GC/MS)(通过带有FID或MS检测器的GC分析得出)是进行指纹鉴定研究的第一步。GC/FID色谱图中显示的信息可提供有关油类存在情况、碳范围、正构烷烃和异戊二烯的分布以及不明复杂混合物形状和大小的总体数据。来自GC/MS色谱图的信息通常可提供所研究的某些碳氢化合物组(如:藿烷、甾烷、多环芳烃)的详细指纹。

色谱图为样本可视化匹配或样本风化程度评定提供了有用的信息。在GC/FID结果的基础上,可根据相应的峰高或峰面积估算各种碳氢化合物的比例,从而进行半定量评定。当GC/FID在最佳峰分辨率条件下运行时,该方法还可用于定量测量。

对于原油和石油产品,色谱图可能非常具体,可以区分不同来源的油类。在某些情况下,这种特异性还可以通过泄漏油品不同风化阶段的不同色谱图案反映出来。此外,色谱图还能很容易区分样本中的产品类型和原油类型(见图4.1~图4.4中的示例)。

需要注意的是,生物降解和其他风化过程会首先降低较低的正构烷烃峰值

(色谱图的左侧),并增加不明复杂混合物。而在生物降解的高级阶段,可能看不到正构烷烃峰,通常会观察到较高的不明复杂混合物,这是因为通常情况下,不明复杂混合物的存在与生物降解过程有关。

直方图审查

直方图是柱状图,每个柱子代表一种化合物,柱子的高度等于污染物的浓度。对饱和碳氢化合物(SHC)和多环芳烃的评定通常同时使用色谱图和直方图。

原油的饱和碳氢化合物直方图通常包括 C9—C40 正构烷烃和异戊二烯。建议采用分级审查方法:

- 第 1 级评定调查一般的饱和碳氢化合物来源;在这种情况下,饱和碳氢化合物特征有助于:
  - 根据 C21—C35 范围内奇数碳氢化合物比偶数碳氢化合物多的典型情况,确定生物源物质的存在和分布情况。
  - 通过识别通常与岩源型相关的异戊二烯类碳氢化合物,评估岩源型物质的存在。
- 第 2 级评定侧重于要调查的特定来源;在这种情况下,饱和碳氢化合物特征可能有助于评定油类风化和特定来源。对于这一级,需要对潜在和替补来源的具体指纹进行比较。

在评定多环芳烃直方图时,也可采用类似的分级方法:

- 第 1 级分类确定一般来源类型(如岩源型、生物源型、热源型),并基于以下原理(Douglas et al., 2007;Boehm, 2006):
  - 相对于烷基化多环芳烃同系物,石油多环芳烃(源自原油和馏分产品)的母体多环芳烃丰度较低。例如,使用萘同系物,以下比例与石油来源有关:C0 - N<C1 - N<C2 - N>C3 - N>C4 - N。
  - 热源型多环芳烃(源于有机物的部分燃烧或热解)呈现出特定的分布,母体多环芳烃相对于烷基化同系物更为普遍。例如,使用萘时,以下比例与热源有关:C0 - N>C1 - N>C2 - N>C3 - N>C4 - N。此外,热源型多环芳烃通常富含较重的多环芳烃(如四环到六环),但较轻的多环芳烃也可能与某些热源型有关。
  - 生物源型多环芳烃是通过含有腐烂有机残骸的沉积物氧化形成苝或惹烯而揭示的。需要注意的是,某些原油中也可能含有一些苝。

- 第 2 级分类可确定个体的来源。例如,如果调查岩源型石油泄漏,则第 2 级评定会查看样本的岩源型特征(如果存在),将每个样本的多环芳烃特征与可疑来源特征(即直方图模式)进行比较。还可使用统计分析,帮助确认是否存在可疑的来源特征。

诊断比值

表 4.1 列出了部分来源诊断比值。原则上,在满足以下条件的情况下,比值可用于来源鉴定:

- 比值中使用的单个化合物具有抗风化性。
- 比值中使用的各种化合物具有相似的成分,因此具有相似的物理化学性质。
- 比值中使用的单个化合物可以在较低的检测限下进行定量报告。

虽然各种类别的化合物都可用于来源鉴定,但如表 4.1 所示,大多数特征化合物都属于环状生物标记物(如藿烷和甾烷)和多环芳烃类别。这是意料之中的,因为这些化合物具有很强的抗风化能力,并且通常可以使用痕量分析方法来检测。

表 4.1 原油的来源诊断比值

诊 断 比 值	化 学 类 别	部分参考文献
姥鲛烷/植烷	碳氢化合物(异戊二烯)	Wang et al., 2006b;
正构 C17/姥鲛烷	碳氢化合物(正构烷烃/异戊二烯)	Stout et al., 2001; Hansen et al., 2007; Peters et al., 2005;
正构 C18/植烷	碳氢化合物(正构烷烃/异戊二烯)	Stout and Wang, 2008
正构 C18/姥鲛烷	碳氢化合物(正构烷烃/异戊二烯)	
降姥鲛烷/姥鲛烷	碳氢化合物(异戊二烯)	Stout et al., 2001
正构 C18/正构 C30	碳氢化合物(正构烷烃)	Stout et al., 2001
碳优势指数(CPI) = [(C25 + C27 + C29 + C31+C33)/(C26+C28+C30+C32+C34) + (C25+C27+C29+C31+C33)/(C24+C26+C28+C30+C32)]/2	碳氢化合物(正构烷烃)	Stout and Wang, 2008
D2/P2(C2 -二苯并噻吩/C2 -菲) D3/P3(C3 -二苯并噻吩/C3 -菲) D1/P1(C1 -二苯并噻吩/C1 -菲)	多环芳烃同系物系列(包括一些多芳香杂环):烷基二苯并噻吩和烷基菲	Stout et al., 2001; Boehm, 2006; Hansen et al., 2007; Peters et al., 2005; Wang and Stout, 2007; Hegazi and Andersson, 2007

诊　断　比　值	化　学　类　别	部分参考文献
C1－C/C3－C(C1－屈/C3－屈) C4－N/C2－F(C4－萘/C2－芴) C3－DBT/C3C(C3－二苯并噻吩/C3－屈)	多环芳烃同系物系列(包括一些多芳香杂环)：烷基多环芳烃	Peters et al.，2005
R/C4－P(惹烯/C4－菲) BaF/4－MPy(苯并(a)芴/4－甲基芘) 2－MPy/4－MPy(2－甲基芘/4－甲基芘) 1－MPy/4－MPy(1－甲基芘/4－甲基芘)	多环芳烃：烷基菲、烷基芘、苯并(a)芴和惹烯	Hansen et al.，2007
4,5－二甲基菲/∑甲基菲	多环芳烃：烷基菲	Boehm，2006
甲基菲指数： MPI 1＝1.5(2MP+3MP)/(P+1MP+9MP) MPI 2＝3(2MP)/(P+1MP+9MP) MPR＝2MP/1MP	多环芳烃：甲基菲(各种甲基菲或 MPs)	Stout et al.，2001； Hansen et al.，2007
甲基二苯并噻吩指数： MDR＝4MDBT/1MDBT	多环芳烃/多芳香杂环：烷基二苯并噻吩(DBT)	Stout et al.，2001； Hansen et al.，2007； Stout and Wang，2008
(苯丙[b]荧蒽+苯丙[k]荧蒽)/屈 菲/屈 茚并[1,2,3－cd]芘/苯并[g,h,i]苝 苯并(b)芴/苯并[a]芘 苯并[b]荧蒽/苯并[a]芘 苯并[a]蒽/屈 苯并[e]芘/苯并[a]芘 苯并[b]荧蒽/苯并[j,k]荧蒽 苯并[b]荧蒽/苯并[a]蒽 苯并[b]荧蒽/苯并[k]荧蒽	重(高分子量)多环芳烃(HPAHs)(非烷基)	Douglas et al.，2007； Boehm，2006
(C23+C24)/(C28+C29)三环素 (C28+C29)三环素/藿烷	生物标记物：三环萜烷和藿烷	Stout et al.，2001
C23/C24 三环萜烷	生物标记物：三环萜烷	Peters et al.，2005； Wang et al.，1998，2006b； Stout and Wang，2008
C21/C23 三环萜烷	生物标记物：三环萜烷	Wang et al.，2006b； Stout and Wang，2008
C26/C25 三环萜烷 C28/C29 三环萜烷	生物标记物：三环萜烷	USGS，2012
C23 三环萜烷/藿烷 C24 三环萜烷/藿烷 C28 三环萜烷/藿烷 C29 三环萜烷/藿烷 (C28+C29)三环萜烷/藿烷 三环萜烷(C19－C26)/藿烷	生物标记物：三环萜烷和藿烷	Wang et al.，1998，2006b； Stout and Wang，2008； Hansen et al.，2007

诊 断 比 值	化 学 类 别	部分参考文献
五环三萜烷指数： Ts/藿烷(18α(H),21β(H)-22,29,30-三降藿烷) 莫烷/藿烷 C29 αβ-25-降藿烷/藿烷 C29 αβ-30-降藿烷/藿烷 齐墩果烷/藿烷 γ蜡烷/藿烷 ∑(C31-C35升藿烷)藿烷 C28双降藿烷/藿烷	生物标记物：藿烷和其他五环三萜烷	Stout et al., 2001; Wang et al., 2006b; Stout and Wang, 2008; USGS, 2012; Hansen et al., 2007
C3升藿烷(22S)/藿烷 C35五升藿烷(22S)/C34四升藿烷(22S)	生物标记物：藿烷	USGS, 2012
Tm/Ts(17α(H),21β(H)-22,29,30-三降藿烷/18α(H),21β(H)-22,29,30-三降藿烷) C32(S)/C32(R)(双升藿烷立体异构体) C33(S)/C33(R)(三升藿烷立体异构体) C31(S)/C31(R)(升藿烷立体异构体)	生物标记物：藿烷	Wang et al., 1998, 2006b; USGS, 2012
C29 αββ(R+S)/总C29甾烷 C27 αββ/∑C27-C29 αββ甾烷 C28 αββ/∑C27-C29 αββ甾烷 C29 αββ/∑C27-C29 αββ甾烷	生物标记物：甾烷	Stout et al., 2001; Wang et al., 2006b; Hansen et al., 2007
甾烷C27 ααα/藿烷	生物标记物：甾烷和藿烷	USGS, 2012
C29 ααα(20S)/C29 ααα(20R)甾烷 C29 αββ(20S+20R)/C29 ααα(20S+20R)甾烷	生物标记物：甾烷	Hansen et al., 2007
C27 αββ/C29 αββ甾烷 C28 αββ/C29 αββ甾烷	生物标记物：甾烷	Wang et al., 1998, 2006b
C27 βα重排甾烷(20S)/C27 βα重排甾烷(20S)	生物标记物：重排甾烷	Stout and Wang, 2008
C20 TA/C20 TA+C21 TA C27 TA(20R)/C28 TA(20R) C26 TA(20R)/C28 TA(20R) C28 TA(20R)/C28 TA(20S) C26 TA(20S)/[C26 TA(20S)+C28 TA(20S)] C28 TA(20S)/[C26 TA(20S)+C28 TA(20S)]	生物标记物：三芳甾烷(TAs)	Wang et al., 2006b; Hansen et al., 2007

值得注意的是长链正构烷烃在来源指纹鉴定中的应用,特别是在确定生物源型材料的污染贡献方面。具体来说,n-C23到n-C35范围内的正构烷烃可

用于评定天然有机物(NOM,如植物残骸)的干扰,这种干扰可能会改变泄漏油品的指纹,尤其是在沉积物中。这是由于天然有机物中的奇数正构烷烃明显多于偶数正构烷烃,这是表层叶蜡的特征。奇数正构烷烃的富集程度可以通过碳优势指数(CPI)进行定量评定。

表4.2列出了选定的风化比值。原则上,在满足以下条件的情况下,该比值可用于评定泄漏物的风化程度和年代:

- 比值中使用的单个化合物具有截然不同的抗风化性(例如,一种化合物比另一种化合物更容易受到某类风化的影响);首选对某类风化(例如蒸发、生物降解、水洗)更敏感的化合物,以评估特定类型的风化过程及其在研究环境中的普遍性。
- 在研究环境中,所选化合物(按比值使用)的风化模式已十分成熟。
- 比值中使用的单个化合物可以在低含量时进行定量报告。

表 4.2　原油的风化比值

比　　　值	化合物类别	应用/风化评定	参 考 文 献
n-戊烷/n-戊烷 2-甲基戊烷/2-甲基庚烷	碳氢化合物(正构烷烃和异构烷烃)	蒸发作用	Kaplan et al., 1997
苯/环己烷 甲苯/甲基环己烷 单芳香族化合物/总链烷烃	单芳香族化合物/碳氢化合物(环烷,链烷烃)	水洗作用	Kaplan et al., 1997
菲/苯并[a]芘 萘并苯并噻吩/屈 C2-萘并苯并噻吩/苯并[a]芘 C3-萘并苯并噻吩/苯并[a]芘 萘并苯并噻吩/苯并[a]芘 C2-萘并苯并噻吩/C2-屈	多环芳烃(包括非烷基多环芳烃和烷基多环芳烃——同系物系列和一些多芳香杂环)	蒸发作用(据报告,蒸发引起的变化比好氧生物降解引起的变化要大)	Douglas et al., 2007
C3-二苯并噻吩/C3-屈 C2-DBT/C3-DBT(C2-二苯并噻吩/C3-二苯并噻吩) C2-P/C3-P(C2-菲/C3-菲) C2-N/C1-P(C2-萘/C1-菲) 芳烃/含硫芳烃	多环芳烃(烷基多环芳烃——同系物系列)和多芳香杂环	风化油料的鉴别	Boehm, 2006; Hansen et al., 2007; Peters et al., 2005; Hegazi and Andersson, 2007
C0-萘/C2-萘 C3-萘/C3-菲 C2-苯并噻吩/C3-萘	多环芳烃(烷基多环芳烃和多芳香杂环)	风化(蒸发)程度	Kaplan et al., 1997

续　表

比　　值	化合物类别	应用/风化评定	参 考 文 献
C27 αββ 甾烷/C29 αββ 甾烷 C28 αββ 甾烷/C29 αββ 甾烷 C27 αββ 甾烷/(C27 αββ 甾烷+C28 αββ 甾烷+C29 αββ 甾烷)	生物标记物(甾烷)	风化油料的鉴别	Wang et al., 2006b
C0 -屈/总屈 C1 -屈/总屈 C2 -屈/总屈 C3 -屈/总屈 C4 -屈/总屈	多环芳烃(母体和烷基多环芳烃)	生物降解和光降解	Stout et al., 2001; Garrett et al., 1998
C3 -菲/C3 -屈	多环芳烃(烷基多环芳烃)	生物降解	Garrett et al., 1998
甾烷 C27 αα(S)/甾烷 C27 αα(R) 甾烷 C29 αα(S)/甾烷 C29 αα(R) 甾烷 C28 αα(S)/甾烷 C28 αα(R) 重排甾烷 27(S)/重排甾烷 27(R)	生物标记物(甾烷和重排甾烷)	生物降解	Wang et al., 2006b; Prince and Walters, 2007; Stout et al., 2001
C27, C28, C29 ααα/αββ 甾烷差向异构体(m/z 217)	生物标记物(甾烷)	生物降解	Wang et al., 2006b
C27 重排甾烷(S+R)/C27 甾烷(S+R)	生物标记物(甾烷和重排甾烷)	生物降解	Wang et al., 2006b
甲基二苯并噻吩比值: 4 -MDBT: 2 -/3 -MDBT: 1 -MDBT 4 -MDBT/1 -MDBT 2 -MDBT/4 -MDBT	多环芳烃(多芳香杂环)	生物降解	Wang et al., 1998; Stout and Wang, 2008; Hansen et al., 2007
甲基菲比值: (3+2 -甲基菲)/(4 -/9 -+1 -甲基菲) 2 -甲基菲/1 -甲基菲 MPI 1 = 1.5(2MP+3MP)/(P+1MP+9MP) MPI 2 = 3(2MP)/(P+1MP+9MP)	多环芳烃(烷基多环芳烃)	生物降解	Wang et al., 1998; Stout and Wang, 2008; Hansen et al., 2007
甲基萘(MPs)比值: (1,3+1,6 -二甲基萘)/总 C2 -萘 2 -甲基萘/1 -甲基萘 (2,6 -二甲基萘+2.7 -二甲基萘)/1,5 -二甲基萘	多环芳烃(烷基多环芳烃)	生物降解	Wang et al., 1998; Stout and Wang, 2008
甲基芴比值: 甲基芴/C1 -芴	多环芳烃(烷基多环芳烃)	生物降解	Wang et al., 1998
苊/芴 氧芴/芴	多环芳烃	生物降解	Douglas et al., 2007

注: 表4.2 中的比值也可用于石油馏分物的风化评定,只要这些馏分物中含有比值中的单个化合物。

接下来将简要讨论生物降解和光降解及其对油品泄漏的影响,重点是各种特征类别和化合物的敏感性。这一讨论对于表 4.2 中所列的各种比值在油品泄漏的时间确定和法医学评定中的使用是很有用的。此外,强烈建议在使用任何比值之前查阅所选参考文献。

各种油类化合物的生物降解和光降解敏感性

生物降解和光降解是唯一能破坏油类成分的风化过程,它们将油类成分分解成更小的颗粒(更简单的化学品),并最终将其完全转化为基本的无害分子,如水和二氧化碳。

事实证明,生物降解具有影响和破坏所有石油化合物的潜力。只要有足够的时间,即使是抗性最强的油类化合物(如生物标记物)也可能会被生物降解。在海洋环境中,生物降解可能会在油品泄漏后立即开始,同时影响不同类别的油类化合物,但降解速度各不相同。以下生物降解敏感性顺序通常适用于主要的石油碳氢化合物的类别(Prince and Walters, 2007;Stout et al., 2002):

正构烷烃>单芳香族化合物>异构烷烃>环状异戊二烯>烷基苯和多环芳烃>甾烷>藿烷>二甾烷>非藿烷三聚烷>芳香类固醇>卟啉

对于多环芳烃,通常报告的生物降解敏感性如下:

- 多环芳烃同系物之间的生物降解顺序为(Wang et al., 1998):

 烷基萘>烷基二苯并噻吩>烷基芴>烷基菲>烷基䓛

- 在每个同系物中,生物降解敏感性一般如下(Prince and Walters, 2007; Stout et al., 2002; Wang et al., 1998):

 母体多环芳烃>C1-烷基多环芳烃>C2-烷基多环芳烃>C3-烷基多环芳烃>C4-烷基多环芳烃

- 关于短链氯化石蜡,生物降解敏感性顺序如下(Dutta and Harayama, 2000):

 正构烷烃>萘>异构烷烃>芴>菲>二苯并噻吩

就单个多环芳烃异构体(在同系物群中)而言,生物降解敏感性并无普遍规律可循。不过,在某些情况下,生物降解模式已经确定。例如:

- 在甲基二苯并噻吩异构体中,2-/3-甲基二苯并噻吩(MDBT)的生物降解速度最快,而1-甲基二苯并噻吩的生物降解能力略强于4-甲基二苯并噻吩。

- 烷基化萘和甲基芴相对分布的显著变化表明了以下生物降解敏感性:

 - 3+2-甲基菲>4-/9-+1-甲基菲(Wang et al., 1998);其他作者也报告

了一致的生物降解敏感性(Stout and Wang, 2008): 3-甲基菲>2-甲基菲>1-甲基菲>9-甲基菲;

- 1,3+1,6-二甲基萘>其他 C2-萘(Wang et al., 1998);
- 甲基芴>其他 C1-芴(Wang et al., 1998)。

在生物标记物方面,尽管生物标记物以其抗风化能力强而著称,但最终也会被生物降解。与多环芳烃类似,生物标记物的生物降解已被证明具有异构体特异性(Wang et al., 1998)。然而,与多环芳烃相比,生物标记物的生物降解需要更长的时间,而且一些短期实验室研究并没有观察到生物标记物的损耗(Wang et al., 1998)。在表 4.2 所列的选定生物标记物比值中,许多是异构体比值,通常是生物降解发生的特定指标;它们也可用作来源指示物(除非怀疑发生了高级风化和生物降解)。

当类似成分的油类(例如来自同一岩层的油类、泄漏的采掘油类和来自同一地质层的天然渗漏油类)的唯一鉴别特征是生物降解阶段时,异构体比值可能会提供高度的特征工具。美国地质调查局(USGS, 2012)在区分平台油和自然渗漏是否是加州海滩焦油球的潜在来源时,证明了这一方法的实用性。

生物标记物的生物降解敏感性如下(Wang et al., 2001):

- 对于甾烷 C27>C28>C29,20R ααα>20(R+S)αββ>20S ααα。
- 对于藿烷 C35>C34>C33>C32>C31,22R>22S;另外,藿烷>C31(22S)和 C32(22S)。
- 耐生物降解性最强的藿烷和甾烷是 C29-18 α(H)、21 β(H)-30-降新藿烷和 C29-αββ 20(R+S)豆甾烷。

需要注意的是,根据微生物群落的组成,生物降解顺序(敏感性)可能会在不同环境中出现一些变化。同时,干扰因素也会影响生物降解率(如沉积物中生物物质的干扰)。

作为所有油类化合物的一般规则,本节中介绍的既定生物降解顺序可能会在各种环境中出现例外情况,从而可能影响个别的生物降解敏感性。虽然一般确定的生物降解敏感性在许多环境中都适用,但在考虑每种情况时都应持开放的态度,并考虑规则的潜在例外情况。对于明显矛盾的风化模式,法医学家的职责是确定其是规则的例外情况还是由于分析错误或其他因素造成的。因此,建议查阅文献,以了解与当前案例相关的例外情况,从而增加考虑例外情况的信心。

　　光降解可能是海洋环境中泄漏油类降解的一个重要过程(Garrett et al., 1998)。与生物降解相反,光降解似乎特别影响某些特定类别的油类化合物。饱和化合物(SHCs)不易发生光降解,而芳香族化合物则会受到光氧化作用的影响,产生极性化合物(Garrett et al., 1998)。就饱和化合物而言,只有脂肪族含硫化合物例外(Garrett et al., 1998),但该类化合物只占饱和化合物的极小一部分。值得注意的是,芳香族化合物(如多环芳烃)的光降解变化与生物降解和其他风化过程(如蒸发)引起的变化截然不同,且截然相反。例如,多环芳烃的光氧化速率通常会随着烷基化程度的增加而增加(Stout and Wang, 2007)。基本上,体积越大、烷基取代度越高,芳香族化合物对光降解的敏感性就越高(Garrett et al., 1998)。

　　对于某些多环芳烃同系物(如烷基化菲和二苯并噻吩),生物降解和光降解的速率相近(Garrett et al., 1998)。对于这些化合物来说,如果同时受到这两个过程的影响,它们的分布/比例可能会保持不变。对于其他更耐生物降解的多环芳烃同系物,如烷基化䓛,光降解的影响可能很容易从它们的分布模式中区分出来。

　　考虑到生物降解和光降解的敏感性,以及生物降解发生率明显较低这一事实,䓛同系物可用于指示光降解的发生。这可以确定沉积物中积累的多环芳烃的归宿(去向)和迁移情况(例如,这些多环芳烃最初是否暴露在来自地表泄漏的阳光下,或者是否来自深水泄漏或渗漏,导致其从未暴露在阳光下)。

岩源型多环芳烃与热源型多环芳烃

　　表4.3列出了一些常用的诊断比值,用于区分多环芳烃的岩源与热源(通常是沉积物和土壤中的多环芳烃主要来源)。直方图评述部分还提供了其他有用的信息。

表 **4.3**　　用于区分岩源型和热源型多环芳烃的诊断比值

比　　值	指纹鉴定原理	参 考 文 献
菲/蒽(P/A)	岩源型的 P/A>10 热源型的 P/A<10	Boehm, 2006
荧蒽/芘(Fl/Py)	Fl/Py>1→热源型 Fl/Py<1→岩源型	Boehm, 2006; Douglas et al., 2007; Meniconi and Gabardo, 2002
苯并[a]蒽/䓛(BaA/C)	BaA/C>0.9→热源型 BaA/C<0.4(或相等)→岩源型	Douglas et al., 2007; Boehm, 2006; Meniconi and Gabardo, 2002

比 值	指纹鉴定原理	参考文献
∑甲基菲/菲(∑MP/P) 4,5-二甲基菲/∑甲基菲	∑MP/P<2→热源型 ∑MP/P>2→岩源型 还可用于化石燃料(如石油与煤炭)的来源区分	Boehm, 2006; Meniconi and Gabardo, 2002
MP/P(甲基菲/菲):(3-MP+2-MP+9-MP+1-MP)/P	MP/P<0.5→独有的热源型 MP/P>3.5→独有的岩源型	Saha et al., 2012
MPy/Py(甲基芘+甲基荧蒽)/(芘+荧蒽)	MPy/Py<0.15→独有的热源型 MPy/Py>1.5→独有的岩源型	Saha et al., 2012
MC/C(甲基䓛+甲基苯并[a]蒽)/(䓛+苯并[a]蒽)	MC/C<0.2→独有的热源型 MC/C>2.0→独有的岩源型	Saha et al., 2012
MPAHs/PAHs ∑甲基多环芳烃/(菲+荧蒽+芘+䓛+苯并[a]蒽)	MPAHs/PAHs<0.3→独有的热源型 MPAHs/PAHs>2.2→独有的岩源型	Saha et al., 2012
热源指数(PI): ∑(3-到6-环 EPA 多环芳烃)/∑(5 烷基多环芳烃)	岩源型与热源型	Stout and Wang, 2008
热源指数: (苊烯+苊+蒽+荧蒽+芘+苯并[a]蒽+苯并荧蒽+苯并芘+䓛+茚并[1,2,3-cd]芘+二苯并[a,h]蒽+苯并[g,h,i]苝)/[(C0 到 C4 萘)+(C0 到 C4 菲)+(C0 到 C3 二苯并噻吩)+(C0 到 C3 芴)+(C0 到 C3 䓛)]	热源型多环芳烃与岩源型多环芳烃	Peters et al., 2005
(蒽+荧蒽+苯并[a]蒽+苯并荧蒽+苯并芘)/[(C1+C2 菲)+(C1+C2 二苯并噻吩)]	热源型多环芳烃与岩源型多环芳烃	Peters et al., 2005

需要注意的是,多环芳烃的第三个来源是沉积物中的岩化作用,该过程导致含有腐烂有机残骸的沉积物氧化而形成多环芳烃,如菲和惹烯。

生物标记回归分析

生物标记回归分析(有时也称为 R^2 评定)包括将样本的生物标记物成分(通常是藿烷和甾烷)与对照油类或替补油类来源进行比较。即通过绘制单个样本的生物标记物浓度数据与替补来源样本的生物标记物浓度数据的对比图来进行比较。此外,这种技术也可用于生物标记物的诊断比值,而不仅仅是单个化合物浓度。

根据前面提到的相关性分析计算出确定系数,即 R^2(R 的平方)。R^2 值越接近 1,表示与绘制的可疑来源(替补油类来源)越匹配。

虽然生物标记回归分析是一种强大的技术,但在得出最终的法医学结论之前,应将 R^2 评定信息与其他证据链(如 GC/FID、正构烷烃、异戊二烯和多环芳烃直方图、诊断比值)的信息进行比较。此外,如果预计会出现严重的油类风化,生物标记回归分析可能会失效,而低的 R^2 不一定表示不匹配。

多元统计:化学计量学评定

统计分类是最终的法医学工具之一,可用于评定样本之间的关系,并在数据丰富的情况下鉴定来源和贡献。在指纹鉴定研究中,可通过多元统计进行探索性数据分析,以确定样本和替补来源之间的相似性(通过对具有相似特征的样本进行聚类分析),并评定对结果影响最大的成分特征(即主要导致样本分类或聚类的特征)。此外,有些技术还可以确定混合物中末端组成的数量及其组分对混合物的贡献[例如多向向量分析(PVA)、聚类分析]。

主成分分析(PCA)和分层聚类分析(HCA)等多元统计分析方法已被广泛用于分析化学数据以进行模式识别。这些统计技术和多向向量分析对于根据大量参数和诊断特征评估大量样本可能特别有用。

在使用多元统计分析时应考虑以下步骤(此处使用多向向量分析作为案例):

1. 化学数据的自动缩放

2. 检验分布的正态性

3. 检测和消除数据集中的异常值

4. 使用差距统计检验来确定集群的数量

5. 使用剪影统计来确定集群的数量

6. 运行 k-means 算法,将样本划分为 k 个集群

7. 利用主成分分析分数和载荷图直观显示聚类分析结果

8. 生成聚类直方图,以直观显示得出的碳氢化合物成分(与每个集群相对应),并指定一般和具体来源

有关多元统计技术的简要说明,见第 5 章统计技术一节。

其他技术

适用于原油指纹鉴定的其他(不太常见的)诊断技术包括对以下几类油类化合物的评定:

- 正烷基环己烷(CHs)是具有不同碳数的单烷基侧链的环己烷,这些化合物可在选择性离子监测(SIM)模式下通过 GC/MS 检测到,其 m/z 值为

83。与正构烷烃相比,它们具有较宽的沸程(侧链在 C1—C15 范围内)和较高的耐生物降解性。它们可以揭示样本的沸点范围(即使差别很细微),从而确定样本中的产物(Stout and Wang,2008)。它们的分布模式可在不同样本之间进行比较,并且可以进行来源鉴定。

- 金刚烷是具有三个或更多融合环己烷环的饱和碳氢化合物,从而形成类金刚石结构。它们存在于原油和馏分产品中(由于是在石油蒸馏过程中浓缩,因此丰度较高)。它们的分布可能与特定的来源有关,并且已经使用金刚烷开发了许多诊断比值(Stout and Wang,2008)。

- 倍半萜烷是一种较轻的生物标记物。有用的诊断性倍半萜烷是存在于原油中的双环烷烃,含有大约 15 个碳原子。它们的化学结构包括补身烷(drimane)或桉烷(eudesmane)骨架。基于补身烷类倍半萜烷在油类指纹鉴定中更有用,因为事实证明它们在原油中无处不在。这些生物标记物对较轻的石油馏分产品具有很高的价值,相关内容可以参考 Stout 和 Wang 对倍半萜烷作为石油诊断化合物的评述(Stout and Wang,2008)。

石油馏分物的特定指纹鉴定技术

表 4.4 根据石油馏分物的大致沸程列出了主要的石油馏分物。

表 4.4   主要石油馏分物

精炼产品/石油馏分物	沸程(℉)
汽油	80~437
石脑油	85~450
矿物溶剂	210~400
斯托达德溶剂	260~550
军用航空燃料(JP‐4,JP‐5,JP‐8)	150~570
煤油	300~572
1 号柴油	320~540
2 号柴油	320~750
4 号柴油	500~1 000
6 号取暖油或 C 级重油	650~1 150
润滑油	350~1 100
液压油	520~1 100
焦油或沥青	520 to > 1 200

注:1 ℉ = ℃×1.8+32。

由于许多实际案例涉及汽油和 2 号柴油以及燃油泄漏,表 4.5 提供了针对这些石油馏分物的特定指纹鉴定技术。对于高沸点碳氢化合物的指纹鉴定技术可以参考 Kaplan 的介绍(Kaplan, 2001)。

表 4.5 轻质和中间石油馏分物的具体指纹鉴定技术

技术名称和参考文献	技 术 原 理	应 用
土壤中汽油的甲苯/$n-C8$ 比值(Schmidt et al., 2002)	根据大量的分析样本得出,汽油中甲苯/$n-C8$ 的比值在近年来的变化: ● 比值<5→样本在 1973~1983 年之间 ● 比值:5~10→样本在 1984~1993 年之间 ● 比值>10→样本在 1994~2001 年之间 ● 比值<3→可能在 1973 年前制造 使用对数转换数据可推断出最可能的排放年份	土壤中的汽油产品(普通或中间产物),其 ● 蒸发量低于 50%,受其他类型风化的影响很小 ● 未与其他碳氢化合物或不同的泄漏汽油混合
丁烷比值:$n-C4/(n-C4+i-C4)$(Beall et al., 2002)	当蒸发不是一个重要因素时,丁烷比值的不同($n-C4$ 指正丁烷,$i-C4$ 指异丁烷)可用于区分车用汽油。由于正丁烷与异丁烷相比挥发性较低,因此应考虑蒸发问题	汽油产品: ● 新鲜汽油 ● 轻度风化汽油(几乎没有蒸发)
戊烷比值:$i-C5/(i-C5+n-C5)$(Beall et al., 2002)	该比值($n-C5$ 指正戊烷,$i-C5$ 指异戊烷)可用于对汽油排放进行法医学解释。不过,与丁烷比值的情况一样,应考虑到蒸发问题,因为蒸发可能会改变原始比值	汽油产品: ● 新鲜汽油 ● 轻度风化汽油(几乎没有蒸发)
异辛烷比值:$2,2,4-TMP/(2,2,4-TMP+2,2,3-TMP+2,3,4-TMP+2,3,3-TMP)$(Beall et al., 2002)	由于各种异辛烷或三甲基戊烷(TMP)异构体具有相似的归宿(去向)和迁移性,因此异辛烷百分比可用于鉴定汽油。 根据用于生产三甲基戊烷异构体的酸催化过程,汽油的三甲基戊烷比值和比例可能不同	汽油产品(最好是新鲜汽油或轻度风化汽油)
Rb 比值 =(苯+甲苯)/(乙苯+二甲苯)(Kaplan, 2003)	经验表明,汽油排放到地下水后,Rb 比值会随着时间的推移而降低[由于归宿(去向)、迁移和风化过程]: ● Rb<5→在泄漏后的污染源附近 ● Rb 介于 1.5 和 6 之间可能表明存在非水相液体 ● Rb 在 0.8~1.1 之间→原始汽油 ● Rb<0.5→汽油停留时间超过 10 年 如果有 10 年或更长时间的监测数据,建议绘制 Rb 与时间的对比图	溶解汽油的地下水羽流:经验证明该方法有助于测定溶解汽油羽流的年代
选定化合物与总分解碳氢化合物(TRHs)的比值(M. Wade, 2010)	总分解碳氢化合物的使用使随后提出的比值更加全面,并具有很强的诊断能力: ● [苯+甲苯]/总分解碳氢化合物 ● [乙苯+二甲苯]/总分解碳氢化合物 ● $C3$-烷基苯/总分解碳氢化合物 ● $C4-C5$-烷基苯/总分解碳氢化合物	汽油产品

技术名称和参考文献	技　术　原　理	应　用
含氧化合物的使用（Petrisor，2006b）	含氧化合物是多年来添加到汽油中的有机含氧化合物。在样品中检测出以下主要含氧化合物，有助于确定所排放汽油的来源和年代： ● 甲基叔丁基醚（MTBE）：1979 年引入汽油中；1981 年，其比例从约 7vol% 增加到 11vol%，1988 年增加到 15vol%。到 1990 年，甲基叔丁基醚在冬季汽油中的添加量约为 15vol%。到 1992 年，为了响应《清洁空气法案》的要求，甲基叔丁基醚在汽油中的添加量高达 17vol%；到 1995 年，甲基叔丁基醚在汽油中的添加量下降到新配方汽油中的 11vol%；1999 年，甲基叔丁基醚成为美国使用最广泛的含氧剂；2000 年后，各州开始禁止使用甲基叔丁基醚 ● 叔丁醇（TBA）：在汽油中的添加量为 7vol%；到 1981 年，叔丁醇的添加量增加到 10vol%，并与甲醇混合 ● 甲基叔戊基醚（TAME）：1987 年首次生产，20 世纪 90 年代初以与甲基叔丁基醚不同的组合形式引入汽油中；1993 年冬首次出现在加利福尼亚州；到 1996 年，甲基叔戊基醚的使用量达到最大 ● 乙基叔丁基醚（ETBE）：1995 年，有四个地方记录到其在汽油中的使用（肯塔基州路易斯维尔的使用量最大）；1996 年，马里兰州巴尔的摩记录到少量使用 ● 乙醇：作为汽油添加剂使用已久（始于 20 世纪 30~40 年代），最近越来越多地被用作甲基叔丁基醚的替代品。然而，除非汽油产品是新鲜的，否则很可能检测不到乙醇，因为乙醇在环境中会迅速被生物降解	汽油产品
Christensen – Larsen 技术（Christensen and Larsen，1993）	这种方法的依据是观察到排放到土壤中的 2 号柴油产品中 $n-C17$/姥鲛烷比值的下降。根据对丹麦几个已知有 2 号柴油排放记录的现场观察（由 Christensen 和 Larsen 撰写），提出了以下年代测定法： ● $n-C17$/姥鲛烷>1.5→5 年以下 ● $n-C17$/姥鲛烷=1→10 年 ● $n-C17$/姥鲛烷>1→5 到 10 年 ● $n-C17$/姥鲛烷=0.4→15 年 ● $n-C17$/姥鲛烷=0→18 年或以上 注意，虽然在某些特殊情况下，这可能是一种便捷的年代测定技术，但这种方法的适用性有许多局限，下一栏列出了一些主要的局限。不过，与任何指纹鉴定技术一样，有必要仔细阅读原始参考文献和任何其他参考文献，以了解其用途和局限	在满足一系列条件的情况下，土壤中的 2 号柴油（土壤中的总石油烃最低含量为 100 mg/kg）： ● 与丹麦相似的气候条件 ● 要求了解初始比值，该比值应与 Christensen 和 Larsen（1993）公布的范围一致（也可从文献中获取） ● 一次突然排放（无后续排放） ● 建议在同一时间内进行一次以上的采样活动 ● 建议用于渗透最小的现场 ● 检查现场条件（氧气、养分、油类），避免过度降解或极少降解的现场

技术名称和参考文献	技　术　原　理	应　用
		● 原始柴油产品（未泄漏）的 n‑C17/姥鲛烷比值为 2—3（与 Christensen 和 Larsen 研究中的产品相似）
化合物类别与总分解化合物（TRC）的比值 （M. Wade, 2010）	通过使用化合物类别和总分解化合物，所提出的比值非常全面，具有很强的诊断能力： ● 正构烷烃（n‑C9 到 n‑C24）/总分解化合物 ● 异戊二烯/总分解化合物 ● 正构烷烃/异戊二烯 中间馏分物中的正构烷烃大多介于 n‑C9 和 n‑C24 之间。中间馏分物中的异戊二烯介于 13 至 20 个碳原子之间：IP13 至 IP20	中间馏分产物
烷基多环芳烃比值 （Stout et al., 2002）	多环芳烃存在于中间馏分物中。正如针对原油所讨论的那样，多环芳烃通常用于指纹鉴定研究，因为它们具有较高的抗风化能力。一些高诊断性的多环芳烃比值包括以下几种： ● D2/P2（C2‑二苯并噻吩/C2‑菲） ● D3/P3（C3‑二苯并噻吩/C3‑菲） 通常情况下，D3/P3 与 D2/P2 的双比值图有助于直观地显示差异，并根据来源对样本进行分组（见引用的参考文献示例 Stout et al., 2002）	中间馏分产物
金刚烷诊断比值 （Stout and Wang, 2008）	金刚烷是饱和碳氢化合物，具有三个或更多融合环己烷环，形成"类金刚石"结构。有人提出了一系列包括选定的金刚烷化合物的比值，用于中间馏分物的来源鉴定： ● MAI＝1‑甲基金刚烷/（1‑甲基金刚烷+2‑甲基金刚烷） ● EAI＝2‑乙基金刚烷/（1‑乙基金刚烷+2‑乙基金刚烷） ● MDI＝4‑甲基金刚烷/（1‑+3‑+4‑甲基金刚烷）	中间馏分产物

注：使用表 4.5 中简述的任何技术时，都需要仔细阅读每种方法的"技术名称和参考文献"栏下提供的原始参考文献。本表可作为指南，说明一些常见的指纹鉴定技术、其原理以及在何处可收集到更多的使用信息。请记住，任何案件都是独特的，决定何时以及如何在具体案件中应用某种法医学技术是法医学家的职责和判断。即使满足了应用某种技术的所有条件，该技术仍有可能不起作用。这就是为什么建议通过多种独立证据链来确认结果。

油类指纹鉴定调查的实验室检测

法医学专家应制定一套完善的指纹鉴定策略，并以此为基础，与分析实验室协商，选择适当的实验室检测方法。表 4.6 列出了可要求专业实验室进行的油类和油类产品常见指纹鉴定检测的示例。还有许多其他类型的检测方法（基于 SIM 模式下的 GC/MS）可针对与指纹鉴定相关的特定类别化合物（如倍半萜烷、金刚烷）进行。

表 4.6 油类和油类产品指纹鉴定的常见实验室检测示例

分　析	应　用	法医学相关性
通过气相色谱/火焰离子化检测测定 C3 - C10(PIANO 汽油范围分布)	汽油指纹鉴定	● 鉴定 90 多种化合物 ● 比较样品之间成分的相似性(相对百分比) ● 降解率可提供产品的年代信息
含氧混合剂甲基叔丁基醚、DIPE(二异丙醚)、乙基叔丁基醚、甲基叔戊基醚、叔丁醇、EPA 1625 改性乙醇	汽油指纹鉴定	● 定量汽油中的含氧添加剂 ● 提供有关无铅汽油的年代信息
通过气相色谱/电子捕获探测器测定二溴乙烷(EDB)、甲基环戊二烯基三羰基锰(MMT)和有机铅的浓度	汽油指纹鉴定	● 定量烷基铅化合物和铅清除剂二溴乙烷以及辛烷值促进剂 MMT ● 提供含铅汽油的年代信息
通过气相色谱/火焰离子化检测 C3 - C44(全部油类)	原油指纹鉴定	● 鉴定多达 149 种化合物 ● 包括 PIANO 汽油范围分析 ● 帮助鉴定游离产物或原油的类型 ● 降解程度可提供产品的年代信息
全扫描气相色谱/质谱	原油指纹鉴定	● 提供烷烃、烷基苯、多环芳烃和多环生物标记物(例如,藿烷、甾烷),可用于揭示复杂的油类指纹 ● 降解程度可提供产品的年代信息

4.1.1.4.1.2　多氯联苯和二噁英/呋喃的化学指纹鉴定

多氯联苯是由 200 多种被称为同类物的化合物(苯基上有一到十个氯原子的不同组合的联苯)组成的混合物。以下有关多氯联苯的事实将有助于了解其归宿(去向)和迁移,并更好地解释法医学指纹:

- 多氯联苯是人造化学品(20 世纪 30 年代初至 70 年代生产,美国于 1977 年停止生产)。
- 没有关于自然形成的报告。
- 变压器/电气设备和电容器中广泛使用多氯联苯;无碳复写纸、印刷油墨和液压油中也使用多氯联苯。虽然多氯联苯自 1977 年以来就被禁止使用,但它们仍然存在于一些设备中。
- 多氯联苯可被视为全球性污染物——它们无处不在(存在于所有介质中)。
- 多氯联苯是重非水相液体,几乎不溶于水;它们往往积聚在表层土壤中。
- 多氯联苯具有半挥发性,已被证明可以通过空气进行远距离迁移。
- 多氯联苯可以与土壤紧密结合(亲油性)。它们往往积聚在动物和人类的脂肪组织(脂肪)中。

- 多氯联苯之所以能在环境中持久存在,是因为它们普遍具有良好的抗风化能力。这一特性使多氯联苯的指纹鉴定成为可能,即使是对以前排放的多氯联苯也是如此。不过,随着时间的推移,排放到环境中的多氯联苯会发生一定程度的降解,在解释指纹鉴定结果时应始终考虑到这一点。

以下术语在讨论多氯联苯时非常有用:

- 同类物＝单个化合物(含有 1 至 10 个 Cl 原子)。
- 同系物＝具有相同数量 Cl 原子(但在不同位置与芳香环结合)的所有单个化合物,共产生 10 个同系物类别。
- Aroclors＝美国 Monsanto 公司生产的多氯联苯的商用制剂(各种同类物按不同比例制成的混合物)。
- Askarel＝用作绝缘液的氯苯/多氯联苯混合物。
- Clophen、Phenoclor、Pyralene、Kanechlor、Fenoclor＝商用制剂(Monsanto 公司以外的其他制造商生产)。

二噁英和呋喃:二噁英是指氯化二苯并对二噁英(CDDs);呋喃是指氯化二苯并呋喃(CDFs)。这些化合物是由许多单个化合物(含有不同数量的 Cl 原子,可附着在苯甲酸环上,即附着 1 到 8 个 Cl 原子的任意组合)组成的混合物。它们具有三环结构,由一个(CDFs)或两个(CDDs)氧原子连接的两个苯环组成。这些化合物并非人工制造,而是在其他化合物的化学制造过程中或不完全燃烧(包括堆肥焚烧)过程中无意中产生的。以下有关二噁英/呋喃的事实将有助于了解其归宿(去向)和迁移,并更好地解释法医学指纹:

- 二噁英/呋喃是人类活动(如不完全燃烧和化学制造)无意中产生的。它们通常以复杂混合物的形式存在。
- 森林火灾和火山爆发会自然形成二噁英/呋喃。
- 据报道,二噁英/呋喃广泛存在于所有介质、肉类、奶类、鱼类和人体中,这表明在法医学调查中应考虑其背景水平。
- 二噁英/呋喃是重非水相液体,水溶性极低。
- 二噁英/呋喃的挥发性很小。
- 二噁英/呋喃通常与土壤紧密结合(亲油性)。
- 二噁英/呋喃在环境中的持久性已得到公认。不过,二噁英/呋喃在气相或水、土壤和空气界面可能会受到大气光氧化作用和非吸附物种的光解作用。

以下术语在讨论二噁英/呋喃时非常有用:

- 同类物=单个化合物(含有 1 至 8 个 Cl 原子)。
- 同系物=具有相同数量 Cl 原子(但在不同位置与芳香环结合)的所有单个化合物,共产生八个同系物类别。
- 2,3,7,8-取代型二噁英/呋喃=在 2、3、7 和 8 号位置上具有 Cl 原子的所有单个同类物(以及在其他位置上具有一个或多个 Cl 原子)。
- 2,3,7,8 TCDD TEQ=每种 2,3,7,8-取代型二噁英/呋喃的浓度×毒性当量系数。

指纹鉴定原理:由于多氯联苯和二噁英/呋喃有很多共同点,因此它们的化学指纹鉴定也基于类似的原理,下文将对此进行讨论:

- 二噁英/呋喃和多氯联苯可根据以下指标进行化学指纹鉴定:
- 同类物特征(见示例,Johnson et al.,2006);
- 同系物特征(见示例,Johnson et al., 2006 and Shields et al., 2006);
- 商业配方(如 Aroclors)特征;
- 商业配方的使用情况和特征(多氯联苯)(见表4.7);
- 远离可疑来源的浓度趋势(横向和纵向)。

表 4.7 Aroclors 的使用记录

| Aroclor | 绝缘液 | | 液压油/润滑油/热传导液 | | | | 塑化剂 | | | 其他工业 | | | |
	电容器	变压器	热传递	液压油	真空泵	燃气输送涡轮机	橡胶	合成树脂	无碳复印纸	黏合剂	增蜡剂	除尘剂	墨水;切削油;农药增效剂
1221	X					X	X			X			
1232				X			X			X			
1016	X*												
1242	X*	X	X	X		X	X*			X*	X*	X*	
1248				X	X		X	X		X			
1254	X	X*		X	X		X	X		X	X	X	X
1260		X		X	X			X				X	
1262								X					
1268								X			X		

来源: Johnson, G.W., Quensen, J.F., III, Chiarenzelli, J.R., and Hamilton, M.C. 2006. Polychlorinated Biphenyls. In: Environmental Forensics: Contaminant Specific Guide, edited by R.D. Morrison and B.L. Murphy, Elsevier Academic Press, Burlington, MA, 187‑225.

注: X=记录的特定用途;X*=记录的主要用途。

- 可使用以下方法分析数据：
  - 特征评定（比较单个同类物、同系物或商用制剂的浓度模式，类似于油类产品的直方图评定）（见示例）
  - 空间浓度分布模式，包括二维（2D）和三维（3D）地理信息系统（GIS）表示法
  - 二噁英/呋喃通常采用的标准化方法
  - 通常采用多元统计技术来识别模式/样本分组和分摊贡献，注意样本需要有可比性。
  - 在法医学评定中应考虑背景值，特别是因为多氯联苯和二噁英/呋喃在环境中无处不在。

图4.5展示了Aroclor[多氯联苯混标，亚老格尔（又译：亚老哥乐）是多氯联苯（PCBs）的混合物（其中也包括多氯三联苯 PCT）]在与商业建筑中存在多氯联苯有关的法医学调查中的应用特征。从建筑物中提取了八个样本，包括混凝土墙壁和地板、内部管道和可疑来源（压缩机、压缩机底座上的油）。对样本进行了 Aroclor 成分分析。

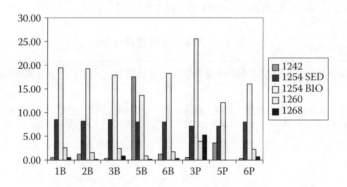

图 4.5　建筑样本中的 Aroclor 分布情况。Y 轴上的 Aroclor 浓度单位为 μg/kg，X 轴上列出了不同的样本。对于每个样本，第一个白方块（左边的）代表了 Aroclor 1254 的浓度；第二个白方块（右边的）代表 Aroclor 1260 的浓度

图中显示的结果表示样本之间以及与可疑来源之间的一致性。对这些结果进行了一些简单的统计，如将样本中每种 Aroclor 的平均、最大和最小浓度与可疑来源中的值进行比较。这种比较证实了样本中的 Aroclor 特征与可疑来源中的 Aroclor 特征相似。历史文件审查也证实了这些发现。在这个特殊的示例中，Aroclor 特征提供了用于解决法医学难题的相关指纹。然而，许多多氯联苯调查

要复杂得多,需要使用同系物或同类物特征以及多元统计。

根据 Johnson 等人报告改编的表 4.7 记录了各种 Aroclor 的具体用途(Johnson et al., 2006)。原始参考资料来源于美国 Monsanto 公司报告的信息(Durfee et al. 1976)。

局限和建议:以下局限可能存在于多氯联苯和二噁英/呋喃指纹鉴定:

• 潜在的 Aroclor 鉴定错误。

• 同类物数据与 Aroclor 数据:通常建议在法医学调查中使用同类物数据。应考虑以下几点:

 • 基于 Aroclor 数据的多氯联苯总浓度可能会低估实际浓度;

 • 根据 Aroclor 数据重建的同类物可能与风化样本的实际情况不符。

• 同系物不能用于对风化样本的法医学评定;例如,如 Johnson 等人(2006)的研究表明,Aroclor1254 的风化特征与未风化的 Aroclor1242 的特征更为相似(Johnson et al., 2006)。因此,在法医学调查中使用风化样本的同系物特征可能会产生误导。

• 风化:高氯化混合物(如 Aroclor)可能会因风化而看起来像低氯化混合物,只要排放时间足够长。因此,在解释化学指纹之前,应始终参考和考虑历史文件审查中的信息。

 • 可能会发生共洗脱,尤其是组织基质样本。

 • 检测到的浓度越低,不确定度就越高。

建议参考以下资料,以了解与这些污染物的化学指纹鉴定有关的更多细节:

• 关于多氯联苯的文献,Johnson et al., 2006。

• 关于二噁英/呋喃文献,Shields et al., 2006。

4.1.1.4.1.3 "经典"应用示例

全面化学指纹鉴定"经典"用途的具体应用示例如下:

• 利用特定的"诊断"比值确定石油产品的年代(Christensen and Larsen, 1993;Wade, 2001;Schmidt et al., 2002;Murphy, 2007)。

• 利用不易改变、归宿(去向)和迁移相似或有某种关联的化合物比值来确定石油产品的来源(Yang et al., 1995;Kaplan, 2003;Beall et al., 2002;Zemo, 2009)。

• 利用相关图鉴定来源(Lesage and Lapcevic, 1990)。这些图的形状也有助于鉴定来源和贡献,以及任何"异常值"(与其他样本高度不同的样本)。

4.1.1.4.2　个别污染物的"新兴"应用

4.1.1.4.2.1　氯化溶剂的化学指纹鉴定

当排放环境中形成降解产物时,也可对单一化学品进行全面化学指纹鉴定。典型的示例是常见的氯化溶剂,包括全氯乙烯(PCE)、三氯乙烯(TCE)和1,1,1-三氯乙烷(1,1,1-TCA)。在这种情况下,降解率可用于评定排放源的贡献和排放时间(对于已确定的条件),如下所示。

了解氯化溶剂

在解释或甚至计划获取指纹数据之前,应先了解目标污染物或污染物组的一般特性及其后续影响。尤其重要的是确定目标化合物是否存在天然来源。如果存在,则应评估背景值(氯化溶剂一般不存在这个问题)。以下是与氯化溶剂相关的信息:

- 氯化溶剂是人造化学品,包括全氯乙烯(PCE)、三氯乙烯(TCE)、1,1,1-三氯乙烷(1,1,1-TCA)、二氯甲烷(MC)、四氯化碳(CT)、1,2-二氯乙烷(1,2-DCA)[四氯化碳是第一种人工合成的氯化溶剂,于20世纪开始被广泛应用,主要用作清洁剂和制造氯氟化碳(CFC)的原料。它的干洗剂用途在20世纪40年代后期被全氯乙烯超越和逐步代替]。美国于1921年开始生产商业规模的三氯乙烯,主要用于蒸汽脱脂和干洗(到1952年,92%的三氯乙烯用于蒸汽脱脂)。随后美国于20世纪30年代中期首次生产1,1,1-三氯乙烷,自20世纪50年代中期以来记录了其大量的使用情况。1,1,1-三氯乙烷的沸点比全氯乙烯和三氯乙烯低,特别适用于清洗计算机电路板和电气元件。
- 它们在工业中广泛用于脱脂、干洗、设备清洁和制造,从而产生了无数人为来源。
- 预计不会自然形成,而且只显示几种氯化溶剂;因此,自然来源微不足道。
- 氯化溶剂是具有一定水溶性的重非水相液体挥发性化合物。
- 它们不会黏附在土壤上。
- 它们在环境中具有持久性(长时间降解/转化)。
- 氯化溶剂可能会随着时间的推移而降解(特别是在还原条件下),且具有明确的降解途径和降解产物。虽然长期以来,只有还原性生物降解被认为是一种潜在的降解途径,但最近越来越多的证据表明还有其他可能的降解途径,包括在需氧条件下(通常是很慢的降解途径)以及非生物降解。氯化溶剂的主要降解途径如图4.6所示。其中包括生物降解和非生物降解。

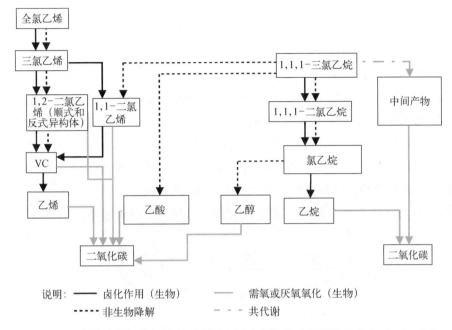

图 4.6 主要氯化溶剂的降解途径(粗体标出)(改编自亚利桑那州的 HydroGeoChem 公司)

生物途径包括:

- 厌氧还原脱氯,也称为卤素吸附(用氢原子取代卤素)。

- 需氧氧化,其中氯化化合物/溶剂作为电子供体和微生物的有机碳源,而氧气作为电子受体。

- 厌氧氧化,氯化化合物/溶剂作为电子供体和有机碳源,而硝酸盐、铁、硫酸盐和其他化合物作为电子受体(用于缺氧区)。

非生物途径涉及没有微生物促进/参与的反应。潜在的非生物反应可能有以下几种:

- OH 自由基取代 Cl(水解作用)

- 用 HS(来自硫化物)取代 Cl

- 还原脱氯(有亚铁存在时)

- 消除 HCl 形成双键(也称为脱氢卤化反应)

共代谢途径是指在不同底物上生长的微生物所产生的酶对氯化化合物/溶剂进行部分降解。这些途径通常在自然条件下受到限制。

方法原理和步骤

- 可根据氯化溶剂的降解产物对其进行化学指纹鉴定。
- 数据分析使用
  - 浓度比值(见图 4.7 中的示例);
  - 空间浓度分布模式(水平和垂直)、2D 和 3D GIS 表示法。
- 氯化碳氢化合物/降解产物的比值可用于
  - 评估羽流的多个来源(贡献)。
  - 对于 1,1,1-三氯乙烷,也可以确定排放到地下水的时间(当全氯乙烯和三氯乙烯没有与 1,1,1-三氯乙烷一起排放时)。
- 在解释结果之前,应沿污染羽流(样本位置)评定降解途径。

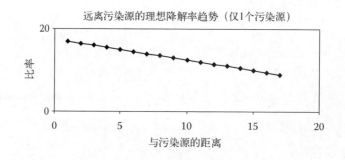

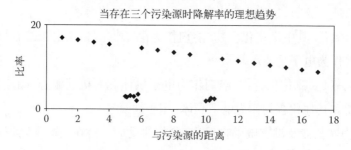

图 4.7 [二氯乙烯]/([三氯乙烯]+[全氯乙烯])的降解(摩尔)比值图,用于鉴定污染源(三氯乙烯和全氯乙烯)及理想趋势(与污染源的距离的单位为英尺×100)

示例和局限性

在氯化溶剂法医学调查中使用全面化学指纹鉴定的原理是通过几个不同的应用示例来描述的:

1. 利用降解率图确定污染源。一个典型的示例是,通过分析主要污染源下游不同距离处的母体与降解产物,对氯化溶剂进行污染源调查。该方法包括测量离主要污染源不同距离处的地下水摩尔浓度比,即二氯乙烯/(三氯乙烯+全氯乙烯)([DCE]/([TCE]+[PCE]))。将这一比值与距离相比较,有助于评定是否存在其他混合来源。因此(如图4.7所示的假定情况),下游记录到的测量比值的任何突然下降都可能预示着有新的溶剂加入,而这些溶剂只能来自不同的羽流/来源。在这种假设情况下,考虑在主要污染源的下游有两个潜在污染源增加了主要的 PCE/TCE 羽流。Morrison 等人介绍了其实际应用的情况。该方法的优势在于其简便性和成本效益,因为它可以利用许多现场多年的监测数据(Morrison et al.,2006)。

2. 1,1,1-三氯乙烷的排放时间确定是氯化溶剂法医学调查中化学指纹鉴定应用的另一个示例。对于1,1,1-三氯乙烷,可以进行年代测定,因为化学水解被证明是主要的降解途径。该方法适用于通过地下水羽流来测定年代。显然,如果1,1,1-三氯乙烷的来源位于地表或地下水上方的一定距离处,则应通过估算排放物垂直渗入土壤/多孔介质直至到达地下水所需的时间来完善年代测定。许多实验室实验已经确定了这种转变的速率,它主要取决于环境温度(地下水),因此可以在研究的环境中达到相当精确的近似值。1,1,1-三氯乙烯降解反应包括以下步骤:

$$CH_3CCl_3 \rightarrow CH_3C^+Cl_2 + Cl^- \quad 速率限制步骤$$

$$CH_3C^+Cl_2 + Cl^- + 2H_2O \rightarrow CH_3COOH + 3HCl \quad 速率常数 = Ks$$

$$CH_3C^+Cl_2 + Cl^- \rightarrow CH_2CCl_2 + HCl \quad 速率常数 = Ke$$

基本上,我们只需要知道(地下水中)1,1,1-三氯乙烷及其主要降解产物1,1-二氯乙烯的含量。一旦知道了这些信息,就可以使用图表或以下公式来计算1,1-二氯乙烯的大概排放时间(Gauthier and Murphy,2003):

$$t = 3.63 \times 10^{-22} \exp[54.065/(1+3.66 \times 10^{-3}T)]\ln[1+4.76(\text{conc. DCE}/\text{conc. TCA})],$$

其中,T=温度(华氏度);conc.=浓度(mg/L);t=1,1,1-三氯乙烷进入地下水后的时间(年)。

如果有多个取样事件(不同时间)的1,1,1-三氯乙烷和1,1-二氯乙烯浓度数据(取样事件越多越好),这种年代测定的方法可能会得到改进。在这种情况下,我们可以绘制出 $\ln(1+k[\text{DCE}]/ke[\text{TCA}])$ 与时间的函数关系图,从而得到一条在排放时与 X 轴(时间轴)相交的直线。需要注意的是,K 是总的非生物速率常数,是 Ks 和 Ke 的总和。虽然这种方法提供了 1,1,1-三氯乙烷年代的估计值,但只有在其他证据链不与该估计值相矛盾的情况下,该结果才能被认为是一个估计值。这是因为许多干扰因素可能会降低这种年代测定的准确性,包括以下局限因素(Petrisor and Wells,2008a):

- 任何可能转化或产生 1,1-二氯乙烯的过程,尤其是较 1,1,1-三氯乙烷所产生的更多。因此,其他氯化溶剂的存在可能会干扰年代测定结果,应逐一进行评估。

- 1,1,1-三氯乙烷的其他降解途径。例如,在厌氧或需氧条件下进行生物转化导致浓度降低,可能会改变用于计算年代的溶剂代表浓度。尽管生物降解似乎不是 1,1,1-三氯乙烷的主要降解机制,但它在某些环境中可能比在其他环境中发生得更多。因此,应该对其进行仔细评定(例如,DNA 检测可能有助于确认某些导电性较强环境中的生物降解潜力)。

- 地下水条件以及土壤和沉积物的吸附作用也可能影响年代测定的准确性,因为它们可能会降低地下水中测得的实际浓度。

- 样本的位置可能会影响年代测定的准确性。因此,应从距离污染物浓度最高的羽流前缘最近区域采集样本。

- 地下水的温度是一个关键因素,应密切监测任何变化。另一种方法是,根据年平均气温估算地下水温度,每 40 米的深度增加 1℃ 的修正系数(由于地球的地热梯度)。

- 与任何化学指纹鉴定技术一样,随着时间的推移,同一化学品(此处为 1,1,1-三氯乙烷)的多次排放可能会导致该方法无法使用。因此,该方法只能在某一现场发生一次主要排放时使用。

4.1.1.4.2.2　金属的化学指纹鉴定

与氯化溶剂类似,金属不是以混合物的形式出现,而是以单个污染物的形式出现。因此,乍看起来,全面化学指纹鉴定似乎并不适用于金属,尤其是与氯化溶剂不同的是,金属不会降解。然而,金属的提取和使用通常涉及不止一种金属,这就为化学指纹鉴定打开了大门。就金属而言,样本中各种金属之间的关联和相关性可能表明来源类型,并有助于解决法医学难题。因此,本文将提供方法原理和一些应用示例,以说明化学指纹鉴定技术的这一新兴用途。首先,需要回顾一些与环境中金属有关的主要事实,以便更好地解释化学指纹鉴定结果。

了解金属

与金属有关的信息包括以下内容:

- 金属天然存在于所有介质中。因此,在法医学和其他调查中应考虑背景值。
- 此外,还存在许多人为来源,包括:采矿、铸造、工业、农业、汽车尾气排放、旧油漆以及处理过的木材。
- 金属不会降解,只会改变相位和化学关联。因此,它们可能会或多或少地在环境中流动。
- 金属通常与表层土紧密结合[砷(As)等除外]。
- 金属可能会在空气中长距离迁移[与微粒物质(particulate matter, PM)结合或作为气体,例如汞]。
- 金属在环境中的持久性可能超过任何合成物或外源性化合物,因为它们最终永远不会降解。

方法原理及示例

- 可根据以下内容对金属进行化学指纹鉴定:
  - 与其他金属的关联:需要深入了解金属的应用或可疑来源。
  - 化学成分检测。
  - 远离可疑来源的浓度趋势(不同深度的横向和纵向趋势)。
- 可通过多种方式分析数据,包括:
  - 浓度比值。
  - 相关图(二维、三维)(见图 4.8 中的示例)。
  - 空间浓度分布模式(见图 4.9)。
- 当有大量数据时,可使用多元分析来识别模式/样本分组;分析结果可用于分摊贡献。

图 4.8 展示了一种应用于金属法医学调查的全面化学指纹鉴定。该图提供了使用城市土壤数据绘制金属相关图的示例。在该示例中,虽然铅和锌之间存在相关性,但铅和铬之间基本上没有相关性。因此,如果法医学调查的目标是这些土壤中的铅来源,则可能需要考虑铅和锌的共同来源(但不是铬的共同来源)。这种来源可能是含铅颜料(来自旧建筑物),因为已知含铅颜料也含有锌。此外,油漆也可能是城市地区土壤污染的一个来源,尤其是在研究区域没有点污

染源的情况下。在做出最终结论之前,不仅应评定其他潜在的铅污染源,还应评定其他金属相关图,以确定铅是否与锌以外的其他金属相关。请注意,虽然金属之间的这种相关性更多的是定性评估,只能间接地提示或消除来源,但如果得到其他独立证据链(如文件审查或矿物指纹鉴定)的证实,这些数据可以提供有效的法医学证据,这将在第 5 章中讨论。

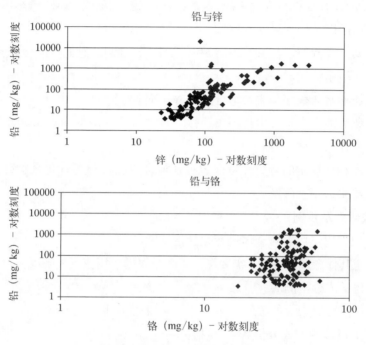

图 4.8　金属相关图的示例

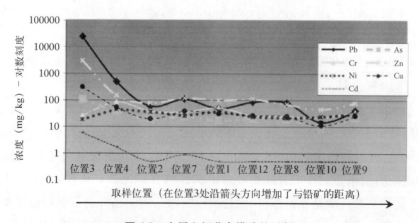

图 4.9　金属空间分布模式的示例

图 4.9 展示了全面化学指纹鉴定在金属法医学调查中的另一种应用,包括绘制介质(即土壤)中记录的各种金属化学浓度与主要可疑来源距离的关系图。如果这是金属的唯一来源,那么在远离可疑来源的地方,所有金属都会呈总体下降趋势(直到达到背景值)。这一趋势与图 4.9 中描述的情况大致相同,图 4.9 使用的是远离年代久远的矿山作业的数据(在本示例中)。如果这种下降趋势不明显,或者金属含量在主要疑似污染源下游突然增加,则需要推断主要疑似污染源可能不是污染源,或者研究区域存在多个金属污染源。

Hall 和 Tinklenberg 提供了另一个使用金属相关图评估金属来源的示例,他们根据三种金属的浓度[铅、锌和钛(均为已知的颜料成分)],使用 3D 图来区分不同的颜料生产商(Hall and Tinklenberg, 2003)。

有效应用法医学(全面)化学指纹鉴定的要点

- 越多越好。在条件允许的情况下,应要求分析更多的单个化合物。在对复杂的污染物混合物(如原油及馏分物、多氯联苯、二噁英、呋喃、多环芳烃)进行法医学调查时,建议要求实验室对目标污染物混合物中尽可能多的单个成分进行详细分析。例如,对于可疑的原油或石油泄漏(在土壤或水中),应进行全碳氢化合物范围(C3－C44)的色谱扫描和分析,而对于蒸汽侵入(VI)问题的法医学调查,则需要"法医 TO15 方法"或空气中挥发性有机化合物(VOC)的法医学分析方法。[TO15 方法: 随着 1990 年清洁空气法案修正案的颁布,EPA 对 189 种有害空气污染物(HAPS)提出控制要求。EPA 编制环境空气中有毒有机化合物(TO)的测定方法概要。值得注意的是,纲要 TO－15 方法特别对 189 种 HAPS 中的 97 种 VOCs 规定了取样和分析程序(采样罐采样,GC－MS 分析,测定挥发性有机物 VOCs)。方法 TO－15 是一个空气罐采样和 VOCs 分析指导文件,故而只规定了较少的内容。然而,方法 TO－15 第 11.1.1 明确规定了系统必须达到的三个性能标准。这些标准是: 方法检出限 ≤ 0.5 ppbv(1 ppbv = $1/22.4 \times 10^{-6}$)、重复精度在 25% 以内,精确度在 30% 以内(0.5～25 ppbv)]
- 在对污染物进行初步特征描述后,应进行灵敏度更高的详细分析(选择性离子监测方法分析)
- 请务必与实验室核实,并要求使用最灵敏的方法(目标污染物的最低检测限),以确保能捕捉到具有法医学意义的数值。即使污染物不会对健康造成危害,也可能具有重要的法医学意义
- 将报告数据与原始实验表和仪器数据进行核对
- 应审查用于不同批次样本的确切实验方法。任何对结果的潜在影响都可能影响可比性,都应加以考虑
- 考虑潜在的假阳性和假阴性结果,尤其是异常值或数据接近检测限时
- 了解实验室数据标记。有些无法量化的数据(如带有 J 标记)可能无法用于数学计算和模型,但无论是否进行精确量化,发现某种化合物这一事实都可能具有法医学相关性
- 在将数据用于法医解释之前,应检查实验室报告中的质量保证/质量控制(QA/QC)数据应是可靠的。量小但质量高的数据比量大质量低的数据更可取
- 在为现场建立化学品数据库时,一定要仔细检查是否有错误。一个错误对场地修复可能无关紧要,但却可能造成法医学上的"差异"
- 考虑共污染的影响以及各种化合物如何相互作用。例如,石油产品与多氯联苯和氯化溶剂的共存可能会延缓多氯联苯和氯化溶剂的垂直迁移,因为这两种物质都是有机化学品,往往会与石油化合物发生关联(分离)。当地下存在游离相的石油产品时,这一点会更加突出
- 始终区分游离相(也称游离产物)和溶解污染。这通常会影响采样方法、化学鉴定和指纹鉴定的实验室分析方法以及数据的解释和建模。例如,苯在地下水中可能既是溶解物,又是漂浮在水面上的游离物组成。在这种情况下,游离物的共存会影响溶解相的归宿(去向)和迁移,因此需要采集游离物和游离物下方的水样,并分别进行分析。土壤中存在游离产物的情况也是如此。在这种情况下,我们应该检查的不是苯的溶解相,而是可能吸附在土壤中的苯的量与仍属于夹带游离产物成分的苯的量
- 根据地质/岩石背景和现场历史解释数据

4.1.2 标志化合物

标志化合物技术是另一种基于化学分析的方法（可归入化学指纹鉴定技术类别），在很大程度上适用于许多现场和污染物。标志化合物是与受关注污染物一起在受污染现场发现的化学品（化合物），它们只与特定的潜在污染源有关，而与其他污染源无关，或不存在于特定的可疑污染源中。因此，它们与受关注污染物一起出现在受污染场地，提供了直接的"实物"证据，证明某一特定的可疑污染源造成了所研究的污染（受关注污染物）或某一特定的可疑污染源可能被消除。通常情况下，标志化合物的含量很少（微不足道），不会对健康或其他方面造成危害，甚至在环境报告中几乎不会被注意或提及。然而，从法医学角度来看，标志化合物具有很强的代表性，可以像经典侦探小说中的"细节"一样提供线索。

这种技术以化学分析和监测为基础，但与全面化学指纹鉴定技术（上一节已讨论过）不同，它采用的是一种详细而非全面的方法。虽然令人信服的化学指纹由许多单独的特征（化合物浓度）组成，但标志化合物证据可以仅基于一种已确定的特征化合物，只要能证明该化合物与受关注污染物一起存在于某一现场，并能证明其与受关注污染物的特定可疑来源之间的联系即可。此外，还应确定标志化合物与受关注污染物一起排放的合理机制，从而提高标志化合物证据的可靠性。请注意，标志化合物和全面化学指纹鉴定方法都可以利用许多现场的现有监测数据，因此具有成本效益。

4.1.2.1 认识标志化合物

虽然环境报告中没有经常提及，但在许多情况下，标志化合物很容易识别，因为在实验室原始报告中，它们通常与其他分析化学品一起被检测到，这些报告通常附在主要环境报告之后，或应要求提供。因此，法医学调查人员应在报告的以受关注污染物为重点的典型环境数据之外，准确查找此类"隐藏"的细节。正如后面所详细描述的，法医学调查员应首先根据历史文件审查和对某种化学品成为潜在标志化合物的原因了解，确定现场潜在的标志化合物（见本节的进一步讨论）。一旦确定了一种或多种潜在的标志化合物，就应查阅现场监测数据，回溯到原始实验室报告，检查是否曾报告检测到任何已确定的潜在标志化合物（无论数量多少）。然后，将随时间和空间推移检测到的数据进行空间表示，可能有助于加强论证，并利用标志化合物作为证据，证明某个可疑来源的贡献。

需要注意的是，识别标志化合物需要对现场历史和作业进行彻底审查，以确定检测到的任何化学品是否可以作为任何可疑来源的特征。

标志化合物可根据以下特征进行识别:

- 它们与特定的可疑来源有关或缺乏特定来源。
- 它们通常不是受关注的污染物。
- 因此,它们通常不是风险驱动因素,可能根本不会在环境报告中讨论。

理想标志化合物的特征如下:

- 通过在相同的样本、区域或污染羽流中检测到与受关注污染物的关联,以及通过证明与受关注污染物一起被处理和可能被排放的证据
- 在环境中的持久性
- 可被检测到
- 易于检测
- 来源特异性(只与研究区域内的可疑来源有关或不存在可疑来源)
- 最好不是常见的环境污染物
- 与受关注污染物的归宿(去向)和迁移相似
- 能在受关注污染物废弃物中富集(如沸点较高、蒸汽压较低)
- 具有足够的流动性,可出现在混合地下水羽流中

通常,标志化合物是在历史文件审查期间根据以下两种情况之一确定的:

- 一般信息(例如,某种化合物有一种非常典型的应用,而该地区的其他来源和应用并未使用过该化合物)
- 具体信息(例如,两个储存设施使用了一系列化学品,其中一些可能只与一个来源有关)。

在下一节“方法原理和步骤”之后的“应用和局限”部分,将提供标志化合物的示例。

4.1.2.2　方法原理和步骤

标志化合物技术基于与某些可疑来源相关或不相关的某些化学品(而非受关注污染物)存在情况。该方法可提供直接证据,证明特定可疑来源对羽流的贡献情况。

以下是主要的实用方法步骤:

1. 通过以下方法确定潜在的标志化合物
   - 历史文件审查(一般信息和/或具体现场信息)或
   - 数据评定。

2. 与受关注污染物相比,验证已确定的标志化合物的归宿(去向)和迁移(更多信息见下页)。

3. 根据需要获取更多数据。除非已拥有相关数据(在现场监测数据中),否则需要进行检测(检测已确定和验证的标志化合物的化学浓度),以确认研究环境中是否存在标志化合物;数据以化学浓度单位报告(例如,固体样本为 $\mu g/kg$,液体样本为 $\mu g/L$)。

4. 报告/数据分析:

   • 当观察到标志化合物与受关注污染物之间存在相关性时,浓度图(标志化合物与受关注污染物)可提供补充验证;

   • 标志化合物与受关注污染物的空间浓度分布模式(水平和垂直)2D 和 3D GIS 表示法(见第 5 章中的示例)。空间表示法有助于解释数据并提供强有力的物证。

　　需要注意的是,验证标志化合物是应用此方法的重要步骤,包括平行比较标志化合物和受关注污染物的化学和物理特性。要成为有效的标志化合物,必须具备与受关注污染物大致相同的归宿(去向)和迁移。此外,如果已确定的标志化合物被怀疑原始含量较低,那么与受关注污染物相比,其在环境中的富集潜力也是一个优势。例如,一些氯化溶剂杂质开始时(在原溶剂中)含量极少,但在废弃溶剂中会被富集。

　　溶剂废弃物中经过蒸汽脱脂循环后会浓缩的氯化溶剂杂质包括以下内容:

• 对于 1,1,1 -三氯乙烷废弃物:

  • 四氯化碳(CCl_4)

  • 1,2 -二氯乙烷(1,2 - DCA)

  • 三氯乙烯(TCE)

  • 1,1,2 -三氯乙烷(1,1,2 - TCA)

  • 全氯乙烯(PCE)

• 对于三氯乙烯废弃物:

  • 全氯乙烯(PCE)

  • 溴二氯甲烷

  • 1,1,2 -三氯乙烷(1,1,2 - TCA)

• 对于全氯乙烯废弃物:

  • 四氯乙烷(PCA)

- 五氯乙烷
- 六氯乙烷

考虑到某些溶剂杂质在废弃溶剂中的潜在浓度(见前面的讨论),当仅记录了另一种溶剂的排放时,这可能有助于判定单种溶剂的来源(例如,全氯乙烯可能作为废弃三氯乙烯中的杂质而被排放,即使该溶剂从未在某个现场使用过)。此外,所列杂质的组合存在[通过材料数据安全表(Material Data Safety Sheet, MSDS)或其他特定的适用来源进行核实]也有可能有助于区分人造溶剂和环境形成(通过生物降解)的溶剂(例如三氯乙烯)。

当混合物(包括受关注污染物)中的使用比例已知时,可进行具体计算,以评定排放点的标志化合物/添加剂浓度。浓度越高,在法医学评定中检测和使用标志化合物数据的机会就越大。表4.8提供了一些示例。

表 4.8　评定稳定剂在 1,1,1-三氯乙烷和三氯乙烯废弃物中的浓缩能力

评 定 化 合 物	残留物中的质量分数(wt%)	摩尔分数	水溶性(mg/L)	有效的溶解度(mg/L)	稳定剂的预期浓度(μg/L)
1,1,1-三氯乙烷的稳定剂:					
1,4-二氧己环	16.6%	0.2	10 000 000	2 045 261	>100 000
硝基甲烷	2.7%	0.048	11 100	530	>10 000
2-甲基-3-丁炔-2-醇	15.3%	0.2	10 000 000	1 963 840	>100 000
硝基乙烷	3.3%	0.047	45 000	2 127	>10 000
三氯乙烯的稳定剂:					
吡啶	0.94%	0.015	10 000 000	154 850	>100 000
表氯醇	0.30%	0.004 3	65 900	281	>1 000
对叔戊基苯酚	0.026%	0.000 22	168	0.037	<1

表4.8举例说明了验证步骤中可能进行的分析。对于每种主要氯化溶剂和相关稳定剂,都会(基于摩尔分数和水溶性)计算出一些相关特性(如有效溶解度),从而可以估算出排放点的潜在浓度。显然,稳定剂在排放点的浓度越高,在法医学调查中使用的可能性就越大。

从这些示例中可以看出,任何给定添加剂在溶剂混合物中的比例都是相关的,这有助于更好地预测其在环境中的归宿(去向)和迁移,以及其作为标志化合物的有效性。要评定这一比例,需要知道蒸馏釜底(使用溶剂后)中某一组分的质量分数(见第4.1.2.4.1节中的示例)。

4.1.2.3 潜在的标志化合物示例

表4.9举例说明了可以用这种方法进行"理想"追踪的污染物类别。

表4.9 潜在标志化合物的一般示例

污 染 物	潜在标志化合物
人造化学品(如氯化溶剂)	添加剂/稳定剂、杂质
精炼石油产品(如汽油)	添加剂(如含氧化合物、烷基铅化合物、专有添加剂)
废物流	与废弃物唯一相关的成分
共同储存/共同排放的化学品(例如,来自化学品储存设施或生产现场的化学品)	在研究区域内,任何没有其他潜在来源的共同储存污染物
垃圾渗滤液	在研究区域内,任何没有其他来源的沥滤污染物

表4.10和表4.11分别列出了具有代表性的汽油添加剂和氯化溶剂添加剂。表中所示的某些添加剂可根据具体现场作为标志化合物使用。可通过核对各种文件(包括以下文件)来验证它们在具体情况下的使用情况:

- 现场/公司记录
- 材料数据安全表(MSDSs)/化学品安全数据表
- 贸易文件/专利

表4.10 汽油添加剂示例

添 加 剂 类 型	示 例
抗爆化合物	烷基铅化合物 有机锰化合物
抗氧化剂/稳定剂	对苯二胺 烷基取代酚
防腐剂	羧酸 二酰亚胺
染料	偶氮苯偶氮萘酚 苯基偶氮萘酚(红色、橙色、古铜色) 烷基氨基蒽醌(蓝色)
洗涤剂	胺 羧酸胺
防冻剂	正乙醇(短链) 具有长烃链的胺和乙氧基醇

来源:Morrison, R. 1999. Environmental Forensics Principles and Applications. CRC Press, Boca Raton, FL.

表 4.11   氯化溶剂添加剂示例

溶　　剂	添加剂类型	示　　例
三氯乙烯	抗氧化剂	胺(0.001%~0.01%) 表氯醇和酯(0.2%~2%)
全氯乙烯	稳定剂	胺(0.001%~0.01%) 表氯醇和酯(0.2%~2%)
1,1,1-三氯乙烷	稳定剂	1,4-二氧己环(质量分数0~4%) 硝基甲烷,正甲基吡咯 环氧丁烯 1,3-二氧戊环,仲丁醇
1,2-二氯乙烷(日本生产)		多氯乙烷
三氯甲烷	稳定剂	溴氯甲烷、四氯化碳、二溴氯甲烷、1,1-二氯乙烷;1,2-二氯乙烷;顺式二氯乙烯;反式1,2-二氯乙烯;二氯甲烷;二乙基碳酸酯;乙苯;2-甲氧乙醇;硝基甲烷;吡啶;1,1,2,2-四氯乙烷,三氯乙烯;二甲苯
二氯甲烷(MC)	稳定剂	苯酚,对苯二酚,对甲基苯酚,间苯二酚,麝香草酚,1-萘酚,胺

来源: Morrison, R. 1999. Environmental Forensics Principles and Applications. CRC Press, Boca Raton, FL.

表 4.12 举例说明了已核实用途的氯化溶剂稳定剂。其中一些可能被用作溶剂现场的潜在标志化合物。应根据具体情况,通过检查各种文件(包括以下文件)来评定它们的有用性和有效性:

表 4.12   已验证的氯化溶剂稳定剂示例

1,1,1-三氯乙烷	三氯乙烯	全氯乙烯	二氯甲烷
1,4-二氧己环	1,2-环氧丁烷	4-甲基吗啉	1,4-二氧己环
1,3-二氧戊环	二异丁烯	2,6-二叔丁基对甲酚(紫罗兰醇)	1,3-二氧戊环
甲苯	表氯醇	二烯丙胺	硝基甲烷
叔丁醇	三乙胺	2-异丙基-5-甲基苯酚(麝香草酚)	甲醇
甲基乙酮	双(2-丙基)胺	三聚丙烯	乙醇
2-甲基-3-丁炔-2-醇	2-异丙基-5-甲基苯酚	环氧环己烷	戊烯
硝基甲烷	戊醇-2-三乙醇胺	苯并三唑	环己烷
硝基乙烷	异丁醇	β-乙氧基丙腈	叔丁胺
乙腈	乙酸乙酯	4-甲氧基苯酚	1,2-环氧丁烷

续　表

1,1,1-三氯乙烷	三氯乙烯	全氯乙烯	二氯甲烷
甲基丁炔醇	正甲基吡咯	正丁基缩水甘油醚（丁氧基甲基环氧乙烷）	苯酚
硝酸异丙酯	对叔戊基苯酚	表氯醇	麝香草酚
1,2-环氧丁烷			环氧丙烷
异丁醇			环己烷
三聚甲醛			
叔戊醇			
正甲基吡咯			
二甲氧甲烷			

- 现场/公司记录
- 材料数据安全表（请注意，材料数据安全表可能不会显示所有添加剂，特别是那些专有配方、用量小于 1% 或被认为无毒、不挥发的添加剂）
- 主要溶剂生产商提供的产品概况介绍和消费者指南
- 主要溶剂生产商的销售资料
- 贸易文件
- 专利
- 毒理学文件，其中科学家分析了技术级溶剂的确切成分，以全面确定所有有毒物质

4.1.2.4　应用、局限性和建议

标志化合物技术可以有多种实际应用，包括以下几种：

- 来源鉴定。本节将进一步讨论一个真实案例以及与使用标志化合物进行来源鉴定有关的各种潜在应用；使用标志化合物可以成功解决以下主要类型的来源调查问题：
  - 混合地下水羽流：标志化合物提供了与是否存在可疑来源有关的实物证据。
  - 蒸汽侵入贡献：如果在室内空气中发现了标志化合物，同时与某些可疑来源（如地下水、土壤气体和家用设备）有特定联系。
  - 该方法的其他应用：需要注意的是，即使无法最终确定某种化学品的来源，但只要该化学品与其他来源（如受污染场地的现场来源）毫无关联，仍可将其用作标志化合物。在这种情况下，如果某现场出现了标志化

合物,则表明可能来自现场外(尚未确定)。

- 年代测定是标志化合物技术的另一种应用,本节将进一步讨论(并举例说明)。
  - 标志化合物的分解
  - 标志化合物的商业可用性。
- 区分人造化合物与环境形成的化合物(如氯化溶剂)。这种应用的潜力是存在的,但在实际中尚未应用。这一潜在应用背后的原理如下:特定稳定剂和杂质与主要氯化溶剂(受关注污染物)的存在可能表明存在一种人造产物,而不是环境中另一种氯化化合物的降解产物。这些信息最终可能有助于确定是否有处理过氯化溶剂制成品的可疑来源。
- 估算混合羽流中的排放贡献。在某些特定条件下(即仅有一次排放的现场),这种特殊应用可帮助确定混合羽流中某种排放化合物(如氯化溶剂)的量。例如,如果地下水中存在1,1,1-三氯乙烷混合物羽流,而其中一个可疑污染源可与某种标志化合物(例如与某种应用相关的稳定剂)联系起来,则可使用标志化合物的浓度来评定该特定污染源对地下水羽流的影响——前提是1,1,1-三氯乙烷的确切原始配方和泄漏产品中的标志化合物浓度已知或可合理推断。

4.1.2.4.1　来源鉴定应用

4.1.2.4.1.1　案例研究示例:加利福尼亚州的两个化学品散装储存和包装设施

第9章(案例研究9.1)介绍了我成功应用该技术确定污染源和污染贡献的一个实际案例研究。该案例涉及使用氯氟化碳113(Freon 113)作为标志化合物来确定一个现场对浅层地下水的贡献和邻近现场的渗透带污染。此案的挑战性在于,两个现场都从事过化学品的散装储存和重新包装业务,而且两个现场都有历史排放记录。此外,两个现场处理和排放的大多数化学品都很相似。但氯氟化碳113是一个例外,因为其中一个现场没有使用过这种化学品(除了在上述年份中只记录了一桶含有氯氟化碳113的产品),而另一个现场却大量使用。更具有挑战性的是,没有使用氯氟化碳113的现场没有对地下水或土壤中的氯氟化碳113进行监测,因为它没有被考虑在内。

这里还值得指出的一点是,这个案例说明了氯氟化碳113这种常见的环境污染物在特定条件下是如何成为一种有价值的标志化合物。因此,尽管本节的很大一部分内容是讨论不常见的环境污染物,如石油或氯化产品中的各种添加剂或稳定剂,但许多现场普遍报告的环境污染物也可能提供标志化合物,然而从目前的情况来看,这些污染物恰好没有在特定来源中使用和排放过。

　　将这些常见污染物用作标志化合物的好处是,监测报告中通常会有化学数据,因此可能不需要进行额外的检测。当然,与任何法医学调查一样,法医学家应仔细考虑并排除此类化学品的任何其他潜在来源(被认为是标志化合物的特定可疑来源除外)。

4.1.2.4.1.2　其他潜在应用

　　接下来将讨论标志化合物在污染源鉴定方面的一系列其他潜在应用。这些应用涉及利用具体的现场操作知识来鉴定潜在的标志化合物(单一化合物或混合物),它们通常是不太常见的化合物(非常见污染物)。一旦确定,就可以专门要求对代表性环境样本进行化学分析。通常,这些不太常见的化合物都有分析方法(见下表示例)。不过,法医学调查人员有责任找到能提供最低检测限的实验室检测方法。

　　根据全氯乙烯用途确定全氯乙烯来源。表 4.13 举例提供了与全氯乙烯的某些用途有关的添加剂。这些信息可能有助于区别在不同应用中使用的全氯乙烯潜在替补物质之间的氯乙烯的来源(用途)。

　　根据化学特性,表 4.13 中用粗体标出的两种稳定剂可用作标志化合物,以区分全氯乙烯的干洗用途和绝缘液用途。因此,如果在所调查的地下水羽流中只检测到其中一种化学品,则与该特定全氯乙烯应用(使用该特定化学品)相关的来源可能被确定为全氯乙烯的可能来源。

表 4.13　已报道的与全氯乙烯具体应用和制造商有关的添加剂

应　　　用	添加剂/稳定剂
作为绝缘液的全氯乙烯	**正甲基吡咯** Penthaphen
用于干洗的全氯乙烯(陶氏化学公司的 DowPer)	4-甲基吗啉
用于干洗的全氯乙烯(Vulcan 公司的 PerSec)	二烯丙胺 三聚丙烯
用于干洗的全氯乙烯(来自 PPG 公司)	环氧环己烷 β-乙氧基丙腈 正甲基吗啉 4-甲氧基苯酚
用于干洗的全氯乙烯	**正丁基缩水甘油醚(n-BGE)**

来源:Mohr, T. K. G. 2010. Environmental Investigation and Remediation: 1, 4 - Dioxane and Other Solvent Stabilizers. CRC Press, Boca Raton, FL.

注:粗体=可用作标志化合物的稳定剂,以区分干洗剂和绝缘液中的全氯乙烯用途。

请注意,根据具体的稳定剂包装和数据来识别制造商似乎也是可行的。但这种应用应非常谨慎,由于制造工艺可能存在差异,因此很难通过关联本身来确定制造商。然而,特定现场的数据(尤其是历史数据)可能会增加成功应用这种技术的机会,因此需要根据特定现场的具体情况进行评定。

基于特定用途的1,4-二氧己环来源鉴定。表4.14举例说明了1,4-二氧己环在某些用途中的特定混合物。这些信息同样有助于法医学调查。不过,在决定这类信息是否与选择和使用标志化合物技术之前,应根据具体现场进行评定。

表4.14　已报道的与具体应用相关的特定混合物示例

应　　用	具体混合物或相关化学品
飞机防冻液中的1,4-二氧己环	乙二醇或丙二醇 表面活性剂 pH缓冲液 染料 1,4-二氧己环
液体闪烁鸡尾酒中的1,4-二氧己环	1,4-二氧己环(80%) 萘 甲醇 乙二醇 二苯基噁唑 1,4-双(5-苯基噁唑基)苯
1,4-二氧己环作为燃料中的醚补充剂	1,4-二氧己环 苯,甲苯 乙二醇
印刷油墨中的1,4-二氧己环	1,4-二氧己环 丙二醇(高达20%)

来源: Mohr, T. K. G. 2010. Environmental Investigation and Remediation: 1,4 - Dioxane and Other Solvent Stabilizers. CRC Press, Boca Raton, FL.

4.1.2.4.2　年代测定应用

某些时期记录的与溶剂生产原料相关的稳定剂和杂质可用于确定溶剂排放的时间。例如,就全氯乙烯而言,早期的配方中添加了烷基胺和碳氢化合物,而后来的稳定剂则含有吗啉衍生物(Gerhartz, 1986)。

Morrison和Hone提供了一个具有代表性的示例(Morrison and Hone, 2010),根据以下生产细节可以确定全氯乙烯或三氯乙烯排放的时间:

- 1950 年以前,三氯乙烯几乎完全由乙炔生产。
- 1950 年至 1978 年间,三氯乙烯的主要生产原料从乙炔转向乙烯:
  - 据估计,1963 年至 1967 年间,美国生产的三氯乙烯中约有 85% 是以乙炔为起始原料制造的。
  - 1968 年和 1969 年,分别约有 65% 和 55% 的三氯乙烯生产使用乙炔作为起始原料,而 1971 年这一比例下降到约 51%。
  - 1973—1974 年,只有约 8% 的三氯乙烯制成品使用乙炔工艺。
- 1978 年后,乙炔不再用作三氯乙烯商业生产的原料。

表 4.15　1965 年记录的四家供应商的 1,1,1-三氯乙烯配方(数据单位为 vol%)

成　分	Octagon Process 公司	Fisher Chemical 公司	Phillips - Jacobs Chemical 公司	Eastman Kodak 公司
1,1,1-三氯乙烷	65	94	95.5	95
稳定剂:				
1,4-二氧己环	—	3.6	3.4	4.5
1,2-二甲氧甲烷	0.24	—	—	—
叔丁醇	3.64	—	—	—
硝基甲烷	1.3	—	—	—
乙醚	痕量	—	—	—
仲丁醇	—	0.2	0.2	0.3
杂质:				
三氯乙烯	7.6			
1,2-二氯乙烷	22	2.1	0.8	
1,1-二氯乙烯	0.06	痕量	痕量	痕量
1,1,2-三氯乙烷	痕量	—	—	—
1,2-二氯乙烷	痕量	—	痕量	痕量
2-氯丁烷	—	痕量	—	—

来源:基于 Mohr, T.K.G. 2010. Environmental Investigation and Remediation:1,4 - Dioxane and Other Solvent Stabilizers. CRC Press, Boca Raton, FL, citing Saunders, 1965.

　　年代测定技术的依据是根据生产过程中使用的原材料记录中三氯乙烯和全氯乙烯的不同配方(Morrison and Hone, 2010),据报告,使用乙炔作为原材料生产的三氯乙烯(20 世纪 60 年代中期)含有大量的 1,1,2,2-四氯乙烷

(1,1,2,2-TeCA)。因此,1,1,2,2-四氯乙烷及其降解产物1,1,2-三氯乙烷和1,2-二氯乙烷与三氯乙烯或全氯乙烯的同时存在,可用于确定三氯乙烯和全氯乙烯排放的时间为1978年之前。不过,在测定年代时应慎之又慎,而且必须满足以下几个条件,包括:

- 不存在1,1,2,2-四氯乙烷和1,1,2-三氯乙烷的其他合理来源;
- 不存在1,2-二氯乙烷的其他来源,如含铅汽油(1,2-二氯乙烷是一种已知的铅清除剂)或任何其他非三氯乙烯或全氯乙烯的来源。

与前面的示例类似,信息可能与特定时期和制造商的特定氯化溶剂配方有关。这些信息对法医学调查人员极为宝贵,因为它们可以用来测定排放物的年代,否则就难测定。

Morrison和Hone提供的另一个示例是(Morrison and Hone, 2010),在1954年之前,三氯乙烯配方中一直使用三甲胺等胺类作为酸受体,而在20世纪50年代中期,胺类开始被非碱性配方所取代,例如杜邦(DuPont)公司开发的基于吡咯的六到七组分混合物配方。

表4.16提供了某些时间段内氯化溶剂配方的另一个示例。该信息基于Mohr在教科书中提供的数据(Mohr, 2010),以及毒理学文献中的报告。具体地说,1986年以前的技术级1,1,1-三氯乙烷的确切成分已得到测量和报告。这些信息本身并不足以证明1986年以前的排放时间,除非有更多的信息表明1986年以后的1,1,1-三氯乙烷的配方与众不同。在这方面,也可以使用具体现场的数据。显然,泄漏产品的确切成分在环境排放后会发生变化。不过,了解单个化合物与1,1,1-三氯乙烷的归宿(去向)和迁移情况可能有助于在取样时确定预期的地下水总体概况。

表4.16　1986年前记录的技术级1,1,1-三氯乙烷的组分

化　学　组　分	含　　量
稳定剂:	
1,4-二氧己环	3.8 wt%
1,2-环氧丁烷	0.47 wt%
硝基甲烷	0.27 wt%
正甲基吡咯	<0.000 1 wt%

化　学　组　分	含　量
杂质：	
三氯甲烷	100 ppm
四氯化碳	250 ppm
三氯乙烯	200 ppm
1,2-二氯乙烷	2 300 ppm
1,1-二氯乙烯	398 ppm
1,2,3-三氯乙烷	41.8 ppm
反式-1,2-二氯乙烯	50 ppm
全氯乙烯	475 ppm

来源：Mohr, T. K. G. 2010. Environmental Investigation and Remediation：1, 4 - Dioxane and Other Solvent Stabilizers. CRC Press, Boca Raton, FL.

虽然使用稳定剂和其他添加剂来确定年代和来源很有吸引力,但使用时应始终慎之又慎,最好有另一个独立的证据作为支持。此外,使用这种年代测定技术还需要满足一系列条件,包括以下几点：

- 应进行彻底的历史文件审查,将某些稳定剂/添加剂确定为潜在的标志化合物。
- 一旦完成这项工作,就应该有足够的分析技术来检测确定的化合物(通常不是常规分析方法所针对的常见污染物)。
- 应对合理的排放机制进行评定,选定的标志化合物应具有与受关注污染物相似的归宿(去向)和迁移。

4.1.2.4.3　局限和建议

这种方法可能会受到一系列限制。表 4.17 举例说明了如何减少这些限制。

有效应用特征化学品标志化合物的要点

- "标志化合物"是"不恰当的细节",在"Hercule Poirot"介入之前一直没有被注意到。法医学调查员毕竟是"环境侦探",应该检查和观察各种细节。当出现不合适的情况时,不应认为不重要而不予考虑,而是应该进一步调查
- 一定要要求检查实验室报告的所有现有监测数据。未检测到的物质也可能具有重要的法医学意义。例如,如果对一种已确定的标志化合物进行了分析,但在某一现场从未检测到该化学品,则应排除与该标志化合物有关的特定来源(除非有合理的解释说明该标志化合物已被完全销毁)
- 全面的监测数据可能有助于确定标志化合物。通常要寻找那些含量低到不会造成风险或对环境无害,但只在某些区域有选择性存在的化学品。这有助于追溯潜在来源(从检测到的区域)。此时可启动历史调查,以进一步确定和确认在审查大量监测数据时发现的潜在标志化合物

表 4.17　标志化合物的局限和建议

影响因素/局限	建　　议
与受关注污染物相比,标志化合物具有不同的归宿(去向)和迁移	进行验证(测试之前)
标志化合物含量极少,因此可能无法被检测到	确保实验室正在使用选择性离子监控分析,以实现最低检测限为目标
研究区域内的标志化合物可能有多个潜在来源	根据具体情况进行评定,以及背景评定
现场的污染已被缓解;因此,对任何已确定的标志化合物进行检测都是无用的	使用历史监控数据;如果没有或不充分,则使用其他法医学技术

4.1.3　手性的指纹鉴定

手性指纹鉴定技术也以化学分析为基础,针对(测量)具有手性或光学异构体的化合物(污染物)的手性成分。

4.1.3.1　认识手性异构体

4.1.3.1.1　定义、示例和环境相关性

与任何异构体一样,化合物的手性异构体具有相同的元素组成(化学式),但结构不同。在这种情况下,结构的不同与结合到不对称碳原子(也称为立体中心或手性中心)上的不同元素或自由基/基团的相对顺序(在三维空间中)有关。具体来说,手性异构体是彼此的"镜像"。只有缺乏内部对称性的化合物才可能出现这种情况。要想象手性,就应该考虑人的双手。虽然两只手完全相同,但却不能叠加在一起(除非旋转双手)。事实上,"手性"一词源于希腊语中的"cheir"。

图 4.10 提供了手性化合物的三个示例(在二维空间中显示),即(从左到右)羟胺、氨基酸和支链烷烃(SHC)。请注意,R 泛指任何类型的烷基(含有一个或多个与氢原子相连的碳)。在每种情况下,不对称碳原子都显示在结构的中心,很容易看出与中心显示的碳原子结合的四个元素和自由基之间的差异。需要注意的是,以图 4.10 中的支链烷烃为例,中心显示的碳是一个不对称碳,因为它与氢和三个不同的烷基相连,所以即使该碳与另外三个碳原子(来自三个烷基)立即结合,但与不对称碳结合的三个碳原子属于三个不同的自由基,这一事实决定了差异和不对称。此外,环状结构中也可能存在不对称现象(此处未显示),许多环状萜类化合物就是这种情况,它们也被称为石油生物标记化合物。

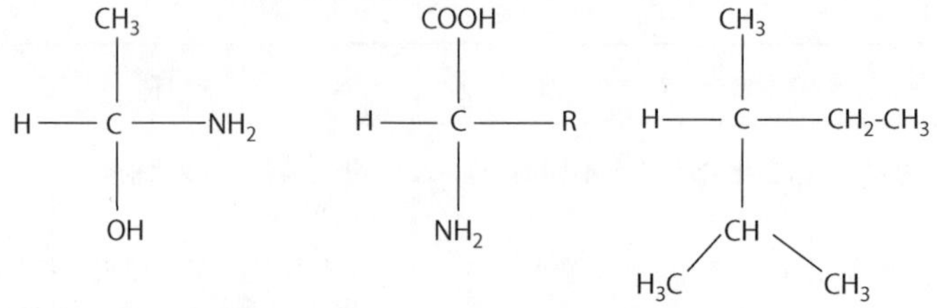

图 4.10 手性(不对称碳)化合物的示例

合成具有手性异构体的化合物(也称为手性化合物),是指分子结构中缺乏内部对称平面的化合物。通常,此类化合物是指含有一个或多个不对称碳原子的化合物。需要注意的是,有机和无机化合物(化学品)都可能具有手性:

- 就无机化合物而言,许多配位化合物都具有手性。
- 手性有机化合物的示例包括以下主要类别中的至少一种或多种化合物:多氯联苯、石油生物标记物、多环芳烃、农药、药品、二噁英、呋喃、甾醇、氨基酸、甲基苯丙胺、生物碱(如吐昔灵)和其他非法化合物(如非法生产的海洛因)。

需要注意的是,许多生化物质(如构成蛋白质的氨基酸)都有一定比例的手性异构体,这决定了它们的生物功能。事实上,手性异构体或对映体(光学异构体)的概念在生物化学和制药业中很常见。这对环境的影响非常重要,因为手性异构体之间的生物降解敏感性不同,某些异构体在环境中的持久性可能比其他异构体要强得多。因此,成对的手性异构体之间的毒性可能截然不同。总之,手性异构体在处理环境污染时变得非常重要,并提供了指纹鉴定的机会,下文将对此进行讨论。

4.1.3.1.2　手性异构体命名法

手性异构体有不同的命名系统。这里不包括每个系统的命名规则,因为这些规则可以在化学书中找到。本书只提供主要的命名系统和其中一个常用系统(R vs. S)的一般规则。手性异构体的命名系统包括以下几种:

- 通过 R-和 S-构型:手性异构体也称为光学异构体或对映体。光学名称与手性化合物溶液的特定性质有关,即手性化合物溶液可以顺时针或逆时针方向旋转偏振光光束的偏振平面。因此,可以认为手性异构体具有光学活性。按照惯例,分子中的每个手性中心都标有 R(rectus)或 S (sinister),这与其他命名系统没有固定的关系。指定具体的 R 或 S 名称是通过一个著名的约定系统来完成的,该系统考虑了连接到立体中心的原子的原子序数来指定优先级,包括以下主要步骤(也称为优先级规则 Cahn‒Ingold‒Prelog):

1. 确定立体中心(不对称碳原子)。

2. 为连接到立体中心的每个基团指定优先级(与不对称碳原子结合的元素的原子序数越高,其优先级越高;最高优先级=1,最低优先级=4)。

3. 调整分子的位置,使优先级最低的基团离开。

4. 确定其余三个优先级较高的基团(优先级分别为 1、2 和 3)之间优先级顺序的相对方向。

5. 指定 R/S 名称:

  ‒如果三个高优先级基团之间的顺序是顺时针,则该立体异构体为 R 立体异构体(源自拉丁语 rectus,意为右旋性)。

  ‒如果三个高优先级基团之间的顺序是逆时针,则该立体异构体为 S 立体异构体(源自拉丁语 sinister,意为左旋性)。

• 按光学活性:(+)和(−)基于偏振光平面顺时针(+)或逆时针(−)旋转的特性;注意(+)和(−)异构体也分别被称为 d−和 l−(分别来自右旋和左旋);这不能与后面描述的不同命名系统中的 D−和 L−术语相混淆。

• 按构型:以原子空间构型为基础的 D−型和 L−型(用于生物化学)。这种命名系统在生物化学中更为常用。

注意,对于环状有机化合物,一般习惯使用 R 和 S 表示不属于环的手性中心(而 α 和 β 则表示环内的手性中心)(Wang et al.,2006a)。

4.1.3.2 方法原理和步骤

手性化合物是由不同比例的手性异构体(两种或多种异构体,取决于分子中手性或立体中心的数量)组成的。可以测量特定化合物手性异构体之间的比例,为司法案件提供额外的证据。因此,手性指纹鉴定利用特定化合物手性异构体之间的比例来评估污染物的来源、归宿(去向)和迁移。

手性指纹鉴定不同于全面化学指纹鉴定,因为它侧重于混合物中的少量单个化合物。例如,如果多氯联苯是某地的受关注污染物,则可通过全面化学分析和手性分析进行化学指纹鉴定。这两类化学指纹可被视为独立的证据链。全面化学指纹鉴定将针对多氯联苯混合物中尽可能多的单个化合物进行分析(例如,通过同类物分析),而手性指纹鉴定可能只针对一种或几种具有手性的多氯联苯同类物。由于手性指纹鉴定获得的信息具有高度特异性,与标志化合物(另一种化学指纹鉴定)提供的信息类似,因此手性指纹鉴定通常不需要对许多单个化合物进行分析。混合物中一种或几种经过挑选的单个化合物所提供的指纹,其效果不亚于甚至超过全面化学分析所针对的数百种单个化合物。

需要注意的是,手性指纹鉴定法是一种直接的方法,没有数学模型的高度不确定性,而数学模型是区分复杂污染物混合物(如多氯联苯)来源的常用方法。

手性指纹鉴定可用于以下主要类型的法医学调查:

1. 来源鉴定和分配。手性指纹鉴定的一个潜在法医学应用是通过比较样本与替补来源的手性指纹来鉴定和分配来源。这取决于为每个替补来源获取代表性来源样本的能力。不过,即使没有代表性的来源样本,环境样本之间的比较也可能会产生一个或多个不同的样本集群,有助于评定各种分析样本是否来自一个或多个来源(即使实际来源仍未确定)。

2. 相对年代测定。这类应用指的是在环境中排放的人造化学品(如多氯联苯)。通过手性指纹鉴定,可以确定这些化学品是近期排放的(新鲜的),还是很久以前排放的。此外,手性指纹鉴定还可以对不同样本中手性化合物的年代进行相对比较。这类应用的原理如下:

   a. 使用非生物工艺制造的化学品含有相同或接近相同的对映体(这种混合物被称为外消旋体);

   b. 事实上,污染物排放到环境中后发生的生物过程会对各个手性异构体产生不同的影响(Josephs and Barnett, 2005),因此外消旋化合物一旦排放到环境中,就会开始改变手性异构体之间的比例;

   c. 生物降解过程导致的手性异构体比例变化随着排放时间的延长而增加;

   d. 手性异构体比例的变化可通过对映体选择性气相色谱/质谱仪(GC/MS)进行测量,并在所谓的对映体组分(EF)中捕捉到:

   $$EF = E1/(E1 + E2),$$

   其中,$E1$ 为第一洗脱对映体,$E2$ 为第二洗脱对映体;

   e. 对于外消旋体化合物(组成对映体的比例相等),对映体组分值为 0.5 或接近 0.5,多氯联苯等手性有机氯的商用制剂就是这种情况(Wong et al.，2001）。相反，由于生物降解作用，当这些化合物排放到土壤中时，对映体组分值会发生变化（取决于降解过程的强度），从 0 到 1 不等（Aigner et al.，1998）。因此，可以对人造多氯联苯和环境改变的多氯联苯进行比较（Harner et al.，2000）。

总之，手性指纹鉴定可用于评定排放污染物的生物降解程度及其相对年代，并帮助鉴定来源、分摊贡献或区分新旧排放物。下一节将介绍一些实际应用。

手性指纹鉴定的主要步骤包括：

1. 从环境污染混合物中筛选出一种或多种具有手性的目标化合物。

2. 确定每个样本中每个选定化合物的对映体组分值（如前所述，该值介于 0 和 1 之间）。

3. 根据应用类型评定结果：

   • 在有代表性样本的情况下，将结果与替补来源进行比较，并确定特定的来源。

   • 比较不同样本的结果，确定潜在的共同来源。

   • 比较样本之间的结果，以评定泄漏的外消旋体化合物的相对年代。例如，多氯联苯是外消旋体化合物，其相对年代可通过目标手性同类物的对映体组分进行评估。当对映体组分值接近 0.5 时，可怀疑其是新的多氯联苯泄漏物或来自不同设备中使用的多氯联苯泄漏物。

需要注意的是，在化学指纹鉴定中使用手性异构体的另一种方法是使用基于手性异构体的诊断比值（使用实验室报告的实际手性异构体浓度）。手性异构体可提供相当强大的指纹鉴定功能，这也是将其用于许多诊断比值的基础（示例见表 4.1 和表 4.2 中原油和石油产品法医区分的生物标记比值）。

4.1.3.3　应用、局限性和建议

手性指纹鉴定虽然被称为终极指纹鉴定技术之一，但目前还不是一种常用的指纹鉴定方法。迄今为止，手性指纹鉴定技术已被用于基于相对年代测定的一系列有机环境污染物的来源鉴定。实际应用示例如下：

   • 大气中多氯联苯的来源评定（Robson and Harrad，2004）。该案例的主要法医学目标是，空气样本中的多氯联苯是否主要来自环境表面（如土壤）的排放，而不是来自含多氯联苯材料的剩余残留（如变压器、电容器等）。次要目标是评定土壤中各种手性多氯联苯同类物的生物降解情况。为此，对英国的一个城市和一个农村地区进行了调查。每两周收集一次土

壤和空气样本（每种介质 32 个样本），并对多氯联苯同类物 95、136 和 149 的手性异构体进行分析。此外，还对几种新鲜 Aroclors 中目标同类物的对映体组分进行了调查，以确认其预期的外消旋体组分。结果表明：

- 空气中多氯联苯的可能来源是人造外消旋体多氯联苯，而不是土壤中的多氯联苯。

- 监测到的多氯联苯同类物在土壤中发生了明显的对映选择性降解，为五氯和六氯联苯的需氧降解提供了证据。

- 所研究的同类物在未泄漏的 Aroclors 检测中的外消旋体组分得到了证实。

- 哈德逊河（Hudson River）河口多氯联苯的手性来源分配（Asher et al.，2007）。哈德逊河河口受到多种来源的多氯联苯污染，包括主要来源（纽约市等周边城区的大气沉积物）和次要来源，如哈德逊河上游、雨水径流和下水道溢流。该案例的主要研究目标是确定河口（包括食物网）的多氯联苯来源。采用的方法是对空气、水、总悬浮物（TSM）、浮游植物和沉积物样本中的多氯联苯（同类物 91、95、136 和 149）进行手性指纹鉴定。从鉴定结果得出了以下结论：

  - 多氯联苯 91、95、136 和 149 在河口大气中呈外消旋体，这表明这些多氯联苯同类物在大气中的主要来源一定是当地未风化的污染物，而不是来自河口的挥发物（这将增加非外消旋体多氯联苯，因为环境中的多氯联苯预计会显示出一些风化迹象）。这一结果与之前英国研究描述的结果一致（Robson and Harrad，2004）。

  - 河口多氯联苯同类物 95 的来源与溶解相、总悬浮物（TSM）、沉积物和浮游植物一致。此外，河口多氯联苯同类物 95 很可能并非来自大气沉降。这表明，哈德逊河上游排放物可能是溶解相和总悬浮物的来源，最终控制了沉积物和浮游植物污染。

  - 对于较重的同类物多氯联苯 149，也观察到了类似的总体趋势，但溶解相除外，在统计上与大气相没有区别。造成这一结果的原因可能有几个，其中包括哈德逊河上游的主要 Aroclor（Aroclor 1242）中这种较重同类物的含量减少，以及它的生物降解阻力较大，导致手性异构体比例之间的差异不易察觉。因此，这种结果上的差异对于改变基于多氯联苯 95 趋势的总体结论可能并不重要。

- 注意,观察到的较轻同类物与较重同类物之间的结果差异可能是由于沉积物中原始 Aroclor 物质的比例不同,以及空气和沉积物样本手性组分的差异。

- 根据以下方程,提出了一种来源分配法,以确定河流沉积物和空气中的多氯联苯对浮游植物的贡献:

$$f_1 = (EF_{MIX} - EF_2)/(EF_1 - EF_2),$$

  其中,f_1 为沉积物(来源 1)在污染物总量中所占的比例;EF_1 和 EF_2 分别为沉积物和空气(来源 2)的对映体组分;EF_{MIX} 是受影响介质(浮游植物)的对映体组分。

- 利用手性指纹鉴定/标志化合物对一系列有机氯化合物[α-六氯环己烷(α-HCH)、环氧七氯、氯丹、o,p′-二氯二苯三氯乙烷(o,p′-DDT)]进行了来源调查。

- 手性指纹鉴定在法医毒理学研究中的各种用途也在文献中指出(Smith,2009),包括与以下有关的应用:

  - 非法化合物的来源鉴定,其中一半以上的化合物至少有一个手性中心(Smith,2009)。对非法化合物进行手性指纹鉴定可为执法情报提供制造指纹证据。此类非法化合物包括海洛因(因为它是用糖"切割"而成)、咖啡因、非那西汀、安非他命、甲基苯丙胺、苯乙胺衍生物,如"摇头丸"(通常是 3,4-亚甲二氧基甲基苯丙胺)和 N,N-二甲基苯丙胺。手性分析可为前驱体材料和合成途径提供线索。在某些情况下,某些特定药物在制造过程中并不是外消旋混合物,而是主要含有一种手性异构体,这种知识对于基于手性指纹鉴定的法医学研究非常有用。

  - 筛查运动员是否服用了外源性雄激素。例如,可通过尿液中的睾酮(T)对映体睾酮(E)来筛查睾酮(T)的内源性类固醇特征,这一点已得到公认。当 E/T 葡糖苷酸比值出现某些非典型值(例如等于或超过 4 比 1)时,则怀疑是服用了外源性雄性激素类固醇,需要进行进一步检查(可能包括同位素分析)。需要注意的是,各种药物对映体化合物的代谢过程中,配对的对映体代谢率是不同的,这对药物使用和测定的血清检测有影响。

- 2005 年秋,美国环保局科学办公室的一份出版物将手性分析用于污染物指纹鉴定的一般用途描述为"终极污染物分类"工具(EPA,2005a)。

在美国,位于佐治亚州雅典市的国家暴露研究实验室生态研究部(NERL - ERD)拥有手性分析和环境中手性污染物方面的专业知识(Josephs and Barnett, 2005)。

值得一提的是,环境污染物中各种手性分子的比例与法医学研究密切相关。虽然就修复措施而言,化合物手性异构体的比例可能并不重要,但这一信息在法医学研究中却非常重要。

此外,其他一些出版物也报告了该方法的非法医学使用情况(Garrison, 2002;Wong and Garrison, 2000;Garrison et al., 1997;Jones et al., 2007)。

表 4.18 列出了该技术的主要局限和建议。

表 4.18　手性指纹鉴定的局限和建议

影响因素/局限	建　　议
在不同的环境中,生物降解的效果可能会有所不同,从而影响相关年代的测定	可根据具体现场的条件进行实验检测 应获取并参考具体现场的数据
应考虑所研究污染物(具有手性异构体)的非生物降解归宿(去向)和迁移过程的影响	对这些影响的实验测试可能有助于了解生物降解以外的过程对 EF 值的潜在影响。这种潜在的影响可以被有效地消除,或者,如果数据表明可能存在这种影响,则可以将其与生物降解一起考虑
与许多指纹鉴定技术一样,混合污染会改变原始指纹,使该方法无法使用	历史数据和使用 GIS 绘制数据地图可能有助于解释(例如,通过确定混合污染的可能性)
如果检测点的污染已被缓解,手性检测就没有用了	在这种情况下,应使用另一种法医学技术(例如,取样时与污染物的物理存在无关的技术;见第 5 章)

有效应用法医学手性指纹鉴定的要点

- 一般来说,手性指纹鉴定可与全面化学指纹鉴定同时使用。使用一种以上的化学指纹鉴定技术将为法庭案件提供更有力的证据
- 在某些情况下,应单独使用手性指纹鉴定,而避免使用全面化学指纹鉴定。当潜在来源具有相似的化学成分时,就属于这种特殊情况。在这种情况下,全面化学分析可能会提供误导性信息。例如,如果可疑来源之间的全面化学指纹相似,就可能得出它们无法进行法医学区分的结论。然而,手性指纹中可能存在细微差别,从而使来源得以区分。因此,如果已知或预计可疑来源具有类似的全面化学指纹,建议只进行手性指纹鉴定。不过,在解释结果时应始终谨慎,只有在充分了解来源样本和环境样本因生物降解和其他过程而可能发生的变化之后才能进行。需要注意的是,如果同时进行了全面化学指纹鉴定和手性指纹鉴定,但得出的结论不尽相同,则手性指纹鉴定结论在提供可靠证据方面的采信可能具有更高的优先级别。考虑到这一点,每个案例都应在仔细评定所有现有信息和数据之后的具体基础上进行分析
- 使用独立的方法和手性指纹鉴定来评定待检环境中的生物降解能力可能会有所帮助。这些方法可包括 DNA 分析以及检查待检环境的物理化学特征。这将为解释手性指纹和评定来源鉴定应用中样本之间的可比性提供支持

- 虽然手性指纹鉴定的典型用途是评定配对手性异构体之间的比例（通过计算对映体组分），但各种单个手性异构体的实际浓度也可以成为一种强大的法医学工具。在比较具有相同来源和相似化学成分的样本时（例如，天然渗漏与从同一岩层中提取的溢油），手性异构体的浓度可提供比组成混合物的所有其他单个化合物更有用的来源鉴定模式
- 手性指纹鉴定可提供有针对性的化学指纹（类似于标志化合物）。因此，手性指纹鉴定只需检测较少的分析物，却能提供高度特异性的信息。总体而言，手性指纹鉴定的成本通常低于经典的全面化学指纹鉴定，这也是其在案发现场应用的另一个原因

4.2　同位素指纹鉴定

同位素指纹鉴定是利用所研究的环境污染物中特定元素的同位素之间的比例（也称为同位素浓度）来追踪污染源、确定潜在的多重羽流或确定羽流的年代。此外，在使用稳定同位素时，由于排放污染物的稳定同位素组分会随着时间的推移而发生变化，成为各种衰减机制的函数，因此可以利用同位素比值随时间的演变来确认排放的化学品是否发生了生物降解或自然衰减等过程。其中，生物降解对改变排放化合物的稳定同位素浓度影响最大。不过，其他自然衰减过程也可能在较长时间内影响排放污染物的稳定同位素组分。例如，扩散可能会略微降低羽流边缘的稳定同位素浓度，而吸附可能会对稳定同位素浓度产生一些影响，尤其是在含碳量非常高的土壤中。至于挥发对稳定同位素浓度是否有影响（可能与生物降解的影响不同），目前还不确定。

由于天然材料同位素组分的变异性以及制造过程（人为污染源）引起的同位素组分变化，导致许多天然和人为污染源都具有不同的同位素组分。源材料中同位素组分的这种巨大差异为根据同位素组分来源鉴定提供了一个强有力的取证机会。

同位素指纹鉴定通过捕捉样本的另一个特征：同位素组分，提供了有别于任何化学指纹鉴定（第 4.1 节讨论）的另一个层面的法医学证据。样本的化学数据和同位素数据/组分之间没有关联。同位素数据比化学数据更具体，因此通常被认为能提供更深入、更精细的来源信息。

Sueker 对同位素和法医学应用原则进行了很好的综述（Sueker，2001，2003）。一般来说，稳定同位素检测的取样方法简单明了，与通常的现场取样方

法类似,但所需的样本量可能因同位素检测类型的不同而大相径庭。该方法的分析成本(稳定同位素检测)一般不高,每个样本约 75 美元到五六百美元不等。然而,这些数据通常无法通过历史监测获得,需要在取证过程中额外收集和分析样本。因此,与使用化学指纹鉴定法相比,预计总体成本会增加。与化学指纹鉴定法和其他特异性较低的方法相比,该技术的准确性和来源特异性更高,这往往证明这些费用是合理的。

同位素指纹鉴定与化学指纹鉴定

同位素浓度和化学浓度之间有明显的区别。对于稳定同位素检测,同位素浓度仅指测量到的两种稳定同位素(排放化合物中选定元素的同位素)的比例,与化学浓度无关,这可能导致一个样本的化学浓度可能很高,但同位素浓度很低。因此,将同位素浓度绘制在地图上,可以得到与化学浓度完全不同的羽流。从根本上说,同位素多重羽流可以被解释为源自多个来源(无论是否可以确定原始来源)。此外,同位素组成主要受生物降解的影响。因此,羽流的不同同位素值也可能是不同风化阶段的结果。这是因为微生物会首先降解较轻的同位素,因此产生的生物降解羽流中较轻的同位素会被耗尽。

为了更好地理解,让我们来看调查砖墙的起源。我们可以把砖墙看作是环境样本,而组成砖墙的每块砖则相当于单个污染物。在这种情况下,化学指纹鉴定技术可提供与各种砖块的尺寸/质量有关的信息,而同位素指纹鉴定技术则可提供与各种砖块的颜色/色调有关的信息。显然,如果砖块的颜色/色调相同,这些信息就没有用处,但如果砖块的颜色或色调不同,那么这些额外的信息可以帮助区分相同大小的砖块,从而更深入地鉴定砖块的来源。这一比较可以说明同位素指纹鉴定在法医学调查中的独特性质和价值。

化学指纹鉴定和同位素指纹鉴定的独立使用与相互依存

这些关于同位素指纹鉴定与化学指纹鉴定的一般信息还表明,虽然这两种指纹鉴定可能被视为独立的证据链,但在许多情况下,它们应相互依存,以进行更可靠、更深入的来源鉴定。以砖墙为例,如果两块砖的大小/质量相同,但颜色不同,就会得出相互矛盾的结论,即大小/质量信息表明来源相同,而颜色信息表明来源不同。然而,当我们将这两类信息结合起来时,就会明白很可能有不同的来源,而得出这一结论的唯一方法就是检查砖块的颜色,而不仅仅是它们的大小/质量。同样,如果两个样本具有相同的化学指纹,但同位素指纹却截然不同,就可能得出结论:结果相互矛盾,可能出了问题。然而,经验丰富的法医知道,同位素指纹鉴定能提供更深入、更精细的信息,因此会认为不同来源的可能性更大。当然,如果有其他证据(如历史信息)的支持,这样的结论就更加可靠了。此外,在得出最终结论之前,还应考虑风化可能导致同位素指纹的变化。

应用示例

同位素分析在许多科学领域都有应用。以下是与法医学相关的同位素应用示例:

- 区分生物源型甲烷和热源型甲烷(Coleman et al., 1995;Sueker, 2003),也可使用^{13}C 和^{2}H 同位素组分。

- 评定硫的来源(Sueker, 2003)。另一项研究(Sueker et al., 2001)也讨论了利用稳定硫同位素分析(结合地球化学和水文因素)来调查佛罗里达州沿海一个农药厂地下水中硫酸盐升高的来源。

- 石油碳氢化合物研究:Sueker 提供了通过同位素方法划定来源的相关示例(Sueker, 2001)。

- 区分汽油和柴油泄漏(EPA, 2010;Kaplan et al., 1997;Wang et al., 2010),可同时使用^{13}C 和^{2}H 同位素组分;需要注意的是,^{2}H 同位素浓度对来源更为敏感,在石油碳氢化合物来源之间可能具有更高的变异性。

- 鉴定氯化溶剂的来源(Beneteau et al., 1999;van Warmerdam et al., 1995)。

- 不同氯化乙烷的来源划定(Blessing et al., 2009)。

- 通过分子和同位素分析鉴定机油中生物柴油衍生碳的来源(Peacock et al., 2010)。

- 利用同位素数据(δ^{15}N 和 δ^{18}O)确定硝酸盐来源(Liu et al., 2006;Silva et al., 2002)。

- 确定美国西南部本地天然高氯酸盐和共生硝酸盐的来源(Jackson et al., 2010)。

- 评定高氯酸盐来源(Bohlke et al., 2009;Sturchio et al., 2009),根据报告的人造高氯酸盐与天然来源的高氯酸盐(如阿塔卡马沙漠的硝酸盐沉积物和南加州的天然高氯酸盐)不同的同位素指纹。这种评定可以使用氧同位素(^{17}O 和^{18}O 同位素组分对照图)和氯同位素(^{37}Cl 和^{36}Cl 同位素组分对照图)来进行。

- 通过分析铅(^{207}Pb/^{206}Pb)和锶(^{87}Sr/^{86}Sr)同位素比值确定铀精矿的来源(Varga et al., 2009)。

- 自来水和饮料来源的地理分配。Chesson 等人测量了瓶装水、苏打水、啤酒和自来水的 δ^2H 和 $\delta^{18}O$ 值，以评定购买地点对稳定同位素比值的影响（Chesson et al., 2010b）。

- Chesson 等人（2010a）讨论了配兑牛奶和奶牛饮用水的地理来源分配问题。

- 鉴定铅来源。根据 $^{207}Pb/^{206}Pb$ 与 $^{208}Pb/^{206}Pb$ 同位素组分对比图，可以鉴定主要的铅来源（包括含铅涂料和含铅汽油沉降物）。

- 获得自然衰减发生的证据，并可以计算其速率（Heraty et al., 1999; Sturchio et al., 1998; Abe et al., 2009）。

4.2.1 认识同位素

同位素是同一种元素的原子，其原子核中质子数相同，但中子数不同。因此，一种元素的同位素具有相同的原子序数，但它们具有不同的质量或质量数。

在自然界中，同位素主要有两种：

- 稳定同位素

- 放射性同位素

出于指纹鉴定的目的，主要使用稳定同位素组分，这也是本文重点讨论稳定同位素分析的原因。

放射性同位素也可用于年代测定目的（如大气示踪剂所述），本节只作简要介绍；第 6.2 节提供了有关大气示踪剂的更多信息（因为放射性同位素可用作大气示踪剂，以帮助测定地下水的年代，并评定受污染羽流的最小年代）。

4.2.1.1 稳定同位素

稳定同位素，顾名思义，保持不变。大多数自然元素都有两种或两种以上的稳定同位素。由于这些同位素不会发生变化，因此通常用于来源鉴定。表 4.19 列出了一些环境研究中常用的同位素。

表 4.19　环境调查中常用的稳定同位素示例

元　素	稳定同位素[a]	质子数（p）和中子数（n）	相对自然丰度
氢	^1H	1p, 0n	0.999 85
	^2H	1p, 1n	0.000 15
碳	^{12}C	6p, 6n	0.988 9
	^{13}C	6p, 7n	0.011 1

元　素	稳定同位素	质子数(p)和中子数(n)	相对自然丰度
氯	^{35}Cl	17p, 18n	0.757 7
	^{37}Cl	17p, 20n	0.242 3
氧	^{16}O	8p, 8n	0.997 6
	^{17}O	8p, 9n	0.000 39
	^{18}O	8p, 10n	0.002 0
硫	^{32}S	16p, 16n	0.950 2
	^{34}S	16p, 18n	0.042 1

来源：Environmental Protection Agency（EPA）. 2010. Applications of Stable Isotope Analyses to Environmental Forensics（Part 3）and to Understand Degradation of Chlorinated Organic Compounds. CLU‐IN Internet Seminar, October 2010. Presented by Paul Philp.

注：表4.19中显示的每种元素的稳定同位素不一定都在此显示。

a 化学符号的左上方表示质量数（针对每种同位素）。

从表4.19中可以看出，最丰富的稳定同位素通常是质量数较低的同位素。

根据下式（以硫稳定同位素为例），稳定同位素组分以比值形式记录，通常称为 δ 或 delta，并通过一个标准作对照来进行报告：

$$\left[\frac{\left(\frac{^{34}S}{^{32}S}\right) 样本}{\left(\frac{^{34}S}{^{32}S}\right) 标准} - 1 \right] \times 1\,000 = d \text{ 或 } \delta(delta)\ \%o(per\ mil)。$$

因此，按照惯例，稳定同位素检测的结果是按照所提供的示例进行计算的，这也是实验室报告数据的方式［作为 δ 或 delta 和 per mil（见下一段的讨论）］。请注意，分母中总是含有较多的同位素（质量数较低的同位素）。因此，计算结果数值越大，样本中较轻同位素的耗尽程度就越高，在这种情况下，样本可以被视为"较重"。结果越低，样本中较重同位素的耗尽程度越高，因此，样本可被视为"较轻"。

根据所展示的稳定同位素数据报告惯例，是为了方便识别被测样本的同位素浓度相对于标准样本是高还是低。具体来说，如果数值为正，则表示样本的同位素浓度高于标准样本，反之为负。请注意，按照惯例，结果是乘以1 000，因此用"per mil"表示，以便于比较和参考（否则，结果将是带有多个小数的数字）。

根据其制造过程中使用的天然来源，相同的污染物可能具有明显不同组成元素的稳定同位素比值,通常称为同位素特征。这种稳定同位素变异性为判定污染源提供了一个强大的法医学工具。

需要注意的是,虽然稳定同位素不会随时间发生变化(或分解,如放射性同位素),但其比例可能会因自然风化过程而在环境中发生变化。由风化导致的这种稳定同位素比例的变化被称为同位素分馏。一般认为,生物降解对同位素分馏的影响最大,总是导致较轻同位素的贫化(或较重同位素的富集),从而使 delta 值增加。

对稳定同位素分馏进行了研究,它涉及 Raleigh 方程所描述的过程:

$$R_t / R_0 = f^{(\alpha - 1)},$$

其中,R_t 和 R_0 分别是时间 t 和时间 0(初始)的同位素比值;

　　f=反应物在 t 时刻的剩余比例(反应程度);

　　f=[反应物]t/[反应物]0(指两个时间的反应物浓度);

　　α=可转化为富集系数(ε)的分馏系数:

$$\varepsilon = (\alpha - 1) \times 1\,000$$

使用 δ(实验室报告的同位素数据),Raleigh 方程变为:

$$\ln[(\delta d + 1\,000)/(\delta_0 + 1\,000)] = (\alpha - 1)\ln f.$$

所研究污染物的 delta 值(较重同位素比例)随着时间的推移而增加,这就是降解过程正在发生的确凿证据,而 Raleigh 方程则可用于评定降解的程度。如图所示,要做到这一点并确定 f 值(或残留污染物的比例),需要知道两个时间点(初始时间[零时]和一段时间[t]后)的分馏系数(alpha 或 α 值)以及同位素组分(delta 或 δ 值)。虽然两个不同时间的同位素组分是在采集实地样本(如地下水或土壤)的基础上测量的,但分馏系数通常是在实验室中确定的,而且可以获得最常见污染物和降解过程的数据。不过,如果可能的话,自己对实际环境进行实验室模拟研究会更加可靠。

表 4.20 举例说明了文献中公布的一些常见污染物的富集系数(请注意,分馏数可根据富集系数计算得出,如 Raleigh 方程所示)。更多信息可以参考 Sueker 的文章(Sueker, 2001, p. 10),以了解根据时间测量的同位素变化来确定剩余污染物比例的计算示例。

表 4.20　氯化溶剂还原转化过程中碳同位素分馏富集因子示例

降　解　过　程	文献报道的 ε(‰) 富集因子
全氯乙烯→三氯乙烯	−2，−2.7，−5.2，−5.5
三氯乙烯→顺式-1,2 二氯乙烯	−4，−2.5，−6.6，−7.1，−13.8
顺式-1,2 二氯乙烯→VC	−12，−14.1，−16.1，−20.4，−19.9
反式-1,2 二氯乙烯→VC	−30.3
1,1-二氯乙烯→VC	−7.3
VC→乙烯	−21.5，−26.6，−22.4，−31.3
1,1,2-三氯乙烷→VC	−2.0
1,2-二氯乙烷→乙烯	−32.1

来源：Hunkeler, D., Aravena, R., and Cox, E. 2005. Assessment of degradation pathways in an aquifer with mixed chlorinated hydrocarbon contamination using stable isotope analysis. Environ. Sci. Technol. 39：5975 − 5981.

4.2.1.2　放射性同位素

放射性同位素并不稳定，它们会衰变（分解），最后变成稳定同位素。目前，自然界中已有 1 700 多种放射性同位素，许多（但不是所有）元素都具有放射性同位素。由于这些同位素会随时间发生变化，而它们发生变化所需的时间又是已知的，因此它们通常被用于年代测定。

放射性同位素以放射性活度（衰变速率）进行测量，并使用以下单位进行报告：

$$Bq(bequerel) = 27 \ pCi(picoCuries)$$

$$TU(氚单位) = 1 个氚(T)原子/10^{18}个\ ^1H\ 原子。$$

利用放射性同位素对污染物羽流进行年代测定，可以使用衰变定律和所用放射性同位素的特定"半衰期"。具体来说，可以使用以下公式来计算排放时间：

$$T = t_{1/2}{}^* 1.44^* \ln(A_0/A)，$$

其中，T 是确定的时间（排放年代）；$t_{1/2}$ 是每种放射性同位素的特定半衰期；A_0 是初始放射性活度；A 是在某个时间 T 时测得的放射性活度。

半衰期由以下公式定义：

$$t_{1/2} = (\ln 2)/\lambda，$$

其中，λ 是衰变常数（原子在规定时间内衰变的概率）。

λ 由下式描述的衰变定律定义：

$$A = A_0 e^{-\lambda t},$$

其中，A 是放射性化合物在某一时刻 t 的放射性活度，而 A_0 是放射性化合物在零时刻（初始活度）的放射性活度。

更多详情和示例，可以参考 Sueker 的综述文章（Sueker, 2001）。

4.2.2　同位素指纹鉴定的具体类型

与化学指纹鉴定一样，有几种与环境法医学相关的同位素指纹鉴定方法，我们将做进一步讨论。

稳定同位素指纹鉴定技术包括以下几种

- 整体同位素分析（BSIA）
- 化合物特异性同位素分析（CSIA）
- 位点特异性同位素分析（PSIA）

放射性同位素指纹鉴定技术包括以下相关技术

- 大气示踪剂
- 沉积物岩心年代测定法。

4.2.3　整体同位素指纹鉴定

顾名思义，整体同位素指纹鉴定是基于整体稳定同位素分析（BSIA），即检测目标稳定同位素在样本中所有含有该元素的单个化合物中的同位素浓度总和。例如，如果目标稳定同位素是 ^{13}C，那么对含有全氯乙烯（PCE）、三氯乙烯（TCE）以及顺式和反式 1,2-二氯乙烯（cis- and trans-1,2-DCE）的样本进行整体同位素分析，就可以得到前面列出的每种化合物中 ^{13}C 同位素浓度的总和：

整体 ^{13}C 同位素浓度

$= \sum$（PCE、TCE、cis-1,2-DCE、trans-1,2-DCE 的 ^{13}C 同位素浓度）。

4.2.3.1　方法原理和步骤

4.2.3.1.1　方法原理

环境样本中目标元素的整体同位素浓度应与排放源中该元素的整体同位素

浓度相关,因此可用于确定排放源。不过,在解释结果时,应考虑到风化(特别是生物降解过程)可能会改变原始的整体成分。由于生物降解导致的同位素组分变化非常普遍,而且定义明确(生物降解导致较轻的同位素减少或较重的同位素增加),因此即使是改变的结果也可用于潜在的来源鉴定。例如,如果与替补来源样本相比,样本整体同位素组分中较轻的同位素被耗尽,那么根据同位素数据就可以推断出替补来源不应该被排除在外。显然,在这种情况下,可能需要进行更深入的分析,以确认替补来源确实是污染的来源(即生物降解分析材料的来源)。这种深入分析可以通过更精细的同位素指纹鉴定技术(如化合物特异性同位素分析)来完成。还可以使用本书介绍的其他指纹鉴定技术进行来源鉴定。表明可疑来源贡献的证据链越多,证明力就越强。一般来说,至少要有两个独立的证据链来证实结果,这样的论证才能具有可靠性。除生物降解/风化外,使用整体同位素分析时还需考虑另一个因素,即分析样本中各污染物的组分来源。如果怀疑污染物是来自多个来源(部分或全部),那么整体同位素分析的结果可能不具有来源划定的代表性(可将其视为多个可疑来源产生的平均值)。

当污染物由多种具有稳定同位素的元素组成时,可对每种稳定同位素组分进行分析,以提供多个主体指纹。例如,就原油而言,可以测定 C、H、O、N 和 S 的整体稳定同位素组分,以提供更全面的整体同位素指纹。

4.2.3.1.2　方法步骤

以下是应遵循的主要步骤:

1. 对环境样本进行目标同位素分析。整体同位素检测不需要对样本中的原始化合物进行任何分离,因为检测是对整个样本进行的。

2. 采用与检测样本相同的分析方法,对目标同位素的替补来源进行分析。如前所述,报告的同位素浓度结果是有一个标准做对照的,并以 per mil (‰)表示。

3. 结果比较与数据解释。应将样本数据与替补来源的数据进行比较。(解释时应考虑可能的生物降解和风化影响以及在第 4.2.3.1 节中解释的各种污染物的多源贡献)。

- 如果发现与一个来源直接匹配,则可认为该替补来源很有可能,并排除其他来源。

- 如果发现不止一个替补来源直接匹配,则应进行更深入的分析(如化合物特异性同位素分析或其他类型的检测),以进一步区分匹配的替补来源。

- 如果没有找到与任何替补来源匹配的样本,则应评定样本中发生同位素变化的可能性,以确定发生这种变化的可能性并预测变化情况;如果发生的改变可能导致整体同位素组分向某一方向变化(如降低),则可排除同位素组分值向另一方向变化(如与样本相比值升高)的替补来源,而其他替补来源则应通过更深入的指纹鉴定进行进一步评定。

- 请注意,即使在样本和替补来源之间发现了直接匹配,也应评定风化是否产生了影响。在这种情况下,应确认任何风化改变都可能没有显著改变样本的整体同位素组分(以便使匹配具有相关性)。

- 在地图上显示数据可能有助于解释数据。

- 整体同位素数据与化学数据的对比图可能有助于进一步解释结果。

- 在没有替补来源样本的情况下,可以使用可能代表原始来源的样本;如果没有替补来源代表样本,与文献报告的类似同位素值进行比较可能有助于确定一般来源类别。

4.2.3.2　应用、局限性和建议

整体同位素组分的一般应用类型包括以下几种:

- 来源鉴定。整体同位素组分在单一污染物的情况下或当混合物中只有一种主要污染物有助于目标整体同位素结果时,是一种特别有效的技术。

- 生物降解证明。测定随时间变化的整体同位素值可以证明生物降解与其他污染物转化过程(如蒸发、溶解、化学降解)的区别。由于生物降解是同位素组分/分馏(时间)的主要影响因素,因此目标化合物的整体同位素浓度随时间的增加可能表明确实发生了生物降解。

典型的法医学应用示例如下:

- 使用整体同位素组分来区分原油和汽油(Kaplan et al.,1997)。

- 利用整体同位素分析来判定药品来源和打击假冒伪劣(Jasper et al.,2002)。通过获得高度特异的同位素指纹,可以鉴定出具有不同同位素组分的个别批次药品材料(包括四种非处方止痛药和四种药物成分),其中包括假冒药品。作者指出,"该技术的特异性类似于DNA鉴定"。

整体同位素组分可被视为第一种同位素表征技术,既简单又便宜。然而,整体同位素分析还存在一系列局限,包括以下方面:

- 不同的来源可能具有相似的整体同位素值。

- 该方法的特异性较低。

• 解释的准确性会随着排放时间的推移而降低。

建议在面对污染物混合物时,将该技术作为首要的"筛选"步骤。如"方法步骤"中所述,可根据结果进行更深入的分析(如通过化合物特异性同位素分析),以完善来源指纹鉴定。请注意,当污染物不是混合物或只有一种污染物含有目标稳定同位素时,整体同位素数据就会具有高度的特异性,因为它们只是一种化合物的结果。在这种情况下,就不需要再进行化合物特异性同位素分析(CSIA)。

4.2.4　化合物特异性同位素指纹鉴定

化合物特异性同位素指纹鉴定是基于对混合环境样本中选定的单个化合物中的目标稳定同位素浓度的分析(考虑到样本中不止一个单个化合物含有目标同位素)。化合物特异性同位素指纹鉴定是通过化合物特异性同位素分析(CSIA)进行的。

化合物特异性同位素分析采用的分析技术是气相色谱/同位素比值质谱法(GC/IRMS)。每种成分在离开色谱柱时都会燃烧成二氧化碳。然后,通过IRMS 设备测量同位素比例。该设备的功能原理与用于化学指纹鉴定的设备(即气相色谱/质谱仪)相似。

4.2.4.1　方法原理和步骤

4.2.4.1.1　方法原理

样本中单个污染物中目标元素的稳定同位素浓度应与其排放源中相同单个化合物中目标元素的稳定同位素浓度相关。这种方法适用于环境样本中含有目标同位素的单个化合物(污染物)不止一种的情况,在这种情况下,化合物特异性同位素分析会明确报告含有该异构体的每个单个化合物的目标同位素浓度。如果样本中只有一种化合物含有目标稳定同位素,则该同位素的整体同位素检测结果应与化合物特异性同位素分析的结果相同。因此,在这种情况下不需要化合物特异性同位素分析。

对于含有多种目标稳定同位素化合物的样本,化合物特异性同位素分析较整体同位素检测的优势在于提供更深入的同位素指纹鉴定。因为整体同位素分析只提供一种同位素浓度,即含有目标异构体的各种化合物浓度的总和,而化合物特异性同位素分析则提供多种同位素浓度,每种浓度都与含有目标同位素的单个化合物相对应。因此,化合物特异性同位素分析更为具体,可提供更多信息,这些信息对来源鉴定至关重要。

与整体同位素浓度的情况一样,一旦污染物由于各种风化过程(主要受生物降解的影响)被排放到环境中,化合物特异性同位素浓度就会开始发生变化。正如前一节所讨论的,这些变化可以用同位素分馏来描述,而且通常是可以预测的。例如,众所周知,微生物偏好较轻的同位素。因此,较轻同位素的污染物分子的生物降解速度将快于较重同位素的污染物分子。其结果是,当发生生物降解时,应能及时观察到较重同位素的增加(从而增加δ值)。因此,与整体同位素检测一样,化合物特异性同位素分析可用于评定生物降解的发生,也可用于来源鉴定和分配。因此,在确定污染源时,应考虑并评定风化作用,特别是生物降解作用,以帮助解释和比较来自样本和替补污染源的化合物特异性同位素分析结果。与之前有关整体同位素分析的讨论类似,如果怀疑发生了生物降解,则应谨慎解释化合物特异性同位素分析结果,并根据具体情况评定同位素浓度的预测变化。

此外,与整体同位素分析类似,当单个污染物由更多具有稳定同位素的元素组成时,可对每个化合物的每个稳定同位素组分进行分析,从而提供多个化合物特异性同位素分析指纹。例如,对于由全氯乙烯和三氯乙烯组成的氯化溶剂混合物,化合物特异性同位素分析可以针对以下一种或多种稳定同位素组分:

- 三氯乙烯中的 $\delta^{13}C$
- 全氯乙烯中的 $\delta^{13}C$
- 三氯乙烯中的 $\delta^{37}Cl$
- 全氯乙烯中的 $\delta^{37}Cl$
- 三氯乙烯中的 $\delta^{2}H$

4.2.4.1.2　方法步骤

以下是主要的方法步骤:

1. 从样本中分离目标化合物。例如,如果我们想从含有全氯乙烯、三氯乙烯、1,1,1-三氯乙烷和CT的氯化溶剂混合物/羽流中确定三氯乙烯和全氯乙烯的 ^{13}C 化合物特异性同位素分析组分,第一步就是从混合环境样本中提取或分离三氯乙烯和全氯乙烯。

2. 通常通过IRMS对环境样本中的单个目标化合物进行目标同位素分析。如前所述,报告的同位素浓度结果是有一个标准做对照的,并以per mil(‰)表示。

3. 采用与检测样本相同的分析方法,对来自替补来源的相同目标化合物进行相同目标同位素的分析。

4. 结果比较和数据解释。应将样本数据与替补来源的数据进行比较:

- 如果发现所有或大多数单个化合物都与一个来源相匹配(当同位素浓度一般相差在 1 per mil 以内时,可认为是大致匹配),则可认为该替补来源很可能存在,而其他来源则会被排除。

- 如果发现所有或大多数单个化合物都与一个以上的替补来源相匹配,则应保留所有匹配的替补来源,以便进一步检测(例如,通过其他法医学技术);此外,历史数据可能有助于进一步划定更有可能的来源。

- 如果只发现少数几种化合物与替补来源相匹配,则应考虑没有匹配的化合物发生不同风化的可能性,以及有助于进一步解释结果的任何具体信息。来自其他证据链的信息也可能有助于进一步解释和划分来源。

- 如果没有发现与任何替补来源相匹配(一般来说,同位素浓度相差超过 2 per mil 可视为不匹配),则应评定样本中发生同位素改变的可能性;如果发生的改变可能使化合物特异性同位素分析的同位素组分朝某一方向发生变化(如降低),则可排除同位素组分值朝另一方向变化(如与样本相比同位素组分值升高)的替补来源,而其他替补来源则应通过其他法医学技术进一步评定。

- 请注意,即使样本和替补来源之间可以匹配,也应评定风化是否产生了影响。在这种情况下,应确认任何风化改变都可能没有显著改变样本的化合物特异性同位素分析的同位素组分(以便使匹配具有相关性)。

- 在地图上显示数据可能有助于解释数据。

- 化合物特异性同位素分析数据与化学数据的对比图可能有助于进一步解释结果。

- 在没有替补来源样本的情况下,可以使用可能代表原始来源的样本;如果没有替补来源代表样本,与文献报告的类似同位素值进行比较可能有助于确定一般来源类别。此外,对来自不同区域的样本进行对照,也有助于确定是否有一个或多个污染源造成了污染羽流。还可以更好地评定污染物的归宿(去向)和迁移机制。

4.2.4.2　应用、局限性和建议

化合物特异性同位素分析的一般应用包括以下几种：

- 对由具有稳定同位素元素组分的有机和无机污染物（如原油和精炼产品、甲烷、氯化溶剂、1,4 -二氧己环、多氯联苯、多环芳烃、高氯酸盐、金属、硝酸盐、硫酸盐、爆炸物）进行来源鉴定。

- 对混合污染物羽流进行来源分配，考虑到其可以确定或近似确定污染物羽流和可疑替补来源中污染物的化合物特异性同位素分析的同位素组分。

- 根据羽流降解程度（例如，在污染物羽流的不同区域富集较重的同位素），及时检测多次排放。

- 利用原始同位素组分变化反映的不同转化过程的动力学（利用时间测量估算多次排放和羽流的相对时间）。

- 通过比较室内空气中化合物的同位素值与下层土壤蒸汽和地下水羽流中相同化合物的同位素值，对蒸汽侵入进行评定。

- 通过化合物特异性同位素分析，证明生物降解与其他污染物转化过程（如蒸发、溶解、化学降解）之间的差异。由于生物降解是同位素组分/分馏（时间）的主要影响因素，目标化合物的同位素浓度随着时间的推移而增加，表明确实发生了生物降解。

- 可通过化合物特异性同位素分析对特定降解途径进行评定。通过同位素数据可以对子体产物（daughter products，DPs）和潜在母体产物（parent products，PPs）进行关联（还应考虑已公布的富集系数）。

化合物特异性同位素分析与法医学相关的具体应用包括以下文献发表的研究：

- 在特定条件下，通过测量目标氯化溶剂化合物的 ^{13}C 和 ^{37}Cl 同位素组分，评定氯化溶剂的来源，并对生产商进行追踪（Van Warmerdam et al.，1995；Beneteau et al.，1999）；然而，由于不同批次和年份之间可能存在很大的差异，而且缺乏足够的公开数据来确定这种差异，因此对制造商的这种追踪可能是有问题的。例如，据报道，对全氯乙烯和三氯乙烯的来源进行了法医学调查，包括根据 3D 化合物特异性同位素分析方法对目标氯化溶剂的 ^{13}C、^{37}Cl 和 ^{2}H 同位素进行检测，发现了多个来源（Wang et al.，2010）。

- 根据 Shouakar - Stash 等人的研究，可以根据 ^{2}H 同位素组分值来区分人造三氯乙烯和来自地下全氯乙烯降解的三氯乙烯（Shouakar - Stash et al.，2003）。

- 根据同类物特异性同位素组分区分多氯联苯来源（EPA，2010）。

- 根据针对单个多环芳烃¹³C 同位素的化合物特异性同位素分析对非水相液体样本进行区分。
- 根据化合物特异性同位素分析对母体产物(PP)和子体产物(DP)的时间同位素特征,区分氯化溶剂的降解和非降解子体产物(McLoughlin,2010)。开始时,相比母体产物,子体产物具有较轻的同位素组分,随着较重母体产物的降解,子体产物的同位素组分变重。同位素数据可用以下方式区分降解和非降解子体产物:
  - 降解的子体产物会变得比母体产物重(基本上,如果比较同一时间采集的母体产物和子体产物样本的同位素数据,降解的子体产物应该比母体产物重)。
  - 在进行检测时,非降解子体化合物在任何时候都不会比母体产物重。

化合物特异性同位素分析已在许多法医学研究中证明了其实用性,如今已成为一种成熟的法医学工具。化合物特异性同位素分析的价格因目标同位素而异。一般来说,以¹³C 同位素为目标的化合物特异性同位素分析相对便宜,而以³⁷Cl 等其他同位素为目标的化合物特异性同位素分析则较为昂贵。不过,随着该技术的发展,价格可能会逐渐下降,从而使化合物特异性同位素分析成为常规现场特征描述工具的一部分。与大多数同位素技术一样,基于化合物特异性同位素分析的指纹鉴定技术比化学指纹鉴定技术具有更高的来源特异性,在许多情况下能够区分具有相似化学指纹的来源(参见与同位素指纹鉴定技术相关的介绍部分中关于同位素和化学指纹鉴定技术相互依存的讨论)。此外,基于化合物特异性同位素分析指纹鉴定法的另一个优点是,可以获得许多污染物主要来源的已公布指纹(如氯化溶剂)。表 4.21 列出了基于化合物特异性同位素分析(CSIA)指纹鉴定法的一些主要局限,并提供了后续建议。

表 4.21　CSIA 指纹鉴定的局限性和建议

影响因素/局限性	建　　议
不同的来源可能具有相同的同位素特征	获取终端来源的样本或接近原始来源的样本进行确认;如果确认了类似的同位素特征,则使用其他的指纹鉴定技术
在某个现场发生了一次以上的污染物排放(在时间上),涉及具有不同同位素组分的同一种化学物质(每次排放)	在历史审查中评估这种情况的可能性(例如,化学物质是否从不同的制造商处购买,生产或废物处理是否会导致变化? 是否有多次泄漏/事故记录?),如果在某个现场的不同时期存在排放具有不同同位素组分的同一种化学物质的可能性,则应使用其他的指纹鉴定技术

续　表

影响因素/局限性	建　　议
混合污染物	通过其他证据评估混合污染的可能性(从历史审查开始)。如果可以获得终端(来源)的样本,则可对数据进行解释,以确定怀疑的混合污染物是否具有相符的同位素特征(介于终端样本特征之间);在这种情况下,可使用稳定同位素数据进行来源划分
降解导致同位素组分改变	根据环境条件和其他证据评估降解潜力;比较类似环境条件下样本的同位素结果,同时考虑不同环境条件下同位素分馏的影响 此外,还要评估环境条件在时间上可能发生的任何变化

总的来说,基于化合物特异性同位素分析的指纹鉴定技术有一系列局限性,在应用这种技术时应予以考虑。这些局限包括以下几点:

- 不同的来源有可能具有相似的同位素指纹,从而使该方法在某些情况下失效。
- 与许多法医学鉴定技术一样,准确性会随着排放时间的推移而降低,尤其是在有利于生物降解的环境中。
- 该技术可能无法检测痕量污染物,尤其是在检测低分子量同位素[如^{2}H (氕)]时。
- 专门从事这种分析的商业实验室仍然相对较少,而且^{13}C以外的某些同位素(如^{35}Cl、^{2}H)的成本可能仍然很高。

建议在对有利于生物降解和其他风化过程的自然条件进行划定之后,根据每个现场的具体情况来解释化合物特异性同位素分析数据。化合物特异性同位素分析可与整体同位素检测一起进行,也可单独进行。虽然以^{13}C同位素为目标的化合物特异性同位素分析应用普遍且成本低廉,但它相比其他目标同位素,对来源的特异性却并不高,例如,用于氯化溶剂来源鉴定的^{37}Cl。当目标是确定污染源时,强烈建议对目标污染物的多个目标同位素进行化合物特异性同位素分析。不过,如果仅是用于评定生物降解发生情况,则针对^{13}C同位素进行化合物特异性同位素分析就足够了。

4.2.5　位点特异性同位素指纹鉴定

位点特异性同位素指纹鉴定可被视为最终的稳定同位素工具,它基于对环境样本中目标化合物碎片的稳定同位素浓度的分析(通常称为位点特异性同位素分析或 PSIA）。从根本上说，该技术提供了目标化合物在分子内的同位素组分。这提供了更详细、更高精度的来源鉴定，并通过评定自然衰减机制，为更全面地评定污染物的归宿（去向）和迁移提供了机会。

这种方法由 Abelson 和 Hoering 于 1961 年首次提出，并在生化和环境研究中得到了进一步发展（Corso and Brenna，1997）。该方法长期以来一直用于分离和鉴定氨基酸等生化化合物（Wolyniak et al.，2005；Sacks and Brenna，2003）。尽管位点特异性同位素分析技术存在已久，但其在环境法医学中的应用直到最近才被提出（Gauchotte et al.，2010）。测定化合物中特异性位点的同位素浓度（如$^{13}C/^{12}C$ 比值）提供了巨大的法医取证机会，因为它反映了与所研究化合物来源有关的高度准确信息，并可记录复杂系统的状态，如环境或生理状态。未来几年，我们很可能会看到位点特异性同位素分析在环境法医学和其他环境研究中的更多应用。

基于位点特异性同位素分析的指纹鉴定与其他类型的稳定同位素指纹鉴定的比较。

我们回到砖墙作为环境样本的类比，如果同位素指纹鉴定可以提供与砖块颜色有关的信息，那么各种同位素指纹鉴定的情况可能如下：整体同位素分析提供墙内所有砖块的平均颜色，化合物特异性同位素分析提供墙内每块砖块的颜色，位点特异性同位素分析则提供每块砖块内不同部分的颜色深浅。显然，位点特异性同位素分析提供了更详细的信息，因而也提供了更全面的指纹；因此，仅使用位点特异性同位素分析可能会比同时使用整体同位素分析和化合物特异性同位素分析提供更准确的结果（在每块砖来源的法医学鉴定方面）。

4.2.5.1 方法原理和步骤

4.2.5.1.1 方法原理

目标污染物的碎片可能具有不同的同位素组分，这取决于源材料以及自然衰减过程（如生物降解、化学降解或其他衰减过程）中的具体反应位点。因此，在碎片水平上检测同位素组分可准确鉴定目标化合物的来源或评定目标环境中的自然衰减机制。

4.2.5.1.2 方法步骤

位点特异性同位素分析通常采用气相色谱/燃烧/同位素比值质谱法（GC/C/IRMS）。以下是应用位点特异性同位素分析技术的主要步骤［针对甲基叔丁基醚（MTBE）提出的方法（Gauchotte et al.，2009）］：

1. 从样本中分离出目标化合物。例如,如果我们要测定汽油样本中甲基叔丁基醚碎片的^{13}C 位点特异性同位素分析成分,首先应将甲基叔丁基醚与其他汽油成分分离开来(例如,通常通过气相色谱)。

2. 随后使用热解炉对分离出的目标化合物进行热解,从而得到目标化合物的热解产物或碎片(热解物)。

3. 接下来通常是在第二个气相色谱仪烘箱中分离热解产物碎片。

4. 通常通过 IRMS,对环境样本中选定化合物的单个目标碎片进行目标同位素分析。热解产物碎片在燃烧炉中氧化,然后通过一个水阱,再流入IRMS 设备。注意,分离出来的碎片也可使用飞行时间质谱(TOF‐MS)进行结构分析。

5. 通过用于检测样本的相同分析方法,对来自替补来源的相同目标化合物进行相同的目标同位素分析。

6. 结果比较和数据解释。将样本数据与替补来源的数据进行比较。

4.2.5.2　应用、局限性和建议

位点特异性同位素分析在环境法医学研究以及一般归宿(去向)、迁移和生化研究方面有多种应用可能。以下是与法医学相关的主要应用类型:

- 通过比较热解产物碎片的同位素特征,对具有稳定同位素的元素组成的污染物进行高度特异性的来源鉴定(如甲基叔丁基醚和其他含氧化合物、卤化化合物、氨基酸),这些碎片通常在环境样本风化后仍能保留源材料的特征;具体示例如下:

  - 使用位点特异性同位素分析对不同来源的三氯乙酸(TCAA)进行碳同位素分析(Breider and Hunkeler, 2011);这一信息可用于帮助区分这种环境污染物的不同来源。三氯乙酸首先通过热脱羧降解为氯仿(CF)和二氧化碳(CO_2),这一过程与强烈的碳同位素分馏有关($\varepsilon = -34.6 \pm 0.2‰$)。随后,测定每个所得碎片(CF 和 CO_2)的稳定碳同位素比值。三氯乙酸的方法定量限为 18.6 μg/L。结果表明,通过位点特异性同位素分析,工业生产的三氯乙酸与通过氯化天然有机物(NOM)生产的三氯乙酸之间存在明显的同位素比值差异,证明该方法在三氯乙酸归宿(去向)、迁移和来源评定方面的法医学适用性。

  - Gauchotte 等人指出了位点特异性同位素分析在甲基叔丁基醚来源鉴定中的潜在用途,并公布了不同来源甲基叔丁基醚热解物两个碎片(甲氧基和 2 - 甲基丙基) $\delta^{13}C$ 值的概况(Gauchotte et al., 2010)。

- 使用位点特异性同位素分析评定当前和工业化前全球空气中平均 N_2O 来源(Rockmann et al., 2003);具体而言,研究了南极积雪大气样本中 N_2O 的 ^{18}O 和与位点相关的 ^{15}N 同位素组分。研究还指出,由于自前工业化时代以来全球 N_2O 的大量增加,N_2O 分子中两个位点的 ^{15}N 组分都发生了相似的变化,这与平流层 N_2O 源汇在中心位点的强烈分馏形成了鲜明对比。

- 使用位点特异性同位素分析表征不同来源和供应商的氨基酸:
  - Wolyniak 等人在分别对丙氨醇和苯乙胺、丙氨酸和苯丙氨酸的类似物的研究中指出了来源之间的天然变异性和区分不同来源氨基酸的潜在方法(Wolyniak et al., 2005)。
  - 在来自不同商业来源的 3 - 甲基硫代丙胺(3MTP)和异戊胺(IAA)(蛋氨酸和亮氨酸的脱羧类似物)样本中,观察到了位点特异性同位素比值的显著变异(Sacks and Brenna, 2003);在 3 - 甲基硫代丙胺中观察到了明显的来源同位素差异。

- 评定多次排放和混合羽流。热解产物碎片的同位素特征可能会在羽流内部发生变化,而不会遵循类似的模式。

- 通过确定微生物降解或其他类型降解的首要反应,评定目标污染物衰减过程的具体机制。示例包括以下方面:
  - Sacks 和 Brenna 指出,位点特异性同位素分析技术可用于研究自然过程导致的氨基酸分子内同位素比值的微妙变化(Sacks and Brenna, 2003)。
  - Wuerfel 等人(2013)指出位点特异性同位素分析可用于研究甲钴胺(methylcobalamin)的生物甲基化过程,他们通过研究金属(loid)的生物甲基化来区分反应机制并确定甲基的来源。该方法适用于分析低沸点的部分甲基化砷化物,这些砷化物是在砷甲基化过程中形成的。这种机理可能是甲基叔丁基醚自然衰减机理的一部分(Wuerfel et al., 2013)。

- 在非生物衰减的情况下,所有目标热解产物碎片都可能显示出与目标污染物不同的同位素组分,而在生物降解的情况下,可能只有一种热解产物具有与目标污染物不同的同位素组分。因此,可以证明某些污染物的生物降解过程与其他衰减过程不同。具体示例包括 Gauchotte 等人研究的甲基叔丁基醚降解机理（Gauchotte et al., 2009, 2010）。具体而言，MNO4⁻氧化甲基叔丁基醚的首要分子内位点被确认为甲氧基的碳原子。

虽然位点特异性同位素分析在法医学调查中大有可为，但也存在一些局限，包括以下方面：

- 位点特异性同位素分析仍是一种新兴的法医学技术，在环境法医学中应用有限。
- 位点特异性同位素分析的商业应用并不普遍，而且可能很昂贵。随着技术的改进，这种情况可能会发生变化，更多的实际应用可能会像化合物特异性同位素分析或其他同位素技术一样流行起来。
- 位点特异性同位素分析可能对极少量的污染物不起作用。

随着常识的普及和认识的提高，位点特异性同位素分析无疑将在法医学工具中占据重要地位。这种方法可以单独使用，也可以作为分级同位素指纹鉴定方法的一部分使用，包括以下方法：

- 第 1 级：基于整体同位素分析的指纹鉴定。
- 第 2 级：如果整体同位素分析不适用或其结果不确定，则采用化合物特异性同位素分析指纹鉴定法。请注意，当污染物由一种以上具有稳定同位素的元素组成时，对每种组成元素的稳定同位素使用化合物特异性同位素分析可提供更精细的来源鉴定。
- 第 3 级：如果整体同位素分析和化合物特异性同位素分析的结果无法确定，则采用位点特异性同位素分析方法进行指纹鉴定。请注意，当污染物由一种以上具有稳定同位素的元素组成时，对每种组成元素的稳定同位素使用位点特异性同位素分析可为准确可靠的污染源鉴定提供最大可能性。例如，在 MTBE 存在的情况下，PSIA 应该针对 MTBE 碎片中的碳、氢和氧稳定同位素（如适用）。

稳定同位素指纹分级方法的优势在于成本效益，因为该方法从最廉价的技术开始，然后根据需要逐步瞄准更先进的技术。

4.2.6 放射性同位素技术

放射性同位素技术是环境法医学年代测定研究的主要工具之一。放射性同位素可以根据其已知的半衰期来测定环境污染的年代。本节将简要介绍两种放射性同位素技术。有关其中一种技术（即大气示踪剂）的更多信息，请参见第

6 章。

利用放射性同位素进行年代测定的两种常见法医学技术是大气示踪剂和沉积物岩心年代测定法。

1. 大气示踪剂技术包括测量所研究的环境介质(如地下水)中某些放射性同位素的活度,并根据所检测的放射性同位素在大气中的既定浓度趋势推断出最小污染年代。其基本原理是,假定污染物是在与渗过土壤的降水接触时通过土壤沥滤进入地下水的,那么最小污染年代就是最后一次地下水补给的年代。过去一个多世纪以来,大气中某些元素的放射性同位素活度呈现出已知的变化趋势,这可以反映出最近一次地下水补给的年代。例如,在 20 世纪的核试验中使用和排放的放射性同位素(如氚 ^3H)。这种方法面临着许多挑战,需要进行特殊的取样,而这特殊的取样可能不容易实现。此外,由于大气和地下水中的放射性同位素活度极低,因此该方法提供的是最小污染年代,而不是确切年代,并且需要灵敏的分析技术。第 6 章第 6.2 节专门讨论了大气示踪年代测定技术,详细讨论了该方法的挑战和要求。该技术的典型应用包括地下水年代测定和补给过程评定(Sueker, 2003;Clark and Fritz, 1997;Fritz et al., 1991;Oudijk 2003, 2005)。

2. 沉积物岩心年代测定是一项成熟的技术(EPA, 2008),可根据沉积物岩心沿线的 ^{210}Pb 和 ^{137}Cs 等放射性同位素浓度,对分层水生沉积物进行年代测定。如果沉积物未受扰动(例如,在研究期间未对沉积物进行疏浚或其他机械扰动),该方法可捕捉到 20 世纪发生的沉积作用。此外,这种方法还可用于记载污染物的时间和空间来源。该技术的一般应用包括使用 ^{210}Pb 和 ^{137}Cs 测定湖泊沉积物岩心的年代,以重建多环芳烃的时间沉积趋势。

4.2.6.1 沉积物岩心年代测定

沉积物年代测定法也被称为地质年代学,是自 20 世纪 60 年代以来发展起来的一种"经典"年代测定技术(Goldberg, 1963),只要水生沉积物(如湖泊、河流、海洋环境)没有受到机械扰动,就可以重建沉积在其中的污染。由此产生的信息可有多种用途,包括以下方面:

- 专家证人/诉讼支持,以评定多年来造成沉积物污染的来源并分配所造成污染的贡献。

- 恢复/修复受污染现场。与任何法医学技术一样,沉积物年代测定有助于更好地了解和解决活跃的污染源。
- 疏浚作业规划,因为年代学研究可确定污染物在不同深度的分布情况,以及被掩埋的沉积物化合物是在迁移还是在衰减。
- 测量沉积速率。
- 确定取样时的沉积物混合层或受沉积影响较大的层。
- 从环境变化的角度追踪一个地区的历史。对于许多流域而言,任何采样程序都无法捕捉到历史污染,主要基于以下几个原因:(1)过去的污染源可能已不复存在;(2)其排放和作业方式可能也发生了改变;(3)监控系统也可能是在最近几年才安装的。因此,只要沉积物没有受到严重扰动,沉积物岩心的年代测定是少数几种可以帮助重建过去污染的技术之一,同时还可以对历史文件进行审查。

4.2.6.1.1 方法原理和步骤

4.2.6.1.1.1 方法原理

^{210}Pb 可根据其两个主要来源进行分类:

1. 自生 ^{210}Pb 是 ^{238}U(铀)分解的产物;具体来说,^{238}U 产生一系列放射性同位素(衰变系列),包括 ^{234}U、^{230}Th、^{222}Rn、^{214}Po、^{214}Pb、^{214}Bi、^{210}Pb 和其他同位素,最终以 ^{206}Pb 结束。在水生沉积物中,自生 ^{210}Pb 与母体同位素及之前的同位素系列处于放射性平衡状态。因此,自生 ^{210}Pb 在沉积物中的放射性活度是恒定的(即背景值)。

2. 外来 ^{210}Pb 是 ^{222}Rn 衰变的产物(由于具有挥发性,Rn-222 会从沉积物中逃逸到大气中,从而产生额外的 Pb-210 同位素,并重新沉积到沉积物中),发生在沉积物环境之外(通常在大气中)。这类放射性铅通过各种沉积机制到达沉积物中,包括来自大气中的沉降物。这种放射性铅同位素沉积在沉积物中后,其放射性活度按照放射性衰变规律下降,半衰期为 22.26 年。

沉积物中存在的外来铅,其活度随深度的增加而降低(根据其分解直至达到背景/平衡浓度),因此,可基于深度确定沉积物的年代。

4.2.6.1.1.2 方法步骤

主要方法步骤如下:

1. 使用重力取芯或活塞取芯等方法采集沉积物岩心样本。岩心的长度应足以捕捉到所调查的污染时间范围。根据沉积速率的不同,覆盖过去 100 年的典型岩心长度可能为 1~7 m。岩心直径通常为 4~10 cm。采集后,将岩心挤出并切片(通常每隔 1 到 2 cm),然后冷冻保存(例如,每个 2 cm 的沉积物段,长可能有 5~10 cm)。需要注意的是,可对每个沉积物段进行颗粒尺寸测量。此外,还可将每个沉积物段的样本送去进行污染物化学分析。

2. 对每个沉积物段进行放射性同位素分析。^{210}Pb 的分析可通过阿尔法(α)光谱法或 γ 光谱法进行。阿尔法光谱灵敏度高、分辨率高,应优先选用,不过,γ 光谱法可以直接测量自生铅。需要注意的是,在使用阿尔法计数进行分析时,要对每个岩心段的干燥子样本进行酸消化,然后镀成银盘。结果代表 ^{210}Pb 活度,以每克每分钟的分解单位(dpm/g)(例如 pCi/g)报告。

3. 数据分析和年代测定包括以下内容:

- 评定自生铅。根据沉积深度绘制结果图。典型的 ^{210}Pb 放射性活度曲线会随着深度的增加而降低,直到达到所谓的背景值时保持不变(在更深的深度)。通过这种表示方法可以确定背景活度水平(自生铅),这对于计算准确的沉降率非常重要。另一种确定自生铅活度的方法是通过 γ 射线光谱法测量沉积物中 ^{214}Pb 和 ^{214}Bi 的活度,这等于自生铅的活度(因为铅与其前身同位素系列处于平衡状态)。

- 可通过计算沉积速率来测定沉积物段的年代。不同的模型(Robbins,1978;Oldfield and Appleby,1984)可用于计算不同沉积物段的沉积速率和年代:

  －恒定通量:恒定沉积(CF∶CS)是过量 ^{210}Pb 从大气中恒定通量和恒定干质量沉积速率的最简单模型,其主要是使用过量 ^{210}Pb 放射性活度与深度的关系图。实际操作中,过量铅的对数在 y 轴上表示,沉积深度在 x 轴上表示。(请注意,过量铅的计算方法是总 ^{210}Pb 活度减去铅的背景值)。事实上,在许多沉积物中,放射性活度与深度呈线性关系,因此,沉积速率可以通过拟合各种单个测量值(知道 ^{210}Pb 的放射性衰变系数为 0.031 14)所画直线的斜率得出(Jeter,2000)。如果使用十进制对数,深度以厘米为单位,则沉积速率(厘米/年)为:

$$沉积速率 = (-0.031\ 14)/斜率$$

将斜率纳入公式后,累积率按以下公式计算:

$$C = C(0)e - km/r,$$

其中,$C(0)$是过量的 Pb‑210,m是累积的干质量,k是 Pb‑210 的衰变系数(0.031 14),$-k/r''$是斜率。

一旦知道了沉积速率,还可以计算出与不同沉积段相关的时间。具体来说,对于给定的深度,可按以下方法计算年代:

$$年代 = 采样年份 - (沉积物段深度/沉积速率)。$$

‑恒定初始浓度(CIC)。该模型假定沉积物具有恒定的初始过量铅‑210 浓度。年代的计算公式如下:

$$T = 1/k \ln(C(0)/C)。$$

其中,C、$C(0)$和 k 与之前的定义相同。

这种方法需要满足以下条件:(1)所有颗粒都具有相同的初始^{210}Pb 活性;(2)任何增加的颗粒产量都会按比例增加水体中的^{210}Pb 量。

‑外来^{210}Pb 的恒定供给率(CRS)。该模型假定^{210}Pb 通量恒定,但允许沉积物供给量变化。这可能适用于大多数沉积系统,在这些系统中,沉积物供给可能会随着气候或人为因素而变化。该模型还需要进行密度测量。如需更多信息,推荐阅读 Eakins 和 Liu 等人的研究成果(Eakins, 1983; Liu et al., 1991)。

4. 由测定^{137}Cs 或^{7}Be 放射性活度组成的临时补充步骤。这一临时性的分析步骤可用于验证沉积速率和评定混合层,且这些分析应与^{210}Pb 数据结合使用。具体来说,分析是通过 γ 光谱进行的。这两项临时测量具有以下意义和用途:

- ^{7}Be 放射性同位素的半衰期很短,只有 53 天,可用于确定沉积物混合层的深度。这些同位素在大气中通过宇宙辐射与气体分子的相互作用不断产生。需要注意的是,在某些情况下,表层沉积物中可能检测不到^{7}Be,这不一定是异常结果。相反,生物有机体或物理化学过程对表层沉积物的垂直混合可能是稀释^{7}Be 的原因,以至于目前可用的技术(如 γ 光谱仪)无法检测到它。

- ^{137}Cs 作为 1953 至 1964 年间核试验的裂变产物沉积在地球表面。通过分析沉积物岩心段样本中的^{137}Cs,其探测深度将与沉积时间相符。需要注意的是,^{137}Cs 的半衰期为 30 年。大多数沉积物中^{137}Cs 的主要峰值可能与地面核试验和随后的 Cs 放射性沉降物最多的时期有关,这一时期一般被认为是 20 世纪 60 年代早期(如 1963 年),即 1964 年全球禁止大气层试验条约之前。此外,在与核事故有关的特定地区可能存在其他^{137}Cs 峰值(例如,1986 年切尔诺贝利核事故可能在欧洲留下了^{137}Cs 峰值)。这些信息可用于验证并核实根据^{210}Pb 测量结果推断出的各种沉积物段年代(虽然 20 世纪 60 年代初的峰值应出现在该时间段的任何检测沉积物中,但其他峰值也可能出现,这取决于地点,并可能与已知日期的特定事件有关)。在不适用恒定沉降率的复杂情况下,尤其建议采用这种临时步骤。

4.2.6.1.2 应用、局限性和建议

4.2.6.1.2.1 应用

具体应用示例如下:

- Wyckoff/Eagle Harbor 超级基金现场的沉积物年代测定(Brenner et al., 2002)。沉积物受到了以前木材处理设施产生的杂酚油的污染。

- 南卡罗来纳州哈特威尔湖的沉积物年代测定(Brenner et al., 2004)。该研究旨在评定多氯联苯污染表层沉积物自然覆盖后的长期恢复情况。

- 对波兰某个人工湖的沉积物年代测定(Sikorski and Bluszcz, 2003)。除了使用阿尔法光谱仪外,还使用 γ 射线光谱仪对覆盖整个湖泊 60 年寿命的沉积物岩心进行了分析。这项研究完成了以下工作:确定沉积物的年代、确定沉积速率以及将沉积物的变化与大坝的改建联系起来。数据分析采用了修改后的恒定供给率(CRS)模型。

- Eagle Harbor 超级基金现场沉积物中多环芳烃来源的鉴定(EPA, 2008),该现场的木材处理设施中有使用过大量杂酚油的历史。已确定的多环芳烃来源包括以下三个主要来源:自然背景、城市径流和来自木材加工厂的杂酚油。

- 利用^{210}Pb 和^{137}Cs 对中国不同地区三个湖泊的沉积物年代测定(Liang, 1998)。对其中一个湖泊的^{241}Am 也进行了测量。^{137}Cs 的特征显示沉积物中有四个明显的峰值,分别对应于 1954 年、1963 年、1974 年和 1986 年。正如之前所述,当难以确定^{137}Cs 峰值的成因(如切尔诺贝利核事故)时,^{241}Am 分

析工具可作为一种可用的年代测定工具,协助解释^{137}Cs 的记录。

4.2.6.1.2.2　局限

该方法依赖于两个主要假设:

- 沉积速率相对恒定。虽然该方法在沉积速率恒定或相对恒定时更为精确,但其结果可能代表研究时间跨度内的平均沉积速率。
- 颗粒尺寸随深度的分布相对均匀。

这种技术的局限如下:

- 不可用于疏浚或其他受扰动的现场。
- 假定沉积速率随着时间的推移保持不变。

4.2.6.1.2.3　建议

建议在沼泽地、海湾、湖泊和河流回水等扰动较小的系统中采用^{210}Pb 沉积物年代测定技术。对于具有间歇性沉积模式的系统(如水流湍急的河流),增加^{137}Cs 测量可获得更可靠的年代测定结果。需要注意的是,当同位素数据分散时,可能是由于间歇性沉积物沉积造成的,例如在暴风雨、洪水或季节性事件期间。这些分散的数据通常与淤泥层之间的沙层有关(沙层的放射性活度通常较低)(Jeter,2000),如果数据分散,则意味着计算出的沉降率存在更大的不确定性,这提示可能需要进行临时^{137}Cs 检测。

注意,沉积物的前几厘米往往会产生难以解释的异常^{210}Pb 测量值。这种异常测量值(偏离对数趋势)可能是由混合层和表层沉积物密度变化造成的。在这种情况下,可以通过前面讨论过的临时^{7}Be 检测来确认混合层的深度。

这里介绍的年代测定法通常适用于沉积速率大于 0.1 厘米/年的情况。

成功使用同位素法医学调查的启示

- 在同位素检测中,越多越好。这对同位素类型和时间同位素数据都适用
- 更多的时间数据可能有助于确定趋势和判定自然衰减过程(特别是生物降解)对同位素的潜在影响
- 各种污染物组成元素的综合同位素数据要仅来自一种组成元素的数据更好。在可行的情况下(并非因成本或分析限制而禁止),检测所研究化合物的每个组成元素(具有稳定同位素)的同位素组分(例如,对于氯化溶剂,可检测^{13}C、^{37}Cl 和^{2}H 的稳定同位素组分)
- 当对某种污染物的两种或多种组成元素进行同位素检测时,建议将结果绘制成图,以便更好地进行比较和污染源评定
- 建议在参考现场总体条件和影响自然衰减过程的因素后再解释同位素数据。pH、温度、氧化还原电位、好氧与厌氧条件、有机碳总量和微生物活动等因素可能会对同位素数据产生重大影响
- 虽然源材料是用于鉴定特定同位素指纹的最佳材料,但某些区域内的相对同位素差异通常可以提供所需的法医学证据,帮助区分一个或多个来源和排放时间。当这些信息与其他证据(如现场历史数据)相结合时,可能会变得非常有力

说　　明

1. 通常情况下,这种方法被简单地称为化学指纹鉴定法;本书中也主要采用这种方法。

2. 需要注意的是有时实验室提供的空气采样结果是以百万分之一体积(ppmv)为单位的,应使用以下公式将其转换为毫克/m^3(mg/m^3): ppmv = $mg/m^3 \times (0.082\,05 \times T)/M$,其中,$T$=以开尔文为单位的环境温度(=273.15+℃),M=所研究空气污染物的分子质量;在高海拔地区采集的样本可能需要进行海拔修正。

3. 需要注意的是只要所使用的碳氢化合物(如诊断比值或其他类型的评定)存在于所研究的特定馏分物中,那么所介绍的许多技术也可能适用于石油馏分物。此外,下一部分还将讨论石油馏分物的一些特定指纹鉴定技术。

4. 需要注意的是这种年代测定方法可能不需要 1,1,2,2-四氯乙烷降解产物的存在。只要存在 1,1,2,2-四氯乙烷以及三氯乙烯/全氯乙烯(在受污染的羽流中),就足以说明是在 1978 年之前排放的。

5. 不对称碳原子是指与四个不同元素或自由基/基团结合在一起的碳原子。

6. 需要注意得失尽管这种技术具有巨大的应用潜力,但并非所有列出的应用都有文献记载。

7. 通常使用稳定同位素来区分来源。

8. 需要注意的是价格可能会有很大差异,而且很可能会随着时间的推移而变化。

9. 这些应用示例大多基于稳定同位素数据(整体或化合物特异性同位素类型的分析);在后面的章节中讨论每种主要类型的同位素指纹鉴定技术时,将提供更具体的示例。

10. 需要注意的是 ^{36}Cl 是一种放射性同位素,由于其半衰期很长,因此(就本次法医学鉴定而言)可将其视为一种稳定的同位素。

11. 需要注意的是 ^{208}Pb 是一种放射性同位素,由于其半衰期很长,因此(就本次法医学鉴定而言)可将其视为一种稳定的同位素。

12. 半衰期是指放射性化合物的初始浓度因分解而减半所需的时间。

13. 需要注意的是整体同位素类型分析和化合物特异性同位素分析都可以通过标准化且相对便宜的分析方法进行。通常情况下,出于法医学目的,化合物特异性同位素分析更受青睐,尤其是当羽流中的各种共污染物可能有可疑的不同来源(已混合)时。

14. 需要注意的是与数据比较和解释有关的要点讨论旨在提供一些一般性指导,并不是用于决策树;每个法医科学家的作用和责任是在具体现场评定数据,数据解释是一个复杂的过程,不能也不应该简化为决策树式的过程。

15. 注意,只有三氯乙烯含有 H(氢);因此,$\delta^2 H$ 只适用于三氯乙烯,而不适用于全氯乙烯。

16. 注意,与数据比较和解释有关的要点讨论旨在提供一些一般性指导,并不是用作决策树。每个法医学专家的作用和责任是在具体现场评定数据。数据解释是一个复杂的过程,不能也不应该简化为决策树式的过程。

17. 需要注意的是母体产品始终是指最初生产的产品(如果泄漏的是全氯乙烯,则它被视为三氯乙烯、二氯乙烯和 VC 的母体)。

18. 大气示踪剂将在另一章中详细讨论,因为该方法还可以使用过去几十年来大气浓度趋势确定的非放射性同位素化合物(气体)。

19. 注意,在某些情况下,两条或两条以上的对数线可能会被认为是不同的沉积速率。例如,历史信息可能会证实这些情况,表明流域输入量发生了一些变化。

用于环境基质中污染物的
指纹鉴定技术

5.1　基　本　原　理

第 4 章中介绍的检测技术是基于对目标污染物或与目标污染物相关的化合物（如特征化学物或降解产物）的分析（化学或同位素）。本章将介绍更为复杂的检测技术。这些技术主要是为了调查目标污染物或相关化合物在环境介质/基质中出现的情况（采样时）。因此，需要进行两套分析：

1. 使用第 4 章所述的一种技术分析目标污染物和相关化合物。

2. 使用本章所述的岩性表征或显微技术（用于矿物表征），对发现目标污染物和相关化合物的环境介质进行分析。

这种技术的优势在于将污染物与具有既定特征的特定环境联系起来。这种关联能提供更多细节，从而提高了来源特异性和区分能力。使用之前的类比（见第 4.2 节中关于化学指纹与同位素指纹的讨论），将砖墙作为我们的样本，单个砖块作为样本中的单个污染物，可以进行以下比较：

• 第 4 章中介绍的污染物检测技术可提供有关单个砖块成分特征的信息（如形状、大小、颜色）。

• 本章所描述的技术提供了单个砖块的成分信息以及砖块在实际墙体中的结合模式。很明显，这些信息更加全面，可以对后果进行深入的来源特性描述，并使结果具有很高的可靠性。

5.2　地球化学指纹鉴定

地球化学指纹鉴定法可用于土壤或沉积物调查。该方法包括分析样本中的污染物以及污染物基质(如土壤或沉积物)的岩性和水文地质特征,并根据特定的基质特征解释污染物数据。由于土壤和沉积物是分层系统,它们的组成按深度分层,每层都有不同的岩性和水文地质特征。

岩性土壤特征描述通常是在为采集土壤或水样而钻探土壤时进行的,这在环境项目中很常见。不过,虽然在许多情况下都可以对土壤和沉积物进行岩性表征,但污染物数据的分析和解释并不一定涉及与岩性背景相关的污染物检测数据评定。但如果不这样做,重要的法医学信息就会丢失或被忽视。这些信息不仅在法医学研究中至关重要,在风险评定和场地修复中也同样重要。

5.2.1 方法原理和步骤

5.2.1.1 方法原理

当土壤或沉积物中的污染物数据与土壤或沉积物样本基质的岩性和水文地质相关联时,就有可能进行更深入的归宿(去向)和迁移评定,从而更好地解释数据。基本上,土壤/沉积物样本基质的物理成分决定了各种污染物与土壤和沉积物接触时的行为。此外,还可以根据样本基质的物理特征来评定保水能力。例如,众所周知,沙粒比淤泥和黏土颗粒更难截留污染物和水分;因此,与其他类型的土壤相比,沙质土壤截留污染物和水分的能力较弱。

当污染物可能通过各种来源(包括地表和地下来源以及通过受污染地下水的迁移)进入地下环境时,对污染物数据(如化学浓度)模式的解释以及岩心样本基质的岩性特征可推测地表来源和地下来源的可能性。与岩性层相关的其他信息可确保正确解释污染物数据模式。当观察与相应岩性重叠的垂直和水平污染特征时,地表污染源将显示出随深度而递减的污染情况。然而,根据不同地层的岩性特征,这种情况并不总是正确的,如果黏土层位于沙层之下,即使污染源完全位于地表,也可能不存在或不表现出明显的典型污染物深度递减模式。另一方面,如果在已确认的地表污染源下方,黏土层或淤泥层下面是沙层,而较深的沙层中的污染非但没有减少,反而在增加,则可能怀疑污染物沿沙层横向迁移,导致该层出现混合污染。显然,如果不对岩性和地质背景下的污染物数据(如浓度)进行评定,就不一定能得出这样的解释。

在"应用"部分提供的示例展示了如何在实际案例研究中应用该方法。

5.2.1.2 方法与步骤

该方法的主要步骤如下:

1. 在研究区域内采集土壤或沉积物的核心样本,以便对垂直和水平污染特征进行评定。

2. 从岩心沿线的一定深度间隔对子样本进行分析,以确定污染物的特征。一般来说,会对污染物和相关化合物进行化学分析。除化学检测外,还可对每个样本或选定的样本进行同位素数据检测(如稳定同位素组分)。

3. 对岩心沿线一定深度间隔的子样本进行物理特性分析(如粒度分析),据此推断岩性特征。这一步骤的替代方法是使用通常在钻孔作业时记录的现有岩性信息。

4. 数据评定和解释。评定数据的典型方法是在研究区域的垂直剖面上显示污染物数据(如浓度)与岩性数据(如土层/地层)的叠加(见图 5.1 中的

铁轨

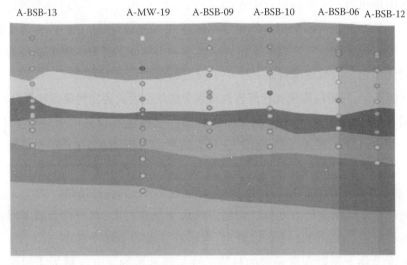

彩图 5.1

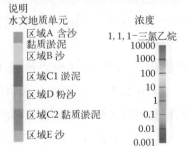

说明
水文地质单元 浓度

区域A 含沙 1, 1, 1-三氯乙烷
黏质淤泥 10000
区域B 沙 1000
区域C1 淤泥 100
10
区域D 粉沙 1
0.1
区域C2 黏质淤泥 0.01
区域E 沙 0.001

图 5.1 (彩图见二维码)垂直剖面内的地球化学指纹,描绘了南加州某个现场的污染排放区域(此处从左至右描绘了西南到东北方向的剖面)

示例）。对不同的浓度范围和不同的岩性层使用不同的颜色代码，可使数据评定更容易、更有效。可对多个垂直剖面进行研究，以涵盖所有研究区域。垂直剖面的选择应涵盖疑似泄漏区域（如地表或地下储存罐、废弃物处置区、有泄漏记录的区域）。实际应用示例见示例 5.1。

5. 补充数据评定。可进行补充数据评定，包括比较各地下层的水平污染模式。在这种情况下，应比较不同代表性深度的水平剖面。可通过比较不同采样介质（如土壤和土壤气体）在相同或不同深度范围内的水平污染模式来进行替代评定。示例 5.2 展示了这种替代应用。

5.2.2　应用、局限性和建议

5.2.2.1　应用

在南加州的一个案例研究中介绍了两个实际应用。第 9 章将详细讨论该案例研究。该案例涉及两个相邻的化学品储存和再包装设施，它们都有历史排放记录。地球化学指纹鉴定是本案例证据链中一个独立的部分。此处提供的示例与使用地球化学指纹鉴定评定其中一个设施的历史污染源有关。

示例 5.1　利用按深度和相应岩性层划分的浓度模式评定污染源和混合污染

图 5.1 展示了南加州一个化学品散装储存和再包装设施的土壤中 1,1,1 - 三氯乙烷（1,1,1 - TCA）的浓度模式（另见第 9 章案例研究 9.1 中的整体案例讨论）。之所以选择该展示区，是因为该区域存在一个有历史记录的氯化溶剂来源，特别是几个长期存放散装污染物（包括氯化溶剂）的铁路油罐。

通过将不同深度的浓度叠加到相应的水文地质层上，在岩性背景下对化学数据进行解释。从图 5.1 中可以看出，在所有显示的土壤土样中，1,1,1 - 三氯乙烷浓度总体上呈随深度递减的趋势。这与所显示的研究区域的主要污染源位于地表或接近地表的情况一致，证实了与记录的铁路油罐车排放有关的历史证据。

通过对图 5.1 中所示的数据进行分析，还可以推断出在少数位置（如 A - BSB - 06 和 A - BSB - 12），地下污染源可能增加了。具体来说：

● 在位置 A - BSB - 06，明显可以看到来自地表源和沿沙层（B 区域）迁移的混合污染，因为在沙层内可以观察到 1,1,1 - 三氯乙烷浓度的增加，而在淤泥顶层（A 区域）与沙层（B 区域）交界处记录到的常规浓度要低一个数量级。请注意，与沙层相比，淤泥会保留更多的原始污染，由于沙层位于淤泥层之下,因此保留的污染会更多。因此,如果污染完全来自地表,就不会出现沙层(B 区域)内浓度增加的情况。这种浓度增加可能会被质疑为"异常",因为它只基于一个数据点。然而,当考虑到邻近的钻孔时,则更有可能是地下污染源造成了该特定区域的污染(见下一条说明)。

- 在位置 A - BSB - 12,地下污染的其他证据包括沙层(B 区域)内记录的浓度增加;这一观测值加强了这一假设的可能性,即在这一特定区域很可能存在混合污染(来自地表和地下水源,可能随浅层地下水沿沙层迁移)。

需要注意的是,在其他取样位置的更深处检测到 1,1,1 - 三氯乙烷浓度的增加并不一定表明(它们本身)存在混合污染。这是因为所记录的浓度增加发生在渗透性较高的地层(B 区域)与渗透性较低的底部区域(C1 区域)的交界处,在那里可能会有一些从地表渗入的原始污染累积。例如,位于 B 区域和 C1 区域交界处的 A - MW19 和 A - BSB - 09。有关这些位置可能存在混合污染的最终解释将取决于水文地质信息(如历史上的浅水流)和其他邻近样本位置的特征。本示例中已经进行了这样的分析(此处未显示),得出的结论是该区域很可能存在混合污染。

在这个特殊的示例中,通过地球化学指纹鉴定可以确定以下内容:

- 证实了 1,1,1 - 三氯乙烷的历史地表来源对研究区域(铁轨区域)的浅层地下区域(一般从地表延伸至 D 区域)产生了影响。
- 地表污染源的影响仅限于浅层地下,没有污染到达第二层的沙层(E 区域)。这是一个重要的发现,因为它有助于确定地表污染源的影响相对有限,而且对更深的区域地下水没有影响。
- 在涉及地表和地下浅层污染源(可能沿浅层沙层迁移)的几个位置观察到混合污染的证据。

简而言之,结果表明,描述区域内并非所有的地下污染都可归因于有历史记录的地表污染源。

示例 5.2 利用不同介质和不同深度的浓度模式评定污染源和混合污染

图 5.2 展示了在地质环境中评定化学指纹鉴定数据的补充方法,该方法适用于与上一示例(南加利福尼亚州的化学品储存和再包装设施)相同现场的 1,1,1 - 三氯乙烷污染物。具体来说,通过比较污染物在不同介质和深度中的浓度分布,可以得出与法医学相关的结论。注意,图 5.2 中提供的案例包括覆盖整个研究现场的图像[相比之下,图 5.1 描述的是一个特定地点区域(即铁轨)的地下剖面]。

彩图 5.2

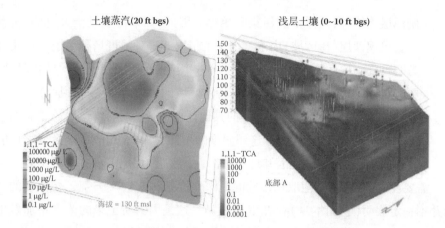

图 5.2　（彩图见二维码）南加州某地浅层地下发现的 1,1,1-三氯乙烷化学指纹。需要注意的是,左图中的北面朝上,而右图中的北面朝左上角,因此,虽然两幅图中描绘的是同一个现场,但方向不同

图 5.2 的左图描绘了整个现场在 20 英尺(地表以下)的水平剖面,显示了根据在土壤蒸汽中的检测得到的 1,1,1-三氯乙烷在该深度的水平浓度模式。图 5.2 的右图描绘了地表到地下 10 英尺处整个现场的水平剖面,显示了根据土壤中的检测结果得到的 1,1,1-三氯乙烷在地下 0 到 10 英尺处之间的水平和垂直浓度模式。很明显,右图描绘的是一个深度区间,与左图(二维,2D)相比,右图是三维图像(3D)。两幅图像中的浓度颜色代码一致,红色代表最高浓度,蓝色代表最低(未检测到)浓度。

在这种情况下,土壤气体(壤中气)(地下 20 英尺处)和浅层土壤(地下 0 至 10 英尺处)中的浓度模式之间的总体拟合程度很低。此外,浅层土壤污染程度显然低于深层土壤气体污染程度。这表明,在土壤气体中检测到的额外污染(与土壤相比)一定是由于地下 20 英尺处以下的浅层地下水挥发造成的。事实上,该现场定期记录到的浅层地下水一般在地下 25 至 30 英尺处之间,这些水受到了污染,包括 1,1,1-三氯乙烷的污染。总之,这些观测值表明,该现场存在混合污染,可能来自现场污染源,也可能来自侵入地下水的场外污染源。图 5.2 中的数据还表明,现场地表排放物已经陈旧和枯竭。需要注意的是,图 5.2 中显示的化学数据解释证实了通过解释图 5.1 中的化学和岩性数据得出的主要结论,即该现场可能存在混合地下污染。

5.2.2.2　局限性

这种方法几乎没有什么局限性,因为大多数受污染现场都有化学和岩性数据。分析技术成熟且成本低廉,可根据需要收集其他数据。事实上,唯一的局限与对"全局(整体)"的理解有关。换句话说,在解释地球化学数据和指纹时,应充分了解并考虑历史文件中记录的现场历史。地球化学指纹鉴定本身不应被使用,而应被用来证实(佐证)根据历史文件评定和其他证据链得出的来源假设。这类局限存在于大多数指纹鉴定技术。因此,全面了解现场的历史背景和条件是成功应用指纹鉴定技术的保证。

5.2.2.3 建议

总之,强烈建议在有多次排放记录的复杂现场,以及周围有记录或潜在排放的邻近现场,对特定地质/岩石背景下的化学模式进行评定。这种评定应通过在地图上绘制数据(化学和岩性)来进行,以创建所研究区域的 2D 和 3D 图像。数据评定有多种可能性,前两个示例中已说明了其中的两种。

法医学调查过程中成功使用地球化学指纹鉴定的提示

- 始终在调查现场的历史和地理背景下解释结果
- 多多益善。利用调查区域在时间和空间上的所有可用数据,以便更可靠地解释地球化学指纹;如果只有有限的数据,则尽可能地收集更多数据,使其对研究区域具有代表性
- 利用监测数据。许多现场都有对化学和地质/岩性数据进行监测的数据。因此,应获取现有的监测数据,减少或消除收集新数据的需要

5.3 矿物指纹鉴定

矿物指纹鉴定包括对固体环境样本(土壤/沉积物或灰尘)中与受关注污染物(COC)(通常为金属)有关的颗粒的大小、形状和化学成分进行鉴定。这些鉴定方法可以准确说明来源的类型,并对贡献进行半定量估算。

该方法涉及两类检测:

1. 对样本基质进行显微评定,以评定矿物成分以及组成颗粒的大小和形状(最好重点评定与目标污染物相关的颗粒)。显微评定可采用多种技术,包括偏光显微镜(PLM)、透射电子显微镜(TEM)、扫描电子显微镜(SEM)和 X 线衍射(XRD)。

2. 确定与目标污染物相关的样本颗粒的化学元素组分。这种测定通常使用能量色散光谱法(EDS)。也可使用其他技术,如电感耦合等离子体-质

谱法(ICP-MS)。需要注意的是,由于通过显微镜评定还能确定化学元素组成的颗粒的形状、大小和矿物组分,因此可以全面确定与目标污染物相关颗粒的特征。

接下来将介绍可能使用的显微技术的一般信息:

- 偏振光显微镜通常是用偏振光照射样本。该技术可根据各种矿物的不同折射率将其区分开来。偏振光显微镜(与立体双目显微镜结合使用)可用于估算成分的体积百分比。
  - 通过该技术可以很容易鉴定的成分包括高岭石、蒙脱石、玻璃纤维、石英、铁铬矿、温石棉、粉煤灰、淀粉、珍珠岩、浮石、毛发、二氧化钛、棉花/纸纤维素纤维、蛭石、云母、土壤矿物、波特兰水泥、碳酸钙、硅酸钙和硅酸镁、石膏和硅酸钠等。
  - 更多详情,推荐阅读 Millette 和 Brown 的著作(Millette and Brown, 2007)。
- 透射电子显微镜是指一束电子穿过超薄样本/样本,通过样本的电子束相互作用形成图像。透射电子显微镜的成像分辨率远远高于光学显微镜;因此,该技术能够检查样本基质内的细微之处。
  - 透射电子显微镜与能量色散 X 线光谱仪联用,可用于表征和识别极细的颗粒,包括矿物纤维(如石棉)、黏土和颜料。
- 扫描电子显微镜是最强大的显微技术之一,在法医学领域的应用已屡见报道(Kennedy et al., 2002; Kennedy et al., 1996)。这种技术通过高能电子束以光栅扫描模式对样本进行扫描,从而对样本进行成像。根据电子与样本(样本表面的原子)的相互作用,产生的信号可提供有关样本形貌、成分和其他特性的信息。这些产生的信号可能有以下几种类型:
  - 二次电子是作为电离产物产生的电子(由一次辐射或电子产生),可产生具有 3D 外观的超高分辨率样本表面图像(细节<1 nm)。
  - 背散射电子(BSE)通过弹性散射从样本中反射出来;背散射电子信号的强度与样本中目标污染物的原子序数 Z 有关,并提供样本中不同元素的分布信息,帮助定位目标元素和污染物。
  - 当电子束从样本中移除一个内壳电子时,特征 X 线就会发射出来,这将导致能量更高的电子填满外壳并释放能量;特征 X 线可用于确定样本中元素的组成并测量其丰度。

扫描电子显微镜的放大倍数范围很广,从 10 倍到 50 万倍不等。

与其他显微技术相比,扫描电子显微镜技术的优势在于分辨率更高、三维性更强。

下文将根据 Kennedy 等人的文章详细介绍如何将扫描电镜与能量色散光谱技术结合使用,以获得与法医学相关的矿物指纹(Kennedy et al., 1996, 2002)。

5.3.1　方法原理和步骤

5.3.1.1　方法原理

对与目标污染物相关的样本颗粒进行详细(显微镜和化学)表征,可提供有关污染物来源的高度具体的法医学信息。这种信息可能会在固体基质(如土壤、沉积物)中保存数年至数十年,具体取决于原始来源化合物的稳定性和环境因素。即使污染物的原始成分在土壤中开始发生变化,这种变化也可能不会同时影响到所有排放的污染物,因此会留下一些痕迹,以便通过矿物指纹检测进行潜在追踪。迄今为止,矿物指纹鉴定技术是针对金属和其他无机污染物的最具体的指纹鉴定技术之一,而全面化学指纹鉴定或其他类型的化学指纹鉴定技术在这方面则会受到限制。

5.3.1.2　方法步骤

主要的方法步骤如下:

1. 选择有代表性的样本(如土壤/沉积物或灰尘)。通常情况下,矿物指纹鉴定不是在大量样本上进行的,而是选择几个具有代表性的样本。这是因为这种方法费时费力,而且所提供的信息非常具体,只要对具有代表性的样本进行检测,就能得到很好的可靠证据。

2. 使用一种或多种显微技术对选定的样本进行显微分析,以确定样本中观察到目标污染物(如金属)的区域。通常情况下,扫描电子显微镜是首选技术,也可采用其他显微技术,根据需要提供更多有用信息。在样本制备(通过干燥和筛分)并放入环氧树脂和 1 英寸的抛光设备后,将进行以下分析:

   - 用于获取样本数字图像的光学分析。
   - 然后进行计算机控制的扫描电子显微镜(CCSEM)和手动分析,以利用背散射电子图像中组分相的相对亮度。这样就可以很容易地分辨出含有特定原子序数金属的颗粒(原子序数越高,颗粒越亮)。CCSEM 可以在两种放大倍数下进行。

3. 然后,从与目标污染物相关的颗粒中随机选取颗粒进行化学元素分析;该分析记录了随机选取的每个颗粒的元素组分。通常情况下,分析是自动进行的。不过,也可以选择重新分析手动选择的颗粒,以确认自动分析的结果。生成的图像将被存储和记录(见图5.3~图5.7)。

4. 数据评价和解释。生成的结果可用来:

 • 与来自潜在污染源或具有潜在污染源特征的样本进行比较。

 • 与来源特征的关联性相比,有些关联性已经确立并公布,而另一些关联性则可能要根据具体案例来确定(见本节末尾"有效应用法医学矿物指纹鉴定的要点"中的示例)。

 • 用于半定量评定,根据发现与不同来源相关的颗粒计数,在多个来源之间分配贡献(因为在许多情况下,检查与目标污染物相关的所有颗粒实际上并不可行,对随机选择的颗粒进行评定可能会提供一个可靠的半定量评定)。

图5.3 用于扫描电子显微镜–能量色散光谱分析的样品照片示例 (即环氧树脂抛光的1英寸正方形卡纸)(由RJ Lee实验室分析)

示例5.3 受污染土壤中铅来源评估方法的应用

本示例提供了矿物指纹鉴定技术的步骤以及该技术捕获的代表性图像。如果我们的重点是评估受污染土壤中的铅来源,那么在通过扫描电子显微镜–能量色散光谱(SEM – EDS)分析进行矿物指纹鉴定时,可采用以下步骤:

 • 首先将散装材料样本在烘箱中干燥过夜。然后,提取具有代表性的子样本并过筛(如2 mm筛网),将细颗粒和粗颗粒分离。粗颗粒可以储存起来,而细颗粒则通过扫描电子显微镜技术进行分析,以记录其特征,并特别关注存在的铅相。

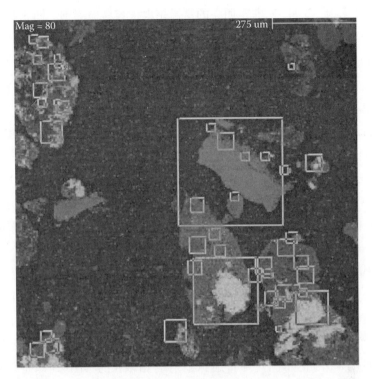

图 5.4 低倍场反向散射电子(BE)的示例。正方形表示通过计算机控制的扫描电子显微镜(CCSEM)分析确定潜在的相关特征(由 RJ Lee 实验室分析)

- 将具有代表性的细颗粒放入环氧树脂中,并利用 1 英寸的抛光设备抛光。使用带摄像头的数码光学显微镜记录抛光过程(见图 5.3 中的案例)。通过这一程序可以对颗粒的内部特征进行表征。光学照相记录后,给样本喷涂一层薄炭,以防止在扫描电子显微镜的电子束下充电。

- 样本首先进行自动扫描电子显微镜分析(也称为计算机控制的扫描电子显微镜,CCSEM)。在 CCSEM 分析中,样本在 BE 成像模式下成像,颗粒的亮度与其平均原子序数成正比。在这种模式下,重金属相比土壤中其他的主要成分要亮得多,也更容易区分。在此分析过程中,颗粒会与环氧基质区分开来,并确定其大小。采用亮度阈值是为了忽略大部分比目标元素(铅)更轻的元素组成土壤颗粒,如石英、铝硅酸盐(如长石和黏土)和碳酸盐。分析将检测到与富铁颗粒同样亮或更亮的颗粒,这样就可以在亮度较低的铁氢氧化物中检测到铅,因为铅可能会出现在低浓度的铁氢氧化物中。此外,非常明亮的富铅相也很容易检测到。图 5.4 提供了一个样本"区域"的案例,显示的方框中标出了已确定的目标特征(待分析),需要注意的是,在此案例中,土壤样本基质中记录的明亮颗粒非常复杂,由多个相组成,有些高于检测阈值(如氧化铁),有些低于检测阈值(如石英)。

CCSEM 分析通常在两个放大倍数下进行。第一个放大倍数可能是 ×80(如图 5.4),可以表征大于 10 μm 的颗粒,区域分析直到整个表面检测完毕或 3 小时之后(以先到者为准)。第二个可使用的放大倍数是 ×1 600,对小于 10 μm 但大于 0.5 μm 的颗粒进行表征,随机选取区域,并持续 3 小时地分析。在扫描电子显微镜分析过程中,将目标颗粒(例如,在我们的示例中与铅有关的颗粒)与环氧基质区分开来,确定其大小并拍照。

- 能量色散光谱分析是扫描电子显微镜自动检测的一部分。在分析过程中,使用能量色散光谱确定目标颗粒的元素组分。当检测到一个明亮(高 Z 值)的颗粒时,就会确定其大小,并收集能量色散光谱来识别单个元素。每个颗粒的物理尺寸和元素组分都与位置坐标一起保存在相应的文件中(见图 5.5 中的示例)。同时还可保存含铅颗粒的小图像(即显微图像)和整个能量色散光谱,如图 5.5 所示。获得的光谱有不同的峰值,每个峰值对应一个元素标识。请注意,峰值的高度通常与分析颗粒中该元素的含量成正比。

- 随机选取被 CCSEM 分析确定为潜在含铅的颗粒并进行重新定位,然后在手动 SEM 模式下进行分析,以确认自动记录的颗粒大小、形态和化学元素组成。图 5.5 展示了手动重新定位和分析的结果。

图像左上方是低倍 BE 图像,显示了目标颗粒的背景,图像上方是比例信息。正方形是一个"缩放框",显示右上方图像的位置。在这种情况下,比例信息显示在图像下方。右上方图像中的小方框表示获取能量色散光谱(显示在图像底部)的位置。光谱右侧的小图是在 CCSEM 分析过程中获取的显微图像。请注意,图 5.5 显示了几种常见的土壤矿物以及经过分析的亮铅颗粒(包括显微镜分析和元素组分分析)。

图 5.6 给出了手动重新定位和分析后获得的扫描电子显微镜-能量色散光谱复合图像(来自另一个土壤样本)的另一个示例。在这种情况下,手动分析表明,颗粒的成分很复杂,既有富铅区域,也有几乎不含铅的区域。

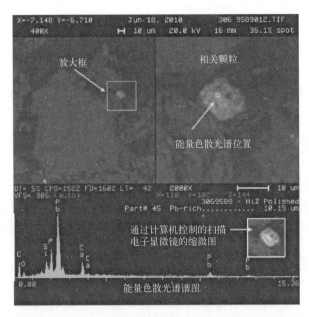

图 5.5 扫描电子显微镜-能量色散光谱组合图的示例,图中记录了土壤中与目标元素铅相关颗粒的矿物指纹(由 RJ Lee 实验室分析)

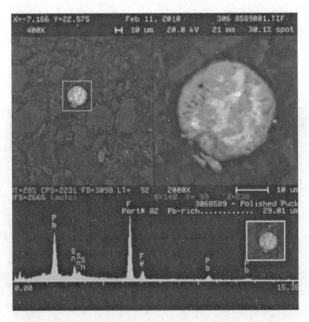

图 5.6 扫描电子显微镜-能量色散光谱组合图的第二个示例,提供了另一种与土壤中铅有关的测试颗粒的矿物指纹(由 RJ Lee 实验室分析)

5.3.2 应用、局限性和建议

5.3.2.1 一般应用

矿物指纹鉴定是一种针对固体基质的高度特异性法医学技术。以下是这一强大技术的环境法医学应用：

- 可通过将检测结果与可疑污染源的结果进行比较来确定污染源；此外，与受关注污染物相关的颗粒的大小、形状和化学组分也可能与某些污染源（如油漆、粉煤灰、杀虫剂、铸造厂、天然矿物等；见图5.7中的示例和相关讨论，以及本节末尾的要点）有关。在某些情况下，当发现金属的次生相时（这些相不再代表原始排放物），该方法仍可用于排除某些来源，即近期来源。

- 对土壤中金属背景值的评定，可通过确定与天然矿物以及土壤特征相有关的金属量来评定土壤中金属的背景值。在金属含量自然升高的现场（如采矿区），评定特定现场的背景值对于确定具体现场的净值（不能超过自然背景值）至关重要。在采矿业和其他金属含量较高的区域，这可以节省大量与场地修复相关的成本，并有助于尽早关闭现场。本书第三部分（案例7.1和7.2）提供了此类应用的实际案例研究。

- 可在半定量基础上实现来源分配，以帮助在有多个来源/责任方的现场进行成本分配。

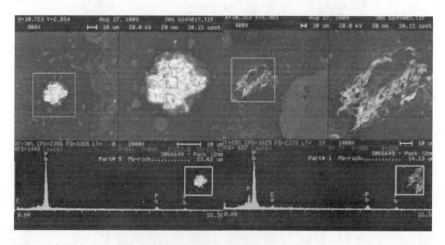

图5.7 扫描电子显微镜–能量色散光谱组合图的示例，图中提供了同一土壤样本中两种与铅有关的颗粒矿物指纹（由RJ Lee实验室分析）

下面的两个示例展示了矿物指纹鉴定的一般应用,以及如何评定和解释扫描电子显微镜-能量色散光谱结果。

图 5.7 示例说明了同一土壤样本中与铅相关的两种颗粒的矿物指纹。从图 5.7 中的两个示例可以看出,与目标元素(如案例中的铅)相关的各种颗粒的形状、大小和化学元素组分在同一样本中可能会有所不同。不过,一般来说,颗粒可以根据相似性和潜在来源特征进行分组。

在图 5.7 的示例中,每个被分析的颗粒都有以下主要联系:

- 左图中显示的颗粒几乎完全由铅组成,形状有点圆。这种颗粒可能与高温加工有关,因为高温会产生圆形颗粒。然而,除了铅之外,没有任何其他金属,这可能意味着来源不明(例如,可能是唯一的铅来源,或者是主要来自铅来源的较早排放,如铸造厂排放,在这种情况下,其他可能相关的金属已经从铅相中分离出来)。在历史背景下进行解释时,可以根据特定的矿物指纹推断出更有可能的来源类型。

- 右图中显示的颗粒含有铅、磷和钙元素。这种关联是土壤中稳定铅相(如与磷酸盐和碳酸盐关联)的典型特征,表明与该颗粒关联的铅可能代表了土壤中的背景铅,也可能是很久之前排放的结果(在这种情况下,假定经过了足够长的时间,排放的任何铅相都会解离,铅会融入稳定的土壤化合物中,如土壤中天然存在的铅的磷酸盐和碳酸盐)。根据分析颗粒的化学元素组分得出的这些推断为颗粒本身形状不规则提供了证据支持,而这正是原生土壤颗粒的特征(如图 5.7 右图所示,分析颗粒呈不规则形状)。因此,这种矿物学指纹能够(以较高的可信度)排除人为来源的铅,但潜在的早期来源除外。同样,这一信息可以在研究现场的历史背景下提供更准确的解释。

一旦在每个样本中确定了主要的一般关联和潜在来源,还可根据扫描电子显微镜-能量色散光谱分析推断出各种潜在来源对所分析样本中总体铅指纹的半定量评估的贡献。这种半定量分析的准确性显然取决于样本中的铅浓度,决定了最终通过扫描电子显微镜-能量色散光谱分析的铅颗粒的代表性。如前所述,通常一个样本会随机选取多达 50~60 个单独的铅颗粒进行分析。在铅含量中低水平的样本中,这些被分析的颗粒可能代表 100% 或接近 100% 的铅颗粒,但在污染程度较高的样本中,这些颗粒只能代表铅颗粒的 50% 或更少。因此,在第一种情况下(铅含量为中低水平的样本),根据已确定的矿物指纹进行半定量来源划分会更加准确。

5.3.2.2 具体应用

通过扫描电子显微镜-能量色散光谱进行矿物指纹鉴定提供的逐个颗粒特征可用于评定固体基质中金属的潜在来源、生物利用率或修复潜力。扫描电子显微镜-能量色散光谱技术的一个常见应用是确定金属（如铅、砷、汞、镉）的相对丰度及其与样本中某些颗粒的关联。基于这种关联，该技术可以区分不同的来源，在有各种其他金属来源作为潜在历史贡献的采矿区域非常有用。

根据文献报道，矿物指纹鉴定可用于固体样本：

- 在粉尘方面，Bern 等人证明了该方法在分析世界贸易中心（World Trade Center）成分可能存在的城市尘埃方面的潜力（Bern et al., 2009）。

- 同样与粉尘调查有关，Milette 和 Brown 使用扫描电子显微镜-能量色散光谱评定了住宅粉尘中的铅来源，认为其来自含铅粉煤灰（Milette and Brown, 2007）。在其他涉及铅微粒的案例中，该作者发现含铅微粒来自含铅涂料（注意到铅-铬、铅-锌关联）、汽车尾气（铅-硼关联）、工业铅（与其他金属相关的铅）和土壤铅（铅-硅、铝或钙关联）。此外，还发现了一些未确定的铅源（只有铅）。

- 对于土壤样本，Kennedy 等人使用扫描电子显微镜-能量色散光谱技术对住宅土壤中的金属进行来源鉴定（Kennedy et al., 2002）。具体案例研究如下：

  1. 该案例是土壤中的砷含量升高，其原因是一种产品，而不是其他来源。在调查的土壤中，发现大多数与砷有关的颗粒都含有氧化砷，偶尔还含有微量的镉，而一些砷颗粒则与铅有关。此外，大多数砷出现的范围很小。最终，一种以三氧化二砷和砷酸铅为基础的用于控制杂草的产品被确定为可疑来源。

  2. 另一个案例是为了确定涉及硫酸铅工业作业附近土壤中的铅来源。扫描电子显微镜-能量色散光谱显示灰烬和部分燃烧煤炭的存在，这表明除了工业现场之外，还有其他潜在的铅来源。与铅颗粒相关的锰和钡的存在证实了这一潜在来源，而这两种元素也与煤有关。此外，一些被分析的铅颗粒呈球形，这也证实了煤灰可能是被分析土壤中铅的来源。

- 同样与土壤调查有关，Kennedy 等人利用扫描电子显微镜-能量色散光谱技术进行来源分配分析（Kennedy et al., 1996），如下案例：

- 对土壤中与闪锌矿(硫化锌)有关的镉进行定量,其含量低至百万分之几;
- 确定土壤中的铅相(包括相的大小)。
- 对法国里昂市附近一家历史悠久的铸造厂及其周围受铅、砷和其他重金属污染的土壤进行调查(见本书第三部分所述的案例7.1~7.2)表明,使用扫描电子显微镜-能量色散光谱技术可以:
- 确定有待修复的现场土壤中铅、砷和其他金属的背景水平;
- 调查铸造厂对周边地区(土壤和植被)重金属的潜在影响。

5.3.2.3　局限性

虽然矿物指纹鉴定是一种高度特异性的技术,具有很强的法医学鉴定能力,但也存在一些局限,包括以下方面:

- 主要局限因素与排放时间有关。排放的时间(年限)越长,目标元素的原始关联丧失而在土壤中形成新关联的概率就越高。这种新的关联通常被称为次生相,它们在土壤中是稳定的(例如,铅的常见次生相是碳酸盐和磷酸盐)。当观察到这些次生相时,原有的特征就会消失,因此无法准确确定潜在的来源或类型。
- 另一个限制因素与土壤的异质性和代表性有关,即从样本中选择很小一部分,并在子样本中随机选择与目标元素相关的颗粒进行扫描电子显微镜-能量色散光谱分析。不过,尽管存在这样的局限,但与许多其他现有技术相比,扫描电子显微镜-能量色散光谱采集系统还是能进行更准确的来源评定,甚至是半定量估算。
- 矿物指纹鉴定通常是一种既昂贵又耗时的技术。虽然这可能会妨碍其在现场调查中的常规使用,但如果只对选定的样本使用,则可以使其在法医学调查中的使用更加合理。

5.3.2.4　建议

矿物指纹鉴定应在数量较少的代表性样本上进行。可根据历史和现有监测数据来选择代表性样本,这也是得出具有证据效力结论的关键。一般情况下,大家熟知的来源特征可用来识别特定样本中的主要贡献来源类型(见本节末尾要点中的示例)。不过,在解释结果时,应优先考虑历史文件中记录的基于个案的具体关联。与任何其他法医学技术一样,数据解释应根据具体地点的情况进行,同时还应全面了解工业类型以及与方法应用相关的任何适用的潜在来源(例如已知生成的矿物指纹)。

有效应用法医学矿物指纹鉴定的要点

- 次生相的存在可能表明排放时间较长或排放的化合物不稳定。通常被解释为次生相(由原生相转化而来)是土壤中较为稳定的化合物(如磷酸盐),以及与锰氧化物和钙的关联。如果存在与相关污染物和元素关联相,则表明土壤中存在背景来源或较早的人为来源,使得原始污染物在土壤中发生了转化。需要注意的是,一些较新的人为来源如果不稳定,并在排放后很快发生转化,也可能产生此类次生相
- 目标金属与构成该金属天然矿物的元素之间的关联可以很好地表明样本中存在天然来源
- 目标金属与铁的关联通常表明有工业来源,可能包括铸造厂和采矿活动
- 目标金属与锡或镉的关联表明有工业来源
- 目标金属与其他几种金属的关联可能表明其来源于铸造或采矿业
- 代表汽车排放的卤化铅在环境中的寿命通常很短,可能在排放后不久就会转化为次生相
- 目标金属与硅颗粒的关联表明来源于玻璃或陶瓷
- 目标金属(即铅)与涂料颜料(包括 Ba、$CaCO_3$、Ti、ZnO 等)的关联表明涂料可能是该金属(即铅)的来源
- 目标金属与铝和硅的关联可能表明吸附在黏土颗粒上
- 目标金属与灰烬(地面物质通常呈现球形孔隙)的关联表明,可能来源于工业

5.4　统计分析、污染物建模和数据可视化

　　统计学分析技术和污染物建模是不同的法医学方法。由于本章只提供了与这些技术相关的部分信息,因此将它们归为一类进行讨论。虽然本书的范围不包括对统计学分析技术或污染物建模的综合性评述,但由于这些技术在法医学调查中有不同程度的应用,因此,在此进行简要评述,并引导读者查阅与这些主题相关的参考文献:

- 有关统计学分析技术及其在法医学调查中应用的推荐参考文献包括最近出版的一本教科书(Rong, 2011),以及几篇与统计学分析技术在环境法医学中应用的有关文章(Gauthier and Hawley, 2007; Johnson et al., 2007; Gauthier, 2002)。
- 与法医学调查有关的污染物建模技术推荐的参考文献包括环境法医学教材中的几个章节(Katyal and Morrison, 2007; Egan and Murphy, 2007; Morrison, 2002; Murphy, 2002; Patzek, 2001)。

　　下文将简要概述一些常用的统计学分析技术,并给出了在法医学中使用这些技术的有关建议。以及法医学调查中污染物迁移模型构建的一般性讨论和建议。最后,还讨论了指纹数据的可视化。

5.4.1 环境法医学统计分析技术的简要概述

统计学分析技术和探索性数据分析以数学方法为基础,可用于鉴定污染物分类或混合的模式。统计学分析技术本身并不像本书讨论的其他方法那样涉及环境基质中的污染物分析。不过,本章纳入了统计学分析技术,以强调在特定地点条件下解释统计学结果具有很强的依赖性(这可能会影响数据的统计学用途和可比性)。

5.4.1.1 统计学分析的类型

统计学分析包括:

- 基本统计技术,如
  - 计算最大值、最小值和平均值,以及计算方法:
    - 比较样本平均值或群体,包括 t 检验(Student t test)、非参检验-秩和检验(Wilcoxon's rank sum test)、配对 t 检验(paired t test)和方差分析(ANOVA)等方法(Gauthier,2002)。
    - 评定污染物之间的关系,包括皮尔逊积矩相关系数(Pearson's product moment correlation coefficient)或斯皮尔曼等级相关系数(Spearman's rank correlation coefficient)等方法(Gauthier and Hawley,2007)。
    - 进行预测,包括线性相关和线性回归分析等方法及相关方法(Gauthier,2002);相关系数通常通过这些方法计算得出。
    - 检验分布,包括卡方拟合优度测试(chi-square goodness-of-fit test)等方法(Gauthier and Hawley,2007)。
- 更复杂的技术,如多元统计,包括法医学调查中常用的一些统计方法,如:主成分分析(PCA)、分层聚类分析(HCA)、判别分析、神经网络和多向向量分析(PVA)。最近的一项研究(Henry and Christensen,2010)指出,在任何给定的司法案件中,应用两个多元来源来分配模型都很有效。

5.4.1.2 一般应用、局限性和建议

5.4.1.2.1 应用

统计学分析技术可与化学或其他类型的指纹数据一起用于多种目的,包括:

- 证明观点或确定结论的统计学意义。例如,通过将污染物值与该地区的背景值进行比较来评定某地的污染情况。
- 确定现场污染物之间的关系(例如,污染物之间的相关系数比值,可简单衡

量两个变量之间的线性关系,或当存在两种以上污染物时的相关矩阵)。

- 评定更大的污染模式或环境足迹,帮助确定污染源并进行分配。
- 使用具体地点的数据测试环境模型的意义和有效性。

5.4.1.2.2 局限性

如果不结合具体地点的物理学意义对数据进行分析,统计学数据可能会产生误导。在实际案例研究中应用几种基本统计学方法时,可能存在以下误区(Rong, 2011):

- 自动假定环境数据呈正态分布,以估算百分位数和置信区间;在许多情况下,数据可能呈对数正态分布,从而导致不同的百分位数和置信区间值。
- 使用的数据范围广泛时,其中最大的数据点可能会使其他较小的数据点变得微不足道,从而改变相关系数;这是收集到大量数据并可供分析时出现的问题。
- 输入变量的不确定性会传播到回归模型预测中,导致使用回归分析时模型的不确定性更大。
- 在使用方差分析技术时,容易使一个假设作为一个弱的论据来暗示一个强的结论。
- 只能对数据趋势进行分析,而无法研究数据值的大小及其含义。

5.4.1.2.3 数据可比性的建议和清单

要使用统计学分析技术,得出可靠的具有辩护性的结论,关键是要有"可比"的数据集。换句话说,我们需要确保各种数学统计程序中使用的数据具有可比性。数据的可比性对统计学分析结果有很大影响,统计学分析通常是将相似的数据分组,分组通常与不同的数据来源相关联。如果数据本身的差异可能是由其他因素(如环境风化、现场条件变化)而不是假设的不同来源造成的,那么统计学方法就会出现缺陷,结果可能会产生误导。因此,法医在使用各种数据进行统计学分析之前,绝对有必要在每个具体案件的背景下仔细检查这些数据,以评定其可比性。如果在这些年中收集了多种环境数据,那么在进行统计学分析之前,为确定数据的可比性,应检查以下事项:

- 数据是如何收集的?收集方法是否相似,如果不相似,差异是否会影响结果(影响程度如何)?
- 数据是如何分析和生成的?是否来自不同的实验室?是否来自不同的分析方法?是否为数据指定了不同的修饰(标记)?如果上述任何一个问题

的答案都是肯定的,科学家就需要利用自己的判断力和经验来评定任何记录的差异是否会对数据产生影响,从而降低数据的可比性[例如,在不同年份收集的样本可能会因分析技术或实验室不同而提供不同的结果,这种区别可能会在来源或归宿(去向)和迁移评定中产生误导]。

- 在这几年中(采样和数据生成事件之间),现场条件是否发生了变化? 例如,是否在某些取样活动期间进行了施工,而在其他取样活动期间没有? 天气条件如何? 在取样事件之间,是否有任何其他具体地点的外部因素可能会影响污染物的归宿(去向)、迁移和风化? 例如,如果我们正在调查一个已知有氯化溶剂排放的现场,而该现场在某一时刻发生了石油泄漏,那么石油产品(轻非水相液体,LNAPLs)的排放可能会对地下氯化溶剂羽流产生两种主要影响:(1)石油化合物可作为微生物的食物,并促成更加厌氧的环境,从而加速氯化溶剂的生物降解;(2)石油轻非水相液体游离物(如果存在)会减缓甚至阻止氯化化合物(重非水相液体,DNAPLs)的垂直移动,原因是氯化化合物优先分配到石油有机相中。在这种假设情况下,不能也不应该通过统计学分析将石油泄漏事件前收集的数据与泄漏事件后收集的数据进行比较。虽然可以分别使用统计学分析来比较这两组数据,但一般的法医学评定不应以统计学分析结果为基础,除非认为较新或较旧的数据对当前的问题具有代表性。

即使在统计学分析中只使用一个主要取样事件,数据的空间分布也可能影响其可比性;因此,在进行任何统计分析之前,也应评定数据的可比性。与空间上不同的数据(在同一采样事件中收集)有关的检查事项包括以下内容:

- 数据的空间位置是否存在可能影响分析结果的差异? 例如,是否在建筑物下方采集了一些样本(或在怀疑发生泄漏后的某个时间点,在建筑物仍然存在的地方采集了样本)? 在这种情况下,这些地点的污染物风化过程可能会因结构(如建筑物)的存在而改变,从而减少氧气供应。
- 样本深度是否会降低数据的可比性? 如果样本是在地下水位以上和以下采集的,不同的结果可能是由于不同的风化模式造成的,不一定与不同的来源有关。

因此,最好的做法是先仔细审查数据,确保数据具有可比性和相关性。在进行统计学分析时,最好使用较少的数据(只使用有代表性的数据),而不是使用所有的数据,因为有些数据的代表性可能较差或存在"噪声",可能会影响整体评定。

还建议采用一种以上的统计学分析方法,法医学调查员应仔细查阅现有数据(例如,检查样本平均值和标准差),以熟悉数据分布和变化范围。最后,与任何法医学调查一样,建议至少再使用一个独立的证据链来确认和验证结果。

由于多元统计在法医学调查和其他环境调查中越来越受欢迎,本书将对两种常用技术进行简要概述。

5.4.1.3 主成分分析

主成分分析(PCA)降低了给定数据集的维度,可以客观、明确地区分最有诊断价值的化学比值的微妙变化。主成分分析还能提供有关样本和潜在来源之间相似性的信息。在给定的数据集中,主成分分析可用来确定指纹的数量、每个指纹的组分以及它们在每个分析样本中的相对贡献,而无须关于来源的先验知识。此外,当样本之间存在微妙差异时,主成分分析可能有助于区分这些差异,并可用于选择对某些数据集具有最高鉴别力的诊断比值。可参阅 Johnson 等人对主成分分析进行的综述(Johnson et al., 2007)。

主成分分析通常用于评定原油和石油产品等复杂化合混合物的指纹数据。例如,与海洋油品泄漏有关的每种环境轨迹都可能有其特殊性,任何诊断比值都不一定适用于所有轨迹。因此,主成分分析可用于油品泄漏调查的各个步骤,以评定数据并选择相关参数。

注意,除了用于直观显示主成分分析结果[二维(2D)或三维(3D)]的得分图外,相关的载荷图也有助于识别诊断能力最强(占本系统中大部分变异性)的特征(如比值),以便在法医学调查中使用(如双比值图)。

5.4.1.4 分层聚类分析

分层聚类分析(HCA)可对各种环境样本进行分类,并根据样本的特征和相似性对其进行聚类。分层聚类分析根据测量特征(如诊断比值)找到相对同质的样本集群。通过构建层次结构或树状结构,可以了解对象(观测值或个体)之间的关系。

这种分析方法先将每个样本分成一个单独的集群,然后依次合并集群,减少集群数量,直到只剩下一个集群。这种层次聚类过程可以用树状图来表示,聚类过程中的每一步都用树的一个枝节来表示(更多信息请访问 http://www.clustan.com/hierarchical_cluster_analysis.html)。

分层聚类分析可与增强型 k-means 算法一起用于聚类,该算法适用于非常大的数据集。k-means 聚类的目标是将数据划分为 k 组,使组内平方和最小。

差距统计法可用于估计数据集中的集群数量。这种方法适用于任何用于数据分组的技术,并将聚类的离散度与参考零分布(即无聚类)时的预期离散度进行比较。可以制作双向层次聚类图,以便更直观地显示来自任何给定区域的样本之间的相似性。

5.4.2　环境法医学污染物建模的概述

污染物迁移建模主要是利用污染物和具体地点的数据来计算和重建(建模)污染物在时间和空间上的迁移。在建立污染物迁移模型时,需要同时考虑污染物特征和环境基质特征。显然,特征越多越好——换句话说,特征明确的现场将有助于生成更准确的模型。然而,即使是对于特征明确的现场,也会出现对现场和排放特征了解不全面的情况,因此在设计模型时通常会纳入一系列假设。例如,建模需要污染物排放到含水层的时间段,但很多时候无法得知(如通过历史信息)。因此,模型预测的最终可靠性取决于法医专家的技能和知识。

5.4.2.1　方法类型和步骤

有许多适用于地下水、空气和其他环境介质的污染物建模程序。使用其中任何一种模型都很容易在法庭上受到质疑,而且可能很难为建模结果和结论辩护。这是因为很难建立一个与所有监测数据相匹配的模型,而且许多地下参数可能会随时间而改变,很难在模型中进行调整。

适用于环境法医学的主要污染物迁移模型类型包括:

- 通过铺砌表面和土壤的液体及蒸汽污染物迁移模型;
- 地下水污染物迁移模型;
- 空气扩散模型。

本书提供了几个适用于环境法医学的一般模型类型的示例以及相关的基本方程,以指出在建立和使用模型时需要考虑的参数类型。

法医学调查中最常使用的模型包括通过铺砌表面和土壤的液体及蒸汽迁移模型。Katyal 和 Morrison 的书中对此类模型的数学基础和法医学应用进行了综述(Katyal and Morrison, 2007)。SESOIL 是模拟土壤流体迁移的一个代表性示例,它是一种用于非饱和带的一维垂直迁移代码,同时还可以模拟水和污染沉积物的迁移。SESOIL 可以利用土壤、化工产品和气象学输入值来描述化工产品到达的深度,并在其蒸汽、液体和吸附相之间进行线性平衡分配(Jury and Farmer, 1984):

$$D = (V_w t_c)/[(\theta + \rho_b K_d) + (f_a H)/R(T + 273)]$$

其中,D=深度;V_w=水流速度;t_c=对流时间;θ=土壤含水量;ρ_b=土壤容重;K_d=污染物分配系数;f_a=充气孔隙度;H=亨利定律常数;R=通用气体常数;T=土壤温度(℃)。

其他常用法医学模型与地下水中的污染物迁移有关。目前有多种基于数学方法的地下水流(平流)和污染物迁移模型,包括概率和地质统计模拟、热传导反演和直接方法。在这些模型中,法医学调查中最常用的分类如下(Katyal and Morrison,2007):

- 地下水中污染物的瞬时点源溶液注入
- 地下水中污染物的持续注入
- 地下水中污染物的瞬时注入
- 地下水中多种污染物源的瞬时注入
- 多相模型
- 多相逆模型

对于污染物在地下水中的迁移模型,最合适的数学表达式是标准的二维对流-扩散-吸附(CDA)溶质迁移模型。它基于一系列的假设,包括:多孔介质是同质和各向同性的,孔隙空间被流体饱和,达西定律(Darcy's law)。如果不满足这些假设,模型的可靠性可能会受到影响。用于描述稳定溶质在各向同性同质介质中流动的一般方程如下:

$$\partial/\partial t(R(x, y, t)c) + V(x, y, t)\partial c/\partial x -$$
$$\partial/\partial x(D_L(x, y, t)\partial c/\partial x)\partial/\partial y(D_T(x, y, t)\partial c/\partial y) = q,$$

其中,q=体积溶质源项或汇项;c=垂直平均溶质浓度;V=溶质线速度=$U_x(x, y, t)/\varphi(x, y)$;$U_x$=沿 x 轴一维流动的达西速度;D_L=纵向扩散系数=$D^* + \alpha_L(x, y)V(x, y, t)$(其中 D^*=污染物在水中的分子扩散系数;α_L=纵向扩散系数);D_T=横向扩散系数=$D^* + \alpha_T(x, y)V(x, y, t)$(其中 D^*=污染物在水中的分子扩散系数;α_T=横向扩散系数);t=时间;x, y=二维坐标;R=滞后因子。

滞后因子可根据下式计算:

$$R = 1 + \rho_b K_d(x, y, t)/\varphi(x, y)$$

其中,$\rho_b = (1-\varphi)\rho_{grain}$,$K_d$ 是有机碳分配系数(K_{OC})和土壤中有机碳质量分数

(f_{OC})；具体为

$$K_d = K_{OC} f_{OC}$$

除了排放到土壤和地下水中，污染物排放到大气中可能会扩散到大片区域，影响大量人口。大气污染物的来源包括发电厂、冶炼厂、精炼厂、化工厂和其他使用烟囱或通风口排放废气的行业。虽然在正常运行条件下，这些污染源的排放量不足以改变整体空气质量，但在特殊情况下，当事故发生时，空气扩散模型可能有助于了解排放到空气中的污染物的影响。此类模型还可帮助确认可疑的空气污染源，并在污染源之间进行分配（例如，空气排放源与土壤中污染物的其他来源）。空气扩散模型利用气象学记录和排放率作为数学模型的输入信息，计算或模拟大气运动对排放到空气中的污染物的迁移、稀释和扩散的作用，并预测污染物在研究受体位置的浓度。Egan 和 Murphy 对与环境法医学有关的空气扩散模型进行了详细的评述（Egan and Murphy，2007）。

空气扩散建模的输入参数包括来源排放参数，如相关化学品的排放率、烟囱排放率、出口速度、废气温度以及烟囱的尺寸（如烟囱内径和烟囱高度）。这些信息通常可以从国家环境机构获得。此外，空气扩散模型还应考虑气象的影响。地形和水体包括风速和风向（用于污染物的顺风传输）、垂直方向的风力和温度梯度、大气湍流混合率以及当地地形特征等因素。空气建模所需的气象数据可从许多政府和私人来源获得，包括位于北卡罗来纳州阿什维尔的美国国家气候数据中心（NCDC）、美国国家气象局（NWS）、美国联邦航空管理局（FAA）、高校、农业设施以及美国环境保护局[USEPA；通过访问环境保护局的监管空气建模支持中心（SCRAM）网站 http://www.epa.gov]。

值得注意的是，空气扩散模型可能是基于不再使用的历史排放源在土壤中留下的污染物模式。然而，建模所需的历史来源排放参数往往是未知的，必须进行估算。估算此类来源排放参数的技术可以参考 Egan 和 Murphy 的书中相关章节讨论（Egan and Murphy，2007）。

适用于法医学调查的空气扩散模型主要包括以下类型（Egan and Murphy，2007）：

- 基于高斯羽流方程的模型，包括 SCREEN3 等模型；工业源复合体（ISC3）模型；美国气象学会和环境保护局法规模式改善委员会模型（AERMOD）；加州 Puff（CALPUFF）模型；以及近海和海岸扩散（OCD）模型。本章将提供高斯方程,并对其进行简要讨论。

- 数值模拟模型,如气象模型第 5 版(MM5)和计算流体动力学(CFD)模型。这些模型能够在有限差分型计算网格上模拟大的和小的物理尺度的详细气流。

高斯扩散方程对下风向浓度 c 的计算如下(Egan and Murphy, 2007):

$$c = Q/2\pi u\sigma_y\sigma_z * \exp(-y^2/2\sigma_y^2)\{\exp[-(h-z)^2/2\sigma_z^2] + [\exp[-(h+z)^2/2\sigma_z^2]]\},$$

其中,Q = 辐射源在单位时间内排放的质量;y = 羽流中心线的横风水平距离;z = 离地面的高度;σ_y = 水平扩散参数;σ_z = 垂直扩散参数;h = 流中心线高度;u = 该高度处的风速。

5.4.2.1.1 方法步骤

无论排放类型和环境特征如何,建模过程的主要步骤包括以下内容(Patzek, 2001):

1. 确定开发模型的目的。

2. 通过审查现有的现场数据,确定模型的范围。

3. 通过审查和分析数据,建立一个现场概念模型。

4. 选择合适的数学模型来描述污染物的迁移。

5. 验证所采用的数字算法是否正确。

6. 使用已开发的概念模型作为输入的计算机模型。

7. 通过输入调整校准计算机模型。

8. 验证计算机模型的结果。

9. 展示结果。

模型的使用目的可以进行如下描述,但在此之前,应审查与使用目的相关的以下现场数据(地下水模型)(Patzek, 2001):

- 地下水监测井的 X、Y 三角表面位置

- 相关年份测量的地下水水位

- 含水层厚度的测量和地质日志记录

- 相关年份测量的地下水污染物浓度

- 任何硫酸根离子和氯离子(它们不会被吸附,可用作羽流校准示踪剂)的测量浓度,这是创建可靠模型的一个重要步骤

- 通过水井测试数据测得的含水层导电率

- 相关年份的场地作业历史
- 记录的废物流数量
- 地质日志、土壤类型和分层
- 污染物进入点的大致表面位置
- 区域地质信息

在对所有相关现场数据进行审查后,应建立一个概念模型,包括污染源、历史排放情况、污染物滞后系数、污染物羽流在空间和时间上的形状、地下水流速范围以及各种含水层特征[影响污染物的归宿(去向)和迁移]。

完成这些初步步骤后,选择一个合适的数学模型对模型结果的可靠性至关重要。如前所述,针对不同类型的污染物迁移有许多可用的模型,法医学专家的职责是对现有模型进行评定,并为特定现场选择最合适的模型。以地下水流模型为例,适用于大多数情况的数学模型是前面讨论过的标准对流-扩散-吸附(CDA)模型。不过,在某些情况下,可能需要更复杂的三维组成模拟器。如果为了区分不同的污染源,需要将模型区域细分为许多小单元(组成模型网格),那么 MODFLOW 等典型的地下水流模型可能并不适合(例如,分析时间可能过长)。在这种情况下,应开发合适的算法。一旦完成这项工作,就应设计和校准概念模型的计算机实施方案(例如,应调整通过现场概念模型确定的参数,以便计算出的羽流浓度与各监测井在地下水中测得的浓度保持一致)。最后,开发和校准的模型可在 MATLAB 中实施,MATLAB 是工程师和科学家通用的软件平台。

5.4.2.2 一般应用、局限性和建议

5.4.2.2.1 应用

污染物迁移模型可用于多种类型的法医学调查,该模型可以完成以下工作:

- 确定污染的年代。例如,可通过对污染物羽流在地下的行为和迁移进行建模,反向计算污染物羽流的年代。还可估算液体通过铺砌或压实表面迁移所需的时间。

- 评定和确认污染源。环境模型可通过评定可疑污染源排放的污染物到达调查点(如住宅土地)的可行性,提供可疑污染源历史贡献的证据。建立证据链模型的意义之处在于,它可以在缺乏直接历史测量或数据的情况下,提供与历史排放有关的有力证据。然而,在诉讼案件中,这些结果通常可能会受到质疑,这就是为什么建模结果应得到另一个独立证据链的支持和印证,或至少不应与任何直接证据(如测量结果)明显矛盾的原因。

第 9 章"案例研究 9.1"是一个具有代表性的示例,其说明有效利用环境建模需要得到其他独立的法医学证据链的印证。

- 模拟污染物的归宿(去向)和迁移,估算地下水中污染物的平均浓度。

5.4.2.2.2　局限性

建模技术的主要问题是,环境数据很难具有同质性和完美的可比性,而且许多未知因素可能会使建模在法庭上不可靠,更容易受到质疑。将模型应用于大型污染物羽流尤其困难。模型计算中的微小误差都可能导致模型结果的巨大差异。George Box 有一句名言:"从根本上说,所有模型都是错误的,但有些模型却是有用的(1987, p. 424)"。法医学专家的职责是决定何时使用模型,更重要的是根据具体现场的情况解释模型数据,并使用其他证据来印证模型结果。

污染物迁移模型面临的一些具体挑战如下:

- 土壤中可能存在的优先迁移途径(如天然和人为特征、胶体迁移或共溶剂迁移);
- 普遍缺乏统计学方法来确定排放参数的精确度;
- 土壤是假设同质的,可能会降低污染物通过土壤转移模型的可靠性;
- 对于地下水模型,应收集足够的数据来确定水力传导的异质性;
- 在构建地下水污染物迁移模型时,应考虑地下水内部补给的时间变化以及可能对其产生影响的各种因素;
- 就地下水模型而言,相关时期的水流性质可能不同于当前的水流性质或模型所包含的内容;
- 在构建地下水流模型时,滞后因素的影响可能非常重要(Patzek, 2001);此外,微小的系统误差也可能对含水层的迁移速度产生重大影响;所有这些因素都可能影响模型结果的质量及其可靠性。

Katyal 和 Morrison 对这些挑战及其他挑战进行了详细评述(Katyal and Morrison, 2007),并提出了解决建议。

5.4.2.2.3　建议

总之,尽管污染物迁移模型在法医学调查中具有相当大的适用性,但在面临严格审查的法庭案件中,最好还是不要使用污染物迁移模型,除非没有其他可行的法医学方法,再利用现有的信息建立一个可靠的模型。如果信息缺失,法医学专家可考虑在开始建模工作之前收集信息。但无论如何,法医学专家都不应在没有足够或充分信息的情况下建立模型。

在应用污染物建模时,必须充分了解污染物的归宿(去向)和迁移(如水解、吸附、生物降解以及污染物排放后可能发生变化的其他过程)以及物理化学特性(如液体密度、溶解度、黏度、蒸汽压、蒸汽密度、沸点和亨利定律常数)。此外,在建立污染物迁移模型时,还需要充分了解环境介质的特性,如水力传导性和土壤中的总有机碳(TOC)含量。例如,污染物在土壤中迁移的方程可用于确定污染物何时进入地下水或迁移到另一处现场。不过,在使用建模技术之前,法医学调查人员应确定流体是以蒸汽还是液体的形式迁移,以及其迁移是在饱和还是非饱和的地下条件下进行的。

要建立可靠的法医学证据,还必须充分了解模型依据的数学方程和算法。法医学专家往往很少关注模型的数学基础,认为这一定是合理的,而且适用于当前的案件。然而,律师在取证和法庭上经常会对专家提出质疑,这些质疑不仅涉及建模结果,还涉及他们对模型数学基础的理解。显然,即使模型结果是合理的,并有其他证据支持,但如果专家对模型的建立过程缺乏了解,案件也可能受到影响。

5.4.3　指纹鉴定图谱的可视化

数据可视化包括在地图(二维或三维地图)上显示指纹鉴定数据,最好还能显示矩阵信息、具体现场特征和历史作业。由于数据可视化涉及将污染物信息与污染物基质信息和其他类型的现场信息一起显示,因此本章将简要概述各种显示技术(本章开头介绍地球化学指纹鉴定方法时也使用和讨论了其中一些技术)。此外,大多数模型结果显示在地图上可以便于解释和交流。

通常,地理信息系统(GIS)用于在地图上实现数据可视化。在地图上显示数据有助于向同行、客户、陪审团等解释和交流结果。在法医学调查中使用数据可视化的最有效方法是在地图上显示多层数据。例如,在垂直土壤剖面图中将化学浓度数据叠加到岩性数据上,这种技术在本书中被称为"地球化学指纹鉴定"。此外,还可以在历史现场照片上显示与排放发生时间相关特征的现场信息。地图上还可同时显示多层信息,包括各种类型的可用指纹数据鉴定、环境基质特征数据、现场特征、现场地形和地下地层。

需要注意的是,数据可视化并不是一种独立的技术,因为它是以多种其他技术得到的信息为基础,通常与各种单独的指纹鉴定技术相关联。不过,本节将对数据可视化本身进行简要概述,以强调其在法医学研究中的重要作用,并通过本节介绍的一些具体示例说明其在来源调查中的价值(前一节在讨论地球化学指纹鉴定时提供了其他示例）。

　　图 5.8~图 5.13 展示了在实际法医学调查中使用的化学指纹鉴定数据可视化示例。具体来说,土壤蒸汽、地下水和土壤羽流在三维或二维图像中均有描述,涉及两种受关注污染物:1,1,1-三氯乙烷和二氯甲烷(MC)。这些示例展示了数据可视化如何帮助解释化学指纹并判定污染物的来源和年代。

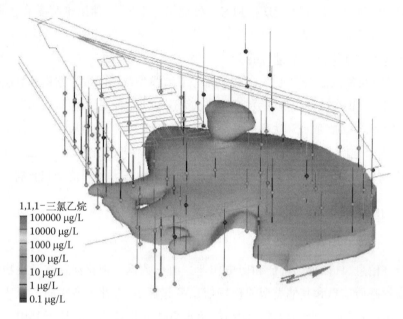

图 5.8　南加州某现场的污染物(1,1,1-三氯乙烷,1,1,1-TCA)土壤蒸汽羽流三维模型示例。图中显示的土壤蒸汽羽流是基于地表至地下 20 英尺处之间的所有采集数据;不同深度土壤钻孔中的污染物浓度用圆圈表示。注:这原本是一张彩色图;因此,1,1,1-三氯乙烷的原始比色刻度(位于图像左侧)现在以灰色阴影显示。虽然确切的浓度与本示例的目的关系不大,但羽流本身的浓度范围介于 10~1 000 µg/L(但低于 5 000 µg/L)之间。代表钻孔中 1,1,1-三氯乙烷浓度的圆圈介于未检出(深色圆圈)和 1 000 µg/L(浅色圆圈)之间

图中分别显示了两种污染物的土壤蒸汽、地下水和土壤羽流:

1. 图 5.8 和 5.11 显示了地表至地下 20 英尺处之间的整体土壤蒸汽羽流的三维图像,分别显示了每种选定污染物的情况:1,1,1-三氯乙烷和二氯甲烷。这些三维图像还显示了各种土壤钻孔记录,收集到的深层土壤数据(浓度)在每个钻孔的不同深度以彩色圆圈显示(以线表示)。注意,这些覆盖土壤钻孔记录的土壤蒸汽羽流三维图像还显示了具有代表性的现场结构(如地下储存罐和作业的位置),如图中的矩形所示。

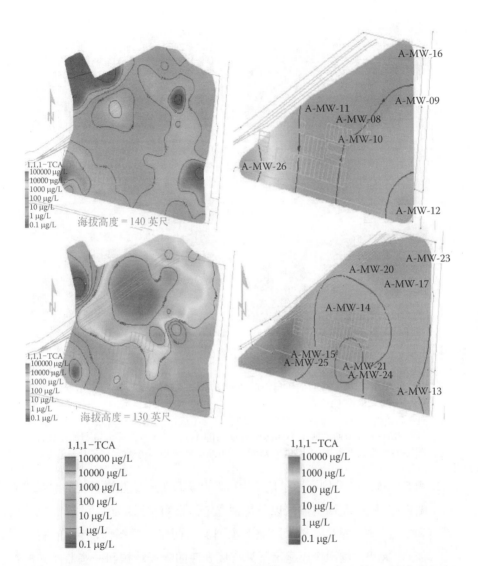

彩图 5.9

图 5.9 （彩图见二维码）南加州某现场的污染物（1,1,1-三氯乙烷）土壤蒸汽羽流（左图）和地下水羽流（右图）二维模型示例。左上方图片显示的是 10 英尺（地下深度）处的 1,1,1-三氯乙烷土壤蒸汽羽流；左下方图片显示的是 20 英尺（地下深度）处的 1,1,1-三氯乙烷土壤蒸汽羽流。右上图显示的是 1,1,1-三氯乙烷浅层地下水羽流；右下图显示的是 1,1,1-三氯乙烷深层地下水羽流。注意土壤蒸汽和地下水刻度之间的差异

彩图 5.10

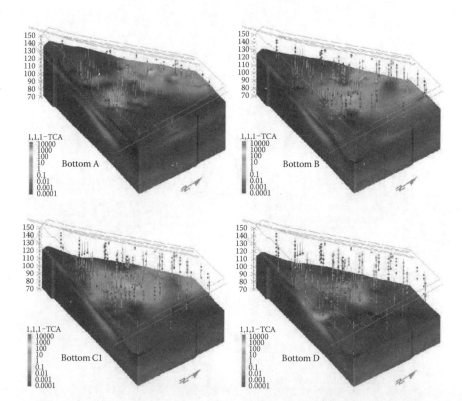

图 5.10 （彩图见二维码）南加州某现场的污染物（1,1,1-三氯乙烷）土壤羽流在不同岩性层中的三维模型示例。土壤羽流在同一土壤"切块"中显示（从地表到地下 80 英尺处）。具体来说，这四幅图显示了从地表向下（从左上角向右下角，A 层为最表层，D 层为最深层）延伸的四个不同深度岩性层的 1,1,1-三氯乙烷土壤羽流。注意，每张图中的比色刻度范围为 10 000（红色）至 0.000 1（蓝色）μg/kg（未检出）

2. 图 5.9 和 5.12 分别显示了地下 10 和 20 英尺处土壤蒸汽羽流的两张二维图像（各图的左侧图像），以及每种选定污染物（分别为 1,1,1-三氯乙烷和二氯甲烷）的浅层和深层地下水羽流的两张二维图像（各图的右侧图像）。这些二维图像还显示了具有代表性的现场结构和一些监测井的位置（用于地下水羽流图像）。

3. 图 5.10 和 5.13 展示了每种选定污染物（分别为 1,1,1-三氯乙烷和二氯甲烷）在不同深度的土壤羽流的四幅三维图像。这些三维图像显示了土壤钻孔记录，每个钻孔（以线表示）内所有深度和时间（从地表向下）的采集土壤数据（浓度）都以彩色圆圈表示。注意，这两幅图的四幅图像中的每一幅都显示了从地表到大约 80 英尺深的相同土壤切片；但是，每幅图中四幅图像的

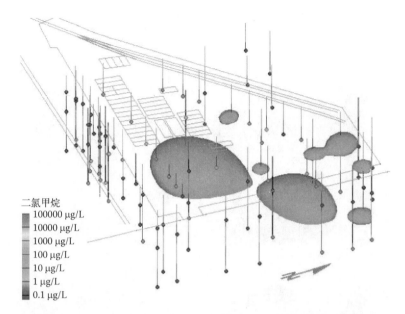

图 5.11　图中显示了南加州另一种污染物(二氯甲烷,MC)土壤蒸汽羽流的三维模型示例。图中显示的土壤蒸汽羽流是基于地表至地下 20 英尺处之间的所有采集数据。不同深度土壤钻孔中的污染物浓度用彩色圆圈表示。注:这原本是一张彩色图像;因此,二氯甲烷原有的比色刻度(位于图像左侧)现在以灰色阴影显示。虽然在本示例中确切的浓度不太重要,但羽流本身的浓度范围在 10~1 000 μg/L 以下,而代表钻孔中二氯甲烷浓度的圆圈介于未检出值(深色圆圈)在 1~10 μg/L 之间(浅色圆圈)

　　不同之处在于,根据在四个不同岩性层(即从地表向下:A 到 D)底部收集的土壤数据,对土壤羽流进行了颜色编码。这是化学指纹鉴定技术的一部分。

　　从图 5.9 至图 5.13 中显示的数据可以推断出有用的法医学信息。以下是部分具有代表性的法医学信息:

- 对于 1,1,1-三氯乙烷和二氯甲烷,地表或接近地表的现场来源已得到确认,并可能是大部分土壤蒸汽检测结果的来源;这是因为在土壤和土壤蒸汽中检测到了这些污染物,而且是从地表向更深处扩散的。在土壤和土壤蒸汽中,1,1,1-三氯乙烷的检测结果从地表一直持续到检测的最深处,而二氯甲烷的检测结果则不连续。土壤和土壤蒸汽羽流的三维图像显示,1,1,1-三氯乙烷有一个主要的地表来源(西北方向)和一个潜在的次要深层来源(主要来源的南面),而二氯甲烷可能有多个不太普遍的地表来源和一个南面的深层来源(可能来自场外)。此外,探测到的不连续性表明,地表来源的二氯甲烷释放时间较早。最终结论应在审查其他证据链数据后得出。

彩图 5.12

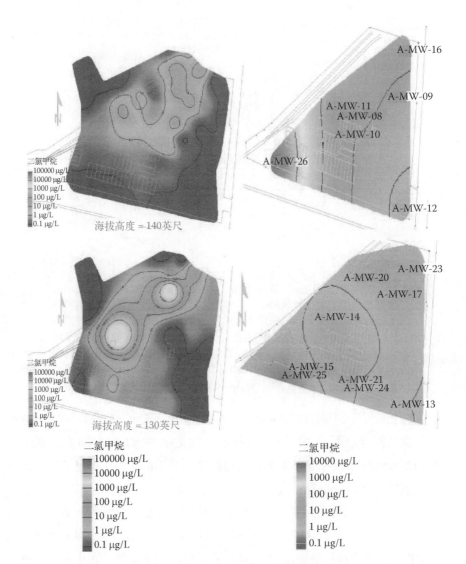

图 5.12 （彩图见二维码）图中显示了在南加州某现场另一种污染物（二氯甲烷，MC）的土壤蒸汽羽流（左图）和地下水羽流（右图）的二维模型示例。左上图显示了地下 10 英尺处的二氯甲烷土壤蒸汽羽流；左下图显示了地下 20 英尺处的二氯甲烷土壤蒸汽羽流。右上图显示来了二氯甲烷浅层地下水羽流；右下图显示了二氯甲烷深层地下水羽流。注意土壤蒸汽和地下水刻度之间的差异

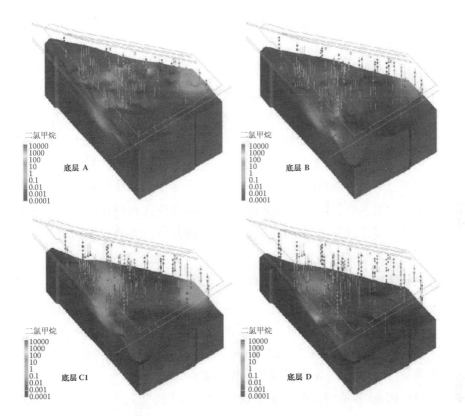

图 5.13 （彩图见二维码）图中显示了南加州某现场不同岩性层中另一种污染物（二氯甲烷,MC）土壤羽流的三维模型示例。土壤羽流在同一土壤"切块"中显示（从地表到地下 80 英尺处）。具体来说,这四幅图显示了四个不同深度的岩性层（从左上角向右下角,A 层为最表层,D 层为最深层）底部深度的二氯甲烷土壤羽流;注意,每张图中的比色刻度范围为 10 000（红色,即最高浓度）至 0.000 1（蓝色,即未检出）μg/kg

- 对于 1,1,1-三氯乙烷和二氯甲烷,由于相应的地下水羽流与较浅的土壤和土壤蒸汽之间不存在相关性,因此已确认的地表来源不会影响浅层或深层地下水。不过,对于 1,1,1-三氯乙烷和二氯甲烷,较深的土壤羽流（在某种程度上是 D 层和 C 层的底部）与较深的地下水之间存在一定的相关性,表明可能受到共同的较深来源的影响（包括可能来自西南方向的现场外）。

- 值得注意的是,在这一特殊案例中,土壤蒸汽调查和土壤采样是在收集所显示的地下水数据之前进行的。通常情况下,最好对同一时间或同一年份收集的数据进行比较。但在本案例中,显示了较新的地下水数据（与现有的土壤和土壤蒸汽数据进行比较）,以指出该现场记录的历史排放物

彩图 5.13

（在收集数据时,土壤蒸汽和土壤中仍有一些痕迹)不再影响浅层或深层地下水。

- 对于这两种污染物(1,1,1-三氯乙烷和二氯甲烷),浅层和深层土壤蒸汽羽流之间存在普遍的相关性,这表明地表来源是历史性的。不过,虽然这些污染物的土壤数据确实与主要的较浅土壤蒸汽检测结果相关,但一些浅层土壤数据(向北的检测结果),尤其是二氯甲烷,与较浅土壤蒸汽数据的相关性并不高,这表明可能还有更深的(可能是场外的)污染源。

- 对于这两种污染物(1,1,1-三氯乙烷和二氯甲烷),浅层地下水和深层地下水中的污染物模式之间没有相关性,这表明这两种含水层中的污染物来源不同,浅层地下水和深层地下水中的两种污染物的共同来源可能分别是西南部和南部。

- 就该现场而言,渗透带(土壤和土壤蒸汽)中的污染物模式与所显示的主要现场特征之间似乎没有任何明显的相关性。同样的情况也适用于浅层地下水。不过,该现场还存在这些地图上未显示的其他潜在现场污染源(例如,西北方向长期停放的铁路油罐车),被记录为排放源(更多信息请参见本书第9章"案例研究9.1"的讨论)。

- 总体而言,显示的数据证实了现场存在几个历史污染源,与历史证据相符。数据还显示,历史污染源对浅层和深层地下水水质没有影响。此外,这两种污染物可能还有更深层的污染源,包括南部、西南部和北部的潜在场外污染源。这些深层污染源的污染物可能与地表污染源的污染物混合在一起,从而形成了所显示的复杂指纹。

在数据可视化方面,Fernandez-Varela等人最近发表了一篇法医学应用的文章,该研究展示了如何使用基于自组织图(SOM)的新方法来分析泄漏油品中多环芳烃(PAH)的复杂数据。此外,它还可以对风化程度进行区分(Fernandez-Varela et al.,2010)。

此外,由于计算机编程技术的飞速发展,如今可以制作各种动画。最近,利用环境数据动画可以(在计算机上)创建一个三维场地模拟环境,包括详细的场地特征,可以在这个创建的三维环境中进行导航(类似于在计算机游戏的三维空间中的导航)。如果包含污染物数据,就很容易将这些数据与潜在的污染源区域和现场特征联系起来,并设想假设的污染物归宿(去向)和迁移。而且岩性和水文地质数据通常也包括在内,这有助于更好地判定各种指纹鉴定数据。

总之,数据可视化在与指纹鉴定数据相关联是一种强大的法医学方法,因为它能实现两个主要目标:

1. 评定数据以区分来源和贡献;

2. 传达数据,以便成功地提供审判证据和与客户沟通。众所周知,最有效的沟通方式是视觉沟通。

此外,遥感数据可视化也是一种强大的法医学工具,可用于油品泄漏监测。该工具可被视为一种"绿色"技术,因为它在提取样本时不需要对土壤或水进行物理干扰。基本上,它使用光谱测量和光谱辐射进行远程监测(Ma et al., 2009)。

有效应用法医学数据可视化的要点

- 建议将化学分析数据叠加在岩性层和组分之上(见本章介绍的地球化学指纹鉴定技术)。钻探记录中的化学数据可叠加在岩性层上显示。这样做可以研究化学数据与岩性数据之间的相关性。例如,如果未发现污染与细颗粒(如黏土和粉粒)的相关性,或观察到较高浓度与较大颗粒(如沙)有关,这可能表明有其他污染源导致了沙层中观察到的较高浓度。另外,举例来说,如果主要污染源位于钻孔表面,那么预计土壤污染会从钻孔顶部向底部持续减少。但是,如果在较深的地层与较浅的地层(岩性层)中观察到的污染程度较高,则应怀疑该区域受到了其他污染源的影响

- 在有条件的情况下,还应描述渗透性较低(地下水可能在其上流动)的岩性层的坡度,并在解释化学或同位素数据与指纹鉴定时加以考虑

- 通过比较浅层土壤(地下0~10英尺处)和地下土壤蒸汽数据(见本书第9章"案例研究9.1"),可以获得有用的法医学信息。通过这种比较,可以区分地表污染源(在地表土壤数据中可见)是否与地下污染有关。这是因为对于挥发性有机化合物[VOCs]和半挥发性有机化合物[SVOCs],虽然地表土壤受到地表来源或浅层地下来源的影响,但土壤蒸汽数据是地表来源和任何地下水源结果,这些地下水源可能从上升(现场和/或场外)来源带来污染物

说　　明

1. 请注意,这里所说的地球化学指纹鉴定严格来说是指土壤和沉积物污染的法医学调查。从广义上讲,地球化学指纹鉴定包含各种检测技术,有助于确定矿物和岩石的组分和来源(Hoefs, 2009)。在一些法医学调查中,例如有关原油来源及其形成条件的调查中,可能会记录到该术语的其他用途。

2. 土壤和沉积物岩性表征是指土壤和沉积物样本基质的物理特征,包括构成土壤基质的颗粒类型和主要成分(如泥土、淤泥、黏土)。

3. 铁轨区域(上一示例中)位于现场的东北部,土壤中的浓度较高(图5.2右图)。

4. 一般来说,会随机抽取 50~60 个颗粒(与目标污染物相关的颗粒)进行化学元素分析。根据目标污染物的浓度,样本中与相关污染物有关的颗粒可能少于 50 个。在这种情况下,可对所有相关颗粒进行分析。

5. 请注意,这里提供的这些放大倍数只是举例,还可以根据具体情况使用许多其他放大倍数。

6. 总量(总体)可能由一组中所有可想象的项目、观测值或测量值组成;相关的总量(总体)参数可能是污染物测量值和浓度的算术平均值。

7. 本书第三部分(第 9 章)的案例研究 9.1 将进一步讨论这一法医学调查。

环境污染物的
痕迹指纹鉴定技术

6.1 基 本 原 理

迄今为止,已经提出了两大类实验指纹鉴定技术:(1) 基于污染物或相关化合物(如标志化合物或降解产物)的检测技术;(2) 基于污染物及其所在环境基质的检测技术。

第三种主要的指纹鉴定技术是检测污染物在排放后通过环境时留下的痕迹。虽然第三大类检测技术通常是间接测量某一方面(即污染物留下的痕迹)的技术,但与前两类检测技术相比,它们具有以下优点,因此被视为先进的法医学技术:

- 在许多情况下,在环境中留下的污染物痕迹在原始污染物消失、降解以及从其原始形态转变之后的很长一段时间内都是稳定的。
- 有些可能会应用于已减轻污染的现场,因为在这些现场的测试环境中已不再存在(可检测到)污染物。
- 一般来说,它们对微量污染物相当敏感。
- 有些可能适用于同一污染物多次排放的现场。

回到之前的砖墙类比(见第4章和第5章的类比),将砖墙视为我们的环境样本,单个砖块即样本中的单个污染物,可进行以下比较:

- 第一类以测量污染物或相关化学物质为基础的法医学检测技术(见第4章)可提供有关单个砖块组分特征(如形状、大小、颜色)的信息。
- 第二类法医学检测技术是测量其环境基质中的污染物(见第5章所述),可提供有关单个砖块组分的信息以及砖块在实际墙体中的结合模式。
- 第三类法医学技术是测量污染物在环境中留下的痕迹(在本章中有所描

述),它可以提供墙体被毁坏后残留在墙体周围土壤中的微小砖块碎片的信息,这些碎片在取样时已不复存在。肉眼可能无法看到这些小碎片,但它们可能会改变土壤的化学成分。因此,土壤分析可能会揭示出与小砖块碎片相关的具体特征,这将有助于确定原始墙体的来源和特征。虽然这类技术所提供的信息不如前两类技术精确,但它的优势在于,在原始砖墙被破坏很久之后——在其他技术无法发挥作用的情况下,仍有可能获得这些信息。

如果说前两类检测技术调查的是污染原因(即污染物本身、其降解产物或与目标污染物一起排放的其他化学物质),那么第三类技术调查的则是污染物排放到环境中留下的影响,在本书中称为痕迹。根据不同技术,这些痕迹可以是各种可测量的参数。不过,这些痕迹是由污染物转变造成的,如果没有污染物,这些痕迹就不会存在。更具体地说,这些被称为痕迹的可测量参数包括以下内容:

- 通过降水进入含水层的微量特定大气气体或放射性大气化合物。这些是大气示踪技术的测量参数。该技术可以估算污染物羽流前缘内的地下水最近补给量,作为污染物羽流最小年代的测量值(假设污染物通过降水进入地下水)。

- 研究环境中的微生物 DNA 成分。这是在应用 DNA 指纹鉴定技术时测量的参数。所研究环境的 DNA 成分是两种主要污染情况下的代表性痕迹:(1)当污染是由微生物(如细菌、真菌)造成时,在这种情况下,可通过所研究环境的 DNA 组分来追踪微生物来源;(2)当化学污染物在所研究的环境中发生转变时,环境微生物群落的组分会发生变化,这些变化反映在环境 DNA 组分中,这些信息有助于污染物在所研究的环境中消失很久之后分析污染物的转变。

- 残留在树木组织(生长年轮)中的微量污染物成分。当污染物进入树木根部区域时,不可避免地会被树木吸收,从而在树木木质组织中留下当年污染物进入树木时形成的元素标记。需要注意的是,虽然树木木质组织中可能会残留少量污染物,但树木生态学技术的基础是测量树木木质组织中一种或多种原始污染物(或污染物为金属时)的组成元素。这种技术为分析各种污染物的年代及鉴定来源提供了一种可靠而灵敏的方法。

本章将逐一回顾上述三种技术。与前几章一样,本章的材料编排为实用指南,帮助专业人员了解现有技术,并决定在法医学调查和其他调查中何时使用这些技术。

6.2 大气示踪剂

使用大气示踪剂的法医学技术包括检测大气中一系列痕量化合物(即放射性元素和人为气体)在地下水中的浓度,以确定溶解的地下水污染物羽流年代。根据地下水年代推断出最小羽流年代。具体来说,地下水年代是根据大气示踪剂在地下水中的浓度推算出来的,大气示踪剂的浓度被认为代表了最后一次地下水补给时雨水(从大气中)中的浓度。当检测的地下水样本取自溶解污染物羽流的前缘时,该年代可以作为污染物羽流最小年代的代表。

污染物羽流的年代并不精确,一般反映的是最小年代,因为排放到地下水中的污染物迁移可能会受到生物降解、扩散或吸附到含水层基质等自然过程的影响,与雨水迁移相比,这些过程最终可能会延迟污染物迁移到含水层中的时间。显然,要正常使用这一年代测定技术,需要做出若干假设,并满足一系列条件。在实际应用之前,应仔细考虑影响这种技术的许多限制和影响因素,包括具体的取样类型,都会在下一节中详细讨论。

有关在环境法医学中使用大气示踪技术的推荐读物有:

- Balouet 等人、Oudijk 以及 Schmitt 发表的文献资料(Balouet et al., 2007a; Oudijk, 2003, 2005; Oudijk and Schmitt, 2000)。
- 来自美国地质调查局(USGS)网站的文章和资料:
  - 方法概述,http://water.usgs.gov/lab/presentations/dating_young_groundwater
  - 关于氚/氦分析,包括取样和分析的详细信息,http://water.usgs.gov/lab/3h3he/.
  - 关于氯氟化碳(CFC)的分析,包括取样和分析的详细信息,http://water.usgs.gov/lab/chlorofluorocarbons/.
  - 有关六氟化硫(SF_6)的分析,包括取样细节,http://water.usgs.gov/lab/sf6/.

6.2.1 认识大气示踪剂

大气示踪剂是大气中的放射性同位素或人为气态化合物,排放到大气中后具有稳定性和持久性。不管是哪种类型的化合物,要想用作大气示踪剂,都需要在过去一个世纪左右的时间里有明确的大气浓度趋势记录。

注意,大气示踪剂在大气中的含量通常非常微小。不过,随着检测技术的进步,可以对大气、相应的雨水和地下水中的微量化合物进行分析。

常用于地下水和污染物年代测定的大气示踪剂包括以下几种:

1. 放射性同位素,如氚(^{3}H)、氦(^{3}He)和氪-85(^{85}Kr)。根据图 6.1 所示的记录趋势和文献记录(Oudijk, 2005),氚是在 20 世纪 50 年代通过氢弹爆炸试验进入大气层的:

   • 1953 年以前,雨水和地下水中的氚浓度非常低,低于 0.5 氚单位(TU)(注:1 TU 相当于 1 个氚原子/10^{18} 个氢原子)。

   • 1953 年以后,雨水和地下水记录的氚浓度高于 10 TU。

   • 氚浓度在 0.5 TU 到 10 TU 之间的水溶液可能是 1953 年之前和之后的水溶液混合物。

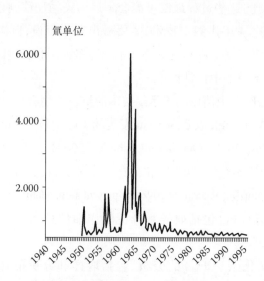

图 6.1 大气中的氚浓度。氚模式仅供一般参考(改编自 Balouet, J.C., and Oudijk, G. 2006. Claims J. 18(1): 1-18; Cook, P., and Herzog, A. 2000. Environmental Tracers in Subsurface Hydrology. Kluwer Academic Press, Norwell, MA. 如需更详细的说明,请查阅原始参考资料)

- 雨水和地下水中的氚浓度在 20 世纪 60 年代中期达到峰值,之后浓度急剧下降;因此,氚可能无法用于确定较近期(例如过去十年内)羽流的年代。

2. 人为气体化合物,如氯氟化碳(CFCs,也被称为"氟利昂")和六氟化硫(SF₆)。如图 6.2 所示,在 20 世纪中后期,氯氟化碳和六氟化硫的浓度稳步上升:

- 氯氟化碳是美国自 20 世纪 30 年代以来生产的稳定合成(人造)化学品。20 世纪上半叶,氯氟化碳开始出现在大气中,直到 20 世纪 90 年代,氯氟化碳的数量一直在增加(更多信息可以访问美国地质调查局网站:http://water.usgs.gov/lab/software/air_curve/)。以下是观察到的结果:

  - 20 世纪 30 年代开始生产氯氟化碳(例如,1931 年开始生产氯氟化碳-12,1936 年开始生产氯氟化碳-11)。

  - 1940 年以后,所有氯氟化碳在大气和相应地下水中的浓度都有所增加(1960 年后突然增加),直到 20 世纪 90 年代。随后,它们的浓度开始呈缓慢下降趋势,这可能是由于它们的使用量出现了减少的趋势。

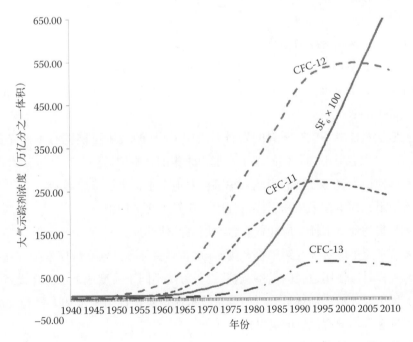

图 6.2 大气中的人为气体化合物浓度(根据美国地质调查局网站提供的数据绘制:http://water.usgs.gov/lab/software/air_curve/)

- 六氟化硫也是一种制成品,其大气浓度和相应的地下水浓度在 20 世纪 60 年代后也急剧增加。不过,与氯氟化碳相比,六氟化硫在大气中的浓度约为其 1%,但目前仍在不断增加。

6.2.2 方法原理和步骤

6.2.2.1 方法原理

通过检测地下水中大气示踪剂的浓度,可以根据大气示踪剂在空气中的浓度记录,计算出地下水的年代,并确定往年的模式。该方法是,地下水中大气示踪剂的浓度应能反映最后一次地下水补给时雨水的浓度(Ekwurzel et al., 1994;Cook and Herzog, 2000;Rademacher et al., 2001)。此外,大气示踪剂在雨水中的浓度应反映雨水形成并落到地面时在大气中的浓度。因此,通过溶解地下水羽流中大气示踪剂的浓度推测污染物羽流年代,如果测试样本取自羽流的最前缘,则污染物羽流的年代不会比地下水的年代早。所以,溶解污染物羽流的年代应被视为等于或早于地下水的迁移年代,这可以根据大气示踪剂的浓度(其对应的大气浓度所对应的年份)来推断。当然,一个主要条件是污染物到达地下水位的主要途径是降水渗透。

6.2.2.2 影响因素及条件

为准确计算溶解羽流年代,大气示踪剂应在溶解地下水羽流的最前缘(水平和垂直方向)进行测定,并应满足一系列其他条件,包括以下条件(Balouet et al., 2007a):

- 地下水样本不应在断裂的岩石系统中采集(断裂中可能混有不同年代的水),以避免不同年代的地下水混入采集的样本中。
- 所使用大气污染物的当地来源不会对地下水含水层造成影响。
- 地下水样本在采集和运输过程中不应发生交叉污染。
- 采集的地下水样本应能代表含水层的其他部分。
- 含水层不应对大气污染物产生影响,否则将导致其雨水浓度发生变化。
- 采样时应使用适当的设备,这些设备可能不同于典型地下水采样设备。
- 用于大气示踪剂化学分析的分析技术应该对预计与雨水和大气相关的微量污染物具有足够的灵敏度。

如前所述,即使从前缘正确采集了地下水羽流样本,并认为满足了上述条件,计算出的羽流年代也只是反映了最小年代,而不一定是绝对年代。这种方法虽然不如其他年代测定方法精确,但在面临以下现场问题时,这种技术可能是唯一需要的:即排放物是最近排放的还是超过一定年限的?

下一节将详细介绍该方法的局限以及应用该技术时需要考虑的影响因素。

注意,如果采用较为灵敏的方法(如检测限在万亿分之一范围内)仍未找到此类示踪剂,则地下水的最后补给日期可以推断为所用示踪剂进入全球大气层的已知日期之前。相反,如果发现了一些含量,则可以利用已公布的趋势来检查哪个时间段最符合所发现的含量。需要注意的是,推断出的时间是地下水最后一次的补给时间。

6.2.2.3 方法步骤

从实用的角度来看,大气示踪剂的溶解地下水羽流年代测定法包括以下步骤:

1. 筛选方法的可行性,对取样和分析进行详细充分的规划。这种技术需要具体的取样和分析,即使与方法要求有微小偏差,也可能导致时间估计不准确或结果无法使用。与许多法医学技术相比,这种技术在实际实地取样之前需要大量的调研和分析。建议在实际应用之前先进行两个初步步骤:

   a. 首先,法医科学家应筛选具体的现场条件,以评定大气示踪剂的年代测定对于任何特定案件和现场是否可行。在这一阶段,科学家需要深刻理解方法的原理、局限和潜在的影响因素,以及考虑采用该方法的现场环境条件和历史。在这方面,要点清单可能会对此有所帮助。该清单最好包含所有局限和潜在影响因素(如前所述,以及在下文有关局限的章节中详细说明)。在任何具体情况下,如果不符合某一条件,都应亮起"红灯",只有在满足所有条件的理想情况下才能利用大气示踪检测分析技术。不过,在某些情况下,只要不满足的条件或因素对年代-日期计算不会产生重大影响,就可以允许作为例外进行。与许多法医学技术一样,科学家应利用自己的判断、知识和经验来评定潜在局限因素对整个方法结果的影响。例如,位于核电厂附近的现场肯定不适合使用氚对地下水羽流进行年代测定,因为在这种情况下地下水中的氚背景水平可能会升高。这些问题是无法克服的,而且会对总体结果产生重大影响。在这种情况下,只要满足其他限制条件,就可以使用人为气体。然而,当怀疑当地的氚源和人为气体(如氯氟化碳和六氟化硫)都会影响待检测的含水层时,大气示踪技术根本无法奏效,也不应尝试。另一方面,如果根据对具体现场条件的评定,发现样本对整个含水层条件的代表性可能存在问题,则不应该立即放弃大气示踪剂应用。在放弃大气示踪剂应用之前,应考虑收集多个样本,并进一步评定提高样本代表性的具体方法。此外,如果在确定羽流前缘(垂直和水平方向)方面存在问题,也可以采用同样的方法。在这种情况下,可以先进行额外的地下水测试,以确认前缘的位置,然后再规划和开展大气示踪剂的年代测定方法。

b. 其次,一旦确定了方法的可行性,后续的详细规划应确保满足一系列条件,包括但不限于以下条件:

(1) 确定并锁定羽流的前缘。

(2) 使用适当的取样装置和容器。请注意,根据要检测的大气示踪剂的具体情况,可能需要使用不同的取样装置。为确保使用足够的设备和装置,建议与要使用的专业实验室联系,并与他们核对,以确保进行了充分的取样。此外,美国地质调查局(USGS)网站上还提供了对每种主要大气污染物进行取样的有用信息(请参阅前面"推荐读物"部分提供的具体网址)。

(3) 尽量减少采样或运输过程中的交叉污染,应始终准备空白对照样本,以确认没有发生交叉污染。

(4) 使用适当的实验室和分析测试技术。尤其重要的是,要与实验室核对目标大气示踪剂的检测限,并将其与大气和相应地下水中相应示踪剂的含量范围进行比较(如果目标或预期有一定的时间范围,这也可能有助于确定可靠的检测限)。

(5) 考虑潜在的干扰因素。这应该适用于任何检测技术,但在这种情况下可能会更加严格,因为分析处理是在极低浓度水平下进行的。科学家需要考虑测试水中还存在哪些其他污染物,并评定它们的存在是否会影响示踪剂分析的结果。这种情况也可以咨询实验室人员。

2. 可行性研究和详细方案完成后,下一步就是收集足够的地下水样本。正如下文所讨论的,一旦确定了要检测的具体大气示踪剂,就可以在美国地质调查局(USGS)网站和文献资料中找到有关取样和分析的公开信

息,并应始终与将进行实际分析的实验室反复核对。例如,请考虑以下情况:

a. 当目标大气示踪剂为氚时,建议使用以下取样装置:一个特殊的铜制样本采集管(可以重复使用)和两个 500 mL 的瓶子(带聚锥帽密封的安全涂层瓶或带聚锥帽密封的高密度聚乙烯瓶),用于封装每个待测样本(具体说明见 http://water.usgs.gov/lab/3h3he/sampling/)。对铜制样本采集管中收集的水进行氦和氚检测,并测定溶解氦的^{3}He/^{4}He同位素比值(δ^3He)。(注意,正如在数据评定和解释的讨论中所详细说明的,所有这些分析都是准确计算大气中氚总量所必需的。至于那两个 500 mL 的瓶子,实际上是用来通过氦气摄入来进行氚测定的)。有关取样要求、样本处理、储存和运输以及结果分析和交流的详细说明,请访问美国地质调查局(USGS)网站(http://water.usgs.gov/lab/3h3he/sampling/)。

b. 当目标大气示踪剂为氟氯化碳时,建议使用的取样装置可能会因分析方法的不同而有所不同,主要包括以下几种:

(1)氟氯化碳瓶法:水样可以用玻璃瓶采集,玻璃瓶上有一个特殊的铝箔内衬瓶盖(详情请查看美国地质调查局网站 http://water.usgs.gov/lab/chlorofluorocarbons/sampling/bottles/);美国地质调查局网站(http://water.usgs.gov/lab/sf6/sampling/tips/index.html)该网站也提供了关于采样要点的资料。

(2)氟氯化碳安瓿法(旧方法):如果需要将水样储存 6 个月以上以分析氟氯化碳或其他挥发性有机化合物(VOC),则建议使用熔融硼硅酸盐安瓿瓶(有关地下水取样的更多信息,包括详细的现场说明和仪器设置,请访问美国地质调查局网站:http://water.usgs.gov/lab/chlorofluorocarbons/sampling/ampoules/);此外,有关氟氯化碳取样故障排除的方案也可在美国地质调查局网站上查询到(http://water.usgs.gov/lab/chlorofluorocarbons/sampling/troubleshooting/)。

(3)注意,美国地质调查局网站也提供了有关使用六氟化硫作为示踪剂的大量信息(如可以参阅:http://water.usgs.gov/lab/sf6/lab/analytical_procedures/index.html)。

3. 使用适当的分析测试方法对采集的地下水样本进行分析。一旦样本被采集并运送到适当的实验室,就需要使用适当的分析技术(极低的检测限)和设备进行分析。例如,美国地质调查局网站上列出的分析实验室(氚分析)是 Lamont – Doherty 地球观测站(Lamont – Doherty Earth Observatory,地址:美国纽约州帕利塞兹市 9W 号公路 61 号拐角大楼 邮编 10964)。注意,这里提供的是该实验室的示例,其他实验室也可能进行大气示踪剂分析,相关信息也可能随时间发生变化。因此,建议查看美国地质调查局网站及其他合适的互联网和文献来源,以确定在任何特定情况下选择最合适的分析实验室。

4. 数据评定和解释。与大多数法医学技术一样,最后但并非不重要的一步是涉及对结果的评定和解释。对于这种特殊技术,结果评定根据所使用示踪剂的类型采用不同的策略。接下来,我们将提供更多信息,说明在分别使用氚和氯氟化碳作为示踪剂时,估算地下水溶解羽流年代的数据使用情况。

6.2.2.3.1 用氚作为大气示踪剂进行年代测定时的数据评定

氚(^{3}H)是氢的放射性同位素。作为放射性同位素,氚会分解成氦同位素(^{3}He)。根据记录,氚的半衰期为 12.43 年。因此,要准确确定大气和相应雨水中氚的原始浓度,应测量地下水中氚和 ^{3}He 的浓度。然而,仅仅这些测量还不够,因为岩石或岩石碎片中的铀和锂的放射性衰变也会将 ^{3}He 引入大气中。因此,要评定大气中的原始氚总量,需要区分源于氚衰变的 ^{3}He 和其他 ^{3}He 来源。为此,还必须测定地下水样本中另一种氦同位素(^{4}He)和另一种气体氖(Ne)的浓度,因为利用大气中已知的 Ne/^{3}He 和 ^{4}He/^{3}He 比值计算氚衰变产生的 ^{3}He(也称为氚源氦或 ^{3}He$_{tri}$)需要这些测量数据。利用地下水中 ^{3}He、^{4}He 和 Ne 的浓度估算 ^{3}He$_{tri}$ 浓度的具体方法可以在文献中查阅到(Schlosser et al., 1988; Szabo et al., 1996)。

当使用氚作为大气示踪剂时,应测量地下水中氚的浓度、两种氦同位素(^{3}He 和 ^{4}He)的浓度以及氖(Ne)的浓度。因此,实验室应提供所有这些检测结果,且应利用实验室提供的这些结果和以下方程(基于放射性衰变方程;见第 4 章),计算地下水年代:

$$t = (T_{1/2}/\ln 2)\ln(1 + {}^3He_{tri}/{}^3H),$$

其中,t 是地下水的估计年代;$T_{1/2}$ 是氚的半衰期(即 12.43 年);$^3He_{tri}$ 是氚的放射性衰变产生的氦浓度;^3H 是地下水中测得的氚浓度。

注意,在确定地下水年代时,不一定总是需要计算 $^3He_{tri}$ 浓度(被视为校正 ^3He 浓度)。在某些情况下,当氚以外的其他来源的 ^3He 浓度较低时,未经校正的地下水年代与校正后的地下水年代会非常相似或接近(Balouet et al.,2007a)。显然,未经校正的年代假定样本中的所有 ^3He 都来自氚(应等于 $3He_{tri}$)。为了确定除氚(也称为原生氦)以外的其他来源可能存在 ^3He,可以将测试地下水样本中的 ^3He 和 ^4He 浓度与原生氦的 $^3He/^4He$ 比值的已知值 $2×10^{-8}$(Balouet et al.,2007a)进行比较。

6.2.2.3.2 用氯氟化碳作为大气示踪剂进行年代测定时的数据评定

实验室检测到的地下水氯氟化碳浓度应根据该现场的已知回灌温度转换成相应的大气浓度(Busenberg and Plummer,1992)。如果没有测试具体的回灌温度,则可使用研究区域的年平均温度。

因此,就氯氟化碳而言,应始终考虑回灌温度,因为它会影响从大气转移到雨水中的氯氟化碳的量。回灌温度越低,大气中转移到雨水中的氯氟化碳量就越少。已公布的各种氟氯化碳图表显示了其地下水检测浓度与回灌温度以及相应年份之间的关系(Busenberg and Plummer,1992;Balouet et al.,2007a)。这些图表可用来将检测到的地下水中氯氟化碳浓度转换成其可能在大气中的浓度以及相应大气浓度的对应年份。该年份应从采样年份中提取,以计算地下水年代,并作为溶解污染物羽流的最小年代。例如,根据 Balouet 等人提供的图表(来自 Busenberg and Plummer,1992),以下情况成立:

- 如果确定地下水中氯氟化碳-11 的浓度为 600 pg/kg,回灌温度为 2℃,则相应的补给年份约为 1975 年;如果地下水样本是在 2012 年采集的,则 2012-1975=37 年将是地下水的年代,也是羽流的最小年代。
- 对于在回灌温度为 16℃ 的不同现场获得的 600 pg/kg 的相同地下水浓度,相应的补给年份约为 1990 年;如果样本是在 2012 年采集的,那么 2012-1990=22 年就是地下水的年代,也是污染物羽流的最小年代。

所提供的假设示例说明,在根据地下水中检测到的氯氟化碳浓度计算最小污染物羽流年代时,回灌温度至关重要。

还要注意的是,计算和比较地下水中三种主要氯氟化碳的比值,可以帮助了解样本中是否含有不同年代的水(Balouet et al.,2007a)。

6.2.3　应用、局限性和建议

6.2.3.1　应用

虽然大气示踪剂在水文地质学中有许多应用（例如，确定地下水流动路径、补给日期、停留时间和易受污染程度，以及校准地下水流模型），但在环境法医学方面的主要应用与溶解污染物羽流的年代测定有关。虽然这是一种间接的年代测定方法，得出的是污染物羽流的最小年代，而非其确切年代，但对于氯化溶剂等污染物来说，这种方法尤其有效，因为对于这些污染物，几乎没有可用的年代测定技术[例如，历史文件审查、1,1,1-三氯乙烷（1,1,1-TCA）的化学指纹鉴定（见第4章）或建模]。

已发表的有关在环境法医学中应用大气示踪剂技术的案例研究包括以下内容：

- 使用氯氟化碳和氚方法估算地下水中氯化溶剂羽流的最小年代（Oudijk，2003）；
- 估算受污染地下水的最小年龄（Oudijk，2005）；
- 应用六氟化硫对地下水进行年代测定，同时提供自然和人为来源的（该示踪剂的）浓度数据（Busenberg and Plummer，2000）。

接下来介绍两个假设案例研究，以举例说明大气示踪剂技术在环境法医学方面的典型应用。虽然这些案例研究并不真实，但其一般设置和结果类型可能是真实案例研究中的预期结果，而且在真实案例中观察到了这些结果。

假设案例研究 6.1　调查干洗店对区域地下水羽流的影响

在本假设案例中，让我们考虑地下约100英尺处的含水层区域中的大量全氯乙烯（PCE）和三氯乙烯（TCE）羽流。该羽流源于一个大型储备场，该储备场位于一个大城市重工业区内许多工业设施的上游。许多有全氯乙烯或三氯乙烯排放记录的设施位于区域羽流的上游，被视为区域全氯乙烯和三氯乙烯羽流的潜在责任方（PRP）。如图6.3所示，在这些潜在责任方中，有一家干洗店在过去30年中一直在运营，并记录了全氯乙烯的排放情况以及对区域地下水羽流上游浅层土壤和地下水（地表下约30英尺深度）的污染情况。干洗店是我们的假定客户，它聘请我们进行法医学调查，以确定其浅层排放物是否确实到达了造成区域水羽流的含水层深度。

我们无法使用污染物的分布模式，因为全氯乙烯的化学指纹鉴定能力有限，

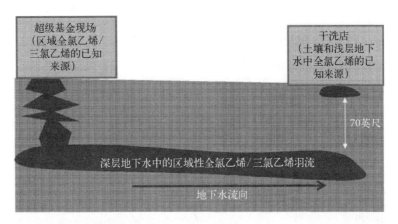

图 6.3 假设案例研究的示意图,该案例研究调查了一家干洗店对区域性全氯乙烯羽流的潜在影响

尤其是在除三氯乙烯外没有降解产物的情况下(如本假设案例)。即使羽流中存在更多降解产物,也很难将干洗店的全氯乙烯与区域羽流中的全氯乙烯进行比较。而且干洗店经营过程中的历史证据有限,这也限制了我们使用标志化合物来确定任何潜在贡献的可能性。

在这种情况下,大气示踪剂似乎是评定干洗店贡献的唯一可行的替代方法。我们的想法是从区域和浅层地下水羽流的前缘取样,并确定其最小年代。如果年代不匹配或表明区域地下水羽流比浅层羽流更早,我们就可以得到与缺乏客户对区域羽流的贡献有关的可靠证据。因此,我们首先对方法的可行性进行了彻底筛选,并注意到能够可靠使用大气示踪剂所需的所有条件均已满足。此外,我们对近年来区域和浅层羽流进行了彻底的特征分析,从而确定了羽流前缘的确切位置。一旦确定了方法的可行性,我们就计划使用氟氯化碳地下水浓度,并相应地准备实地检测活动。每项主要的氟氯化碳分析(氟氯化碳-11、氟氯化碳-12 和氟氯化碳-13)都收集了三份平行样本,并采用适当的取样、储存、运输和装运程序送往专门的实验室。

结果如图 6.4 所示。从图中数据可以看出,浅层地下水和区域地下水羽流的最小年代明显不同。具体来说,包含客户的全氯乙烯羽流的浅层地下水的最后一次补给大约是在 1995 年,而包含区域全氯乙烯及三氯乙烯羽流的深层地下水(源于超级基金现场)的最后一次补给大约是在 1965 年,因此与干洗店的羽流相隔大约 30 年。很明显,客户的较年轻羽流不可能导致较老的区域羽流,还

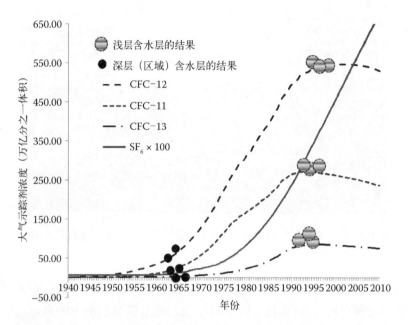

图 6.4 假设案例研究中的大气示踪剂数据示例。（氯氟化碳（CFCs）和六氟化硫（SF₆）的曲线是根据美国地质调查局网站提供的数据绘制的：http://water.usgs.gov/lab/software/air_curve/）。选择了样本结果（圆圈）来展示所提出的假设案例研究

需要注意的是，在干洗店没有发现重非水相液体（DNAPL）排放的证据（无需雨水即可到达更深的含水层）。

　　根据我们的研究结果，客户从潜在责任方名单中被删除。该研究的总的研究费用约为 20 000 美元，而研究结果则为避免诉讼和赔偿费用提供了依据，否则将花费百万美元用于对大型区域羽流进行复杂的修复。

假设案例研究 6.2 评定由不同持有者经营的电子制造厂在有关年份的贡献情况

　　现在，让我们假设有两家电子制造公司在同一现场经营：一家从 1976 年至 1992 年，另一家从 1992 年至 2003 年。全氯乙烯及其降解产物是该现场的主要地下水和土壤污染物。它们（以微量形式）出现在浅层土壤中，表明至少有部分地下水污染物在现场被排放出来。问题是污染物是何时排放的？这将决定由哪家（其中一家或两家）公司承担责任。

　　我们尝试了历史文件审查、化学指纹鉴定和建模，但没有找到答案，主要原因是数据不足。因此，我们决定检查地下水中的大气示踪剂（特别是氚和氦），

认为最小羽流年代有可能排除其中一家公司(最近的一家)。我们首先进行了全面的可行性分析,以确保大气示踪剂技术的适用性。虽然没有发现特别的限制,但羽流的前缘并不确定。因此,我们首先采集了更多的地下水样本,以评定羽流前缘的位置(垂直和水平),完成评定工作后,我们使用了大气示踪剂。我们从羽流前缘采集了三份平行样本。采样工作经过精心策划,并咨询了专业实验室。我们利用之前提出的公式,分别计算出了地下水年代和最小羽流年代。结果表明,最后一次地下水补给发生在20世纪80年代中期。这些数据排除了在该现场作业的第二家公司对目前观测到的地下水羽流的影响。但需要注意的是,这两家公司都已证实历史上向土壤中排放过污染物。然而,根据大气示踪数据,只有一家公司(第一家)的排放物确实到达了地下水位,造成了目前观测到的地下水溶解羽流。

6.2.3.2 局限性和建议

6.2.3.2.1 局限性

大气示踪剂存在以下局限性:

- 该方法无法提供污染物羽流的绝对年代,只能提供最小年代。不过,正如所介绍的两个假设案例以及所引用的文献应用(本节)描述的那样,在许多实际情况下,只靠最小羽流年代可能就足以解决法医学难题。

- 采样具有挑战性,而且很容易发生交叉污染。例如:
  - 样本与大气的交叉污染很常见,因此需要重复或三次平行采样。这种方法测量的是水中的微量污染物,因此即使很弱的交叉污染,也很容易改变结果。
  - 采样设备本身可能含有氯氟化碳(来自塑料)。

- 采样人员使用或佩戴的一系列设备也可能会交叉污染样本,例如(Balouet et al.,2007a):
  - 手表,尤其是"夜光"类型的手表,可能含有氚,当氚用作示踪剂时,可能会交叉污染样本(Balouet et al.,2007a)。
  - 在对地下水中的氚进行取样时,应避免使用带有发光表盘的指南针或类似装置,因为这些装置也可能会交叉污染样本。

- 在某些情况下,采集足够的地下水样本可能很困难,例如以下情况:
  - 可能无法正确识别羽流前缘的垂直或水平方向,这种情况下,可能会得到不精确或误导性的结果。

- 样本应从羽流的最深处采集,但在实际操作中并非总是可行的。通常需要使用滤网很短的监测井,以便仅对羽流的最前缘进行评定。
- 任何不需要雨水渗透就能将污染物迁移到地下水位的机制都会导致该方法不适用。例如,在以下情况下很可能无法使用大气示踪剂:
  - 污染物在地下水位或地下水位以下排放。
  - 污染物为重非水相液体(如氯化溶剂),在现场观察到自由相重非水相液体,或根据地下水羽流中的污染物浓度评价重非水相液体的存在[例如,根据一般的经验,当地下水中的污染物浓度超过其有效溶解度的1%时,表明可能存在重非水相液体。详情可以参见美国环境保护局(EPA)在1992年发布的相关资料]。
- 任何导致原始示踪剂浓度(来自雨水)在到达含水层后发生变化的地下过程,都可能使该方法的应用失效,导致不准确的结果。例如:
  - 示踪剂化合物(如氯氟化碳)在地下水中的潜在生物降解,尤其是在厌氧条件下的生物降解,可能会改变分析结果,这需要根据具体情况加以考虑。
  - 可能导致所研究地下水中示踪剂浓度下降的其他因素包括水位升高(可能导致两个含水层的水混合)。
  - 根据具体的地质和水文条件,不同年代的地下水可能会在地下环境中混合。
- 任何可能影响地下水补给过程的因素都可能影响该方法的结果。例如,在城市环境中,补给过程可能并不均匀。
- 如果样本采集区域内存在所用示踪剂的局部潜在来源,可能会导致该方法无法使用,因为与用于年代计算的一般记录趋势相比,这会改变局部大气示踪剂的浓度。大气示踪剂的潜在局部来源包括以下可能:
  - 核电站是大气中部分氚的潜在来源。
  - 有些岩石,特别是锂浓度很高的岩石,会显示出与热核爆炸无关的氚浓度,这种氚被称为地源氚,当浓度超过 0.1 TU 时(一般不常记录),可能需要引起关注。
  - 一些火成岩,特别是花岗岩,通常含有更高的 ^{3}He 浓度,有可能对年代计算产生影响。
  - 城市大气中(尤其是人口稠密地区或工业区)可能含有较多的氯氟化碳。

- 化粪池系统也可能是氯氟化碳的来源(如来自家用塑料)。
- 该方法在极端流速或扩散系数条件下无效(Schlosser et al.，1989)。
- 该方法可能不适用于近期和未来的排放过程。例如，自 20 世纪 60 年代(大约 1964 年以后)禁止大气热核爆炸以来，氚的浓度一直在下降。
- 某些地下地质可能不利于该方法的应用，包括冰碛物或断裂岩等异质地层下的现场。

6.2.3.2.2　一般建议

正如刚才所讨论的，大气示踪剂技术有许多局限，应在对每个现场的潜在影响因素进行广泛审查和了解后使用。正如在介绍方法步骤时提到的，最初应仔细考虑各种潜在的限制因素并评估其对总体结果的影响，以对方法的适用性进行可行性评定。此外，一旦方法适用，就需要对取样设备和技术进行仔细评定，最好是咨询专门的实验室来进行评定。详细的取样计划和充分的准备工作是确保方法可靠性的关键，并最终确保其在法庭审查下的可靠性。以上这些就是成功应用大气示踪剂对溶解地下水羽流进行年代测定的主要建议。

6.2.3.2.3　具体建议

其他具体建议如下：

- 以开放的心态看待书中可能未列出但在具体情况下可能出现的潜在影响因素；了解方法原理以及每种主要限制因素背后的主要原因，有助于确定书中可能未包含的特定现场因素。本书介绍信息的方式旨在帮助读者了解已列出和未列出的潜在影响因素。由于与污染物归宿(去向)和迁移相关的新过程和新机制不断被发现，因此，本书或其他书籍中列出的限制因素可能并不详尽。法医学家应始终根据知识和经验对信息进行过滤并逐案作出决定。
- 在城市环境中取样时，需要详细了解现场环境，以评定对地下水补给的任何潜在影响。在方法可行性步骤中，应了解地下公用设施、地基或水力控制等因素。
- 在可行性步骤层面，还建议全面了解区域内的地质和水文条件。
- 在采样期间以及采样前至少一周内，应避免使用任何可能导致样本交叉污染的设备，因为有些设备(如夜光手表)会造成氚的交叉污染(Balouet et al.，2007a)。
- 在使用氯氟化碳作为示踪剂时，关键是使用准确的回灌温度，应首选直接测量的温度而不是报告的年平均温度。

- 如果在取样过程中发现气泡,样本可能无法使用,因为这些气泡可能会带走样本中的氦气,从而导致任何基于氚浓度的结果不准确。
- 一般来说,更有利于使用大气示踪技术的地点是那些被高渗透性、分选良好、圆整的沙层所覆盖的现场。

有效应用法医学大气示踪剂技术的要点

- 在决定这种方法是否可行之前,有必要全面了解现场条件和潜在的限制因素
- 由于该方法处理的污染物数量极低,很容易因交叉污染或其他影响因素而发生重大变化,因此必须非常谨慎地设计和执行采样工作
- 地下水样本应从污染物羽流的最前缘采集,这包括垂直平面和水平平面。通常情况下,应使用最远(距离主要污染源)和最深的羽流区域
- 如果使用放射性同位素作为示踪剂,则不得在核电站附近使用该方法。同样,如果使用其他示踪剂,则不得在示踪剂背景升高的地区使用该方法
- 由于示踪剂的溶解度受这些因素的影响,因此在解释数据时可考虑回灌温度和海拔(Solomon et al., 1998)。此外,地质和岩性条件也应考虑在内
- 气泡的形成(如在细颗粒沉积物和断裂岩石中)可能会影响年代计算,应仔细查找;特别是,如果气泡形成(在取样过程中),可能会发生同位素分馏(同位素示踪剂),应需要注意
- 在城市地区,大气中记录的示踪剂浓度可能更高
- 地下水补给可能不均匀,因此可能影响年代估计

6.3　DNA 指纹鉴定

DNA 指纹鉴定是一个通用术语,指的是从环境样本(如土壤/沉积物、水或灰尘)中提取的遗传物质[脱氧核糖核酸(DNA)]的组成模式进行研究,以追踪微生物污染源或评定某些受污染环境中微生物种群的一系列技术。通常情况下,提取的 DNA 来自被检测样本中的所有微生物(包括死的和活的)。通常,样本中存在大量微生物物种(如细菌、真菌)(其中大部分可能无法在实验室中分离和培养),因此会产生大量不同的 DNA 模式和序列。来自某一环境的微生物群落称为其微生物群。

在环境法医学中,DNA 指纹鉴定技术主要有两个应用领域:

1. 微生物溯源。当病原微生物污染了水源或其他环境介质,并可能最终影响人类健康时,微生物溯源通常会引起人们的关注。

2. 污染物溯源。这是指根据采样介质中 DNA 指纹反映的微生物种群随环

境的预期变化来判定污染物的来源。需要注意的是,虽然这一应用前景广阔,但尚未有公开发表的案例。

相关的推荐读物包括几本出版物(Petrisor et al., 2006; Balouet et al., 2007a; Cano, 2010)和一篇综述(Petrisor and Kitts, 2004),它们可帮助了解已被证实的 DNA 指纹鉴定技术在环境法医学中的潜在应用。

6.3.1 方法原理

微生物溯源是一项简单的应用。将被病原微生物污染的环境中的 DNA 指纹与可疑来源或相关物种的已知微生物指纹进行比较。样本之间的匹配表明有一个共同来源,而与一个或多个可疑来源的匹配则有助于确定实际来源。

DNA 指纹鉴定技术用于法医学上追踪环境污染物的来源和转变的可能性应基于以下主要原理和观测值:

- 微生物在环境中无处不在。即使在最荒凉、条件最极端的环境中(高污染、高盐度、高酸度等)——其他生物无法生存的地方,也能发现微生物。

- 微生物种类是非常庞大的。这意味着在不同的环境中,各种微生物群落的类型和比例极为不同,并可能受到多种因素的影响。同时,对于条件相似的地区(如相似的土壤),微生物也会存在一定程度的相似性。

- 微生物物种具有不同的 DNA 序列,这些序列被用作物种鉴定的"生物标记"。环境样本的整体 DNA 序列反映了样本中各种微生物物种的类型和占比,从而形成特定的 DNA 指纹。

- 微生物会对环境污染物的存在做出反应。当污染被排放出来时,会引发周围微生物群落的变化,排放的污染物有利于那些能够更容易生存的物种(例如,通过降解或转化被排放的污染物)。

- 微生物群落模式的变化反映在微生物的 DNA 中。污染物的存在引起的微生物群落结构的变化,决定了同一区域内受污染环境与未受污染环境的 DNA 指纹(序列)截然不同。DNA 指纹鉴定技术可以捕捉到这些变化。因此,通过提取和分析环境样本中的 DNA,可以观察到污染发生时的不同指纹形式。

- 一般来说,污染物引起的微生物 DNA 变化在污染物消失或降解后可能会保存很长时间。实验证明了 DNA 指纹在时间上的稳定性(Horswell et al., 2002)。需要注意的是,即使微生物细胞死亡并被破坏,样本中的遗传物质仍会继续保存。也就是说,释放出来的 DNA 片段通常会吸附在土壤颗粒上,并在那里长期存在。这对环境法医学来说是一个重要的观测点,因为它可以区分从未受到污染的环境基质(如土壤)和在某个时间点受到污染的介质。此外,DNA 指纹鉴定技术应与采样时是否存在污染无关,因为当采样基质中存在环境污染物时,微生物 DNA 的变化应在污染物消失或降解(即无法再检测到)后保留下来。因此,该方法既可用于已得到修复的现场,也可用于尚待修复的现场。

因此,DNA 指纹鉴定采用了一系列实验技术,对从环境样本中提取的微生物 DNA 进行检测。得出的 DNA 指纹可与不同样本和可疑来源进行比较,以追踪所研究环境样本中微生物的来源。在追踪污染物在环境中的转变情况时,可将所得 DNA 指纹与(在实验室中)人为污染区域的土壤污染源物质进行比较,以确定污染物是否通过了所研究的环境。这可能有助于确定污染源,并了解所排放污染物的归宿(去向)和迁移情况。

6.3.2　方法步骤和示例

有许多方法都可以用于获取具体环境的 DNA 指纹,其中大多数都利用了自动聚合酶链反应(PCR),因为这样只需要极少量的样本。因此,污染物的痕迹(肉眼可能看不见)可以进行 DNA 指纹检测。这大大提高了 DNA 指纹的法医学适用性,尤其是在刑事取证方面。

许多 DNA 指纹鉴定技术的一般主要步骤如下:

- DNA 提取步骤。在大多数情况下,这是 DNA 指纹鉴定的第一步。在少数情况下,在提取 DNA 之前还要进行微生物的培养步骤。不过,这一步限制性很大,通常只适用于某些特征明确的微生物群体作为分析对象。因为,在这种情况下,只有它们的 DNA 才能生成指纹。
- DNA 扩增步骤。提取 DNA 后,可使用 PCR 扩增 DNA,这是一个完全自动化的过程,操作简单,成本相对较低;当提取的 DNA 量极小,除非经过扩增否则无法分析时,这一步骤就显得尤为重要。PCR 过程需要引物。引物是与目标基因中某些区域同源的 DNA 小片段。对于任何目标 DNA 基因,至少需要两个引物来限定扩增的目标 DNA 片段。需要注意的是,在 PCR 过程中可以使用不同的引物,这取决于要扩增 DNA 的不同区域(片段)。因此,只要确定并使用适当的引物,就可以针对和扩增不同的基因。

- DNA 处理步骤。这一步骤通常因方法而异。目的是从待测 DNA 中生成特定的较小片段（从而生成指纹），通常是利用限制性酶进行消化。这些酶在特定碱基对之间切割 DNA 链，因此使用的限制性酶类型将决定 DNA 链被切割的位置，从而决定生成片段的类型。在某些情况下，这一处理步骤包括 DNA 链变性，即把 DNA 双螺旋分成单链。变性可通过各种方法进行，包括加热或酶反应。

- 生成的 DNA 片段分离和可视化步骤。这通常是利用电泳技术来完成的，电泳可分离出不同的 DNA 片段，并产生 DNA 指纹。

- 数据评定和解释步骤。与任何法医学方法一样，在评定和解释结果时应牢记法医学调查的目标。在许多情况下，对结果的评定包括对所产生的指纹进行比较，这可以通过定性（目测，类似于对色谱数据所产生的化学指纹进行目测比较）或定量（使用统计学技术）来完成。例如，DNA 指纹可以在样本之间进行比较，也可以与可疑来源进行比较，这为许多微生物溯源案例提供了答案。在污染物溯源方面，DNA 指纹对比可提供与污染物转变和来源有关的间接证据。

本书将进一步简要介绍一些常用的 DNA 指纹鉴定技术及其具体用途和主要步骤。目的是让读者熟悉一些可用的 DNA 指纹鉴定技术，但不提供与描述这些方法时使用的特定术语相关的细节或解释。如需了解所列技术和具体术语的更多信息，请查阅推荐读物（Petrisor et al., 2006; Balouet et al., 2007a）。本书的重点是提供原理，以便读者了解如何以及何时应用特定方法。此外，本书作为一本实用指南，帮助读者了解如何评定和使用（或可能使用）这些方法的结果，以解决实际的法医学难题。不过，我们也认识到，DNA 指纹鉴定技术是一种独特的技术，其所基于的流程可能并不为典型的环境从业人员所熟悉。因此，与本书介绍的其他方法相比，对于 DNA 指纹鉴定技术，强烈建议参阅指定的参考文献，以熟悉与微生物 DNA 检测相关的各种特定术语、过程和挑战。

末端限制性片段长度多态性（TRFLP）方法可能是环境研究中最常用的 DNA 指纹鉴定技术，用于监测生物修复或监测自然衰减（MNA）过程中微生物群落的类型和变化。该方法还用于刑事取证，将犯罪现场的土壤样本与嫌疑人鞋子或衣服上的土壤痕迹进行比对。该方法可完全自动化，能在短时间内分析大量信息，其步骤如下：

- 从环境样本中提取 DNA。

- 使用荧光标记引物进行 PCR 扩增。16S rRNA 基因的保守部分通常是扩增的目标;可使用通用引物或物种特异性引物进行扩增。
- 接下来用一种或多种限制性酶消化扩增 DNA。需要注意的是,消化不完全可能会产生问题,影响最终的指纹图谱。
- 在基于毛细管的自动电泳系统上分离和检测不同长度的片段(末端限制性片段,TRFs)(仅荧光标记片段)。需要注意的是,长度相近的末端限制性片段有可能重叠,从而导致模式不够准确。
- 最后一步是进行数据分析,以确定峰值和潜在的微生物种类。

扩增片段长度多态性(AFLP)方法通常用于基本多样性和遗传变异研究,以及分子标记的检测,并可用于亲子鉴定分析。该方法分辨率高,重现性好,而且省时高效。方法步骤如下:

- 从环境样本中提取 DNA。
- 使用(通常)两种限制性酶消化提取的 DNA。
- 将所谓的适配体连接到产生的限制性片段上。
- 使用与适配体序列互补的引物对得到的限制性片段进行 PCR 选择性扩增。
- 根据多态性对所得到的 AFLP 片段进行分离和可视化。

单链构象多态性(SSCP)分析方法在微生物生态学和环境生物技术领域有很多应用,在环境法医学方面也有很大潜力。该方法包括对 DNA 进行变性和分析 DNA 单链,具有操作简单、成本低廉、灵敏度高的特点。基本上,该方法具有三维(3D)特征,可以根据不同的核苷酸序列和三维排列(结构)区分相同大小的 DNA 分子。该方法的步骤如下:

- 从环境样本中提取 DNA。
- 用磷酸化和非磷酸化引物对提取的 DNA 进行 PCR 扩增(通常针对核糖体 RNA(rRNA)基因)。
- 通过外切酶消化变性扩增片段。
- 根据多态性分离变性片段。
- 通过与 DNA 片段或 RNA 复制(在每条链上合成)杂交,观察(通过银染色)和解释所产生的模式。

温度和变性梯度凝胶电泳(TGGE、DGGE)方法通常用于微生物生态学和一般遗传变异。这些技术还可用于评定环境污染物(如金属)对环境中微生物群落的影响。这些方法涉及扩增 DNA 片段的不完全变性,从而根据不同序列片

段的热行为进行 DNA 区分,是分析复杂微生物群落的有力工具。方法步骤包括:

- 从环境样本中提取 DNA。
- 用引物从目标基因(可能是 16S rRNA、23S rRNA 或种属特异性基因)中提取 DNA 进行 PCR 扩增。
- 使扩增片段部分变性。
- 通过线性递增的温度梯度(用于 TGGE)。
- 通过线性递增的甲醛和尿素梯度(用于 DGGE)。
- 根据片段多态性对变性 DNA 片段进行分离,这种分离是在含有以下线性梯度的凝胶中进行的:
  - 温度;
  - DNA 变性剂。
- 分离片段的可视化。

随机扩增多态脱氧核糖核酸(RAPD)方法通常用于创建生物体的"生化指纹",并应用于基因图谱绘制和种群遗传结构研究。这种方法具有法医学应用潜力,并已应用于刑事案件的法医学研究,它可快速识别节肢动物,并支持对人类尸体上的蛆虫进行经典的形态学和医学分析。这种方法使用随机选择的引物进行 PCR 扩增。该方法相对较快(1 天即可完成完整的分析),且成本低廉。其步骤包括:

- 从环境样本中提取 DNA。
- 用随机选择的引物对提取的 DNA 进行 PCR 扩增(这种方法通过扩增事先不知道的 DNA 序列来"寻找"潜在的相关基因)。
- 根据多态性分离扩增 DNA 片段。
- 分离片段的可视化。
- 对可能重要的 DNA 条带进行克隆和测序。

限制性片段长度多态性(RFLP)方法通常用于推断进化树或评定种群的系统地理结构。这是少数不使用 PCR 扩增提取 DNA(因此需要大量提取 DNA)的 DNA 指纹鉴定技术之一。基本上,限制性片段长度多态性方法是前面讨论过的扩增片段长度多态性方法的一种非 PCR 替代方法。这种方法涉及烦琐的步骤,虽然成本高(无法实现自动化),但也有一些优点,如高的稳定性和可重复性。其步骤包括:

- 从环境样本中提取 DNA。
- 使用限制性内切酶消化提取的 DNA。
- 分离产生的限制性片段。
- 通过 Southern 印迹法将限制性片段转移到尼龙过滤器上。
- 将转移片段杂交到基因座特异性放射性标记 DNA 探针上。
- 利用自显影技术观察 DNA 片段。

无论是否采用 PCR，核糖体分型方法已广泛用于微生物溯源，通过区分人类和非人类形式的大肠埃希菌（*Escherichia coli*），以及区分来自主要动物群体的大肠埃希菌，在追踪水体粪便污染源方面有着成熟的应用。这是少数几种需要（在实验室）对目标微生物进行初始培养的技术之一（这就限制了其仅适用于特征明确的微生物群）。这种方法已实现商业化，而且价格相对便宜（每个样本的成本大约在 250 至 500 美元之间）。不过，这种方法也很耗时，需要专业的技术人员和设备。核糖体分型的主要步骤如下：

- 针对要研究的生物体培养微生物分离物。
- 提取培养 DNA。
- 用一种或多种限制性酶消化提取的 DNA。
- 消化后的 DNA 片段通过 Southern 印迹法或 PCR 进行分离和分析，然后进行凝胶电泳。
- 通过聚类分析对 DNA 模式进行分析；根据样本模式与来源物种模式的匹配度进行物种鉴定。

6.3.3　应用、局限性和建议

6.3.3.1　一般应用

通过各种指纹鉴定技术从环境中获取的 DNA 指纹可用于以下一般法医学用途：

- 微生物溯源适用于以微生物本身为代表的污染物（如水或食物或粪便污染或生物恐怖分子使用的微生物）。这种特殊应用的基础非常简单：与化学指纹一样，我们可以将污染环境中的 DNA 指纹与可疑污染源中的 DNA 指纹进行比较。此外，由于 DNA 的某些模式已经确立，即使不与可疑来源进行比较，也可以对结果进行解释（例如，根据已确立的模式区分人类与动物的粪便污染）。

- 污染物溯源适用于以化学污染物为代表的污染物。污染物溯源可通过比较污染环境和可疑污染源的 DNA 指纹来实现。此外，即使没有可疑来源的材料，通过比较研究区域的 DNA 特征，也可以确定它们是否与一个或多个来源一致。
- 刑事调查指的是根据嫌疑人衣服或鞋子上的 DNA 指纹与犯罪现场或受害者发现地的土壤中的 DNA 指纹进行比对，从而确定犯罪嫌疑人身份。DNA 指纹是刑事取证案件中可靠的证据之一。一个典型的示例是使用末端限制性片段长度多态性方法将犯罪现场的土壤与嫌疑人衣服或鞋子上的土壤（或污渍中的土壤痕迹）进行比对（Horswell et al.，2002）。另一个典型的示例是使用随机扩增多态性脱氧核糖核酸方法对人类尸体上的蛆虫进行法医学分析（Benecke，1998）。

6.3.3.2　具体应用

相关的 DNA 指纹鉴定方法在环境法医学调查中的具体应用包括以下几个示例：

- Scott 等人采用核糖体分型法追踪了南卡罗来纳州流域的粪便污染源（Scott et al.，2004）。
- 采用核糖体分型法（Parveen et al.，1999；Scott et al.，2003）区分水中的人类和非人类粪便污染源（主要以大肠埃希氏菌为代表）。
- 通过 Horswell 等人发表的末端限制性片段长度多态性方法对取证土壤进行了比较（Horswell et al.，2002）。这些作者测试了刑事取证中可能出现的各种情况，例如，在一个假设的犯罪现场，他们将研究区域土壤样本中的 DNA 指纹与用该土壤制作的牛仔裤上的鞋印和膝印进行了比较。此外，他们还对 DNA 指纹的保存时间进行了研究，发现在 8 个月的时间里，大部分指纹都保存完好，利用索伦森指数（相似性指数）（Sorenson's Index）来比较土壤特征。
- 通过末端限制性片段长度多态性方法（Cano and Borucki，1995）对从琥珀中分离出来的细菌进行了来源鉴定，并对琥珀进行了年代测定。
- 在加利福尼亚州瓜德鲁佩油田，采用 Kaplan 和 Kitts 发表的末端限制性片段长度多态性技术，对受风化石油碳氢化合物污染的土地处理单元进行生物修复实验期间的细菌群落结构和动态进行了调查（Kaplan and Kitts，2004）。这项研究表明，原始沙丘与受石油污染的沙丘的末端限制性片段

长度多态性模式截然不同,这证明污染改变了这些土壤中本地微生物群
落的原始组分。因此,这项应用显示了追踪污染物的转变和来源的潜力。

- 使用末端限制性片段长度多态性方法对地表和地下土壤细菌群落进行比对(LaMontagne et al., 2003)。
- 使用温度和变性梯度凝胶电泳方法监测了一系列金属污染环境中的微生物群落(Petrisor et al., 2006)以及不同土壤中放线菌的检测和监测(Heuer et al., 1997)。
- 使用随机扩增多态性脱氧核糖核酸方法对不同地区的牛微生物菌株之间的变异进行了调查(Shianna et al., 1998),并基于特征测量的相关性对受环境影响地区的小龙虾遗传多样性进行了研究(Krane et al., 1999)。
- 采用单链构象多态性方法对环境样本中微生物群落的多样性进行分析(Wagner, 2002)。

DNA 指纹鉴定技术在法医学方面有多种应用可能性。预计在不久的将来,该技术将得到快速发展,在环境法医学方面的应用也会越来越多。

6.3.3.3 局限性

DNA 指纹鉴定方法在环境法医学应用方面的主要局限:

- 在污染源追踪方面缺乏成熟的应用。此类应用可能需要在实验室进行概念验证,这可能大大增加法医学调查的总体成本和时间。
- 许多 DNA 指纹鉴定方法的商业化程度有限。
- 各种环境中微生物群落结构的复杂性,除了污染来源和污染转变之外,还有许多其他潜在的因素导致微生物群落结构的变化难以预测。
- 从各种受污染和未受污染环境中微生物物种中提取的 DNA 指纹"资料库"数量有限。
- 由于对参与环境污染物代谢基因的基因图谱了解有限,因此很难开发出在 PCR 过程中用于扩增这些特定基因的特定引物。虽然使用 16S rRNA 等常用基因的引物可以获得相关的法医学结果,但如果以参与相关污染物新陈代谢的特定基因的 DNA 指纹为目标,则往往可以获得最可靠、最有辩护性的法医学证据。
- 与各种单独方法相关的特定限制(Petrisor et al., 2006)可能会影响所得证据的可靠性和辩护性,应根据具体情况加以考虑。

6.3.3.4   建议

建议使用来源对比样本进行微生物溯源。在污染物溯源方面,除了典型的来源对比样本外,还强烈建议根据具体情况进行概念验证。例如,如果调查涉及追踪一处住宅现场的全氯乙烯来源,该住宅现场周围有一家干洗店和其他潜在的全氯乙烯来源,则应获取住宅区土壤和场外潜在来源的 DNA 指纹,以及(所研究住宅位置的)被各种潜在来源全氯乙烯人工污染(在实验室中)的土壤 DNA 指纹,并进行比较。需要注意的是,历史文件审查以及对污染物归宿(去向)和迁移的充分了解和认识,将有助于选择具有代表性的 DNA 指纹(可显示污染物转变时 DNA 指纹的变化)土壤采样点。

另一项建议是寻找一家在所选 DNA 检测方法方面经验丰富的实验室,并确保其符合与样本采集、保存和运输等条件要求。由于这是一项不太常见且复杂的检测技术,因此必须确保有足够的实验室,并能在特定项目的时间范围内完成样本检测。这就需要在任何事件发生之前预先做好准备工作。此外,由于这些技术发展迅速,因此强烈建议时刻关注新成果和新技术的潜在应用。

有效应用环境法医学 DNA 指纹鉴定技术的要点

- 为进行微生物溯源,应从特定区域的任何潜在污染源收集对比样本。这将提高法医学证据的可靠性和辩护性,即使常识允许在不比较样本的情况下鉴定来源;例如,即使实验室保证它可以区分受粪便污染水源的人类和动物 DNA 指纹,仍建议向实验室提供来自人类和动物粪便污染源的对比样本(如污水污染物和该地区任何具体农场的动物粪便)
- 对于诉讼中的污染源追踪,建议不要使用 DNA 指纹鉴定技术,除非资金和时间允许首先在实验室中进行概念验证;尽管 DNA 指纹看起来很诱人,但 DNA 指纹尚未被用于污染物溯源,这方面的出版资料也很有限。因此,这种方法和结果很容易在法庭上受到质疑,并有可能被排除在证据之外
- 在计划 DNA 指纹采样之前,一定要找到合适的实验室并与之协商。有些方法可能并没有实现商业化,而对于那些商业化的方法,现有的实验室可能任务繁重,无法在规定的时间内完成分析。此外,取样要求尽可能包括各种具体的重要细节,如果不考虑这些细节,可能会使法医学证据在法庭上失效
- 在决定哪种 DNA 指纹鉴定方法更适合具体情况之前,请务必检查与各种 DNA 指纹鉴定方法相关的具体限制和优势
- 强烈建议 DNA 指纹鉴定证据至少要有另一个独立的证据链来支持

6.4   树轮指纹鉴定(树轮生态学)

树轮指纹鉴定是指利用树木生长年轮中存储的信息,对进入树木根部区域

的污染物进行法医学评定。具体来说,该技术需要测量树轮的两个主要参数:(宽度和化学元素组分)。这两个参数受到各种因素的影响,包括在根部区域存在的污染物,正如在技术概述及技术原理中解释的那样。

树轮指纹鉴定是为数不多的"终极"污染物指纹鉴定技术之一,其具有以下极好的法医学功能:

- 年代测定精确度高(1年以内)
- 能够区分同一污染源在同一现场的多次排放(在时间上)情况
- 不受时间流逝的影响
- 采样时与污染物的实际存在无关
- 对少量污染物高度敏感
- 提供的证据简单明了、易于解释

这种技术也有一系列局限(尤其是在应用的可行性方面),本节将进一步详细讨论。不过,只要能够应用,它就能提供一些迄今为止任何检测技术都能获得的最准确、最直接的法医学证据。

请注意,树轮指纹鉴定是本书中对新兴的环境法医学应用树轮生态学/树轮年代学的称谓,它已以树轮生态学的通用名称出版(Balouet et al., 2007a, b; Balouet, 2005)。树轮化学一词也用于指该技术在法医学领域的应用。植物筛选和树轮化学这两个术语指的是作为法医植物学一部分的特定检测类型(在有关应用的章节中将进一步讨论)。从2010年开始,法国环境与能源管理署(ADEME)资助了一项国际研究计划,旨在测试针对卤代挥发性有机化合物、化石燃料、多环芳烃(PAHs)、金属、多氯联苯(PCB)和二噁英的植物筛选和树轮化学方法。

本节包括一些基本信息,旨在帮助读者了解树轮指纹鉴定的原理、应用和局限,并为读者提供与实际应用相关建议。

若想了解更多详细信息和环境法医学方法的应用案例研究,推荐阅读以下文献:Balouet et al., 2007a, b, 2009, 2012;Burken et al., 2011;Balouet and Oudijk, 2006;Balouet, 2005。此外,Fritts和Swetnam的综述文章以及以下推荐网页也提供了有关树木年轮和相关科学应用的有用信息(Fritts and Swetnam, 1989):

- http://phyto-forensics.com/index.html(由国际环境法医学专业团队于2012年建立的法医植物学网站;请注意,在本书定稿时,该网站仍在部分建设中)。

- http://web.utk.edu/~grissino/index.htm（由田纳西大学的 GrissinoMayer 博士出版）。该网站提供了该领域全面的最新信息,并附有许多实用的图解示例;强烈推荐查看不同物种在不同环境条件和各种压力下的树木年轮图像示例。

- http://ltrr.arizona.edu/dendroecology（亚利桑那大学的树轮生态学在树轮年代学研究方面有着悠久的历史,现代树轮年代学的创始人 A. E. Douglass 于 1937 年建立了树轮年代学实验室）。

- http://dendrolab.indstate.edu/nadef/［北美树轮生态学野外考察周（NADEF）网页每年都会在不同的项目和地点提供有关树木年轮技术的野外和实验室培训信息］。

6.4.1　方法原理和步骤

6.4.1.1　方法原理

在温带气候条件下,大多数树木都有年轮(同心排列的年轮,如图 6.5 中的示例所示)。通常情况下,树木每年都会在树干上增加一个新的(外层的)年轮。树木的生长年轮是可以确定年代的(这是一个科学领域的主题,被称为树轮年代学),一般来说,对于任何活着的树木,都可以通过提取所谓的树芯样本,并计算从树皮到树芯的可见年轮来确定年代。最靠近树皮的年轮对应的是采集树芯样本的年份,下一圈年轮对应的是 1 年前的年份,再下圈年轮对应的是 2 年前的年份,以此类推。需要注意的是,这个简单的规则也有一些例外,因为在特殊条

图6.5　生长年轮轮廓分明的树桩(图片摄于加利福尼亚州死亡谷)

件下,有些树木可能每年产生不止一圈年轮,或者1年内没有明显的年轮。因此,为了检查这种异常现象并确保年轮测定的准确性,科学家会在同一地区生长的同种树木之间进行所谓的交叉测定。在介绍树轮指纹鉴定和其他树轮生态学和树轮年代学应用的基本原理时,将讨论更多有交叉定年的问题。

树轮指纹鉴定测量与树木年轮存在有关的两个参数:每个生长年轮的宽度和每个年轮的化学元素组分。这两个参数都可能受到树木根部区域污染物的影响。具体来说,由于污染物的存在影响了树木的生长(生长迟缓),树轮的宽度可能会减小,而由于根部区域存在污染物(与水和养分一起进入树木),树轮的化学元素组分可能会发生变化(污染物成分中的元素浓度更高)。下文将进一步解释预计发生这些变化的原因及其与环境法医学的相关性:

- 污染物对树轮宽度的影响。如果树木根部区域的污染物浓度足够高,它们的存在可能会对树木造成损害,导致树木生长迟缓。生长受阻可能立即开始,也可能在污染进入根部区域后的几年内开始。当树木生长受阻时,会在受影响的年份产生较窄的生长年轮。因此,树轮宽度突然变窄(与前一年相比)可能表明树木根部区域受到了污染。不过,在解释数据时应谨慎,因为树木生长迟缓可能是由许多其他因素造成的,如气候、供水、养分供应、微生物瘟疫、火灾等,因此,在分析树轮宽度模式时应考虑这些因素。一种方法是使用"对照"树木,即在同一地区,与污染区域内的树木种类相同,但没有暴露在污染中的树木。有关在法医学调查中使用对照树木的更多信息,请参见方法步骤的讨论。

- 污染物对树轮化学元素组分的影响。当污染物进入树木根部区域时,它们会被根部吸收(连同水分和养分),并通过树木生长细胞(即当年或树木生命的最近一年形成的环状细胞)在树木中迁移。需要注意的是,只有最近形成的年轮才对水分、养分和任何相关污染物(存在于树木根部区域)的迁移具有活性。当污染物通过树木生长细胞时,通常会在细胞中留下痕迹。具体来说,被吸收的污染物的部分组成元素会保留在其经过的树轮细胞内(即对应污染物进入树木根部区域的年份)。因此,通过测量树轮的化学元素组分,当检测到某些元素的浓度峰值时,可以推断出含有这些元素(观测到峰值)的污染物已在峰值相对应的具体树轮年份被树木吸收。基本上,所有年轮都要进行化学元素组分分析,那些显示出任何目标元素(例如,所研究污染物的组成元素)峰值(浓度较高)的年轮被解释为表示污染物进入树木根部区域的年份。这就是应用树轮指纹鉴定法进行污染物年代测定的原理。如果研究的树木靠近污染源,那么目标污染物进入树木的年份就相当于污染物排放的年代。

因此,树轮指纹鉴定技术最突出的应用是高精度、高准确度地确定污染物排放的年代。不过,利用树木生长年轮的信息还可以进行许多其他环境法医学应用,包括追踪污染物的来源和转变情况、评定排放类型(即突然排放与逐渐排放)、区分多重排放、重建污染物羽流的历史运动,以及绘制当前污染物羽流图,而无须进行干扰性和成本更高的土壤钻探或监测井。这些应用将在应用部分进一步讨论。

6.4.1.2 构建原理

树轮研究是环境法医学应用中的一个相对新的领域。不过,如前所述,它是建立在公认和广泛接受的科学技术和原理基础上的,这些技术和原理在多年来与以下主要科学领域相关的许多同行评审出版物中得到了证明:

1. 树轮年代学或重建过去的气候或环境事件(如火灾、虫害暴发),以及根据树轮证据确定考古遗址或文物的年代(通常包括年轮宽度分析)。在"终极树轮网页"(http://web.utk.edu/~grissino/references.htm)中,对树轮年代学的各种应用进行了条理清晰地描述,并附有说明材料。树轮年代学基于这样一个概念,即大多数树木都具有可以精确测定年代的生长年轮。树轮年代学的既定原理包括以下几点(http://web.utk.edu/~grissino/principles.htm#1):

   - 均变性原理。1785 年,地质学家 James Hutton 首次提出了这一原理,该原理指出:"现在是通往过去的钥匙。"从根本上说,这一原理推断出,将当前的环境过程与当前的树木生长模式联系起来的物理和生物过程在过去一定也在运行。因此,就树轮而言,我们现在可以观察到不同的影响因素是如何影响年轮生长的。当我们观察到过去几年类似的年轮生长模式时,我们就可以推断出过去一定有类似的因素影响过树木年轮。

   - 限制因素原理。虽然影响树轮生长的因素多种多样,但这一原理表明,植物生长过程的速率会受到最主要的环境变量限制。在环境法医学应用中,当树木根部区域的污染对树轮生长产生主导影响时,它将反映在树木的生长年轮模式中。基本上,当一个地区的气候和其他因素没有限制树轮宽度和生长,但在与污染羽流接触的地方可以观察到所研究树木的树轮宽度变窄,那么就可以推断污染是限制因素,树轮宽度变窄可以归因于当年存在污染。

- 树木生长总量原理指出,任何单独的树木生长序列都可以"分解"为影响树木长期生长模式的人为和自然环境因素的总量;因此,通过树轮宽度分析可以测量和观察到的树木年轮模式是各种影响因素共同作用的结果。在环境法医学应用中,如果存在不止一个限制因素,如污染物和同年的不利气候条件,则树轮宽度变窄不一定是污染物造成的。在这种情况下,需要更多的证据(逐个树轮化学元素分析或树轮化学)来评定污染物对树轮的影响和污染物的年代。

- 生态幅原理指出,树种可以在一定范围的栖息地生长和繁殖,这被称为其生态幅。在环境法医学应用中,建议对生长在同一地理区域内的同种树木进行比较,因为这些树木的年轮模式可能相似。如果在其中一些树木上观察到不同的年轮模式,就可以推断出这些具有独特模式的树木在当年受到了其他局部因素的影响。这种局部因素可能是树根区存在污染。

- 交叉定年的原理是,将多个树轮系列的树轮宽度或其他环特征(如树轮密度模式)进行匹配,可以确定每个树轮形成的确切年份。这是测定年代的基本原理,可提高方法的准确性和可靠性。在环境法医学应用中,这一原理允许对同一地理区域内相似物种的树木进行比较,树轮模式的任何明显差异都可能归因于暴露树木根部区域存在的污染。根据这一原理,还可以通过与对照树木进行比较,对研究树木进行可靠的年代测定,以确保伪年轮或复年轮(在 1 年内形成)被识别出来,并且不会影响年代测定结果。这会增加法医学证据在法庭上的可靠性。此外,根据这一原理,可以将树轮模式所能表征的年份从活树扩大到死树,因此能够对更古老的树轮(树龄可达数千年)进行评定。基本上,通过将某棵树的年轮模式与取样时还活着的树木进行比对,可以推断出该树死亡的年份,从而追溯到更早的年代。这可能适用于残存的树桩或家具以及其他木制物品。事实上,这就是如何确定考古遗址的年代,以及如何确定木制物品或家具的年代。虽然这里提到的树轮年代学的考古和历史应用与环境法医学的直接相关性较小,但还是要提一下,因为它们可能有助于理解这种方法的原理和全面应用。

- 复制原理指出,通过对每棵树的多个部位和每个现场的多棵树进行采样,可以最大限度地增加所调查的环境信号,并最大限度地减少"噪声"。这与其他检测技术的原理类似,这些技术通常需要采集一个以上的样本,以增加结果的可靠性。显然,由于许多环境案件最终都会提交给审判法庭,因此获得可靠的证据是打赢官司的关键。对于树轮指纹鉴定的法医学应用,建议(尽管并非绝对必要)在有条件的情况下对不止一棵暴露的树进行取样,并对每棵树采集不止一个树芯样本。

2. 植物提取,或利用植物和树木进行修复,是基于树木或植物根部区域的污染物进入树木或植物的观测。因此,树木根部区域的污染物被树木吸收的概念已经确立,这是植物提取得以实现的基础,这一点已在许多实际应用中得到证实[更多信息见美国农业部(USDA)网站 http://www.ars. usda.gov/is/ar/archive/jun00/soil0600 和美国环保局网站 http://www. epa.gov/superfund/accomp/news/phyto.htm]。许多植物提取和植物修复研究(包括实地试验)都证明,树木或植物在吸收水分和养分的同时也吸收了污染物,而且至少有一部分被吸收的污染物被保留在树木或植物的生物质中。在环境法医学中,树轮生态学和树轮年代学通过测量树木生长年轮的化学元素组分,发现某些元素的最终峰值可能与所研究的污染物有关,从而实现了高度精确的年代测定,同时,还将化学元素模式与树轮宽度模式相结合,创建了基于树轮指纹鉴定的有力的环境法医学应用。

总之,树轮指纹鉴定建立在前面讨论的树轮年代学和植物提取/植物修复的基本原理之上。Balouet 等人的出版物讨论了该方法的科学原理、可靠性和法律可接受性,并证明该方法已经足够成熟,且已在许多案例中得到证实,可为法庭审判提供可靠的证据(Balouet et al., 2009)。树轮指纹鉴定应被视为是基于可靠原理的成熟科学方法的新兴应用。

6.4.1.3 方法步骤

树轮指纹鉴定的步骤如下:

1. 在考虑采用树轮指纹鉴定法时,首先要对方法的可行性进行筛选,并计划进行充分的取样和分析。首先应评定以下几个主要限制因素:

a. 调查现场是否有树木?

b. 现有树木的树龄是否足以涵盖怀疑发生污染的估计时间范围?

　　c. 所研究的污染是否存在于浅层地下(如30英尺以下)?

　　显然,这种方法有一定的局限性,即待调查现场是否存在树龄足以覆盖现场作业的树木(根据历史文件审查,应了解现场作业的时间范围)。此外,另一个主要因素是地下的污染深度,显然,深层污染可能远低于树木根部区域,因此可能无法被树木吸收,一般来说,该方法可适用于离地面大约30英尺处的污染;但是,每个现场都应根据具体的情况加以考虑,而且这一一般规则可能不适用于所有现场。地下污染物浓度越低,采用该方法的深度就越浅。需要注意的是,树根不一定与污染物直接接触,因为污染物可能会从最深树根以下的深度通过所谓的毛细管力最终进入树木。此外,挥发性有机化合物(VOC)和半挥发性有机化合物(SVOC)污染物可能会被树木从土壤蒸汽中吸收,如果没有遇到明显的地质屏障,也可能会以土壤蒸汽的形式从更深的地下水中传播至树木。在决定任何特定情况下采用该方法的可行性时,需要考虑到所有这些因素。此外,使用谷歌地图(卫星图像)可以帮助轻松识别任何特定区域或地点的树木。另外,如果有历史航拍照片,对其进行评定可能有助于确定现有树木的年代。除了这些主要因素外,在决定该方法是否适用于任何具体情况之前,还应考虑其他因素(将在下一节中详细讨论)。这些因素包括:

- 树木与可疑污染源的距离。
- 树木的总体健康状况。
- 是否有对照树(与被暴露树木的树种相同,且在同一区域内)。
- 取样树木是否容易接近。
- 研究区域内是否存在所研究污染物的替代来源。
- 研究现场所在地区的一般气候类型(例如,该方法在大多数热带气候中可能不适用)。

　　与大多数法医学方法一样,一旦确定了方法的可行性,就必须制定相关的取样方案,以确保方法的有效应用。通常情况下,在进行此类规划时,最好进行一次简短的现场考察和检查,以确定要采样的确切树木以及可能在同一天进行的任何其他相关采样(如土壤或地下水采样)。此外,强烈建议与实验室核实,以确保使用了适当的取样设备和技术。树芯取样可使用各种类型的钻孔器,一般来说,在进行化学元素分析时,应首选直径较大的钻孔器。

　　2. 确定要采样的树种。进入实地后,第一项工作就是充分识别计划采样的所有树木的树种。这可以在计划步骤或采样当天进行。一般来说,这一步需要查阅专门的指南,并对树木和指南中的特定术语有一定的了解。对于那些过去从未进行过此类鉴定的人来说,强烈建议在规划步骤中执行这一步骤,并在可能的情况下咨询植物学家或其他有经验的科学家。如果不能确定树木的种类,建议收集一片有代表性的树叶和树木本身的详细照片资料,以便专家进一步核实。如果树上有果实,也应采集一个,以便进一步检查、识别和确认树种。注意,虽然树种可在采样和分析完成后进行确定,但对该地区的对照树进行采样也很重要。在无法确定树种的情况下,对暴露树木的各种独特形态特征(如叶子的类型和排列、总体外观、树皮面貌)进行详细观察,可能有助于确定附近可作为对照树取样的类似树木。

3. 树芯取样。下一步是采集样本。建议采用以下方法进行正确取样:

a. 采样设备。采集树芯样本的典型设备是所谓的探木钻(手动)。探木钻是一种简单的工具,用于对树木进行取芯,即从树皮向树芯方向提取树木样本。样本是圆柱形的,直径根据使用的仪器(通常是 5 mm 或 10 mm 的钻孔器)而有所不同。图 6.6 和图 6.7 展示了对一棵树进行取芯的探木钻。直径较大的钻头更适合样本分析;但有些树木的木质较硬,很难取样,可能需要直径较小的钻头(如 5 mm)。电动钻头也可用于特别坚硬的木材,但在大多数应用中并不常见。

图 6.6　手动探木钻,其主要部件包括:钻入树体的螺旋钻和手柄。注意,本图中没有看到用于取样的提取器托盘;该部件位于螺旋钻内部,与其长度一致

图 6.7 (a)~(c)树芯取样和样本制备。(a)左上图为树芯取样操作。(b)下图为从钻孔器(标尺中间)中取出的树芯样本。(c)右上图为处理好的分析样本(右侧)和未处理的样本(左侧);注意,图中的分析样本是从另一种树木上获取的,而非此处显示的树木;该样本通过直径更大的钻孔器获取。未处理的样本用所示的钻孔器采集

b. 样本位置和数量。样本通常在人体胸部高度采集。一般来说,每棵树每次采集样本需要 10~15 分钟(但有些树可能需要更长的时间),因此该方法适用于每天采集大量树木的样本。一般来说,建议每棵树使用两个树芯(尽管很多时候最终只对一个树芯进行元素组分的化学分析)。暴露树(污染区域内的一至三棵或更多——取决于采样区域的长度和树木的可用性)和相同树种(污染区域外)的对照树(通常一棵对照树即可)都应采样进行比较。

c. 样本存放。钻孔器离开树木后,应立即小心地从钻孔器中取出树心样本,放入样本夹或尺寸合适的管中。图 6.7a 和 6.7b 中显示了取芯操作以及取回样本并放入夹具(本例中为塑料尺)的过程。重要的是,要尽快从钻孔器中取出树心样本,并确保钻孔器中没有残留树心样本,因为钻孔器需要重复使用,以采集其他计划采集的样本。通常情况下,两次取样之间无须对钻孔器进行清洁,但钻孔器必须没有上次取样的任何样本残留物,以免妨碍进一步穿透树木采集新样本。一旦样本被妥善保存,就可以直接运输,在运输过程中就无须使用冰块或任何其他保存技术。

4. 处理造成的树木伤口。树木取样后,应将提取树芯时留下的孔洞视为伤口,并用特殊糊糊(市面上有治疗树木伤口的糊糊)进行填充。这样可以防止昆虫和其他潜在的树木虫害,采样树木的健康也不会受到任何影响。这是确保树木健康的重要步骤,在对下一棵树取样之前应始终执行这一步骤。

5. 处理采集的树芯样本。树芯样本到达实验室后,需要先进行处理后才能进行分析。这一步骤可由接收实验室完成,但科学家应注意并与实验室核实,以确保样本处理得当。具体来说,树心样本在室温条件下干燥 4~5 天,然后进行分析。需要注意的是,在干燥过程中,样本应放置在有凹槽的木块或特定的托盘中,以便在干燥时不会扭曲。样本干燥后,准备工作包括对样本进行多次打磨(使用 80、200、400 和 600 粗细度的砂纸),以获得分析所需的平整光滑的表面(Balouet et al., 2007b; Balouet and Oudijk, 2006)。当样本表面充分抛光至可以反射光线(如图 6.7c 中的右侧树芯)时,样本就准备好了。然后用喷雾式除尘器或真空吸尘器清洁样本。准备好分析后,可将样本粘在有凹槽的木块上,如图 6.7c 所示的样本(右侧的树芯)。

6. 树轮宽度分析。首先要对制备好的样本进行树轮宽度分析。分析通常使用放大设备和测量台。树芯的显微密度测定图像是通过数码相机和放大倍数

(30—40 倍)的视频监视器获得的,测量精度约为 1%(Balouet et al., 2007b)。该分析可由任何专门从事树轮年代学工作的实验室(如大学实验室)进行。需要说明的是,我与法国国际环境组织的 Chris Balouet 博士在以前的项目合作中,Balouet 博士在他位于法国的实验室中进行了树轮宽度分析。

　　7. 逐个树轮进行化学元素分析。在对树轮宽度分析后,还可以对样本进行化学元素组分分析。这可以利用能量色散 X 线荧光(EDXRF)来完成。EDXRF的优点是对原子量大于 25 的元素的检测限低,而且是一种无损技术(基本上,树芯在分析完成后就会从实验室送回,并可用于任何进一步的检测)。有关EDXRF 方法及其在环境法医学中应用的更多信息,请参阅 Smith 等人和Lindberg 的论文(Smith et al., 2008;Lindberg, 2004)。该方法以照射样本表面为基础,然后用光谱法测量产生的光子波长和峰值强度,通过对样本进行扫描(从一个边缘到另一个边缘,如从树芯到树皮),将单个点光谱转化为元素计数。需要注意的是,虽然 EDXRF 是一种成熟的技术,但其在树轮分析中的应用并不常见,因此可能很难找到具有这种特殊经验的实验室。不过,许多大学实验室都拥有所需的设备,并可能有兴趣将该技术用于树轮指纹鉴定。在这次分析中,我使用了瑞典斯德哥尔摩大学的 Dendro 实验室,该实验室在利用 EDXRF 分析进行树轮指纹鉴定方面有丰富的经验。EDXRF 分析技术可对树芯中约 30 种元素进行测量。这些测量值通常不以浓度单位提供,而是以计数提供,即计数光子的绝对数。不过,由于该方法依赖于峰值识别,因此不需要浓度,只需将计数与树芯长度相对照即可。需要注意的是,这些计数是与浓度成正比的,因此,计数的增加很可能是由于任何给定元素的浓度增加所致。事实上,本书在讨论树轮的化学元素组分时使用的"浓度"一词指的是实验室报告的实际计数。

　　8. 根据法医项目的目的进行附加分析的辅助步骤。特别是在根据化学元素分析获得非结论性数据的情况下,附加分析可能有助于解释数据和解决法医学难题。此类分析可能包括同位素分析或目标化合物的化学分析(例如,如果所研究的羽流中含有全氯乙烯和三氯乙烯,则分析全氯乙烯和三氯乙烯;如果所关注的污染物是多氯联苯,则分析多氯联苯)。需要注意的是,逐个年轮检测化合物通常需要多个树芯的组合,以便有足够的材料对每个年轮或年轮系列进行分析。一般来说,对化合物进行逐个年轮分析可能需要太多的树芯;因此,可以使用四到五个年轮的分组来代替,这样就可以提供时间范围而不是年份来进行年代测定,这可能比使用其他技术进行年代测定更加准确。还要注意的是,树轮中的同位素分析和化合物分析都需要使用破坏性技术,例如先消化再进行气相色谱/质谱分析。目前仍未明确确定在过去的生长年轮(取样时并不活跃)中是否可能发现(未代谢)数量可量化的有机化合物,尽管这种可能性是存在的,特别是对于多氯联苯等较稳定的化合物。一旦在树轮中检测到化合物,形成的证据将比之前讨论的仅通过化学元素分析获得的证据更有力。

9. 数据评定和解释。这最后一步是得出法医结论所必需的。就树轮指纹鉴定而言,通常需要从实验室获得以下信息:(a)树轮宽度测量结果(Excel 电子表格)和分析树芯的放大图像,以及(b)元素浓度(约 30 种元素)与样本末端(即树皮方向)距离的关系(也以 Excel 电子表格形式提供)。数据评定通常是在显示各种年轮(从树皮到树芯)的放大树芯图像上叠加 EDXRF 分析结果(根据实验室提供的电子表格数据,使用计数与树芯末端距离的关系图)。图 6.8 显示了这种表示方法。

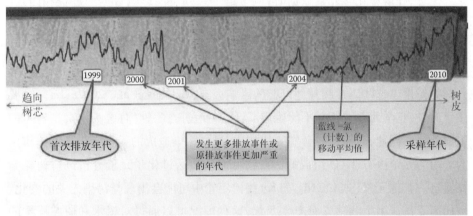

彩图 6.8

图 6.8 (彩图见二维码)假设案例研究中的树轮数据评定示例。经过适当校准后,氯的化学元素分析结果叠加在放大的树芯图像上;左边是树芯或所谓的树髓,右边是树皮

6.4.1.4　化学和年轮数据的校正

要正确叠加两组分析数据(即树芯图像上的化学元素数据),首先需要将化学数据与树轮年份进行关联。这种关联可以通过所谓的年轮间异常来实现,年轮间异常是由于年轮边界木材密度的变化(这就是为什么年轮是可见的:细胞密度在每个年轮的边缘发生变化)而导致 EDXRF 技术记录的异常。这些年轮间异常是基于木材密度而非化学元素变化的 EDXRF 相干计数变化。这些数据应在进行 EDXRF 分析时获得,并应在叠加两组数据时用于根据树芯的正确区

域校准化学元素模式。请注意,与污染事件相关的单个筛选元素的年轮内变化相比,这些年轮间异常的总计数和幅度都要低得多。Balouet 等人的书中提供了化学元素数据与年轮年份校准的具体示例(Balouet et al., 2007a)。

6.4.1.5　数据解释

如图 6.8 所示,显示树轮指纹鉴定结果有助于确定与目标元素(与相关污染物有关)的任何可观测元素峰值相关的单个生长年轮。图 6.8 中的示例与下一节讨论的假设案例有关,在此仅做演示。一般认为,更尖锐的元素峰是污染事件的迹象,可用来确定这些事件的年代。在图 6.8 的示例中,氯(Cl)是目标元素,因为所关注的污染物是三氯乙烯。图 6.8 中标出了几个较尖锐的峰值,并附有与推断排放有关的简要解释。虽然沿树芯可以看到许多微小的氯(Cl)变化(这些变化是正常的,是基于多年来树木的生理变化),但在图 6.8 中可以识别和标记出几个较尖锐的峰值,并对推断的排放进行简要解释。

注意,在解释化学元素数据时,应考虑一系列可能影响数据的过程和因素。这些因素包括可能导致元素从一个年轮转移到另一个年轮的一系列过程(在元素随污染物进入树木之后),以及报告的与污染物的存在无关的树木年轮中某些元素的自然变化(通常发生在硬质木材和软质木材之间的边界)。Balouet 等人详细讨论了这些因素和其他可能的影响因素(Balouet et al., 2007a,b)。还要注意的是,化学元素分析并不能确定 C、H、O 元素的含量,而这些元素是树木的组成部分。因此,与树木的自然变化相比,潜在污染造成的元素变化是无法辨别的。因为完全由 C、H、O 组成的污染物可能无法通过化学元素分析进行树轮指纹鉴定。其他元素(如 Ca、Mg 和 K)在树年轮中可能会出现与污染无关的变化,例如因受伤或微生物感染而产生变化,这种情况可以通过对树木和树芯样本的逐案观察来评定。此外,土壤 pH 的变化可能导致某些元素(如 Fe、Zn)的生物利用率和流动性增加,最终可能导致树木在 pH 发生显著变化的年份从土壤中吸收更多的元素。在最终确定树轮数据的解释之前,需要逐一考虑所有这些因素和其他可能的影响因素,以确保证据确凿。

6.4.1.6　利用所有的化学元素报告数据

虽然只有与相关污染物有关的元素才能为年代测定或其他法医学目的提供直接证据,但其他元素(在实验室报告的约 30 种元素中)也可能显示出明显的峰值,对它们进行评定可以更好地了解“整体”(例如,可能发生了其他哪些事件,在不同时间现场可能存在哪些其他污染物,或者这些事件如何影响法医学解释)。附加元素(如果显示出明显峰值)可能有助于确定目标元素(除相关污染物外)的潜在替代或补充来源。例如,当观察到 Na 或 K 峰值与 Cl 峰值重合时,可以推断出 Cl 峰值产生的原因可能是盐(如用于道路除冰的盐或沿海地区海水侵入含水层的盐),而不是三氯乙烯。在这种情况下,树轮指纹鉴定的结果可能是不确定的,不能用来确定三氯乙烯排放的年代。

6.4.1.7　利用统计学工具

统计学工具也可用于帮助数据评定。例如,每个数据点(如以计数表示的分析结果)都可以用周围选定数量的数据点的平均值来代替。得到的所谓移动平均值可用于结果的图表表示。评定结果的另一种方法是计算每个年轮的元素测量平均值。

6.4.1.8　树轮年代的交叉定年

需要注意的是,在评定与上述年轮宽度信息相关的化学元素数据之前,应对所研究的暴露树木的树芯与对照树木的树芯进行交叉定年(交叉核对),以确认树轮的年代,并识别任何潜在的缺失年轮或伪年轮(如前所述)。在某些情况下,可能找不到同一物种的对照树或无法进行取样。在这种情况下,我们可以使用一系列可用的数据库,这些数据库提供了全球许多地理区域许多物种的树木生长信息。在这方面,建议使用两个公共领域的主要数据库:

1. 美国国家海洋与大气管理局(NOAA)古气候学计划与世界古气候学数据中心维护的国际树轮数据库(ITRDB)(见 http://www.ncdc.noaa.gov/paleo/treering.html)。

2. 瑞士联邦森林、雪与景观研究所维护的 Dendro 数据库(可在 http://www.wsl.ch/dendro/dendrodb.html 上查阅)。

6.4.1.9　树轮宽度数据的解释

在未获得化学元素数据的情况下,仅根据树轮宽度数据可能会做出一些法医学解释。不过,树轮宽度数据应显示出并非由气候变化等常见影响因素造成的变化或异常。公开的树种数据库提供的信息有助于评定污染物对年轮生长的影响与其他因素(如气候因素)之间的关系。例如,一种名为帕尔默干旱严重程度指数(PDSI)的参数通常用于评定气候变异造成的树轮宽度异常。可从公共数据库中提取某一地区和物种的 PDSI 趋势,并与所分析树木的树轮宽度测量值(按年份调整)一起表示。当趋势相吻合时(在某些时间范围内),可以得出结论:PDSI 是决定可观察到的树轮宽度模式的限制因素。不过,对于趋势不相关的年份,可以推断出可能是气候以外的某些因素(如污染物)影响了树木。这种方法可以绕过或与对照树一起用于评定气候与污染物驱动的树轮宽度变化。PDSI 数据库可从美国国家海洋与大气管理局网站(http://www.ncdc.noaa.gov/paleo/pdsiyear.html)获取。

6.4.2 应用、局限性和建议

6.4.2.1 应用

树轮指纹鉴定是一项尖端技术,在环境法医学方面具有很大的应用价值,主要包括以下几类应用:

- 高精度年代测定(精确到年)。基本上,迄今为止还没有其他法医学检测技术能如此准确地确定污染的年代。从理论上讲,任何排放的污染物只要到达树木根部区域,都可以进行年代测定。在实践中,由于方法和取样方面的限制,使用这种技术较容易确定年代的污染物包括至少含有一种除 C、H 和 O(树木的组成元素)以外组成元素的污染物。迄今为止,文献报道的案例包括对以下污染物进行年代测定:

- 金属。如 Balouet 等人对铅的研究表明,大多数重金属都会在树轮中产生可见峰值;在这种情况下,需要检测的树木元素标记就是金属本身(Balouet et al.,2007a,b)。

- 氯化溶剂。正如南加州(Balouet et al.,2007b)和德国(Balouet et al.,2012)的一些案例研究中针对三氯乙烯和全氯乙烯(以及降解产物)所显示的那样,氯化溶剂会在年轮中留下与它们进入树根区的年份相对应的氯峰值,在这种情况下,元素标记为氯。

- 石油馏分物。石油产品可根据其所含的添加剂或杂质通过树木确定年代。例如,含铅汽油是根据其铅含量进行年代测定的,铅含量会在树木年轮中留下明显的峰值;燃油是根据其硫含量进行年代测定的,硫含量会在年轮中留下明显的峰值(Balouet and Oudijk,2006;Balouet et al.,2007a,b;Smith et al.,2008)。注意,对于中间馏分物,观察到树木中留下的硫峰值与氯峰值相关;因此得出结论,硫和氯峰值在同一年出现将是树木吸收化石燃料的有力证据;因此,在含铅汽油中,铅是元素标记,而在中间馏分物中,硫是主要的元素标记,当氯的峰值与硫的峰值相关时,氯会增加结果的可信度。

- 石油馏分物和原油可根据其所含的一些重金属(痕量)(如镍和钒)在树木中进行追踪(Balouet et al.,2007b);在这种情况下,镍或钒可作为元素标记。

- 在信息有限或没有信息的情况下,揭示一个现场的污染历史,包括污染类型(基于发现峰值的元素标记类型)和污染事件的严重程度(基于峰值高度和树轮宽度变化对生长的影响)。此外,元素峰值的变化(如突然增加或多年来逐渐增加)可表明排放类型(如突然和意外排放,像储存罐破裂或倾倒事件,或逐渐排放,如管道泄漏);在保险诉讼案件中,证明排放类型很重要。Balouet 等人介绍了几个有代表性的案例研究(Balouet et al.,2007b)。

- 如果研究区域和各种可疑污染源之间有树木,也可以进行污染源鉴定。在这种情况下,我们可以揭示污染的路径,有时还可以推断出羽流在时间和空间上演变的大致情况。例如,如果三氯乙烯地下水羽流存在三个可疑来源,但通过土壤、土壤蒸汽或地下水数据,并不存在任何来源与羽流本身之间的联系,那么树木可能会揭示是哪个来源造成了三氯乙烯地下水羽流。前提是在每个可疑污染源和地下水羽流位置之间都有树木。然后,可以对每个来源和地下水羽流之间的两棵或更多树木进行取样,通过树轮宽度分析和化学元素分析,寻找氯峰。如果在远离源头的逻辑演化中发现了这样的峰值,那么就提供了特定来源的贡献证据。此外,如果在来源和地下水羽流之间的树木中没有观察到相关的氯峰,树木证据还可帮助排除一些可疑来源。即使没有排除任何污染源,树木也可以提供与每个污染源有关的确切证据。

- 区分同一现场的多次污染排放。树轮指纹鉴定是唯一一种可以对同一现场在不同年代多次排放的同一化学品进行精确年代测定和识别的检测技术。因此,如果某个现场发生过多次氯化溶剂排放,该技术可根据树芯中连续出现的目标元素峰来揭示这些排放(如图 6.8 中的示例)。另一个示例是,在一个现场,树芯中的多个 S 峰和一个主要 Pb 峰可以归因于在不同年代发生了多次中间馏分物排放和一次主要汽油排放(Balouet et al.,2007b)。这些信息对于解决保险索赔可能至关重要,因为承保的保险公司可能在不同年代之间发生变更。这也可能有助于将造成现场污染的所有责任方"带到谈判桌上",并从那里追回损失,而不仅仅只是通过传统监测技术(如监测化学物质浓度)将责任归咎于最近排放污染的责任方。

- 确定羽流边界和历史地下水流速。如果沿可疑羽流路径对多棵树木进行采样,就可以重建污染羽流在时间和空间上的演变过程。我参与了一项与地下水多氯联苯羽流有关的未发表(保密)案例研究,在可疑的历史来源和羽流位置(采样时)之间对大约 10 棵树木进行了采样。树木年轮中的 Cl 峰值有一个演变过程,揭示了可疑污染源很可能是造成羽流的原因,因为离污染源较近的树木在较早的年份出现 Cl 峰值,而离污染源较远的树木在较晚的年份出现 Cl 峰值。事实上,随着树木位置越来越靠近羽流,Cl 峰逐渐向最近的年份移动。有了这些来自重建地下水羽流路径沿线多棵树木的数据,还可用于计算不同树木之间的羽流传输速度,进而可用于校准地下水模型,增加模型证据的可靠性。

- 对已减轻污染的现场进行法医学调查。由于树轮指纹鉴定与取样时是否存在污染无关,因此它是为数不多的可用于减轻污染现场(例如,被新的持有者购买后进行了修复的现场,新的持有者希望从造成污染的前持有者那里收回修复费用)的法医检测技术之一。

　　除了上述环境法医学调查中的各种应用外,树木生长年轮的信息(如年轮宽度或化学成分)还可用于许多环境调查,包括以下方面:

- 现场特征描述和现场评定。在对土壤和地下水进行取样时,可利用树木来筛查是否存在污染,而无须进行破坏性的土壤钻探或监测井。由于不需要对环境造成干扰,也不需要钻孔或其他类型的设备,因此这种方法是可持续的绿色方法。这种方法在现场评定中的应用也被称为植物筛选,包括分析从整个采集的树芯样本中挥发出来的物质(无须逐个年轮分析)。显然,这适用于挥发性有机化合物和半挥发性有机化合物污染物。我们的想法是,只有在采样时被树木吸收的污染物才会从树芯中挥发出来(过去被树木吸收的任何污染物痕迹都会固定在木质年轮中,不再挥发)。当现场内有多棵树木并分布在所有主要现场区域时,这种应用效果会很好,从而对整个现场进行筛选。关于这一特殊应用,美国地质调查局发表了一系列报告(USGS, 2004);美国环保局指出了在场地评定应用中使用树木的优势(EPA, 2005b)。这种方法简单明了,只需将采集的树芯样本装入玻璃瓶中,然后立即密闭并分析树芯(经过一定标准时间后)散发出的挥发性化合物。玻璃瓶还可放在烘箱中,以增加挥发。通过顶空分析,树芯顶空中的挥发性有机化合物与地下水和土壤分析中监测到的挥发性有机化合物之间有很好的相关性。植物筛选也可以使用树枝而不是树芯来进行,从而使该方法更加简单和省时(Gapalakrishnan et al., 2007)。关于利用树木进行现场筛选的其他出版物包括:Sorek et al., 2008;Larsen et al., 2008;Limmer et al., 2011 等。注意,其中一些研究中使用的分析方法与美国地质调查局(USGS)使用的方法不同(如前所述),如使用固相微萃取(SPME)来代替美国地质调查局研究中使用的顶空气相色谱-质谱法。固相微萃取也可用于植物体内的现场快速筛选,其主要优点是大大降低了检测限,提高了植物筛选的灵敏度(Limmer et al., 2011)。

- 监测环境变化(Eckstein and Krause,1989)以及提供水文变化记录(如湿地内的水文变化记录;参见文章:Yanosky and Kappel,1997)。

- 通过植物组织分析进行大气采样。植物的叶子、树皮和针叶可能会保留大气中的污染物。因此,通过对这些植物组织进行采样,可以获得与空气污染物相关的信息。目前已开发出针对多种空气污染物的方法,包括颗粒物、有机和无机污染物。Burken 等人的一篇文章简要评述了这一应用(Burken et al., 2011)。

假设案例研究 6.3　谁来承担工业现场三氯乙烯羽流的赔偿责任?

下面让我们看一个假设的案例研究:从 1980 年至今,一家公司一直在经营市区的一处工业现场。该现场存在使用和储存三氯乙烯的行为,但在 2009 年之前并没有三氯乙烯排放的记录,也没有环境监测数据,直到 2009 年才有数据显示三氯乙烯在浅层地下水(8~10 英尺)的羽流从现场向下游扩散。由于该公司多年来向不同的保险公司投保,因此需要进行法医学调查,以确定三氯乙烯的排放时间。具体而言,该公司由三家保险公司承保,第一家在 1980 年至 2003 年期间,第二家在 2004 年至 2005 年期间,第三家从 2006 年至 2010 年调查之日。

法医学调查员首先对历史文件进行了审查,除了发现该公司在这些年中从同一制造商处购买了三氯乙烯外,没有发现任何排放物或有用信息。因此,需要一种测试方法来解决这一法医学难题。对于三氯乙烯羽流,有两种主要的年代测定技术:大气示踪剂和树轮指纹鉴定。在进行了可行性研究后,法医学调查员注意到,大气示踪剂可能无法用于这一特定案例。树轮指纹鉴定仍然是唯一的选择;幸运的是,在下游邻近的一处土地旁发现了一棵树。根据地下水羽流数据,这棵树位于三氯乙烯羽流区域内。经鉴定,这棵树是一棵至少有 50 年树龄的白蜡树(Fraxinus sp.)。随后,从这棵树上采集了两个树芯样本,并以三氯乙烯羽流上游街区发现的一棵相同树种作为对照树采集了两个树芯样本。由于这棵树并不紧靠污染源,因此需要模拟三氯乙烯从现场可疑排放区域(三氯乙烯储存和处理区域)直至树木根部区域的移动过程,结果显示排放的三氯乙烯需要 1 至 1.5 年才能到达树的位置。树轮宽度数据没有发现任何可归因于三氯乙烯羽流的特殊异常现象。不过,对暴露树芯进行的化学元素分析表明,有几处 Cl 异常(峰值),而其他元素却没有异常。暴露树芯的分析结果如图 6.8 所示,显示在 1999 年、2000 年、2001 年和 2004 年出现了四个较明显的 Cl 峰值。注意,这里只显示了最近的树芯部分(从 20 世纪 90 年代末到 2010 年),因为在更早的年份没有观测到明显的 Cl 异常(采集的树芯延伸到 1978 年,因为它覆盖了所关注的时期,即 1980~2010 年,所以不需要显示其余部分)。如果我们将排放的三氯乙烯到达树木的时间至少增加 1 年,就会发现几个三氯乙烯排放年份:2000 年、2001 年、2002 年和 2005 年。需要注意的是,这种年代测定方法对于最近的 3~5 年可能效果不佳;因此,不能排除 2005 年至 2010 年之间有 Cl 排放的可能性。还需注意的是,最近几年出现的 Cl 峰值(如图 6.8 所示)在年代测定时应不予考虑,因为这很可能是由于采样时树木位于三氯乙烯羽流内;因此,三氯乙烯被树木最近的生长年轮吸收,并很可能从那里扩散到之前的年轮。在其他案例中也观察到了这一现象,这也是树轮指纹鉴定技术可能无法很好地鉴定近期排放(如最近约 3~5 年内)的原因之一。

　　关于对照树芯的化学元素组分,在不同的年份(与暴露树相比),特别是 1988 年和 1995 年,观察到两个 Cl 峰值(此处未显示数据)。在这种情况下,两个 Cl 峰都伴随着 Na 峰,这表明可能是由于盐的原因。对照树位于人行道上,靠近一条主干道,因此很可能是用于除冰的道路盐造成的。

　　总之,树木证据显示,三氯乙烯排放发生在该公司同时向第一和第二家保险公司投保期间。因此,两家保险公司都有责任支付部分修复费用。虽然这些数据不能用于对羽流的贡献进行定量评定,但总体上表明,与最后一次(第四次)排放相比,前三次排放的影响更大。这三次泄漏都发生在该公司向第一家保险公司投保的时间范围内。此外,通过与员工面谈以及检查三氯乙烯的使用和购买记录以及废弃物记录,可以获得更多信息。

　　需要注意的是,本假设案例研究仅供参考,并不详述细节。通常情况下,在得出法医结论之前应考虑一系列因素,而这些因素在本假设案例中并未讨论。不过,树轮指纹鉴定调查的主要步骤已被记录下来,可作为帮助理解和应用这一尖端技术的示例。此外,虽然图6.8中使用的数据是为这一示范案例而创建的,但所显示的Cl化学元素数据的总体趋势与实际案例研究是一致的。另外注意,图6.8中使用的树芯图像来自为实际案例研究收集的一棵真实存在的白蜡树。

6.4.2.2　局限性和建议

该方法的主要局限性在于需要存在足够老的树木来捕捉过去的可疑污染事件,并且距离调查的污染源足够近,同时存在相对较浅的污染(一般不深于地下30英尺)。在任何案例研究中,都应考虑到许多其他限制因素,因为它们可能会影响树轮指纹鉴定的可行性或对结果的解释。上一节在介绍方法步骤时已经讨论了其中一些因素。不过,这里将提供一份更完整的限制因素清单:

- 树木可用性。显然,这种技术的主要局限性在于它需要污染区域(当前或历史上)内有树木。在许多城市环境中,没有树木或没有足够古老的树木来用于法医目的。即使不亲临现场,利用现场的卫星图像也很容易对这一局限进行评定。

- 污染深度。树轮指纹鉴定一般不适用于可能不靠近树根的较深污染物。一般来说,该方法可应用于地下30英尺处的深度。通常情况下,树木更容易接触到挥发性有机化合物和半挥发性有机化合物,因为它们从地下水挥发后也存在于土壤蒸汽中。显然,浓度越高,深层挥发性有机化合物和半挥发性有机化合物污染物进入地下水羽流上方树木的概率就越大。

- 缺乏周期性生长模式。对于美国、欧洲和全球其他温带气候地区来说,这通常不是一个限制因素。树木要形成年轮,需要季节性气候的变化,在热带气候中,该方法可能不起作用。不过,每种情况都应单独考虑,在某些情况下,如果观察到任何气候模式(典型的四季以外)(例如,雨季与旱季的某种模式),这可能会诱发可见生长年轮的形成,因此应加以考虑(不过,在这种情况下,年轮不一定是按年形成的,而是根据观察到的气候模式变化之间的时间间隔形成的)。

- 迁移或修剪的树木。这是该方法的一个重要局限,但经常被忽视。较老的树木被重新安置是不常见的,但当这种情况发生时,较早的树木生长年轮将反映出不同地点的变化,无法用于取样时树木所在现场的法医学调查。因此,了解一棵树何时被重新安置是很重要的。例如,如果一棵树在

1980 年开始生长,在 1985 年被重新安置,那么在不早于 1985 年的任何时期,我们仍然可以使用这棵树的树轮指纹鉴定信息(如果怀疑发生泄漏的调查时期是在 1985 年之后,那就没问题了)。

- 仅影响边材的近期排放。如前所述,树轮指纹鉴定可能不适用于近期的排放(例如最近 3~5 年内的排放),因为污染物会从最近活跃的树轮向内扩散,而这一过程通常会影响到大约 5 年前的树轮。图 6.8 中的示例显示了最近几年的扩散效应(靠近树皮),似乎有一个 Cl 峰,这实际上是扩散造成的。在这种情况下,应将结果视为不确定结果,并使用另一种法医学技术。

- 用于追踪树轮污染元素示踪剂的其他来源。元素标记可能是由不止一种化合物或来源造成的。因此,在使用化学元素分析时,必须排除其他潜在来源对观察到的目标元素峰的重大影响。例如,如果三氯乙烯和多氯联苯同时污染了一个现场(存在于浅层地下),而在研究的树木中发现了与 1985 年和 1994 年相对应的两个氯峰值,那么仅凭树轮指纹鉴定可能无法知道哪个峰值与三氯乙烯有关,哪个峰值与多氯联苯有关,哪个峰值与混合泄漏有关。在这种情况下,需要更多的证据(如历史文件审查或历史监控数据)来指导法医解释。注意,Cl 也可能来自路面盐分或盐水入侵,但这些特殊情况很容易根据现场的地理位置、邻近现场的活动以及其他元素的化学元素数据进行评定(正如我们在假设案例中讨论的那样,通常情况下,如果 Cl 峰值是由盐分引起的,那么该树也会出现相应的 Na、K 或 Ca 峰值)。替代来源可能干扰树轮指纹鉴定调查的另一个示例是在不同的时间点施肥。根据肥料的具体成分,一系列金属和其他元素(如氮、磷)可能会被引入树木根部区域,从而在树木生长年轮中形成峰值。作为一般建议,应仔细考虑历史证据、一般现场条件以及实验室报告的所有元素数据,以帮助评定和排除树轮指纹鉴定中使用的元素标记(目标元素)的潜在替代来源。

- 从大气中吸收元素。这种吸收途径是通过树叶进行的。在草本植物中,叶片对铁、锰、锌和铜以及其他元素的吸收已得到证实(Kabata Pendias, 2001)。特别是当现场附近存在大气污染物来源(如采矿和冶炼;铸造厂或已知排放包括目标元素的其他工业来源)时,应考虑这种潜在的元素标记替代来源(即大气)。这种特殊的替代来源主要会影响以金属为目标元素的调查。需要注意的是,就汞而言,不一定需要附近存在汞源,仅仅是大气汞就会造成干扰。因此,一般来说,如果汞是树木中唯一的目标元素,该方法可能并不适用。不过,应始终根据具体情况来确定。大气污染物(尤其是 S)的另一个主要来源是酸雨,这一点也应考虑在内。

- 存在伪年轮或缺失年轮。正如关于方法步骤(用于解释结果)的讨论所述,个别树木在某些年份可能会出现假年轮和缺失年轮。检查此类情况并确保树芯样本中的每个可见年轮都能与某个年份联系起来的唯一方法,就是与对照树木的年轮模式以及调查区域内现有数据库中的调查物种年轮模式进行比较(这种比较被称为交叉定年)。

- 潜在的元素迁移(年轮之间)。从理论上讲,元素一旦进入树体,就有可能从一个年轮迁移到附近的其他年轮。目前还不十分清楚迁移的确切机制和原理。不过,有些元素比其他元素更容易发生迁移。例如,据报道,As、Na 和 Mg 在活跃树轮之间具有高的流动性,而 Sr、Ca、Zn、Cu、Ni 和 Cr 似乎具有中等流动性,Ba、Al 和 Cd 则具有低流动性(Burken et al., 2011)。同时,在针叶树中观察到铅的迁移量较小,而 Cl 和 S 在环境浓度相对较低时,其迁移量也非常有限,这些观测值可能会促进使用这些元素(如 Pb、Cl、S)作为元素标记,以获得可靠的树轮指纹鉴定证据(Burken et al., 2011)。一般来说,尖锐的元素峰被认为是污染的结果,而不是潜在的元素迁移。不过,建议根据具体情况进行评定,并考虑元素迁移的可能性。

- 树木疾病和其他影响树木健康的因素(如过去的火灾或洪水、暴露的树根)。当树木健康受到影响时,可能会发生新陈代谢变化,从而可能导致某些元素从一个年轮迁移到另一个年轮。通常情况下,一些元素更容易受到这一因素的影响,包括 K、Ca、Mn、Fe 和 Zn,它们都是树木生理过程中的重要元素(Balouet and Oudijk, 2006)。因此,当前或过去的微生物侵染或火烧癥痕的存在可能表明某些元素在受影响的年份可能会重新定位。这些潜在因素可能会通过树木组织中的可见痕迹显示出来,我们应该对这些痕迹进行寻找。

- 可能影响污染物迁移的土壤性质变化。树木生长的土壤是各种化学元素的重要来源。这一点往往被忽视,因为人们通常认为,除了污染事件之外,土壤成分不会随着时间的推移而发生显著变化。然而,即使土壤中各种元素的总浓度不会随时间发生变化(污染事件除外),土壤中各种元素的生物可利用部分(被树木吸收)也可能随时间发生变化。除污染外,其他各种因素也可能引起土壤条件的变化,导致土壤中各种元素的生物可利用量发生变化。例如,土壤 pH 的变化可能会从土壤基质中释放出更多的某些化学元素,从而增加树木的吸收量。根据土壤条件变化的程度,树木生长年轮中可能会出现明显的元素峰值,对污染事件起到误导作用。这种特殊的限制可能会发生,应仔细考虑。土壤监测数据以及现场总体区域的历史和气候数据可帮助评定在所研究树木的生命周期内土壤条件是否会发生重大变化。

- 研究表明,水分胁迫会减少水分和元素的流动(Smith et al., 2008)。因此,如果这种压力足够大,它可能会引起树木年轮的显著变化,而这种变化与污染物的存在无关。

如前所述,有些局限可以克服,但有些可能无法克服。在讨论该方法的各种局限时,我们提出了具体建议。接下来将提供与这种方法在环境法医学应用中的一般建议:

- 强烈建议在树轮指纹鉴定的第一步,即确定方法的可行性时,审查适用于当前案例的所有潜在限制。这将确保在采用该方法之前对案例研究有充分的了解,并有助于指导调查和解释工作。

- 强烈建议在计划实地活动之前找到合适的分析实验室。

- 在实地考察之前,还必须向实验室咨询取样和处理说明,以确保数据不受影响。

- 在评定数据时,应考虑实验室报告的所有化学元素信息,而不仅仅是目标元素的报告数据。这些信息可能会揭示一些细节,从而改变或完善解释,并有助于评定潜在的局限。

- 通过查阅研究区域的历史航拍照片,可能会发现存在重新安置树木的可能性;虽然重新安置的树木并不常见,但它们可能会影响整个调查工作。因此,应始终考虑存在此类树木的可能性。

- 根据目标元素(将用于树轮指纹鉴定)的不同,如果土壤性质发生变化,树木更容易吸收该元素,则替代来源可能包括土壤本身;因此,应考虑可能引发这种变化的各种因素。

- 从一棵树上采集的两个树芯数据可能会因采集树芯的方向不同而不同；采集多个树芯并不一定意味着这些数据应该一致。相反，采集的树芯越多，就越有可能采集到相关的树芯（显示污染峰值），也就越有可能捕捉到任何可能使结果无效的矛盾数据。在某些情况下，树芯之间的数据对比可能会导致结论无法得出。

有效应用法医学树轮指纹鉴定的要点

- 建议在使用树轮指纹鉴定技术的同时使用其他独立的证据链。虽然这项技术可以独立于任何其他方法使用，但与其他证据（如历史、化学、同位素证据）结合使用，可以提高树轮指纹鉴定的准确性，扩大其应用范围
- 务必检查通过 EDXRF 分析报告的所有化学元素，而不仅仅是目标元素标记。这样可以
  - 将污染物与其他环境因素和环境贡献分开，从而克服因使用元素标记不是化合物而造成的一些方法局限。该方法依赖于化合物元素标记的存在（如氯化溶剂中的氯或柴油燃料中的硫）。这些元素标记可能来自目标污染物以外的其他来源（例如，氯可能来自路面盐或海水入侵，而硫可能来自酸雨）。不过，考虑到元素标记与其他元素之间可能存在的关联（由 EDXRF 分析提供），需要利用历史证据和其他类型的证据来克服这些局限
  - 注意其他污染物和污染事件，因为这些信息有助于解释环境数据和污染物的归宿（去向）和迁移
- 在决定树轮指纹鉴定的可行性之前，一定要从全局出发。该技术的许多一般性限制可能不适用于具体情况。因此，在对具体情况进行仔细评定之前，不应放弃这项技术。例如，当深层挥发性有机化合物污染的浓度高到足以产生大量上层土壤气体和溶解相到达树木根部时，深度限制就可能被克服。如果污染物浓度足够高，特别是在高湿度条件下，可以通过毛细作用力到达树木根部，那么树木也可能受到更深层的污染
- 尽管对照样本很有用，但并非绝对必要，只要有一个包含研究区域树木数据（相关树种）的数据库即可
- 如果有相关信息，建议在离可疑污染源较近的一侧采样。这也是为什么在开始任何实验测试之前，完成详细的历史审查非常有必要的原因之一
- 注意树木中是否有火灾、虫害或微生物疾病的迹象，这些可能会干扰分析结果。一般来说，健康的树木是法医检测的最佳选择，但如果仔细考虑并结合所有环境因素，其他树木的信息可能仍然有用
- 解释时应评定树中目标元素的其他潜在来源以及含有这些元素的其他化学物质。这通常适用于大多数法医学技术
- 应考虑该技术的精确度和灵敏度。该技术非常精确（例如，年代测定可追溯到具体年份），可追溯到树木的年龄（数百或数千年）。该技术还相当灵敏，因为以氯化溶剂为例，如果羽流靠近树根，树木可能会捕捉到地下水中低至 8~10 ppb 的浓度（如美国地质调查局的报告所示）
- 对一年内元素峰值的解释。仅在一年内出现的元素标记峰值（可能与意外和突然排放有关）并不意味着污染在一年后通过了树木根部区域。相反，这种情况很常见，原因是树木通过各种机制适应污染，导致进入树木的污染减少，最终在接触污染的第一年后，树木细胞吸收和固定的污染减少
- 目标元素浓度的增加通常发生在树皮附近，在采样时树皮仍在污染区域内。这通常表明树木仍处于受污染的环境或羽流中，而不是表明有新的排放。原因在于受污染的树液从外部年轮扩散到了附近的一些内部年轮。这通常会影响最近 3~5 年的生长。因此，该方法在确定较近期污染事件的年代时可能不够精确
- 将该方法与其他法医学技术结合使用或"共同"使用，可提高法医辨别能力。除了独立使用各种法医学技术外，共同（结合）使用这些技术在环境法医学方面也极具价值。树轮生态学尤其适合这种共同使用的应用，因为元素标记提供的信息与确切的个别污染物和潜在的替代来源之间没有具体的关联。但是，如果对峰值年轮中的元素标记进行同位素分析，则可以获得更具体的法医信息，并可区分具有相同元素标记的污染物。基于同样的逻辑，树轮指纹鉴定可与其他法医检测技术共同使用。随着分析能力的提高，此类应用将大有可为

说　明

1. 氯氟化碳主要用作制冷剂、推进剂、清洁剂、溶剂和发泡剂。

2. 注意,示例仅作为一般指导,可能不适用于任何现场或条件。法医从业人员的最终责任是根据现场的具体条件对每个现场进行独立判断,并将本书中的信息用作一般性的学习和指导内容。

3. 此处提供的示例只是总体概述了不同大气示踪剂采样设备和要求的复杂性及多样性,在未仔细核对美国地质调查局网站和其他适用来源的最新信息之前,不应使用这些示例。

4. 推荐使用的铜制样本管具有以下特点:直径 3/8 英寸,长 30 英寸,可装约 40 mL 的水,两端装有不锈钢夹钳。注意,这些样本管是由拉蒙特-多尔蒂地球观测所制备和持有的,该观测站对它们进行保存,并在需要时直接运送到项目办公室。

5. 例如,氚是通过电解富集和闪烁计数进行分析的,精度约为+0.6 TU。He 和 Ne 使用惰性气体质谱仪进行分析,精确度为 1%~2%。氯氟化碳通过带有电子捕获探测器(ECD)的吹扫捕集气相色谱法进行分析。

6. 估算这一浓度的方法是基于 Szabo 等人研究中提供的 ^{3}He、^{4}He 和 Ne 的测量值等人(Szabo et al., 1996)。

7. 例如,参见 Burton 等人利用氯氟化碳和放射性同位素 ^{3}H－^{3}He 对宾夕法尼亚州岭谷地区沉积岩中的地下水年代进行的研究(Burton et al., 2002)。

8. 从区域羽流中采集重复样本。

9. 注意,实验室的数据包括氟氯化碳浓度。平均补给温度推断为 15℃,并使用已出版的图表对结果进行推断。

10. 注意,注意,所有这些都是各种情况下提到的大气示踪剂的潜在来源,它们并不一定得到了证实。每种情况都需要仔细考虑,如果存在这些潜在来源,则需要对其进行单独评定。

11. 据我所知,尽管此类法医学应用尚未见报道,但其潜力是存在的。可以预见,随着检测技术和设备的进步,这类应用也会随之发展,从而可以在各种介质中建立相关的 DNA 指纹库。即使没有这样的数据库,我们也可以尝试利用

DNA 指纹来追踪污染物在环境中的传播情况,利用对照样本以及源材料进行实验室实验和概念验证。

12. 出于环境法医的目的,除 16S rRNA 外,还可针对其他基因(如参与目标污染物代谢的基因)。

13. 不同微生物物种的基因变异区域决定了其多态性。

14. 需要注意的是,双链 DNA(通过其他方法分析)显示出相同的三维双螺旋结构,相比之下,单链 DNA 根据其核苷酸序列的不同,可具有不同的三维结构(构象)。

15. 请随时向所使用的实验室查询当前的费用。这些费用可能会发生变化,此处标注的金额仅供参考。

16. 需要说明的是,尽管原则上这种申请是可能的,但据我所知,还没有相关的记录。

17. 包括特定方法原理和基本构建原理,并解释这些原理与树轮指纹鉴定的环境法医应用关系。

18. 自污染开始进入树木后,生长迟缓可能会延迟发生(通常为 2 至 4 年)。

19. 例如,如果树木吸收了氯化溶剂(即 三氯乙烯),那么从树木吸收三氯乙烯的那一年起,环状细胞中就会残留一些氯(Cl)。要确定三氯乙烯进入所研究树木的年份,只需逐个年轮测量氯的浓度,并(通过树轮年代学)确定出现氯峰值的一个或多个树轮的年代。显然,在得出三氯乙烯进入树木的最终结论之前,还应考虑树木中氯的其他潜在来源。本书提供了更多有关寻找和考虑的信息和提示,以确定在树木中检测到的较高浓度的某种元素是否与目标污染物有明确的联系,或者最终可能来自其他无关的来源。

20. 如果研究的树木距离污染源下游有一定距离,则可能需要额外的建模步骤,以模拟和计算污染物从既定污染源到达树木根部区域所需的时间(基于排放记录)。

21. 可帮助快速识别树种的实用指南包括 *Peterson Field Guides*(《彼得森野外指南》,针对美国的树木),可在各大书店或网上购买。这些指南系列中的一个具体示例是 George A. Petrides 所著的 *The Concise Field Guide to 243 Common Trees of North America*(《北美 243 种常见树木简明实地指南》1983),它有助于快速识别主要树种。对于不太常见的树种,还有其他更详细的指南。

22. 注意,如果取样时树木被毁坏或只剩下树桩,可使用横截面或茎盘。

23. 可以购买专门的采样盘或支架来存放样本。在某些情况下，使用吸管也可以，只要吸管的尺寸与样本相适应，这样就不会漏掉样本的任何部分。样本也可以放在木制托盘中，如图 6.7c 所示。

24. 在树芯分析中，使用 EDXRF 进行的重复性测试在百分比范围内（Balouet et al.，2007a）。

25. 硬木指的是在输送水分、养分和任何潜在污染物方面不活跃的较老的树轮，而软木指的是较新的树轮（在许多情况下是三到五个较新的树轮），其中最近的树轮在输送水分养分和任何潜在污染物方面很活跃，而后面的几个树轮可能会受到活跃树轮扩散过程所输送流体的影响。

26. 通常情况下，可以通过检查树木年轮中的镍或钒含量来追踪树木中较重的馏分物，因为汽油等较轻的馏分物不含有镍和钒化合物。

27. 树液是指在活跃的树木生长年轮中循环的水分和营养液体。当污染物进入树木时，会与树液一起循环。

第三部分

挑战与对策

现在是通往过去的钥匙。

——James Hutton

本部分(简要)介绍了我参与的几个案例研究,以说明"真实世界"的环境之谜是如何利用多种证据链来解决的。选择这些案例研究是为了涵盖各种挑战,并说明每种挑战如何需要随后量身定制的法医方法。注意,虽然这里介绍的一般类型的挑战是法医学调查中经常遇到的,但也存在其他类型的挑战(本书未介绍),可能需要不同的策略。虽然本书没有全面回顾环境法医学调查所面临的所有一般类型的挑战,但我希望所介绍的挑战与对策将有助于确定具体的挑战,并根据具体情况选择最合适的解决方案。

这就是用最简单、最直接的方法解决"神秘案件"。有时,这只涉及历史文件审查,而有时则可能涉及结合历史证据使用多种指纹鉴定方法。无论案件的复杂程度和选择的方法如何,使用多个独立的证据链都能提高法医证据在法庭上的可靠性。然而,有时仅凭一个有力的证据,案件就可能在开庭前和解。因此,法医学调查的目标是达到一个"信心点"。如果仅凭一个有力的证据就能达到这一点,那么法医学调查的目的就达到了。

对于本文介绍的每个案例研究,首先介绍了一般的历史和法律背景。然后简要介绍每个案例中使用的法医证据,包括方法、结果和法医解释的概要。还包括关键备注,以强调在处理类似案例时可以帮助他人的关键点和要点。此外,为提高"故事性",还为每个案例提供了一般性和更具体的要点标题。每个司法案件都可以被视为一个"侦探"或"推理"故事,当这样的故事以清晰、引人入胜的方式展现出来时,法医鉴定的成功结果也就指日可待了。要获得受众的理解和认可,极为重要的是让受众参与到一个描述详尽、科学合理的故事中来。通常情况下,法医故事的受众是由外行或潜在客户组成的陪审团,他们很容易迷失在复杂的科学概念中,甚至感到厌烦。因此,本书中描述的案例特意以故事的形式呈现,而非同行评审文章。通过这种方式,我希望既能传递科学材料的"本质",也能传递成功解决问题所应采用的"形式"。

本书的目的不是深入探讨任何案例研究的细节,而是指出常见的法医问题和解决方案。因此,书中介绍的案例可能显得过于简单。不过,本书的目的是概括和简化,以方便广大读者阅读,并为有兴趣从事或只是了解环境法医学的人提供指南。

总结的这些案例研究应被视为法医应用于各种实际情况的"简要说明",旨在举例说明典型的环境纠纷和法医解决方案。它们只是为了说明前几章所讨论的理论概念和法医原理在现实世界中的应用。

最后,也是重要的,所介绍的许多案例研究都没有发表过。对于以前发表过的案例,我们会附上具体的参考文献。本文从"挑战与对策"的角度对所有案例进行了描述。具体来说,对于所介绍的每个案例,都会关联到一个策略性的一般法医学调查类型;每个案例中的法医方法都会被归纳,以显示它们如何与针对每个一般挑战类型而提出的具体对策相匹配。

"大海捞针"

7.1 策略阐释

这类法医学调查指的是在现场区域内存在多个目标污染物来源的实际情况，其目标是对仅来自一个特定来源的贡献进行精确鉴定。其挑战在于存在大量潜在的污染源，而且在这类案件中，目标污染物通常不太适合采用普通的指纹鉴定技术（如化学指纹鉴定技术）。表 7.1 对这一法医学调查类型进行了策略描述。

表 7.1　在有多个自然和人为来源的环境中针对特定
来源进行法医学调查的挑战和解决方案

挑　　战	解　决　方　案
● 调查区域内存在多个自然和人为的目标污染物来源	● 这类复杂的法医学难题可以利用法医检测技术来解决，这些技术可以在发现污染物的环境基质中对污染物进行指纹鉴定（如本书第 5 章所述）
● 根据现有资料，无法排除任何现有污染源；基本上，任何现有污染源都有可能造成在调查区域取样时观察到的污染	● 由于调查区域内存在许多可疑污染源，因此需要进行最高级别的法医鉴定以及详细的历史文件审查，这可能有助于确定调查污染源的特征
● 目标污染物不属于混合物类型，因此限制了普通指纹鉴定技术区分污染物来源的能力；与此类法医学挑战相关的典型污染物包括金属和无机物	● 通过独立的证据链对法医鉴定结果进行确认可能更有效，但并非绝对必要，因为通过建议的方法可以实现最高级别的法医审查；不过，应始终进行历史文件审查
→法医学调查的目标是在一个具有多个来源的区域，仅评定一个特定来源的污染贡献	● 在个案基础上，其他法医学技术（如同位素指纹鉴定）也可能有效，应予以评定

案例研究 7.1 和 7.2 就属于这类法医学调查，以说明表 7.1 中简述的策略概念是如何应用于两种真实情况的。本章的重点在于主要的法医学策略；因此，案件描述并没有详细回顾任何已描述的证据链。取而代之的是，在一份汇总表中综合了每个案件的主要证据链，以对法医学调查进行简要说明。

7.2 案例研究 7.1：法国某个历史悠久的铸造厂现场金属背景浓度的法医学评定

7.2.1 案例研究 7.1：概述

7.2.1.1 历史背景和法律背景

法国里昂市附近有一家历史悠久的铸造厂(在此称为铸造厂或现场)，计划对因历史上的现场作业而受到一系列金属影响的一些现场区域开展修复活动。由于未发现地下水和地表水受到影响，因此计划的修复活动仅涉及土壤。通过一份官方文件("Arrete Prefectoral")，监管机构规定了土壤中金属的具体净化限值，包括(单位：mg/kg)：铅，110；汞，0.6；镉，0.9；砷，25；铬，52；镍，39；钴，10。由于该地区存在许多自然和人为金属来源，其中一些修复限值似乎与该地区土壤中疑似较高的背景金属浓度不符。这些来源包括一个现场铅矿和几个其他的铸造厂等工业设施。所有这些来源，加上该地区的农业活动，都被怀疑是造成土壤中金属背景浓度较高的原因。需要注意的是，背景浓度指的是与铸造作业无关的土壤金属浓度。这种浓度是自然原始背景加上多年来广泛的工业和农业污染的结果，这些污染会提高原始背景值。基本上，除铸造作业外，任何其他作业都会影响土壤修复的金属背景值。

因此，建议进行一次法医学调查，以估算现场土壤中有待修复的各种金属的总背景浓度，并在必要时调整目标金属的修复值。

7.2.1.2 法医学目标

法医学调查旨在回答以下问题：铸造厂对现场土壤中金属浓度升高的影响有多大？背景贡献(来自该地区各种自然和其他人为来源)有多少？

7.2.1.3 诉讼之外的环境法医学

本案例说明了在典型的现场调查和修复项目中，环境法医学如何在诉讼范围之外使用。事实上，区分背景值是许多法医学调查的一部分，尽管其本身并不是目标。在这个案例中，由于怀疑土壤中的金属背景有多种来源，客户认为需要进行环境法医鉴定来解开谜团，于是就进行了环境法医鉴定。

7.2.1.4 结果

通过法医学研究获得的金属背景浓度被采纳，从而为铸造厂节省了相当于约250万美元的大量修复成本。法医学研究在一个月内完成，总花费约为25 000美元。

7.2.2 案例研究 7.1：法医学调查简要说明

对文件进行了一般审查和具体审查。一般审查是全球范围内报告的土壤中金属的自然背景值，尤其侧重于铅(Pb)。在进行具体的历史文件审查时，我们查阅了一系列与铸造厂历史作业以及该地区金属来源有关的文件和报告。一些报告是包含了铸造厂及周边地区的历史环境监测数据；其中一份报告包含了整个铸造厂地区(仅限于场外位置)进行的金属背景值研究。另一份报告研究了过去一百多年的活动。报告中记录了各种现场建筑、原材料和废物的具体使用情况。此外，我们还收集了一些证据(罗马时期)，揭示了该现场本身存在一个古代铸矿，并指出该现场出现土壤中可能存在较高的天然铅背景值。

证据链 1：历史文件审查	主 要 发 现
	● 一般的文件审查显示，铅的自然背景值都高于建议的修复限值 110 mg/kg；根据文献调研，世界各地未受污染地区的土壤中都存在这种较高的铅值。例如，英国未受污染土壤中高达 150 mg/kg (Thornton and Culbard, 1986)，澳大利亚农村土壤中的铝含量高达 160 mg/kg (Adriano, 2001)。这些发现反映了不同地质材料以及各种人类活动(包括汽车尾气、采矿和冶炼、工业活动、化石燃料燃烧等)造成的铅在大气中的迁移(作为颗粒物质)和沉积(通常是雨水)所导致的土壤中铅背景值的自然变化。 ● 具体的历史文件审查揭示了了最有可能与铸造厂历史作业相关的现场"特征"或污染物(金属)的相关性。 进行铸造厂历史作业的既定最佳指标包括以下内容： 铅(Pb)、锌(Zn)、镍(Ni)、锡(Sn)。因此，可以确定的是，这些金属的相关性可以作为铸造污染贡献的指标。 贵金属或半贵金属(如银(Ag)、金(Au)、钯(Pd)和铂(Pt)利用)的检测是现场作业的另一个潜在指标。 ● 对现场土壤的取样和分析计划既包括待样土壤(0~0.3 m)和深层土壤(0.3~0.6 m)。所有样本都将进行金属总量分析；选定的样本将使用扫描电子显微镜能量色散能谱(SEM/EDS)技术进行矿物指纹分析(详见第 5 章)。

使用了现有的环境监测数据以及法医学调查新获得的数据(由 CalScience 实验室分析)。表 7.2 汇总列出了本次评定中使用的相关化学数据。表中显示出的土壤中报告的现场金属值是在法医学调查期间获得或采得的；场外值是根据现有的各种环境报告获得的(大多数调查是在法医学调查之前的 5 年内进行的)。在本次评定中，使用了简单的简单的统计方法(如最大值、最小值和平均值)来比较各组数据，并计算出适用于现场土壤的天然背景值。对浓度值随

证据链 2：化学指纹鉴定/统计

表 7.2 现场和场外土壤中的相关金属浓度数据汇总(单位：mg/kg)

金属	2008 年在场外采集的背景样本的范围	影响较小区域现场表层土壤的浓度范围	影响较小区域现场较深土壤(0.3~0.6 m)中的浓度范围	受严重影响区域现场土壤中的浓度范围	先前建议的修复限值	新建议的修复现场土壤的背景值
铅(Pb)	15~490	540~6 900	230~2 300	1 300~110 000	110	1 100
镉(Cd)	<0.5~1.8	8.1~69	2~17	580~5 300	0.9	9.5
镍(Ni)	19~39	18~26	19~24	27~8 600	39	一致

续表

主 要 发 现

金属	2008年在场外采集的背景样本的范围	影响较小区域现场表层土壤中的浓度范围	影响较小区域现场较深土壤（0.3~0.6 m）中的浓度范围	受严重影响区域现场土壤中的浓度范围	先前建议的修复限值	新建议的修复限值：现场土壤的背景值
汞（Hg）	<0.1~0.6	0.92~31	0.38~9.7	1.9~37	0.6	5
砷（As）	9~38	25~97	31~73	42~360	25	52
钴（Co）	4~11	7~12	8.1~10	17~82	10	一致
铬（Cr）	23~52	22~33	23~32		52	一致
锡（Sn）	未予评定	10~75	9.6~51	38~6 200	不适用	
锌（Zn）	46~150	84~280	86~220	2 400~29 000	不适用	
银（Ag）	未予评定	17~61	15~36	93~310	不适用	
铝（Al）	未予评定	9 900~12 000	不详	3 500~15 000	不适用	
钯（Pd）	未予评定	<10	不详	<10	不适用	
金（Au）	未予评定	<4	不详	<4	不适用	
铂（Pt）	未予评定	<10	不详	<10~11	不适用	

• 在较深的现场土壤中，除了铬、钴和（在一定程度上）镍之外，金属浓度普遍呈下降趋势。这种下降趋势表明，采集到的较深层的较深现场土壤受现场历史作业的影响较小，因此更能代表金属的背景值。因此，在无法医取样过程中收集的较深现场土壤样本一栏以粗斜体显示，并被建议作为现场修复限值，而不是监管机构之前建议的值（这些值在表格最右侧一栏以粗斜体显示）（表格左起第六栏）。

• 化学指纹鉴定结果表明，与较深、受影响较小的样本和一些场外样本相比，现场受影响样本中出现了通过历史审查确定的现场特征（包括铝与锌和锡的相关性）；因此，现场较深的土壤被确认为其有代表性的背景土壤。

• 根据计算得出的现场土壤中金属的背景值，提出了以下金属的新修复限值（单位：mg/kg）：铅（1 100）、镉（9.5）、汞（5）和砷（52）。

证据链 2：化学指纹鉴定/统计

深度变化的趋势进行了评定，以便从更能代表背景浓度（即几乎不受现场作业影响）的深度选择样本。

还使用了金属相关性分析，以评定在现场土壤中观察到的金属相关性如何与场外土壤中定的历史现场特征相关联。

续 表

证据链 3: 矿物指纹鉴定

对一些选定的现场土壤样本进行了矿物指纹鉴定，以评定现场土壤中铅的背景值，并将得出的值与通过化学指纹鉴定（如前所述）获得的值进行比较。

从受严重影响的现场和受较轻影响的现场土壤中选择了两个表层土壤样本进行扫描电子显微镜/能量色散光谱分析（详见第 5 章中的技术）。分析由 RJ Lee 实验室进行。

表 7.3 列出了汇总的代表性结果；图 7.1 至图 7.3 展示了分析相关的单个铅颗粒的几张代表性扫描电子显微镜能量色散光谱图像。

在扫描电子显微镜图像中，铅颗粒显得更亮。光小方块表示所选定进行分析的区域（待放大）；光谱表示与所分析的各种铅颗粒相关的化学元素。

对于每个样品，根据总铅浓度，随机选择约 30 至 60 个与铅相关的颗粒进行分析，并获得和查看与图 7.1 至图 7.3 类似的图像。虽然并非所有获得的图像都显示在这里，但表 7.3 汇总提供了主要相关性及其在分析土壤中的普遍程度。这是一项半定量分析，因为只对随机选取的铅颗粒进行了计数。

主 要 发 现

其中一种主要的铅颗粒含有锡和铅（见图 7.1 和图 7.2），可能来自铸造作业。另一种主要的铅颗粒则与磷酸盐和钙有相关性（见图 7.1 和图 7.2），代表背景铅。如表 7.3 所示，还检测到一些次要类型的铅颗粒。此外，图 7.3 还显示了未查明来源不明型的铅颗粒。

图 7.1 代表铸造作业的两个铅颗粒（左图）与背景（右图）的扫描电子显微镜-能量色散光谱光谱组合图像

表 7.3 矿物指纹鉴定数据汇总

样 本	含铅颗粒（铅颗粒的关联）	出现率（%）（根据扫描电子显微镜计数估算）
受严重影响的现场表层土壤（总铅含量为 110 000 mg/kg）	与锡和锌有关联的铅（铸造厂的代表物）	90
	大颗粒铝铅矾或硫酸铝（天然铅矿物）	<10
	富铁相中的铝和磷酸铅（背景铅）	<10

续 表

证据链 3：矿物指纹鉴定

主 要 发 现

粒，以及一些富含其他金属的颗粒。这些现场颗粒很可能是由于现场主要类型的铅作业造成的。两种主要类型的铅颗粒形状和大小不同。如果我们将现场受影响较小的土壤中的背景铅平均百分比（33%）与该土壤中的总铅进行比较，则可得出现场的背景铅约为 1 100 mg/kg。

续 表

样 本	含铅颗粒 （铅颗粒的关联）	出现率（%） （根据扫描电子 显微镜计数估算）
受较小影响的 现场表层土壤 （总铅含量为 3 300 mg/kg）	与锡和锌关联的铅（铸造厂的代表物）	67
	与磷酸盐和/或钙关联的铅（背景铅）	33
	富铁相中的铅	<1

通过化学指纹鉴定/统计分析（见表 7.2）与独立获得的背景铅值相匹配，验证了所提出的背景铅的新修复值。

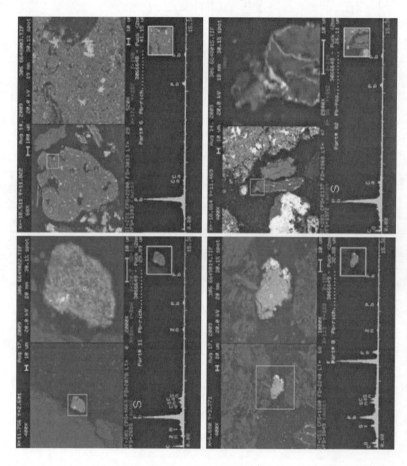

图 7.2 具有代表性的四种铅颗粒扫描电子显微镜-能量色散光谱组合图(左图)与背景图(右图)

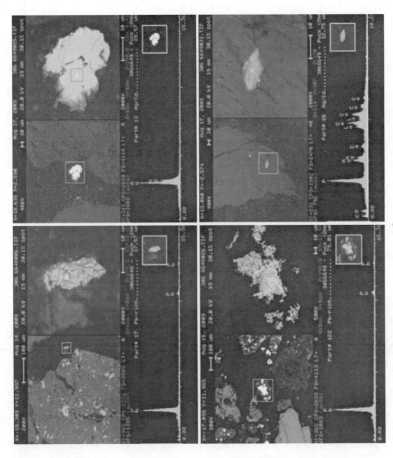

图 7.3 两颗来源不明的铝颗粒（左图）和两颗具有铸造代表性的银／镉颗粒（右图）的扫描电子显微镜—能量色散光谱组合图

7.3　案例研究 7.2：法国某个历史悠久的铸造厂附近农业土地土壤中金属来源的法医评定

7.3.1　案例研究 7.2：概述

7.3.1.1　历史背景和法律背景

与案例研究 7.1 中所述的法国铸造厂相同,我们也对其进行了调查。在现场附近的一些无性繁殖作物中发现了较高的金属值,该铸造厂成了被怀疑的对象。虽然没有提起诉讼,但监管机构怀疑是铸造厂造成的。因此,铸造厂面临着最终支付损失和修复费用的潜在责任。

为澄清情况并评定该地区周围农作物中金属含量增加的潜在原因,铸造厂决定开展进一步的预防性法医学调查。该调查被视为已在现场启动的第二阶段法医学调查,其目的是评定现场土壤中铅和其他金属的背景值(案例研究 7.1)。我们的想法是利用第一次法医学研究中获得的知识(包括具体现场的金属特征),研究农业土地土壤和在这些土壤中种植的农作物对现场的潜在金属贡献。

7.3.1.2　法医学目标

启动法医学调查的目的是确定和量化铸造厂对现场附近几块私有农业土地的土壤和植被中的金属可能造成的影响。

7.3.1.3　诉讼之外的环境法医学

本案例说明了环境法医学如何在没有诉讼的情况下发挥作用。在这个特殊的示例中,进行法医学调查是为了准备未来可能发生的诉讼。在很多情况下,法医学调查都是在诉讼开始后才进行的,而此时不仅可能需要支付更多的法律费用,且有用的证据也可能已经丢失或被篡改。

7.3.1.4　结果

通过法医学调查,包括几条独立的证据链,没有证据表明铸造厂对其附近几个农业土地的土壤和植被中铅和其他金属浓度的增加有任何贡献。报告中总结的法医证据提供了可靠的证据,证明铸造厂没有对周围的农业土地土壤造成影响。这些证据保护了铸造厂,使其免于未来可能导致高昂诉讼费用(可能涉及数百万美元的费用)的任何索赔指控,因为在现场的总体区域内有许多农业土地。法医学调查的总费用约为 3 万美元,调查在一个半月内完成。

重 要 说 明

- 在既有自然来源又有人为来源的地区确定具体的背景值,无异于"大海捞针"。这时更需要环境法医学,也是环境法医学发挥最大作用的时候
- 事实证明,环境法医学调查有助于在没有积极诉讼的情况下,可以
  - 为一个历史悠久的铸造厂的受污染土壤确定更切合实际的具体现场金属修复限值,该地区有多种自然和人为的铅和其他金属来源
  - 收集证据,用于防止未来与铸造厂可能对该地区农业土地造成金属污染相关的诉讼
- 使用更符合实际情况的金属修复值有可能大大节省现场修复的成本,在对具有多种自然和人为污染源的类似区域进行昂贵的修复之前,可以考虑使用这种方法

7.3.2 案例研究 7.2：法医学调查简要说明

证据链	主要发现
证据链 1：历史文件审查 除了案例研究 7.1 中描述的一般和具体（历史）文件审查外，还审查了与该现场附近农田有关的环境报告。在这些农田中一些无性繁殖作物中，铅和一些其他的含量增加。 此外，还参考了各抽样农田问卷调查。这些调查包含当前和历史农业活动有关的所有用信息，包括所使用的杀虫剂/农药和其他处理方法。	• 农业生产方式可能导致土壤受到一系列金属的污染，包括镉、汞、砷和铅。所查阅的农业调查资料并不完整，因此，需要进一步调查，以便全面地了解所研究土地的历史农业活动。 • 除了铸造厂和农业生产之外，研究区域还存在许多铝和其他金属的额外来源，包括：其他铸造厂、古代铝矿的废料、天然矿藏、工业活动、含铅涂料，历史上的汽车尾气排放以及化石燃料的燃烧。 • 自采样活动开始（2007～2008 年）以来，受监测的农业土壤中金属浓度似乎呈稳定或下降趋势。然而，几年前的监测数据不足以可靠地捕捉表层土壤中金属浓度的任何相关变化。此外，土壤的异质性和农业活动也可能导致金属浓度的"人为"变化。 • 制定了一项取样和分析计划，以确定铸造厂对所研究农业土地中铅和其他金属的潜在贡献；设计计划包括从记录的铅和其他金属值增加的区域农业表层土采集土壤样本。所有样本都将从采样的样本将通过扫描电子显微镜、能量色散光谱分析对矿物指纹进行分析（见第 5 章中的技术说明）。
证据链 2：化学指纹鉴定 使用了新旧监测数据（新数据由 CalScience 实验室分析完成），比较和评定了现场与场外土壤中的金属浓度。主要进行了两类数据分析： • 研究了各种金属对之间的相关图（有些还包括图中描述的两种和两种金属以上的相关图）。图 7.4 和图 7.5 显示了部分图表。 • 绘制了空间分布图，以观察铸造厂周围特定方向和任意方向的金属分布模式（见图 7.6 中的部分数据）。 图 7.4 包括总体研究区域的非农业和农业土壤数据；图 7.5 仅包括当前文件审查获得相关数据（通过历史文件审查获得较早调查时期间获得的）。	• 在一般研究区域的非农业土壤中观察到各种金属之间的普遍相关性，包括铅相似性（见图 7.4）。这在一般采矿区是意料之中的。在农业土壤中，许多金属以及砷和砷的相关性示出较低，铅和砷之间的相关性较低。在图 7.4 中铅与砷的相关性很可能是造成目前土壤中砷的高含量的原因之一。 • 与在一般研究区域的农业土壤中观察到的金属相关性趋势类似，在所研究的农业土地土壤中也观察到其他性；但包括铅与砷（包括铅与其他金属之间的相关性）（见图 7.5）。在这些土壤中，铅普遍较差的相关性表明铸造厂的历史贡献不大；但使用过去曾有使用贵金属和半贵金属的记录。总体而言，金属相关性数据并未显示近期铸造厂对所研究农业土壤有任何重大影响，但也不能排除铸造厂的历史影响。 • 所研究的农业土地中的金属空间分布在铸造厂周围并未显示出明显（目标金属见图 7.6）。在铸造厂周围的不同方向显示数据时，也观察到类似的非递减趋势（数据未显示）。这些观察结果表明，铸造厂对周边地区没有明显的影响。

续表	证据链 2：化学指纹鉴定/统计	主 要 发 现

图 7.6 中显示的数据包括在对所研究的农业土地进行法医学调查时获得的金属浓度。

非农业土壤中的砷与铅的对比

农业土壤中的砷与铅的对比

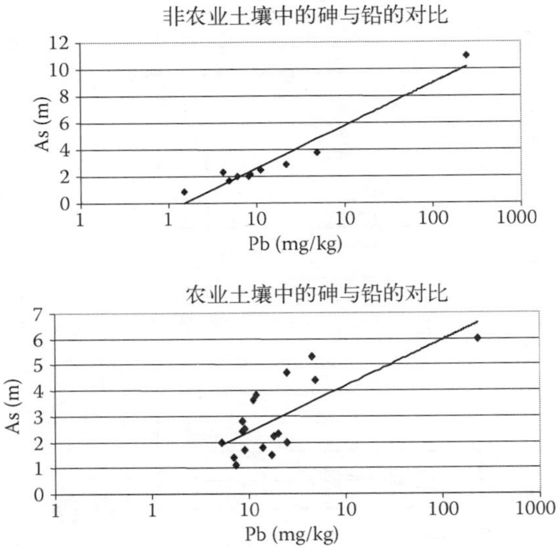

图 7.4 一般现场区域的农业土壤和非农业土壤的金属相关图

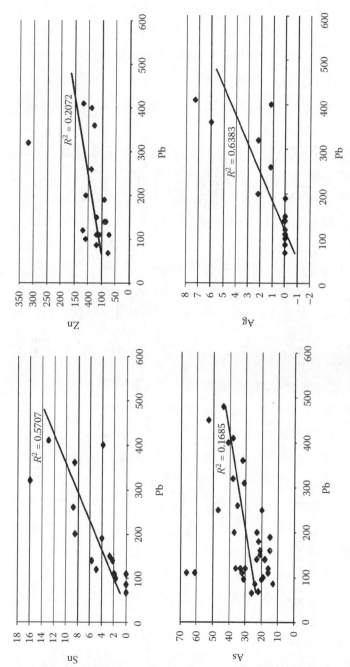

图 7.5 所研究农业土壤的金属相关图（2008 年至 2011 年收集的样本）；浓度单位为 mg/kg

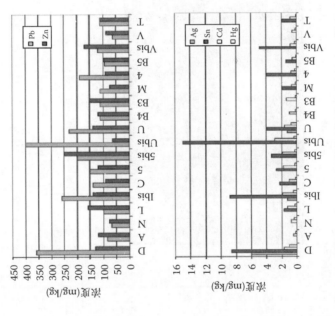

图 7.6 铸造厂周围的金属分布（任意方向）。在 x 轴上，从左（最近的位置）到右（最远的位置），距离铸造厂的距离不断增加；x 轴上显示的位置包括所研究的农业土地

续表

证据链 3: 矿物指纹鉴定	主要发现
从法医学调查期间采集的农业土壤样本中,选取了来自四个不同土地的四个土壤样本(总铅浓度介于200~450 mg/kg之间)进行扫描电子显微镜-能量色散光谱分析。样本由 RJ Lee 实验室进行分析。对这些样本中与现场相关的大小、形状和化学组分进行了调查,并与之前对现场受污染土壤进行的法医学研究(案例研究7.1)结果(矿物指纹)进行了比较。 图7.7~图7.9展示了几张代表性扫描电子显微镜-能量色散光谱图像,它们展示了分析的土壤样本中与现场相关的单个颗粒。 在扫描电子显微镜图像中,铅颗粒显得更亮;光谱显示了选定的分析区域,它们展示了分析得到的与现场相关的颗粒的化学元素。 对于每个样品,根据总铅浓度,随机选取约5~30个与铅相关的颗粒进行分析,并获取和审查与图7.7~图7.9类似的图像。	• 从现场铸造厂和场外农业土壤中分析出的铅颗粒的大小、形状和化学元素组成截然不同,这表明铸造厂不是这些样本中铅的重要来源;从农业土壤中分析出的铅颗粒的矿物学指纹的代表性示例见图7.9。图7.7对具有有铸造代表性的铅颗粒进行了直接比较。 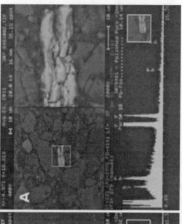 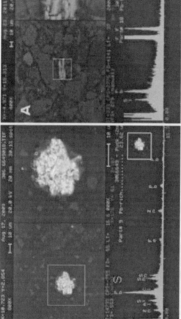 图7.7 两种铅颗粒的扫描电子显微镜-能量色散光谱组合图像:其中一种代表铸造作业(左图),另一种代表分析的场外农业土壤铝颗粒(右图)。 • 在受铸造厂污染的现场土壤中,铝颗粒则与锡和锌组关联(有时也与银关联),而在所分析的场外农业土壤中,铝通常也是典型的背景铅。 • 锰、钙、磷,揭示了不稳定的铅组分或早期铅排放产生的二次沉淀;与钙和磷的关联与硅关联。 • 铁,揭示了可能的工业来源。 • 硅,表明玻璃/陶瓷是部分铅的来源;在分析的农业土壤中,铝通常还与硅关联。 • 涂料颜料,表明铝涂料涂料是部分铅的来源。 • 灰烬,表明煤是铅的来源。 • 矿物化学指纹鉴定显示,所分析的次生玻璃和陶瓷产业。铝的次生形式可能来源不明的早期排放有关。工业、油漆、燃煤和陶瓷(主要是砷和汞)、工业(主要是砷和来)。

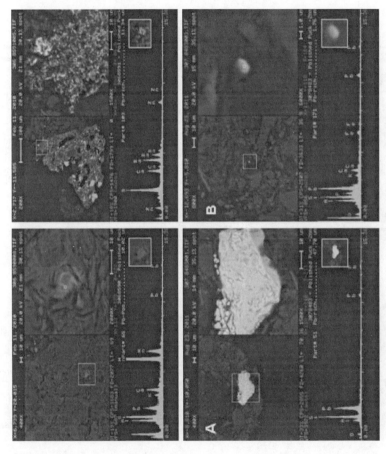

图 7.8 场外农业土壤中铝颗粒的扫描电子显微镜–能量色散光谱组合图示例

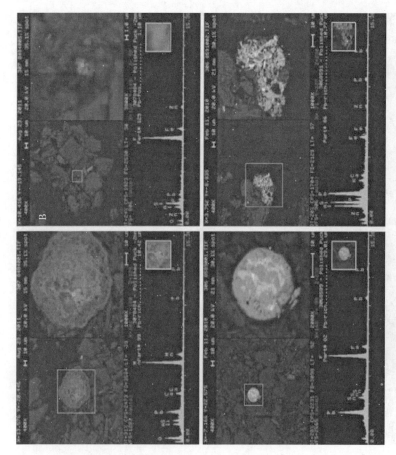

图 7.9　与场外农业土壤相关的铝颗粒的扫描电子显微镜-能量色散光谱组合图的更多示例

修复后的遗留污染

8.1 策略阐释

这类法医学调查指的是在重新开发的场地发现污染的实际情况,这些场地以前曾受到污染(通常是工业活动造成的污染),并进行过修复。所面临的挑战是评定所发现的污染(修复后)是否来自之前的工业现场作业,或是否仍然是由于修复不当造成的。此外,如果多年来有多个持有者进行了作业,造成了本应得到修复的污染,也需要在各个持有者之间进行贡献分配。但是,如果法医学调查显示所发现的污染是在场地修复后产生的,则需要对所发现的污染源进行评定,以确定由谁支付所需的额外修复费用。表8.1从策略角度描述了这种法医学调查类型。

表 8.1 对重建场地的污染进行法医学调查的挑战和解决方案

挑 战	解 决 方 案
• 在过去已经修复的重建场地发现污染,需要对发现的污染来源进行评定 • 这类挑战可能涉及以前的工业现场,这些场地多年来可能有多个持有者进行过作业,发现的污染可能归咎于所有过去的场地持有者;即使过去只有一个持有者进行过作业,仍有必要评定所发现的污染是否来自修复前的作业,而不是修复后的任何作业或其他场外污染源 • 目标污染物不属于特定类型;不过,考虑到该场地的污染已得到缓解,新的取样区域通常有限,这也是一个潜在的挑战 →法医学调查的目的是评定新发现的污染源,以及污染源(当发现多个污染源时)对已减轻污染的场地造成的影响(确定谁应为已发现的污染负责)	• 这类法医学挑战通常可通过以下法医学测试方法来解决: 1. 如果发现的污染物是混合物,且样本可以在一个具有代表性的现场过去来源区域内收集,则可采用普通的指纹鉴定技术(如化学指纹鉴定或第4章中描述的相关技术)。主要目的是将从不同现场区域的样本中发现的污染与可疑污染源的样本(如过去现场作业的代表性样本)进行比较;如果没有此类过去污染源的代表性样本,则可将样本相互比较,以发现共同或不同的污染源(见案例研究8.1) 2. 如果只能进行有限的取样,则可利用法医学技术(如第6章所述的技术)对污染遗留痕迹进行指纹鉴定;这一策略可能对较简单的污染物(而非混合物)有效。在这种情况下,主要目标是对现场的污染进行年代测定,以评定修复后是否可能发生了任何污染排放;但是,这可能不适用于近期的排放 • 建议通过独立的证据链对法医学鉴定结果进行确认

案例研究 8.1 属于这种类型的法医学调查,说明表 8.1 中简要描述的策略概念是如何应用于真实案件的。与介绍的其他案例研究一样,重点在于主要的法医学策略;因此,案例描述没有详细回顾所使用的证据链。

8.2　案例研究 8.1:法国一处重建场地土壤修复后发现的石油碳氢化合物的来源鉴定

8.2.1　案例研究 8.1:概述

8.2.1.1　历史背景和法律背景

在法国里昂市,除了已经开发的土地,其他土地不能再进行扩张开发,因此越来越多的原工业用地被开发为其他用途。在这种情况下,一家开发商开始在该市一处改造过的土地(重新开发的工业用地)上建造了一座大型地下停车场(800 多个停车位)。

施工期间在工地土壤中发现石油碳氢化合物(介于 11 000 ~ 46 000 mg/kg 之间),导致所有建筑活动暂时停止,随后开始进行法医学调查,以评定污染来源,进行修复并收回意外修复工作的费用。此外,在施工过程中还发现了一条输油管道。该输油管中仍有一些残留的重质石油馏分物。

注意,约一半的场地(北侧)曾被一家大型石油公司用作加油站;另一半场地(南侧)曾被一家化工厂使用。从理论上讲,碳氢化合物污染可能与这两处场地过去的作业有关,也可能与潜在的场外污染源有关。

8.2.1.2　法医学目标

启动法医学调查是为了揭示所发现的石油碳氢化合物来源。我们的想法是,目前的开发商应立即开展修复工作,以继续施工,并在日后向责任方索要修复费用,索要费用时应提供可靠的证据。

8.2.1.3　诉讼之外的环境法医学

这是另一个案例,说明了在没有诉讼情况下的环境法医学效用。在这个特殊的案例中,法医学调查确保了适当的修复措施得以实现;收集到的证据将用于向任何已确定的责任方追偿修复费用。此外,如果在发现污染后没有立即完成法医学研究,那么在第二次修复后就会失去有用的证据,即使开发商在某个时候提起诉讼,成本回收也会成为问题。

8.2.1.4　结果

法医学调查显示,所有取样的碳氢化合物污染都有一个主要的共同来源,这很可能是以前在部分场地运营的大型石油公司。收集到的法医证据已汇总到一份报告中,并提交给已确定的责任方(大型石油公司),该责任方表示愿意承担开发商的修复费用,以避免可能涉及漫长而昂贵的审判诉讼。法医学调查的总费用约为 7 000 美元,研究在一个月内完成。

重 要 说 明

- 法医学调查越早越好。除了有可能节省大量成本并从责任方收回成本外,法医学调查还能确保清除已确定的污染源并取得长期修复的成功。如果在第一次修复之前就进行了法医学调查,就不会在后来发现更多的碳氢化合物污染

8.2.2　案例研究 8.1：法医学调查简要说明

证据链 1：历史文件审查

与任何法医学调查一样，第一步是对历史文件进行审查。在本案例中，由于法医学研究（包括任何取样和分析）的时间范围较窄，因此没有进行一般性的审查，而是进行了重点的具体审查，包括一些相关的可用文件。

我们收集了相关的历史文件，以揭示前工业用地过去的占用和作业情况。重点是其过去是被用作加油站，因为该用途用作发现石油污染的土地处。不过，过去部分土地被用作相关化工厂的相关一般文件也是审查对象。

主要发现

- 所查阅的文件证实，这家大型石油公司过去有着历史悠久的加油站作业，包括在实际发现石油污染的重建场地约一半的地方储存和处理石油产品。还确定了可能成为石油污染源的各种现场特征的位置，如管道和储油罐。获取的证据表明，发现的重质产品管道与该现场以前用作加油站有关。
- 根据文件审查以及与发现污染和旧管道位置有关的信息，制定了法医取样和分析计划，以确定各区域石油污染物的范围和化学"特征"。按照网格模式（10 米格栅）收集土壤样本，同时收集拟议取样过程中遇到的任何潜在游离产品。对所有样本的位置（代表以前潜在来源的位置）进行了各种碳氢化合物的范围（C5-C40）进行了详细的分析；还对选定样本（代表以前潜在来源在前潜在来源的位置）进行了各种碳氢化合物的类别分析。

证据链 2：化学指纹鉴定

对收集到的所有样本都进行了总石油碳氢化合物（TPH）分析；如表 8.2 所示，选取了四个样本（其中一个来自发现的碳损管道附近）对各种碳氢化合物类别进行了详细的化学指纹鉴定。化学指纹鉴定由 Zymax 法医实验室进行。

主要发现

- 图 8.1 至图 8.4 列出了所分析的四个样本的部分化学指纹鉴定结果。
- 诊断比率（包括姥鲛烷/植烷，C2-二苯并噻吩/C2-菲，C3-二苯并噻吩/C3-菲，n/$r(8\alpha$ 补身烷）和正王基环己烷/质基环己烷）的计算如图 8.1 所示。所有四个样本的这些比值以及样本位置和浓度分布之间的相似性揭示了所发现的所有石油污染的主要共同来源。

续　表

证据链 2：化学指纹鉴定		

表 8.2　用于指纹鉴定的具体色谱图

离子（m/z）	复　合　类　别
TIC	所有化合物
85	正构烷烃
113	异构烷烃和类异戊二烯（无环）
83	烷基环己烷
134	C4 一苯
123	双环烷烃（双环倍半萜烷）
191	萜烷
217	甾烷
253	单芳甾烷
231	三芳甾烷

化学指纹鉴定数据包括各种色谱图（用于分析每个 m/z 值），以及根据半定量的单个碳氢化合物计数（用于分析包括报告所分析的每一类碳氢化合物比值，以提供有关石油样本中石油污染的来源以及风化和成熟阶段的信息。本书在第 4 章中使用了许多文献中公布的异戊二烯（如姥鲛烷、植烷）、多环芳烃、霍烷和留烷的诊断比值。

化学指纹鉴定包括各种色谱图（用于分析每个 m/z 值），以及根据浓度报告所分析的单个碳氢化合物计数。法医分析和柱状图进行评定，同时计算一系列诊断比值，以提供有关石油样本中石油污染的来源以及风化和成熟阶段的信息。本书在第 4 章中使用了许多文献中公布的异戊二烯（如姥鲛烷、植烷）、多环芳烃、霍烷和留烷的诊断比值。

主　要　发　现

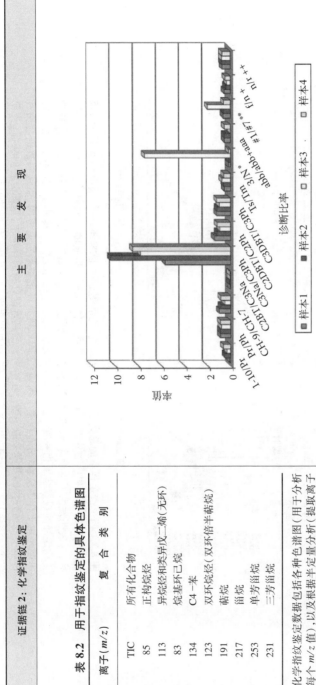

图 8.1　选定的四个土壤样本的部分诊断比值

- 总之，调查表明，在所有样本中都存在一种主要石油产品，它是一种风化（20 年或 20 年以上）的中间馏分油，源自一个共同的来源。在许多样本中，这种产品与重质馏分油混合在一起（见图 8.2 讨论）。其位置、分布和风化特征都与历史上由大型石油公司加油站作业这一主要来源一致。

续　表

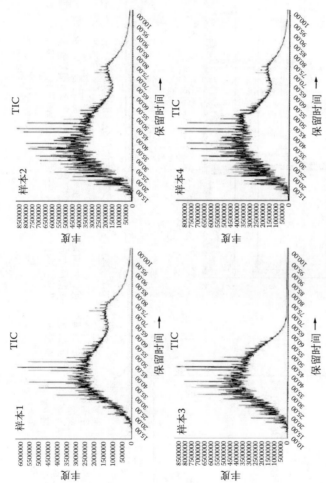

图 8.2 四个选定样本的总离子色谱图（TIC）。色谱图显示，除样本 3 外，所有样本都含有风化的中间馏分物和重馏分物。注意，所有样本中都出现了明显复杂混合物（UCM）峰，这表明发生了生物降解，这也与除样本 2（仍有少量正构烷烃）之外的所有样本中都缺少正构烷烃的观察结果相一致。这些样本风化阶段之间的细微差别（样本 1 的风化程度最高）可能是由于样本位置（分布在整个现场）之同环境条件细微差别造成的，而这些数据与所有样本中间馏分物的共同来源相一致。在所有检测到重馏分物的样本中，重馏分物的特征（见第二个色谱峰）也与一个共同的来源相一致，而且很可能与已发现的破损管道有关

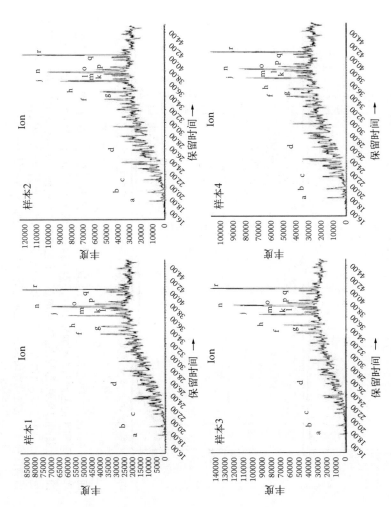

图 8.3 双环烷烃/双环倍半萜烷的色谱图（*m/z* 123）。该碳氢化合物类别属于中间馏分物范围；因此，所有四个样本色谱图之间相人相似性证实了所有样本中中间馏分物的共同来源。这与总离子色谱图和其他碳氢化合物类别的色谱信息一致

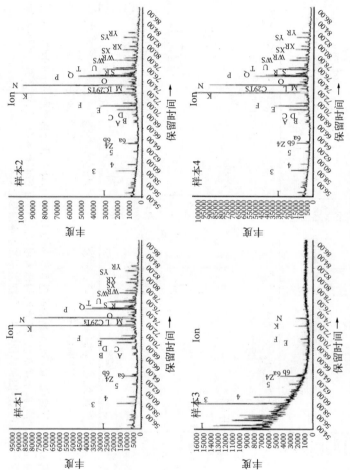

图 8.4　萜烷/藿烷的色谱图（*m/z* 191）。这一类碳氢化合物大多属于重馏分物范围；因此，样本 1,2 和 4 的色谱图之间的相似性证实了这三个样本中的重馏分物（即液压油或润滑油）具有共同的来源，这与之前讨论的总离子色谱图结果一致。在样本 3 中观察到的独特色谱特征是由于该样本中缺少重馏分物，而在该样本中观察到的色谱峰可能是由于石油油残留物的存在。这些观察结果也与之前讨论的总离子色谱图观察结果一致

相邻的工业现场存在复杂的
相似污染物排放

9.1 策 略 阐 释

这类法医学调查指的是在历史作业相似的相邻工业现场多年来排放出多种同类污染物的实际情况。挑战在于如何评定每个现场排放的污染物是否影响了另一个现场的环境。这尤其具有挑战性，因为在不同的现场之间排放的大多数污染物是相似的，并且这些现场已经记录了历史排放和类似的作业。表 9.1 从策略角度描述了这种法医学调查类型。

表 9.1　对具有相似排放和作业的邻近工业现场
进行法医学调查的挑战和解决方案

挑　　　　战	解　决　方　案
• 邻近工业现场的地下存在污染，原因是这两处工业现场多年来都有多种相似污染物排放的记录 • 两处现场的历史作业情况相似，多年来处理和排放的多种污染物也相似；因此，从理论上讲，任何一个现场排放的污染都可能到达并影响到另一个现场的地下环境，造成法医学调查时观察到的污染 • 这类挑战的目标污染物包括许多常见类型的污染物，如氯化溶剂、石油产品、有机溶剂或无机化合物；此外，在这些类型的现场可能存在非水相液体（NAPL）和重非水相液体（DNAPL）排放的证据 → 此类法医学调查的目的是评定其中一个现场对邻近的另一个现场地下环境污染的影响（以确定其中一个现场是否需要支付另一个现场的任何修复费用）	• 要解决这类复杂的法医学难题，只能使用多种证据链，包括以下两种或两种以上的主要法医学检验技术（见第 4 章和第 5 章）： 　• 化学和地球化学指纹鉴定，然后是数据可视化技术； 　• 标志化合物； 　• 同位素指纹鉴定； 　• 污染物建模； 　• 多元统计。 • 显然，要正确利用所建议的证据链，需要对每个现场进行详细的历史文件审查 • 主要目标是利用每个具体现场记录的排放区域代表性样本，评定排放污染物的归宿（去向）和迁移情况，并获得有用的法医特征 　　• 建议通过至少两个独立的证据链对法医鉴定结果进行确认

　　案例研究 9.1 说明了表 9.1 中简述的策略概念在实践中是如何应用的。与介绍的其他案例研究一样,重点在于主要的法医学策略,而没有提供所述证据链的各种细节。

9.2　案例研究 9.1: 对南加州两个相邻的、过去有类似作业的工业现场进行的法医学调查

9.2.1　案例研究 9.1: 概述

9.2.1.1　历史背景和法律背景

　　在南加州两个相邻的工业区发现了氯化溶剂、石油碳氢化合物以及一系列有机溶剂(如甲基乙酮(MEK)、甲基异丁基酮(MIBK)、丙酮)对土壤、土壤气体和地下水造成的复杂污染。这些现场的历史业务类似,包括化学品储存、处理和重新包装。这两处现场被铁轨和一条排水沟和小溪隔开(图 9.1)。为了便于叙述,我们将沟渠北面的现场称为现场 A,将沟渠南面的现场称为现场 B。图 9.1 显示了不同的现场特征,其中一些代表了源头区域。

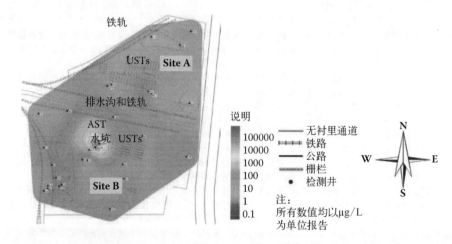

彩图 9.1

图 9.1　(彩图见二维码)现场 A 和现场 B 的位置及主要特征,以及区域深层地下水中的全氯乙烯浓度

这两个现场位于南加州的重工业区,且都有用于储存散装化学品和废弃物的地下和地上储存罐(UST 和 AST)。这两个场地还用 55 加仑的桶储存化学品。此外,现场 A 还曾将化学品存放在几节铁轨车厢内,这些车厢长期停放在位于现场西部—西北部边界的一些铁轨上(图 9.1)。在这些现场储存和处理的化学品种类繁多,包括二氯甲烷(MC)、全氯乙烯(PCE)、三氯乙烯(TCE)、1,1,1-三氯乙烷(1,1,1-TCA)、丙酮、甲基乙酮(MEK)、甲基异丁基酮(MIBK)、甲苯、二甲苯、异丁酸酯、丁基溶纤剂、丙醇、煤油以及柴油和汽油等燃料。两个现场均于 1976 年开始作业。现场 B 于 1986 年停止作业;现场 A 一直作业到 2000 年。总体而言,与现场 B 相比,现场 A 每年处理和销售的化学品数量较少,但作业时间较长。现场 B 曾向位于两个现场之间的排水沟进行过污染物排放,并获得了国家污染物排放消除制度(NPDES)许可,而现场 A 没有向排水沟进行过污染物排放。此外,现场 B 的地表坡度朝向现场 A,而现场 A 则朝向北部和东部(远离现场 B)。

这两处现场都有污染物历史排放记录,并发现这两处现场都受到了所处理化学品带来的污染。此外,这两个现场都覆盖了一个区域性地下水羽流,该羽流含有源自上游超级基金现场的多种挥发性有机化合物(VOC)(即氯化溶剂)。

在现场下方划定了几个地下含水层,主要有:

- 浅含水层(一般约 25~30 英尺之间),水量和水流方向通常会有波动;
- 较深的区域含水层(一般深度超过 45 英尺),据报告,该含水层的水流流向一致为西南方向,即从现场 A 流向现场 B。

现场 A(原告)提起诉讼,指控现场 B(被告)通过历史上的作业和排放影响了渗透带和浅含水层,造成了现场 A 的污染。而与现场 B 有关的人员则声称,现场 B 不仅没有造成现场 A 的任何污染,而且通过与更深的区域地下水迁移,现场 B 曾经还可能受到现场 A 排放物的影响。

9.2.1.2 法医学目标

法医学调查是由现场 A 的相关人员提起的诉讼引起的。调查的目的是回答以下主要问题:

- 现场 B 是否造成了在现场 A 发现的污染? 如果是,现场 B 造成的影响是什么?
- 现场 A 是否对较深的区域地下水造成了影响?

9.2.1.3　环境法医学最佳的情况

本案例研究提供了在复杂诉讼支持背景下环境法医学的典型应用示例。总之,这次法医学调查持续了 5 年多,从详细的文件审查开始,到复杂的指纹鉴定、地下建模以及数据可视化和动画的应用,追查了多方面的证据链。

9.2.1.4　结果

这项历时多年的法医学调查(于 2000 年进行)揭示了多方面的证据,证明现场 B 的历史作业确实造成了现场 A(客户)地下的污染。基于这些证据(见下一节),该案在庭审前达成和解。此外,法医学调查还提供了确凿证据,证明现场 A 的排放不会对区域地下水羽流造成重大影响,从而为将现场 A 从区域地下水羽流(超过 1 英里长,1 英里 = 1.609 千米)的潜在责任方(PRPs)名单中除名提供了可靠的理由。法医学调查的结果是编写了专家报告和反驳报告,并对现场 A 进行修复调查/可行性研究(Remedial Investigation/Feasibility Study, RI/FS)。大量法医学调查费用(整个多年项目期间)由现场 A 的保险公司支付。

如图 9.8 所示,现场 A 的浅层地下水井与现场 B 的任何下游深井所显示的污染物时间浓度趋势之间没有相关性。现场 A 的监测井(MW1)被怀疑是浅层含水层和深层含水层交叉筛选的水井之一,因此有可能为浅层污染物向区域含水层下游迁移提供通道。同样利用水文数据对其他浅井进行了此类评估,结果与图 9.8 所示类似,在浅井和下游深井之间没有观察到相关性。其他证据链,包括归宿(去向)和迁移评定以及化学和地球化学指纹鉴定,证实了现场 A 没有重大污染物到达和影响较深的区域地下水。

重 要 说 明

- 在复杂的受污染现场,需要多方面的证据链。案例研究 9.1 就体现了这一点。具体而言,我们使用了多个独立且相互依存的证据链,对历史作业情况类似的邻近现场下方的复杂混合污染情况进行了法医学调查,并了解了这些现场的贡献和影响
- 至少有一项调查证据链应提供直接证据,以证实环境建模和复杂统计与指纹鉴定评定的结论。在案例研究 9.1 中,标志化合物和时间污染模式评定提供了直截了当的证据,增加了其他证据的可靠性

9.2.2　案例研究 9.1：法医学调查简要说明

证据链 1：历史文件审查

进行了全面的文件审查。这通常是复杂诉讼案件的典型做法。审查包括一般审查和具体审查。一般审查的重点是 20 世纪 70 年代和 80 年代记录的化学品储存和违规特征和做法。

具体审查工作包括详细查阅数千份文件。获取和查阅阅的文件主要有以下几类：航拍照片（包括历史照片）、公司综合记录、监管机构档案（包括许可记录和违规记录）、信件、过去的庭审记录以及两处工地过去员工的 200 多份证词。

此外，还在庭审中审查了现有的环境监测数据。对这两个现场都进行了调查，并获得了大量监测数据，其中大部分是 20 世纪 90 年代和 21 世纪初的数据（包括钻孔记录和受影响介质的化学分析）。然而，这两个现场在作业期间（1976—1986 年）的（且仅针对现场 B）非常有限，基本上没有与当时地下水存在和流向相关的数据。

主 要 发 现

- 据记录，现场 A 的主要排放源是通往在地下废料储存罐的地下管道破裂；现场 A 的另一个主要排放是铁路是线路区域（现场西北部），该区域大部分浅层土壤都受到了影响。

- 现场 B 不断向排水沟排放污水，并存在若干相关违规行为。

- 现场 A 没有在现场倾倒化学品的记录，也没有向排水沟排污的记录；现场 A 曾认真收集和转管管道冲洗液和其他废液。

- 现场 B 的内务处理一般较差，而现场 A 的内务处理一般较好。

- 现场 B 实行"零泄漏"容忍政策，尤其是在后来几年提出了质疑。各种证词对该政策在日常活动中的应用提出了质疑。

- 现场 B 主要使用翻新桶，现场 A 主要使用新桶。

- 现场 A 的地下储存罐（USTs）有腐蚀保护系统，并定期检查；现场 B 的地下储存罐是否有保护系统尚不清楚。

- 现场 A 使用的主要氯化溶剂是二氯甲烷（全氯乙烯、$1,1,1$-三氯乙烷）等其他氯化溶剂（如三氯乙烯、全氯乙烯、$1,1$-三氯乙烯）。

- 现场 B 有一个完整的作业区和一个专门用于专门处理氟利昂（位于现场 A 的东北边界）用于处理氟利昂产品；而现场 A 在这些年里只有一桶一记录在案的氟的 113 产品。

- 现场 A 对化学品储存装置进行了定期检测（如黏性检测），以检查其完整性和泄漏情况。

- 对多个岩性层进行了表征，其中一些在现场下方是连续的。

这些结论是选择和解释其他证据的基础。

证据链 2：岩性/水文地质建模——主要发现

丰富的现有监测数据有助于重建这两个现场地下的岩性层。图 9.2 展示了两个现场地下的岩性层；图 9.3a 和图 9.3b 展示了两个现场岩性层的南北横剖面。

续　表

证据链 2：岩性/水文地质建模——主要发现

根据对相关水文地质/岩性数据（如钻孔记录和环境报告）的详细审查，提出了一个地下模型，以揭示渗透性较低的岩性层顶部的污染物导管。在两个现场的证物的移动通道。具体而言，C2 单元（连续的岩性层/水文地质单元）之间观察到了污染物的证据通道。在两个现场的证物的移动通道。具体而言，C2 单元（黏性淤泥）被解释为含水层（不允许水渗入）的顶部。因此，到达其顶部（即 D 单元内）的任何含水或液体都将根据 C2 单元在现场 B 中部的坡度（除水压力外）流动。如图 9.3b 所示，坡度的坡度（AST 堤坝源区右侧位置）向现场 A 倾斜。因此，现场 B 的 AST 堤坝在这些年中记录到的地表泄漏物会渗过土壤，然后在 C2 层顶部向现场 A 横向移动。

说明
水文地质单元
Unit A 含沙黏质淤泥
Unit B 沙
Unit C1 淤泥
Unit D 淤泥质沙
Unit C2 黏质淤泥
Unit E 沙

彩图 9.2

图 9.2　（彩图见二维码）重建岩性层（现场 A 下方）

续表

彩图 9.3

证据链 2：岩性/水文地质建模——主要发现

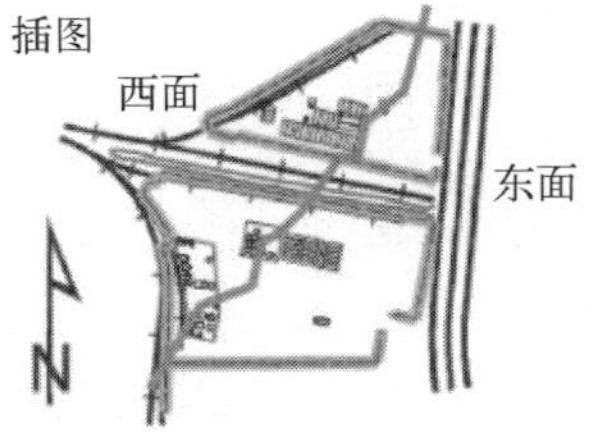

插图

西面　东面

(a)

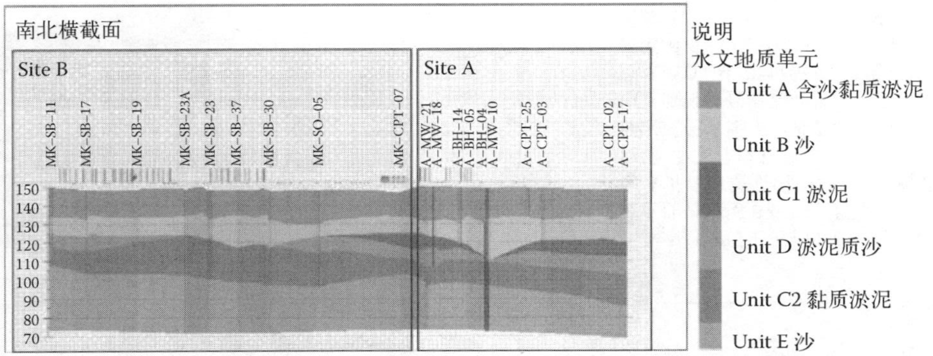

说明

水文地质单元

Unit A 含沙黏质淤泥
Unit B 沙
Unit C1 淤泥
Unit D 淤泥质沙
Unit C2 黏质淤泥
Unit E 沙

南北横截面

Site B：MK-SB-11　MK-SB-17　MK-SB-19　MK-SB-23A　MK-SB-23　MK-SB-37　MK-SB-30　MK-SO-05　MK-CPT-07

Site A：A-MW-21　A-MW-18　A-BH-14　A-BH-05　A-BH-04　A-MW-10　A-CPT-25　A-CPT-03　A-CPT-02　A-CPT-17

150 140 130 120 110 100 90 80 70

(b)

图 9.3　（彩图见二维码）(a) 沿两个现场（A 和 B）的南北横截面位置——注意现场 A 在现场 B 的北面。(b) 沿两个现场（A 和 B）的南北横截面——注意北面在右边

续 表

证据链 3：标志化合物——主要发现

如前所述，历史文件审查显示，尽管两个现场在作业和处理化学品方面大体相似，但在使用不同类型的氟利昂方面存在重大差异。现场 A 只记录了一桶氟利昂产品，而现场 B 则有一整套操作流程和专门处理氟利昂（氯氟化碳，CFCs）。这一特殊证据一直被"隐藏"起来，直到案件的后期才被发现。因为在现场 A，人们认为氟利昂示踪值不值得关注，也没有对其进行检查。

在深入挖掘历史证据时，发现了氟利昂的使用历史，氟利昂被定性为现场 B 的"特征"化学品。从根本上说，氟利昂在现场 A 并没有被使用（只有一桶例外），但在现场 B 却做大量使用，泄漏并检测到。一旦确定了这一点，剩下的工作就是评定现场 A 地下可能存在的氟利昂（即氟利昂 113）。地下监测没有报告这些污染物，虽然定期的蒸汽调查（从 20 世纪 90 年代末开始）确实报告了氟利昂 113 和 20 英尺和 20 英尺处的氟利昂 113。现场 A 的地下环境中仅存在氟利昂 113（上图和下图）的土壤蒸汽中检测到的氟利昂 113。图 9.4 描述了在地下 10 英尺和 20 英尺处（更接近浅层地下水位）和东南偏南方向（这是清楚地表明现场 B 的污染一定已经到达了现场 A 并对其造成了影响。

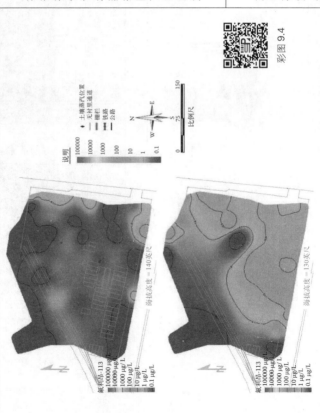

彩图 9.4

如果氟利昂来源于现场 A，其垂直和水平分布模式都会不同（现场 A 靠近地表和其他地表来源区域的浓度要更高）。此外，由于存在含水层和其他地质/水文地质证据（此处未介绍），证明氟利昂 113 不可能从浅层地下水区域羽流中侵入。总之，现场 A 地下存在的氟利昂 113 及其检测模式是现场 B 确实在历史上对现场 A 造成影响的"物证"。

图 9.4 （彩图见二维码）在现场 A 地下 10 英尺（上图）和 20 英尺（下图）处土壤蒸汽中检测到的氟利昂 113（等浓度羽流）

续　表

证据链 4：化学指纹鉴定／数据可视化——主要发现

污染物在地下的横向和纵向分布模式可以说明污染的"来龙去脉"（例如，污染物从何而来以及如何产生）。在此案例中，对许多证据进行了评定和考虑（在不同的实验室对数据进行了分析）。这里使用图 9.5 和图 9.6 中的两个相关示例进行讨论，以说明数据可视化的使用。第 5 章（第 5.4.3 节）提供了更多相关示例的详细讨论。

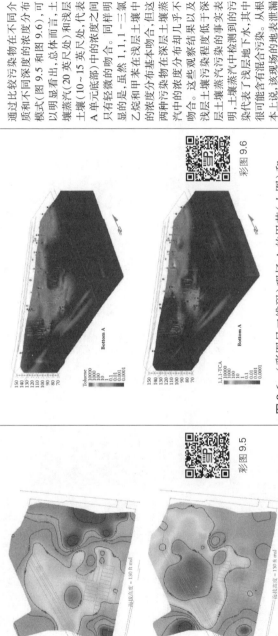

图 9.5　（彩图见二维码）现场 A 地下 20 英尺处甲苯（上图）和 1,1,1-三氯乙烷（下图）的土壤蒸汽浓度

彩图 9.5

彩图 9.6

图 9.6　（彩图见二维码）现场 A 的甲苯（上图）和 1,1,1-三氯乙烷（下图）的土壤浓度剖面图（A 单元底部）的示意，在图 9.5 和图 9.6 中，红色表示记录的最高浓度，蓝色表示未检出的浓度

通过比较污染物在不同介质中不同深度的浓度分布模式（图 9.5 和图 9.6），可以明显看出，总体而言，土壤蒸汽（20 英尺处）和浅层土壤（10～15 英尺处，代表 A 单元底部）中的浓度之间只有轻微的吻合。同样明显的是，虽然 1,1,1-三氯乙烷和甲苯在浅层土壤中的浓度分布基本吻合，但这两种污染物在深层土壤却几乎不吻合。这些观察结果以及浅层土壤污染程度低于深层土壤蒸汽中检测到的污染明显，土壤蒸汽分布与地表吻合，代表了浅层地下水污染，其中很可能有混合污染。从根本上说，该现场复杂的地下污染物分布，无法解释复杂的地下污染物分布。总体而言，这证实了浅含水层中存在来自现场和可能来自场外的混合污染。

如果将这类证据与其他证据链联系起来，则污染很有可能是从现场 B（南面）入侵的。

续　表

证据链 5：地球化学指纹鉴定——主要发现

如第 5 章所述，将岩性/水文地质证据与化学证据相结合，可获得与环境基质中污染物有关的深层信息。图 9.7 显示了几个钻孔记录中的 1,1,1－三氯乙烷浓度，并与所遇到的岩性/岩性层相叠加。这种数据表示方式有助于了解释观测到的污染物浓度。具体来说，同一层中较深层的浓度突然增加，不能解释为污染完全来自地表来源。与吸附污染能力相同或更强的岩性较该污染浓度的较浅污染层相比，当较深污染层的污染浓度增加时，这一逻辑也同样适用，则可怀疑潜在的场外来源。第 5 章（第 5.2.2 节）提供了图 9.7 中的部分示例和详细讨论，说明了地球化学指纹鉴定法的使用。如果没有地下的具体来源，则可怀疑潜在的场外来源与地下水发生了横向迁移。

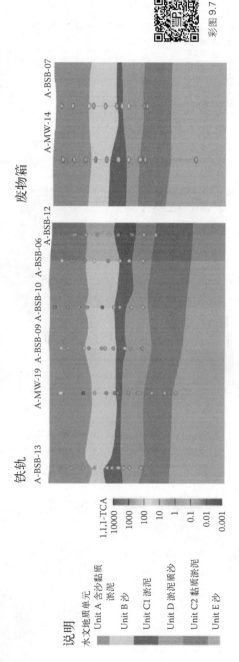

彩图 9.7

图 9.7　（彩图见二维码）现场 A 两个污染源区域土壤中 1,1,1－三氯乙烷的垂直剖面图（见左侧图例中的色标浓度范围和水文地质单元）

图 9.7 中显示的结果表明，现场 A 中报告的地下污染并非全部来自地表或接近地表的有历史记录的现场污染源。

注：所提供的法医学调查简要说明调查的第一部分，旨在确定现场 B 是否对现场 A 地下发现的污染造成了贡献。此外，还利用环境建模来分配现场 B 的贡献。这里需要注意的是，法医学调查中在评定现场 A 对更深区域地下水洞流的潜在贡献。这部分调查还使用了多在本书的综合指导材料中没有介绍。还需要注意的是，第二个主要部分集中在示有展示与调查有关的简要说明。图 9.8 提供了一个调查证据的示例，但这里没有示有展示与调查这部分与调查有关的简要说明。

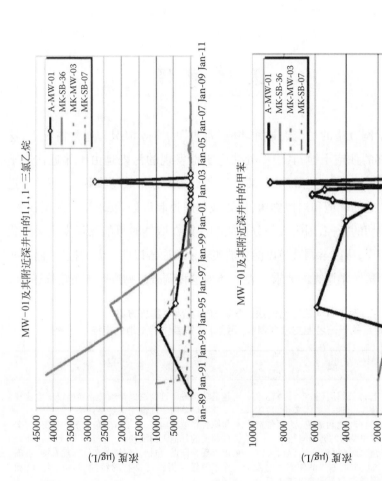

图 9.8 现场 A 浅层地下水井 (MW01；见较暗的线) 和现场 B 下游深层地下水井中 1,1,1-三氯乙烷和甲苯的同浓度模式

环境"毒害"的故事

10.1 策 略 阐 释

这类法医学调查指的是受到某种环境"毒害"的实际情况。通常情况下,这类调查涉及相邻的住宅土地,其中一处住宅土地发现的污染是由于邻近住宅土地排放污染物所致。在这类案件中,某处住宅土地故意排放污染物,破坏了邻近的另一处住宅土地的环境和居民健康,导致被邻居提起诉讼,要求赔偿此类损失。挑战在于评定确切的指控,因为大部分排放的污染在取样时可能已经发生了变化或无法取样。相反,法医学调查员可能会被要求依赖原告以前所做的检测,而这些检测通常不符合法医学调查的要求。表 10.1 对这种调查类型进行了策略描述。

表 10.1 住宅土地法医学调查的挑战与解决方案
评定关于一名业主故意毒害(污染)其邻居住宅土地的指控

挑 战	解 决 方 案
• 一位住户(原告)起诉其邻居(被告),声称被告蓄意毒害他的住宅土地。具体来说,被告被指控故意排放某种环境污染物,给原告造成了住宅土地损害和潜在的健康问题	• 越简单越好。这类法医学难题应通过以下主要技术获取简单明了的证据来解决:
• 在法医学调查员介入时(诉讼开始后),关键证据可能已经丢失(例如,原告的住宅土地可能已被修复),法医学调查员可能需要(部分或完全)依靠原告所做的检测来提起诉讼	• 与原告和被告面谈,以了解索赔和辩护情况;与案件相关的其他人员面谈
• 这类挑战的污染包括各种污染物,其中可能涉及与除草剂/杀虫剂、家用化学品、燃料或化肥有关的化学物质	• 审查现有证据,包括任何相关文件和现有测试;确保了解任何指称污染物的特性、归宿(去向)和迁移
→法医学调查的目的是利用现有证据和任何可能揭示所称排放污染的存在、归宿(去向)和迁移的检测,评定环境"中毒"索赔的有效性(为诉讼提供证据)	• 实地考察和可能的额外法医检测(第 4 章中的方法) • 主要目标首先是全面了解指控和现有证据;在此基础上,制定适当的法医学策略,包括实地考察期间要检查的事项和可能的法医检测;主要策略是查找与指控不符或矛盾的事项(见案例研究 10.1) • 可能没有必要通过独立的证据链对法医鉴定结果进行确认;通常情况下,如果有一项证据明显与指控相矛盾,就足以判定指控的有效性

下面的案例研究(案例研究 10.1)说明了表 10.1 中简述的策略概念在实践中是如何应用的。在这里,重点还是放在主要的法医学策略上,而没有提供所述证据链的各种细节。

10.2　案例研究 10.1:居民是否"毒害"了邻居的土地?

10.2.1　案例研究 10.1:概述

10.2.1.1　历史背景和法律背景

南加州一处住宅土地的业主起诉了他的邻居,声称邻居"毒害"了他的住宅土地。具体地说,邻居(被告)故意污染了原告住宅土地中的植被和池水,因此原告提起诉讼。所谓的污染物包括硝酸盐和马拉硫磷(一种杀虫剂)。原告声称,由于经常使用受污染的泳池,他的健康受到了不良影响,同时,由于一棵位于被指控的污染泳池和分隔两处住宅土地栅栏之间的树木发生了死亡和倒塌,导致他的住宅土地受到了滋扰,需要进行索赔。

10.2.1.2　法医学目标

在这种情况下,被告启动了一项法医学调查,以调查原告对其提出的索赔,并测定原告声称在其住宅的池水、土壤和植被中检测到的硝酸盐、马拉硫磷和其他化合物升高的来源。

10.2.1.3　小型诉讼中的环境法医学

本案说明了在涉及住宅土地等相对较小的环境诉讼案件中使用法医学调查的情况。虽然从排放污染物的数量和类型来看,这些案件通常不那么复杂,但主要挑战在于收集相关的法医学证据,而当法医专家开始参与案件时,这些证据可能已不再存在。本案就是这种情况,因为原告已将泳池中的水抽干一段时间,所以无法选择池水取样。幸运的是,土壤取样仍然可用,因为土壤没有被扰动过,而且土壤是主要的污染物通道之一。

10.2.1.4　结果

该案在取证和庭审前以有利于被告(客户)的方式达成和解。在原告得知法医学调查的结果后不久,双方就达成了和解。法医学调查再次取得成功,不仅解开了"谜题",还节省了诉讼费用和时间,这是因为不需要书面法医报告,且法医学调查费用约为 5 000 美元,调查在两周内完成。

除了指导法医学检测(确定要检测的地点和要寻找的化学物质),对相关文件的审查以及现场考察和在现场访谈,都有助于为原告检测发现的污染物建立替代解释。具体来说,以下几种替代解释是显而易见的:

- 泳池中硝酸盐的其他来源,如人体汗液、空气传播以及该地区最近发生的火灾造成的沉积物,都已被鉴定。即使是池水上面的树叶,也可能是水中硝酸盐形成的来源。事实上,任何与池水接触的含氮物质都会增加池水中的氮,最终形成硝酸盐。随着时间的推移,由于池水长期没有更换,硝酸盐预计会累积和浓缩,因为它不会通过挥发或降水流失。这可能就是池水中硝酸盐浓度较高的原因。
- 关于报告的其他污染物,原告住宅土地附近的一个壁炉可能会产生多环芳烃和其他一些污染物。此外,在整个事件发生之前,该地区曾发生过自然火灾,也会导致此类情况发生。
- 至于那棵枯树,很可能是由于修建围墙对树根造成的影响,机械地影响了树根或树根的主要部分,导致树木死亡,并使其倒在泳池上。

重 要 说 明

- 法医学调查成功的关键在于寻找直截了当的证据来支持合理的假设
- 应始终考虑替代解释和来源,以加强司法案件;在本案中,对原告提出的指控提供了更合理的替代解释
- 该案例研究表明,在了解现场历史并由专家对现场进行勘察之后,将事情的来龙去脉、设计和解释指纹鉴定结果是多么重要。此外,与居民和其他知情人士的访谈也很重要

10.2.2 案例研究 10.1：法医学调查简要说明

证据链 1：历史文件审查	主 要 发 现
与任何司法案件一样，历史文件审查是调查的第一步。在本案中，这包括： • 历史文件审查，包括原告所做的现有环境检测（包括池水、植被和土壤），以及原告、被告和家庭成员的陈述； • 现场勘察和与居民（原告和被告）面谈。	• 被告在自己的住宅土地和原告住宅土地之间新建了一道混凝土栅栏（图 10.1a 和图 10.1b）。栅栏靠近原告住宅土地上的一棵大树，并沿着原告的水池延伸，距离原告的水池边界（栅栏与水池的距离不超过 1 米）。 • 新围栏建成后不久，原告游泳池边的大树（位于游泳池和围栏之间）突然倒入游泳池。由于这棵树一直很健康，于是原告认为事情是由于被告修建围栏造成的。具体地说，他认为被告可能是故意毒死这棵树的，因为它妨碍了施工，原告决定从枯树、树周围的土壤以及池水中取样。他将样本送到实验室的下方。 • 基于到这一怀疑，原告决定从枯树、树周围的土壤以及池水中取样。他将样本送到实验室，实验室对样本进行了各种有机和无机化合物的分析。 • 结果显示，许多样本中都检测到了杀虫剂马拉硫磷。此外，检测到的硝酸盐含量也高于平预期（例如，在池水中发现的硝酸盐含量为 400 mg/L；而据报告，池水中的硝酸盐含量通常为 10~220 mg/L）。在一些样本中还发现了一些多环芳烃（PAHs）和半挥发性有机化合物（SVOCs）。 • 根据这些结果，原告决定提起诉讼，将游泳池的水抽干，并停止使用，直到问题得到解决。此外，原告还声称出现了各种健康症状，包括皮疹、头痛和总体健康状况不佳。这些健康问题与邻居对其的住宅土地污染有关，尤其是在经常游泳时接触池水。 • 原告的主要指控是，被告在靠近其住宅土地和泳池两处的地下两处在栅栏中注入了有毒化学物质的地下有毒化学物质的地下。原告声称，被告在分隔栅栏下方的住宅土地中注入了某种化学物质，化学物品与树根接触，树木也会受到影响。由于注入界线的几个点注入了某化学物质以某种方式进入了池水，从而导致周围的土壤与化学品与树根接触，树木也会受到影响。由于注入人池壁的土壤也会受到影响。

续　表

证据链 1：历史文件审查	主　要　发　现

进行了法医取样和化学指纹鉴定（针对所谓的有毒化学品以及一般自来水化学成分和 pH）。样本取自两处住宅土地的一般区域，以及附近的自来水，以及水池之间代之而代之间的是自来水。化学检测由 CalScience 实验室完成。

需要注意的是，在原告非常详细的指控指导下，土壤检测的重点是混凝土墙附近（墙和水池之间）显示受到污染物注入影响的位置。

(a)　　　　　　　(b)

图 10.1　（a）和（b）两处土地之间的混凝土墙。（a）从原告的土地上看到的混凝土墙；图片底部不仅可以看到池壁，而且已冻池和墙之间的浇筑土壤区域也可以观察到；注意，倒下的树位于图片中站立的树附近。（b）从被告土地上看到的混凝土墙

证据链 2：化学指纹鉴定	主　要　发　现

- 化学指纹鉴定涉及对原告和被告住宅土壤中的所谓污染物进行调查，包括有毒化学品的所谓注入点（见图 10.2 中的示例）。具体做的是根据采取样当天在现场与原告进行的面谈而该选定面。这样做的目的是评定关于污染物浓度会更高。此外，还在收集的对照土壤和植被中检测了类似的化学物质，以进行比较。

- 结果与污染物注入深层土壤的指控相矛盾。事实上，数据表明，所谓的化学物质很可能来自原告住宅的土地本身，也可能来自原告出现在住宅土地表层的几个区域。因为原告的指控涉硫磷和硝酸盐的最高浓度都出现在原告住宅土地表层（6 英寸以下）的浓度污染，那么深层土壤中，最强烈的地方应更靠近应该被告的住宅土地。

续　表

证据链 2: 化学指纹鉴定	主　要　发　现
 图 10.2　采集的土壤样本之一,该样本位于原告住宅土地的冰池和混凝土墙之间;注意该位置的干枯植被	• 在自来水和植被样本中,没有发现任何高于背景值的污染物。这也表明,在原告住宅土地中发现的污染是相对较新的污染(没有影响到植被),很可能无法解释在法医学调查开始前约半年发生的所谓水池污染。 因此,化学指纹鉴定证实了文件审查阶段的结论,即原告住宅土地上记录的污染物更有可能是一系列替代来源造成的。此外,检测结果直接反驳了原告关于原告土地上的污染物如何进入原告住宅土地环境的指控。这些直截了当的证据使案件立即得到了解决。

住宅泳池的纠纷

11.1 策 略 阐 释

这种类型的法医学调查指的是涉及带有娱乐泳池的相邻住宅土地,其中一位住户声称因邻居的泳池漏水而对其造成了损害。然而,通常情况下,尽管指控只涉及了一个特定的来源,但邻近地区存在多个漏水来源(即多个泳池)。当法医学调查员被带到现场时,不确定是否需要提起诉讼。面临的挑战是,在处理多个相似来源和取样机会受限的情况下,如何能够追踪到漏水来源。表 11.1 从策略角度描述了这种法医学调查类型。

表 11.1 涉及住宅泳池纠纷的法医学调查挑战与解决方案

挑　　战	解　决　方　案
• 在一个住宅区中,多个相邻的住宅土地都有娱乐泳池,其中一处住宅土地的业主发起了指控,称邻居泳池的漏水对其住宅土地造成了损害 • 尽管附近可能存在不止一个泳池,而且现有的任何一个泳池都有可能是漏水来源,但指控通常只涉及一个特定的泳池,因为在住宅土地业主看来,该泳池离受损的住宅土地更近,是一个更明显的源头;此外,受损住宅土地本身可能有一个泳池,而担忧的住宅土地业主很少将其视为潜在来源 • 这类挑战的污染是池水本身;虽然池水中通常含有一系列化学品,但涉及此类排放的大多数纠纷都与漏水造成的损害有关,而不是与水中的任何化学品造成的损害有关 →法医学调查的目的是在考虑到该地区所有潜在来源的情况下,追踪破坏性水源(提供可用于修复问题和解决任何争议的证据)	• 这类法医学难题应使用标志化合物技术(见第4章)来解决,尤其是: • 法医学调查员应询问所有邻近泳池使用的每种泳池化学品 • 如果发现只有一个泳池使用某种独特的化学品,则应在对受损住宅土地中提取的水样进行检测 • 如果没有发现与任何一个泳池相关的标志化合物,调查人员可能需要从每个邻近的泳池中采集样本,并对其进行泳池化学品(通常用于住宅泳池)检测,因为人们可能不知道或想不起来他们泳池中使用的所有化学品;此外,还应收集具有代表性的破坏性水样,并对相同的化学物质进行分析 • 主要目标是利用标志化合物追踪破坏性水体中的任何潜在来源(泳池);如果在一个泳池中发现了标志化合物,并且在破坏性水体中也发现了这种化学物质,那么就可以断定这个泳池就是罪魁祸首,而无须进行进一步检测(或在其他所有泳池中发现标志化合物) • 如果没有发现标志化合物,则可使用每个邻近泳池的追踪化合物来评定漏水情况,并确定向受损住宅土地结构的迁移情况 • 由于标志化合物技术提供了唯一识别来源的直接证据,因此可能没有必要通过独立的证据链来确认司法鉴定结果

案例研究 11.1 说明了表 11.1 中简述的策略概念在实践中的应用。与其他章节一样,重点放在主要的法医学策略上,而没有提供所述证据链的各种细节。

11.2 案例研究 11.1：追踪住宅泳池的渗水"元凶"

11.2.1 案例研究 11.1：概述

11.2.1.1 历史背景和法律背景

南加州一处住宅的业主报告,他的住宅经常发生水灾,原因可能是后院邻居的一处泳池漏水所致。需要注意的是,这位抱怨的居民自己的后院也有一处游泳池。这时,后院的邻居发起了诉前调查,因为他的泳池受到了指控。邻居很想知道他的泳池是否有过错,并希望能和解,避免一场代价高昂且几乎不可避免的诉讼。

11.2.1.2 法医学目标

虽然启动的法医学调查主要重点是评定漏水的泳池,但也对该地区进行了总体评定,包括其他潜在的漏水源。

11.2.1.3 诉讼之前的环境法医学

本案例说明了使用法医学调查来支持诉前研究的目的,即在提起代价高昂的诉讼之前帮助解决纠纷,这在诉讼前总是可取的。这样做的结果是,诉讼可能永远不会发生,即使诉讼仍然发生,当事人也会减少与证据实际情况有关的意外。

11.2.1.4 结果

法医学调查利用一种已确定的标志化合物,找到了令人信服的证据,证明所谓的邻居泳池并不是该住宅出现水灾的来源。至此,两家邻居的纠纷才得以了结,避免了一场不必要的诉讼。虽然没有确定水灾的确切来源,但指出了几个潜在的来源,受损住宅土地的业主应自行进行法医学调查,以具体确定哪个潜在水源是"元凶"。由于不需要书面法医学报告,总体而言,这次环境法医学调查的费用约为 1 700 美元,研究工作在一天内完成。

虽然没有对受损住宅的池水或被确定为潜在漏水来源的第三个邻近池水进

行检测或取样,但已向受影响住宅的居民提出了进一步检测的建议。法医学调查在进行这种检测之前就停止了,因为检测费用是由所谓的漏水泳池业主支付的。因此,最后的范围是确定该泳池是否确实是漏水来源。法医学调查仅用了1天时间,就清楚地证明了漏水泳池并不是损害来源。这就解决了纠纷,避免了一场可能代价高昂的诉讼。

重 要 说 明

- 每个司法案件都各不相同;因此,法医学调查员应始终根据案件的具体情况和客户的需求调整法医学方法。在本案中,由于客户是潜在的"被告",法医学调查的目标是检查客户来源的潜在贡献,而不是"绝对"地解决谜题和确定"元凶"的身份
- 并非越多越好。法医学调查员应该知道何时应该停止。复杂的案件(如案例研究9.1)需要详细的调查和多方面的证据链,而其他案件(如本案例)可能只需要提取一些有代表性的样本并用检测试剂盒进行分析。一旦根据具体情况进行调整,其结果是具有可靠性的,也是直截了当的
- 环境法医学带来了长期的成本效益,完全可以证明最初的成本是值得的。无论涉及的是大公司还是普通公民,在任何情况下都是如此。这个案例说明,在适当的时候进行直接的法医学调查,可以节省费用,也可以省去与诉讼相关的麻烦。如果被指控的泳池业主没有在预见的诉讼之前启动法医学调查,他最终可能会花费更多的费用,还不得不处理诉讼程序中的所有烦恼。这是因为他仍然需要支付法医学调查的费用,以进行辩护,还需要承担与诉讼相关的所有费用和烦恼。另一方面,如果决定在提起诉讼之前采取行动,他只会得到好处,因为即使有证据表明他的泳池是潜在的水灾来源,他也可以与邻居达成协议,仍然可以避免可能"败诉"的诉讼

11.2.2 案例研究 11.1：法医学调查简要说明

这个特殊案件是一个示例，说明相对较少的司法案件可以不经过典型的历史文件审查步骤而得到解决。不进行典型文件审查有两个主要原因：(1)由于没有提交法律案件，也没有有进行检测，因此没有相关文件可供审查；(2)背景情况和明确的问题可以通过进行相关访谈来了解。

因此，在没有进行实地考察特别准备的情况下，我们进行了实地考察。为了最大限度地提高考察效率和降低成本，除了在访谈相关邻居进行访谈外，还在访谈期间对水体进行了取样，并使用现场分析试剂盒在现场进行了一些初步检测。

此外，还计划在当天确定和考察其他潜在来源（如附近的泳池）。

证据链 1：实地考察及访谈	主 要 发 现
	● 根据对相关住户的访谈和实地考察，确定了确切的情况。结果表明，在过去的半年里，受损住宅经常被水淹没出现在院子里经常被水淹没的区域附近，可以推断出水正从房屋的地基下渗入。损害可能很严重，可以观察到一些漏出的水。在实地考察过程中（图11.1）。这首先表明，所谓的指控可能站不住脚。
	● 靠近房子后院的边界。在实地考察过程中（图11.1）。这首先表明，所谓的指控可能站不住脚。
	● 在对后院的访问中发现，该泳池看起来状况良好（图11.1）。此外，还确定经常用于处理池水的化学品之一是三聚氰酸。
	● 据观察，与受损住宅相邻一侧的泳池定期使用，并在该处发现了一个装满三聚氰酸的袋子。该居民证实了该物质的第三处住宅有一个后院泳池，但不知道该泳池使用了什么化学品。

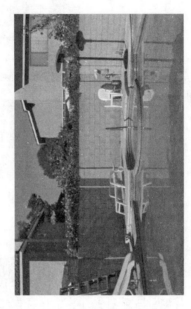

图 11.1 邻居家后院漏水的泳池（在图片左侧左侧的栅栏对面可以看到受损的房屋）；右侧可以看到泳池的第三个有泳池的住宅，该住宅被认定为另一个潜在的漏水源。注意，原告的泳池和邻居第三个被确认的泳池就在栅栏后面。

续表

证据链 2：标志化合物	主 要 发 现
根据访谈和现场勘察，决定对漏出的池水（图 11.1）进行三聚氰酸检测。这种化合物被选为渗漏泳池的潜在标志化合物，是因为该泳池经常使用这种化合物，这一点已得到证实。此外，还可以立即对水中的这种化合物进行检测，因为这是一种常见的泳池化学品，在实地考察期间可以使用检测试剂盒。如果筛查结果不确定，水样将被送往实验室添加剂检测。需要说明的是，三聚氰酸是一种化学物质，可以保护室外泳池中的氯不被阳光破坏。因此，氯片中会定期添加这种化学物质来作为"调节剂"或稳定剂。	• 图 11.3 显示了使用移动试剂盒进行现场水质检测的结果。结果明确显示，仅在所谓的漏水泳池的水中存在三聚氰酸（阳性鉴定）。虽然检测是半定量的，但它的定性结果是比较准确的。因此，无须进行后续的实验室检测。

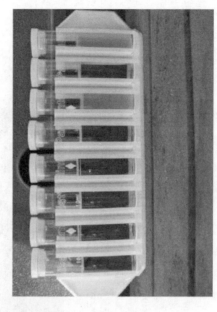

图 11.3 现场进行的三聚氰酸检测试剂盒分析结果。6 号和 8 号试管（从左到右）中颜色较浅的水来自所谓泄漏的泳池；其他试管中的水来自两处住宅中的漏出水和自来水，一式两份

图 11.2 对漏出的水进行采样

当一切都是未知时

12.1 策 略 阐 释

这类法医学调查指的是在没有历史文件、监测数据或其他有用信息的现场意外发现污染物,从而无法确定污染原因和污染源的实际情况。这类案例可能涉及任何类型环境中的任何污染物。尽管适用于这类案例的条件多种多样,但主要的挑战仍然相同:从何处着手,以及如何在调查的时间和成本与获得具有针对性的相关结果之间取得平衡。表 12.1 从策略角度描述了这种法医学调查类型。

表 12.1   在没有可用信息的现场进行法医学调查的挑战和解决方案

挑　　战	解　决　方　案
• 当在历史或其他有用信息十分有限或没有的现场意外发现污染时,需要确定污染的原因,以消除污染并防止今后出现更多污染 • 在没有可用信息的情况下,制定适当的法医学策略可能很困难,而时间和预算限制可能又不允许实施全面的检测计划 • 这类挑战的污染可能是任何物质(如任何化学物质),从已发现的化学物质开始,到现场范围内尚未发现的更多化学物质 →法医学调查的目标是确定关键污染物和过去的事件及来源,并以此为重点进行环境检测(评定污染物的类型和位置,以及任何需要修复的来源)。一旦确定了来源,这些数据也可用于修复成本回收	• 这类法医学难题可以利用树轮指纹鉴定技术(见第 6 章)来解决,该技术可根据树木中的相关污染物标记来确定过去的排放事件;由此获得的信息可与历史航拍照片结合使用;这有助于确定过去的作业和使用类型 • 如果树轮指纹鉴定技术不可行,使用过去的航拍照片以及污染发现事件的信息可能有助于确定作业类型以及潜在的排放污染物和来源 • 还应考虑潜在的场外排放,以进行树轮指纹鉴定、航空摄影和历史调查 • 通过独立的证据链来确认研究结果可能行不通 这仅是一个示例,说明如何将法医学调查作为现场调查和场地修复的一个组成部分

虽然案例研究 12.1 并未直接说明表 12.1 中简要描述的策略概念在实践中是如何应用的,但该案例显示了树轮指纹鉴定技术在没有污染历史的现场确定

过去排放情况的潜力,在这些现场,该技术被用来获取对照(背景)数据。与其他介绍的案例一样,讨论没有深入细节,而是提供相关信息简要说明。

12.2　案例研究 12.1：树轮指纹鉴定如何揭示未知

12.2.1　案例研究 12.1：概述

12.2.1.1　历史背景和法律背景

在南加州的一个现场测试了树轮指纹鉴定在确定土壤和浅层地下水中氯化溶剂排放的年代和特征方面的应用。之所以选择该现场,是因为它受到了来自邻近工业设施的全氯乙烯/三氯乙烯(PCE/TCE)羽流影响。通过进行蒸汽入侵研究,发现院子和附近有大量树木。这一观测值,加上浅层地下水位的存在以及氯化溶剂排放时间(20 世纪 80 年代中期)的详细记录,该现场被认为是作为检查树轮指纹鉴定是否适用于氯化溶剂羽流年代测定的绝佳替补地点。因此,本案不涉及任何法律诉讼或纠纷。它只是为了测试树轮指纹鉴定在氯化溶剂现场的适用性。

在调查过程中,作为与这一法医学技术相关的例行取样工作,从上游位置(距离现场几个街区,对照树位于人行道上)采集了对照树的树芯样本。在对对照树的树芯进行分析时,令人惊讶地发现有证据表明,对照树在几个不同的年份也受到了污染。具体来说,在两个主要时间段内观测到了磷(P)和硫(S)的平行峰值。此外,还观测到几个氯(Cl)峰值,出现的年份与磷和硫峰值不同。因此,在这种情况下,法医学调查意外地发现了在过去没有排放历史的对照树区域内发生的地下污染事件,而且远离任何工业现场。

需要注意的是,本案例研究是与环境国际(法国巴黎)的 Chris Balouet 博士合作进行的,并已在《环境法医学杂志》上发表了一篇关于树轮生态学在环境法医学中应用的文章(见案例研究 2 和 3,Balouet et al., 2007b,可查阅说明材料和补充讨论)。

12.2.1.2　法医学目标

虽然主要的法医学目标是评定利用树轮指纹鉴定技术对氯化溶剂羽流进行

年代测定的准确性,但法医学检测意外地发现,在一个被认为已被修复且没有记录来源的区域内发生了一系列污染事件。因此,这项研究无意中展示了在没有任何其他信息记录甚至暗示潜在污染的情况下,利用树木提供过去污染事件详细信息的效用。

12.2.1.3 环境法医学实证示范

这个案例说明了在没有任何诉讼或纠纷的情况下,在场地修复范围之外进行法医学调查的效用,其中进行的法医学研究纯粹是出于示范目的。

12.2.1.4 结果

这一实际演示揭示了树轮指纹鉴定技术在准确测定氯化溶剂排放年代方面的实用性。此外,在没有任何污染信息或怀疑存在污染的现场,该技术还能提供有关过去污染事件的详细信息。树轮指纹鉴定不仅能提供有关过去任何类型排放物的有用信息(在树龄允许的情况下可追溯到最远的时间),而且还是一种无干扰的"绿色"调查技术。通常情况下,少量树芯就足以描述一个现场过去发生的污染事件,因此该技术还具有成本效益。取样工作在一天内完成,所有检测(包括样本制备)在一个月内完成。

重 要 说 明

- 该案例研究证明了树轮指纹鉴定在以下方面的有效性
- 准确测定浅层氯化溶剂羽流的年代(基于暴露树木的数据)
- 在未知或怀疑有污染的现场重建污染历史和可能的污染情况(根据对照树的数据)
- 我们应该在核实所有证据之后再进行法医鉴定,切勿认为缺乏信息和数据就意味着没有污染。此外,万事万物都是相互关联的,因此我们应该利用案件中的任何信息来更好地了解污染物的归宿(去向)和迁移
- 树轮指纹鉴定等法医学技术可以揭开未知的面纱,有助于更好地了解水文地质学以及污染物的归宿(去向)和迁移。此外,树轮信息还可以确定过去的污染事件,否则这些事件可能会被永远隐藏起来

12.2.2 案例研究 12.1：法医学调查简要说明

收集法医证据的实际演示	主要发现
树轮指纹鉴定的实际演示：收集法医证据	主要发现
作者与国际环境组织（法国巴黎）的 Chris Balouet 博士合作，从暴露树木（羽流范围内；见图 12.1）和一棵对照树木（羽流范围外）上采集了一些树芯样本。大部分树木（包括对照树）都是奇瓦瓦灰烬木（Chihuahua ashes），通过现场指南进行了鉴定。采集样本（每棵树采集一到两个树芯）后，使用专用木盒运输，并进一步分析（参见第 6 章所述方法）。削备的样品在法国 Balouet 博士的实验室进行了树轮宽度分析（使用与计算机连接的显微镜）；此外，部分分样品还被送往瑞典哥德堡大学的 Dendro 实验室使用能量色散 X 射线荧光（EDXRF）进行化学元素分析（Balouet et al., 2007b）。	• 证明了树轮指纹鉴定在浅层氯化溶剂羽流年代测定方面的准确性。确定了包括连续排放在内的全氯乙烯和三氯乙烯污染的时间范围，这与文献记载的时间非常吻合（Balouet et al., 2007b）。具体来说，对暴露树芯进行化学元素分析后发现了几个峰值，第一个峰值与 1986 年形成的树木长生长年轮相对应。这与 20 世纪 80 年代中期记录到的氯化溶剂排放峰值非常吻合，同时也考虑到了排放物到达下游树木所需的时间范围。在 1988 年和 20 世纪 90 年代中期还观察到其他氯峰值，这表明还存在其他排放。 • 对于怀疑过去或存在任何污染却没有任何相关信息的现场，应用树轮指纹鉴定技术的机会会得到了证明。这是一个"意外"，因为过去污染的迹象从未对照树芯中显示了出来（Balouet et al., 2007b）。因此，一个有趣的现象是，对照树芯中还出现了几个氯峰。不过，这些峰值对应的年份与暴露树分析得到的年份不同。此外，在对照树芯中还出现了完全匹配的硫（S）和磷（P）平行峰，对于对照树所在区域出现的这种异常现象，有几种可能的情况解释，包括对照树所在的污染事件中可能是建筑工程，因为在附近发现了一个新的公寓大楼。各种氯异常值则可能是由于主要的全氯乙烯和三氯乙烯流向上游方向迁移所致，也可能与到达对照树区域的不同氯化溶剂或其他含氯化合物有关。由于这不是本研究的目的，因此并没有进一步调查。不过，这一是，磷和硫的异常也可能是施肥造成的。由于这不是本研究的目的，因此并没有进一步调查。需要注意的是，这一观察结果证实了该方法没有信息存在的环境进行采样表征的适用性。

续表

树轮指纹鉴定的实际演示：收集法医证据	主要发现

树木采采样非常简单，可以使用探木钻进行采样，如图所示，通常每棵树需要10～15分钟来集采样芯样本。环境数据的灵敏度敏钻的土壤钻孔采集与的数据相似

图12.1　现场树木钻孔

法医学调查中的科学发现

13.1　策略阐释：法医学调查开启新机遇

　　这类法医学调查指的是在实际情况下,法医学研究可能会发现新的科学概念或目标污染物的新型自然或人为来源。通常情况下,污染源调查是针对调查区域内有多个污染源的目标污染物进行的。所面临的挑战是在解释结果时要"突破常规思维"或保持开放的心态,这样才不会排除更多以前未考虑过的来源,而不是根据预期的预设模式和假设"强行"解释结果。表 13.1 从策略角度描述了这种法医学调查类型。

表 13.1　法医学调查带来科学发现的挑战和解决方案

挑　　　　战	解　决　方　案
• 法医学调查通常涉及深入分析——超出环境现场调查的常规工作。这种深入分析虽然具有挑战性,但有时会带来科学发现 • 通常情况下,以污染源识别/鉴定为重点的法医学调查涉及多个潜在的污染源,其中一些污染源可能是以前没有确定的。研究结果可能会揭示出以前未曾怀疑或甚至不知道的目标污染物潜在来源;此外,研究结果可能会指出以前文献中未曾描述的污染物归宿(去向)和迁移的新机制 • 这类挑战的污染物可以是任何物质(如化学物质) →法医学调查的目标是保持开放的态度,在既定的解释不能满足科学审查的严格要求时,寻找更多的解释	• 这类法医学挑战需要开放的态度,这意味着不要以先入为主的观念来评定和解释检测结果。我们必须承认个人和集体知识的局限性,并对新的解释持开放态度。人们所猜测的并不总是实际发生的 • 法医学家需要为实际结果找到最合乎逻辑和科学合理的解释;如果这种解释不符合任何预先确定的情况(例如,可疑来源或机制),则需要考虑新的情况,以符合结果。结论应与结果相符,而不是相悖 • 在特定条件下,如果不是全部,那么也有大部分的污染物都可能存在天然来源。对于在特定现场条件下可能自然形成的目标污染物,我们应始终保持开放的态度,尤其是在没有其他来源或合理解释的情况下 • 建议通过独立的证据链对研究结果进行确认

　　案例研究 13.1 说明了表 13.1 中简述的策略概念在实践中的应用情况。与介绍的其他案例研究一样,本讨论并不提供细节,而是提供相关信息简要说明。

13.2   案例研究 13.1：南加州发现的
一种新型天然高氯酸盐

13.2.1   案例研究 13.1：概述

13.2.1.1   历史背景和法律背景

在例行监测期间,南加州(圣地亚哥以北)一个猎枪射击场(私人体育俱乐部)的几口地下水井报告出现了高氯酸盐污染,这非常不寻常,也出乎意料,因为高氯酸盐通常与射击活动无关。因此,这一令人费解的情况引发了环境法医学调查。法医方法是一个循序渐进的过程,每一步都要遵循所揭示的证据。换句话说,一个证据链的结果会引发下一个证据链,以此类推。

该案例研究已发表在《环境法医学杂志》上(Duncan et al., 2005),其中提供了更多细节和说明材料。

13.2.1.2   法医学目标

启动法医学调查是为了确定事件的特征,并确定在射击场检测到的高氯酸盐的来源。

13.2.1.3   环境法医学中的科学发现

无论具体应用环境如何(如诉讼、诉前、现场调查和修复),本案例研究都说明了环境法医学调查如何带来科学发现。虽然从理论上讲,任何研究都可能导致新的发现,但法医学研究更容易出现这种情况,因为研究的目标是更深入地描述特征,并使用复杂的先进调查技术。

13.2.1.4   结果

这次法医学调查确定了高氯酸盐的来源,即之前文献中从未报道过的一种自然形成。具体来说,研究人员指出,南加州富含碳酸盐的矿物构造是该高氯酸盐的天然来源。除了解决了法医学难题,这项调查还丰富了与半干旱环境中高氯酸盐天然形成有关的知识。

因此,这次法医学调查的起点是南加州一个私人射击场检测到的高氯酸盐,最后却发现了该地区新的高氯酸盐天然来源。这些发现与在美国其他半干旱地区(如得克萨斯州和新墨西哥州)观测到的天然高氯酸盐有很好的相关性,表明美国南部大部分地区或类似地区可能比以前认为的含有更多的天然高氯酸盐。事实上,最近在北方地区也发现了天然高氯酸盐,例如在南极干燥的山谷中(Kounaves et al.,2010),这表明高氯酸盐的天然形成发生在多种地区和地理位置。

重 要 说 明

- 环境法医学可能会带来基本的科学发现。因此,我们应始终强调调查方面,而不是根据任何既定模式或假设来排除新的或未报告的可能性
- 显而易见的来源并不总是真正的来源。毕竟,侦探小说一直在强调这一点——因为罪犯显而易见的选择通常远非正确
- 世界上许多其他气候干燥的地区也可能存在天然高氯酸盐。在这些地区对高氯酸盐进行法医学调查时,应特别考虑其可能的天然存在性

13.2.2　案例研究 13.1：法医学调查简要说明

证据链 1: 历史文件审查	主　要　发　现
历史文件审查包括一般审查和具体审查。 一般审查的重点是了解射击场使用高氯酸盐的可能性。高氯酸盐不是猎枪和小型枪弹壳中的常见污染物。然而，在射击场附近和没有其他人为来源的区域发现了该污染物，表明射击场是研究区域内使用高氯酸盐与射击场活动的唯一人为来源。因此，通过文件审查以调查高氯酸盐与射击场活动的潜在联系，特别是历史航空摄影和射击场使用情况，这些信息对于规划和解释将要进行的额外实验室检测法医学研究是必要的。	• 一般审查显示，尽管高氯酸盐并不常见，但可能偶尔会在射击场使用。具体来说，高氯酸盐可与黑火药混合，由个人表示在猎枪壳中，以获得更强的射击威力，但个人可以利用互联网上的信息，用市面上的产品（包括高氯酸盐）制备这种弹药。因此，可以确实存在这种做法，但没有具体的资料表明该射击场采用了这种做法。在缺乏相关信息的情况下，无法完全排除射击场活动造成高氯酸盐污染的可能性。 • 具体审查有助于更好地了解所研究的具体现场环境，并为下一步调查时进行充分的法医检测提供计划。需要注意的是，与调查射击场使用高氯酸盐的任何记录相关信息的仍无法披露。在缺乏具体信息的情况下，我们仅限定，如果该射击场使用了高氯酸盐，其环境检测结果可能与推进剂的使用有关（通过文件确定）。

证据链 2: 化学指纹鉴定/统计评定	主　要　发　现
法医学调查的下一步是进行化学指纹鉴定。该项目包括对受影响地区的土壤和地下水进行取样，以检测高氯酸盐和其他常见离子，如硝酸盐、硫酸盐、氯化物、正磷酸盐、钙、镁、钾、铁和钠。 此外，取样工作还包括收集在两口水井上方观察到的白色地层，并检测了这些地层与土壤中的高氯酸盐。通过这些地层看起来与土壤截然不同（颜色偏白），为此，通过渗入式挖沟的方式（<5英尺），评定了这种不寻常的土壤是否存在类似物质的痕迹。此外，还调查了这些射击场以外的常见离子，以评定它是一种常见现象还是与射击场有具体关联。 需要注意的是，需要一种低检测极限（即 2 μg/kg）的方法来辅助土壤和地层材料中的少量高氯酸盐。	• 对土壤和地下水中检测到的相关收集到的高氯酸盐与常见离子进行了分析。据观察，检测到的高氯酸盐与推进剂的使用并不一致。此外，在使用线性回归统计技术时，没有发现高氯酸盐与常见离子之间存在明显的相关性。高氯酸盐与常见离子分析中缺乏相关性的情况在世界其他区域没有明显来源的地区（如阿塔卡马沙漠和美国得克萨斯州）也有报道。 • 在地下水中检测到高氯酸盐，对土壤进行了层人式挖沟，发现了层白色的碎料。这种材料很可能是 20 世纪 70 年代初存在扩建射击场陷阱屋时遗留的。经化学分析，白色碎料为兰乔伯纳多（Rancho Bernardo）地区。高氯酸盐（浓度高达 123 μg/kg）与奥泰梅沙（Otay Mesa）地层中也发现了同样类型的白色物质。 • 对整个研究区域的进一步观察发现，在附近的一处路面切口（浓度高达 40.2 μg/kg）。对路面切割材料中的六个样本进行了高氯酸盐化学分析并发现这种白色材料。对这些样本中的其他常见离子（如前所述）也进行了分析，但没有发现它们与高氯酸盐有统计学关联。 • 白色破碎材料下层土壤中检测到的高氯酸盐浓度高达 10.6 μg/kg。

续表

	主　要　发　现
证据链 2：化学指纹鉴定/统计评定 采用了美国农业部(USDA)的方法(详情见文章 Duncan et al., 2005)。	• 总的来说，化学指纹鉴定的观察和结果表明了以下几点： • 这种白色物质很可能是地下水井中检测到的高氯酸盐的来源。 • 根据其位置和一般化学性质，这种白色物质很可能是自然形成的，因为它出现在其他地方(射击场以外)，与射击场或其他人类活动没有具体联系。 根据这些发现，对白色物质进行矿物指纹鉴定被确定为法医学调查的后续步骤。

	主　要　发　现
证据链 3：矿物指纹鉴定 矿物指纹鉴定包括对从兰乔伯纳尔多尔多和奥泰梅沙地层中提取的白色物质样本进行化学分析与各种显微检测。注意，这里使用的指纹鉴定类型不同于第 5 章所述的扫描电子显微-能量色散光谱(案例研究 7.1 和 7.2)中使用，也不同于第 7 章案例研究中，重点是确定所选样本的矿物成分，而不是与相关污染物(即高氯酸盐)的特定关联。使用了以下三种显微技术(酌情与化学分析结合使用)：X 线衍射(XRD)、偏振光显微镜(PLM)和扫描电子显微镜(SEM)。检测在 RJ Lee 实验室进行。	• X 线衍射显示了矿物样品的矿物成分，不同样品的矿物成分相似，包括蒙脱石[$Ca_{0.2}Mg_3Si_4O_{10}(OH)_2 \cdot 4H_2O$]、方解石($CaCO_3$)和石英($SiO_2$)，以及斜长石[$(Na, Ca) AlSi_3O_8$]，正长石($KAlSi_3O_8$)和白云母[$KAl_2(Si_3, Al)O_{10}(OH)$](少量)。此外，还发现了石膏黏合剂。这种成分与报告的圣地亚哥一带天然米逊谷(Mission Valley)地层的成分一致。 • 偏振光显微镜(PLM)研究了矿物样品上的矿物体和形态，并进一步用扫描电子显微镜进行了分析。白云母也显而易见。偏振光显微镜(SEM)显示了石英晶体和长石矿物的存在。白云母也显而易见(见下一项)。 • 扫描电子显微镜(SEM)显示，钙和二氧化硅是样本中的主要元素(与主要的矿物成分相对应)。硫也存在，可能是由于天然生物或工业用途造成的。需要再次注意的是，案例研究 7.1 和 7.2 涉及与金属(铅)的元素相关性。在本案例中，扫描电子显微镜被用来识别矿物中存在的元素相关性(之前的化学和显微检测已经表明了这一点)。因此，尽管目标污染物是高氯酸盐，但扫描电子显微镜并不是针对这些样本中专门与高氯酸盐相关的颗粒。 • 所有三项显微评定的结果都有很好的相关性，并一致揭示了米逊谷地层的成分。 • 没有发现任何证据表明存在钾盐、碳钾钠钒或其他发现的高氯酸盐，或是一种新的天然米源。调查由 2000 年代中期出版的。这证明了矿物指纹鉴定可以证实并证实，白色物质(含有高氯酸盐)是富含碳酸盐的海相层(在该层中发现了软体动物)，是米逊谷地层的一部分。需要注意的是，米逊谷地层主要是由石英和钾长石组成的砂岩层。

当别无他法时

14.1 策略阐释

这种类型的法医学调查指的是在有可能同时发生多次排放的现场进行法医学调查的实际情况。这些类型的现场已作业了数十年,多年来开展的业务类型相同,处理的污染物类型也相同。面临的挑战是要指出过去发生的、没有文件记录和监测数据的排放。一个典型的示例是,在有类似近期排放物的现场对较早的排放物进行年代测定,这可能会干扰和妨碍任何可能仍然存在的较早证据。表14.1对这一法医学调查类型进行了策略描述。

表 14.1 评定历史现场中较早污染物排放与近期同类污染物
排放关系的法医学调查挑战与解决方案

挑　　战	解　决　方　案
• 许多受污染现场的作业历史悠久,同类业务已持续作业数十年。在这类现场中,尽管在不同时期可能有不同的当事人在该现场作业,但多年来处理和可能排放的主要污染物是相同的。大多数情况下,与早期排放有关的历史证据和其他类型的相关证据可能很少或根本没有	• 这类法医学挑战要求应用指纹鉴定技术,以环境中污染物留下的痕迹为目标,如本书第 6 章所述
• 当此类现场最近发生排放时,就会引起环境调查。然而,常规环境调查(通常会进行)会揭示地下污染的类型和性质,但无法区分近期排放的污染物和可能已经发生并与近期排放的污染物相同且混合在一起的早期排放污染物。然而,由于过去多年的作业,早期的排放物在修复时可能仍会对环境造成影响,如果得到证实,就需要相关的责任方共同分担修复费用	• 通常情况下,如果可行,应尝试使用树轮指纹鉴定技术。目前,这是唯一一种可以对多年来同一现场多次排放相同污染物的情况进行合理鉴定的检测技术
• 这类挑战的污染源可能是调查现场多年来使用过的任何物质(化学物质)	• 在特定条件下,其他指纹鉴定技术也可能有所帮助,尽管它们所提供的证据不如树轮指纹鉴定技术精确。这些技术可能包括本书第 5 章中描述的技术,重点是在环境基质中解释结果;因此,观察到的任何与近期排放作为唯一污染来源不一致的地方,都可以用来表示早期排放的可能性
→法医学调查的目标是确定所有可能存在较长时间的污染排放,并提供相关证据(揭示可能需要支付修复费用的所有当事人)	• 只要相互矛盾的数据不会对法医学调查的结果和结论产生怀疑,通过独立的证据链对调查结果进行确认并非绝对必要

案例研究 14.1 说明了表 14.1 中简要描述的策略概念是如何在一个历史悠久的加油站现场中实际应用的。与其他案例研究一样,这些讨论并不提供细节,而是提供相关信息简要说明,指出主要的法医发现。

14.2　案例研究 14.1:美国东北部某个历史悠久的加油站石油排放年代测定

14.2.1　案例研究 14.1:概述

14.2.1.1　历史背景和法律背景

位于美国东北部的一家加油站有着悠久的石油产品储存和处理历史。该加油站从 20 世纪 30 年代初一直持续作业到 20 世纪 90 年代末,之后开始偶尔作为垃圾场和汽车修理厂作业。需要注意的是,该加油站周围都是居民区,且它被怀疑使用了甲基叔丁基醚(MTBE),而甲基叔丁基醚是美国在 20 世纪 70 年代末到 80 年代初逐步淘汰含铅汽油后使用的一种主要含氧燃料。具体来说,在 21 世纪初的一些建筑工程中,在附近社区发现了与石油有关的污染(即甲基叔丁基醚),这引发了一系列的环境调查。调查发现,加油站土壤和浅层地下水受到甲基叔丁基醚和一系列石油碳氢化合物的影响,包括苯、甲苯、乙苯和二甲苯(BTEX)以及汽油和燃油中的其他碳氢化合物。根据环境检测和历史潜在污染源的位置,几个现场污染源区域也很明显。污染物的发现证实了该现场是附近居民区甲基叔丁基醚的来源,并引发了修复活动,包括挖掘土壤和安装蒸汽抽排系统。

监管机构要求发现污染时的场地持有者(现在一般称为“最近的持有者”)支付昂贵的修复费用(估计约 400 万美元)。最近的持有者于 1982 年从一家石油公司手中买下了这块场地,该石油公司在这里不间断地作业了近 50 年(从 20 世纪 30 年代初到 1982 年)。在这 50 年间,没有任何环境调查或关于泄漏及事故的报告。因此,尽管石油公司在该场地的作业时间比最近的持有者长很多,但它并未被确定为地下污染的潜在责任方(PRP)。因此,最近的持有者需要支付所有修复费用和相关调查费用。

此时,一切似乎都迎刃而解了,除了一个“不恰当的细节”:在现场挖掘活动中发现了一个泄漏的燃油罐。这是一个不恰当的细节,因为最近的持有者从未意识到现场存在这样一个埋在地下的储存罐(UST -地下储存罐),而且在他经营该场地期间也从未购买、处理或储存过燃油产品。因此,正是这个不合理的小细节引发了法医学调查,并提供了宝贵的线索。为此,最近的持有者决定进行一项环境法医学研究,以追踪该燃油罐的来源,并确定燃油排放的年代。他的逻辑是,如果燃油罐在他拥有之前(1982 年之前)就开始泄漏,那就表明石油公司造成了该场地的主要污染,因此需要承担部分修复费用。显然,考虑到修复措施的总费用估计在 400 万美元左右,通过费用分担可能会节省大量费用,这完全证明了与法医学调查有关的初始费用是合理的。

需要注意的是,除了泄漏的燃油罐之外,在挖掘过程中还发现了另一个损坏严重的地下储存罐。这个储存罐也没有任何文件记录,周围也没有发现石油产品。不过,由于该储存罐靠近泵岛,人们怀疑它曾经装载过含铅汽油。如果能找到与含铅汽油排放有关的证据,这将再次表明在石油公司作业期间发生过排放。

14.2.1.2　法医学目标

法医学调查的主要目标是确定中间馏分物和燃油泄漏的年代。特别是要确定燃油罐的泄漏是否始于 1982 年之前。另一个次要目标是评定潜在的含铅汽油泄漏(1982 年以前)。

14.2.1.3　环境法医学为共同分担修复费用提供证据

本案例研究说明了环境法医学在诉讼之外的另一个重要用途。具体来说,环境法医学研究可以提供与某一现场过去的排放情况有关的证据,以及近期的类似污染物排放情况。这些证据可使较新的场地持有者或作业者从以前的持有者或作业者那里收回部分修复成本。一旦提供给监管机构,这些证据将成为将过去的持有者或作业者列入潜在责任方名单的依据,从而引发修复活动的费用分担。在这种情况下,可能不需要进行诉讼,但即使案件最终进入诉讼程序,所获得的法医证据也很可能促使最近的持有者成功解决问题。

14.2.1.4　结果

在加油站进行的环境法医学调查提供的证据表明,1982 年之前,该现场确实发生过至少一次燃油泄漏。年代测定是通过树轮指纹鉴定进行的,此外,还进行了历史文件审查和化学指纹鉴定,以便更好地了解现场条件以及污染物的归宿(去向)和迁移情况,并帮助解释树轮指纹鉴定结果。由于获得了证据,最近的持有者才有可能试图从之前在该场地作业的石油公司那里收回部分修复费用。整个法医学调查费用(包括书面报告)约为 3 万美元,研究在一个半月内完成。

　　总之,对多条证据链进行了调查,包括历史文件审查、化学指纹鉴定和树轮指纹鉴定。树轮指纹鉴定是唯一能提供证据揭示现场燃油排放年代的方法,确定了至少有一次排放是在 1982 年之前。需要注意的是,虽然前两条证据链并不能揭示现场燃油泄漏的年代,但所获得的信息有助于解释树轮指纹鉴定数据。此外,通过历史审查和化学指纹鉴定获得的信息证实,1982 年前的燃油泄漏向东迁移,从而影响到树木 E3,正如树轮指纹鉴定数据所显示的那样。在需要修复的燃油范围内检测到的现场石油化合物很可能仍然反映了这种排放,因为在法医学调查期间没有观察到任何近期(1982 年后)燃油排放的证据。

重 要 说 明

- 树轮指纹鉴定揭示了久远的过去。如果有足够古老的树木,就能在其他法医学技术无法发挥作用的情况下准确指出对环境的影响
- "标志化合物"是重要的法医示踪剂,无论其实际浓度如何。它们的存在本身就可能具有法医意义。但是,如果只在一个样本中观察到标志化合物,而这些数据又没有通过其他证据得到证实,那么建议不要使用标志化合物证据来得出法医结论或意见
- 当检测重点是很久前排放的污染物时,建议要求实验室采用特殊的分析方法来检测极少量的污染物
- 本案例研究就是一个示例,说明在泄漏事件发生多年后,在缺乏历史记录的情况下,如何通过实验证据解开法医"谜题"

14.2.2　案例研究 14.1：法医学调查简要说明

证据链 1：历史文件审查	主　要　发　现
首先进行了历史文件审查。审查重点如下： • 历史现场文件，包括与现场交易和地下储存罐信息（如容积、安装和拆除日期、报告内容）有关的文件； • 航拍照片； • 一系列与定期地下水监测（从 2007 年法医学研究开始前的五年前）和现场挖掘活动（包括土壤和地下水数据）有关的环境报告； • 在现场挖掘活动期间（2003 年）拍摄的大量照片（300 多张），其中一些照片显示发现了埋藏的储存罐，以及挖掘沟内的污渍土壤或带有明显石油产品的土壤。	• 现场的总体环境包括以下主要特征：现场中部的一栋建筑物（更靠近南部边界）；以及旧泵岛西北侧的地下储存罐区域（法医学调查时已不复存在）。 • 发现了两个主要污染源区域：旧泵岛和储存罐所在地。如前所述，这两个位置相邻，分别位于现场的中部和东部。 • 第三个污染源区域的确定与发现一个泄漏的燃油罐（一个 500 加仑的地下储存罐）有关，该储存罐埋在现场的西南区域（靠近西侧西侧的建筑物）（见图 14.1 挖掘沟槽中的化学指纹相吻合，因此证实该储存罐一直在泄漏。 • 在泵岛西南侧，泵岛和建筑物之间的旧泵岛总区域内，发现了一个似乎是铅汽油罐的残骸，该残骸已严重损坏（见图 14.1 中挖掘出的残骸）。 • 没有发现任何记录在案的泄漏/事故证据。 • 在挖掘过程中发现的两个损坏的地下储存罐（面积较小）侧一些石油碳氢化合物污染（汽油和燃油）。 • 多年来，浅层地下水的流向不尽相同，主要是向西流。 • 在现场的南面、北面和东面发现了几棵树；这些树就在现场的街对面（东面的树就在现场较浅（约 8～10 英尺地下水位），该现场是树轮指纹鉴定年代测定的理想地点。 • 虽然历史审查没有提供与燃料油泄漏发生的年代或含铅汽油泄漏有关的线索，但它有助于为计划进一步计划进行的化学和树轮指纹鉴定制定法医学策略以及随后的取样和分析计划。

续　表

证据链 1：历史文件审查

主　要　发　现

图 14.1 在现场挖掘过程中发现的"幽灵"油箱：泄漏的燃油箱（左）和看似含铅汽油箱的残骸部分（右）

续 表

证据链 2: 化学指纹鉴定	主 要 发 现
化学指纹鉴定包括从现场主要的既定污染源区域收集不同深度的土壤样本（例如，从地表到地下水位约 8～10 英尺之间每 2 英尺进行收集）。特别令人感兴趣的是旧泵岛和建筑物的区域，据说可能还保留着早期的排放物（如果泄漏的游离产品迁移到建筑物下面，这在现场可能已经很长时间了）。 对所有采集的样本都进行了总石油碳氢化合物（TPH）、BTEX 和烷基铅化合物分析，并对部分样本进行了更深入的化学指纹鉴定，包括多环芳烃（PAH）和整个碳个碳氢化合物范围（如 C5－C40）。 进一步的化学指纹鉴定由加利福尼亚州的 Zymax Forensics 实验室进行，其他分析由纽约州帕拉丘兹的生命科学实验室（LSL）进行。 • 需要注意的是，生命科学实验室为（土壤中的）烷基铅化合物的分析开发了一种特殊方法，具有极低的检测限。	• 获得的数据证实了现场已确定的主要污染源区域碳氢化合物，需要采取修复措施。 • 绘制了一张地图，显示现场主要受汽油、燃油以及这两种石油产品混合物影响的区域，以帮助了解所排放污染物的归宿（去向）和迁移情况。经确定，汽油化合物主要分布在该现场西北偏西方向的大片区域，而汽油和燃油产品的混合物则分布在该现场中部和东部的大部分区域。地图上的数据显示，燃油可能向该现场的北部和东部迁移。 • 虽然已在现场的几个分区域划定了燃油泄放的影响范围，但无法根据化学指纹鉴定数据确定这些观测到的燃油排放年代。 • 在建筑物附近的一个土壤样本中检测到了一种烷基铅化合物，即四乙基铅（TEL），其含量非常低（靠近发现含铅汽油罐残骸的区域）；该样本采集于地下约 6 英尺处，表明历史上可能发生过含铅汽油泄漏。需要注意的是，四乙基铅可以作为含铅汽油排放的标志化合物。因此，四乙基铅可以作为含铅汽油中最常用的有机铅添加剂之一，使用了很长时间，直到 1979 年左右。尽管检测到的四乙基铅表明 1982 年之前至少发生过一次含铅汽油泄漏事件，但只在一个样本中检测到四乙基铅的事实削弱了证据的效力，使其无法用于得到其他证据链的证实，例如树轮检定，但这一情况并未发生，下文将在描述树指纹鉴定结果时进行讨论。 • 如图 14.2 所示，进一步的指纹鉴定表明，选定的土壤样本（在旧泵岛和建筑物之间采集）中存有汽油的范围围汽油的混合物，但在建筑物附近采集的一个土壤样本除外，该样本中明显存在近期汽油与最近汽油的混合物。这些数据确定汽油的确切年代，但在没有其他证据的情况下，汽油似乎与最近的泄漏事件（在 20 世纪 80 年代约 90 年代）相吻合，这导致了甲基叔丁基醚污染。重馏分油可目该现场偶尔作为垃圾场和汽车修理厂的作业活动。需要注意的是，最近在土壤样本中发现任何重要的燃油或中间馏分产物。

续　表

证据链 2: 化学指纹鉴定	主　要　发　现

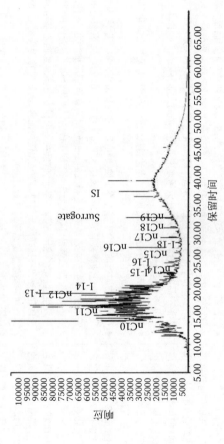

图 14.2　土壤样本的色谱图，显示汽油和重馏分物的混合物。两个可观察到的峰与不明复合混合物（UCM）相对应，第一个峰在汽油产品的碳含量范围内，第二个峰在重馏分物（如机油或润滑油）的碳含量范围内。出现明确的不明复合混合物表明两种产品都已发生了生物降解

续表

证据链 3：树轮指纹鉴定	主 要 发 现
树轮指纹鉴定与用于化学指纹鉴定的土壤取样在同一天进行。 我们从现场路边上的三棵树（南边的 E1 树、北边的 E2 树和东面的 E3 树）上各采集了两个树芯样本（使用 5mm 的 Pressler 钻孔器）。此外，还从路边一棵对面面几个街区外的一棵对照树上采集了两个树芯样本。树芯采集和分析按照第 6 章所述方法进行。树轮宽度分析由国际组织的 Chris Balouet 博士在其位于法国巴黎的实验室进行，而能量色散 X 线荧光（EDXRF）分析则由瑞典斯德哥尔摩大学的 Dendro 实验室进行（方法详情请参阅 Balouet et al., 2007b）。所有样本都进行了树轮宽度分析；而从每棵树上提取的树芯样本（每棵树一个样本）则通过能量色散 X 线荧光进行了化学元素分析。 虽然实验室报告了每个树芯的 28 种化学元素，但评估的重点是铅（作为含铅汽油的标记物）和铝（作为含铅汽油的标记物）。氯（Cl）也能有细地进行了检查，因为与任何硫异常相吻合的铝异常都会加强这这样一种论点，即观测到的硫异常与化石燃料（即本例中的燃油）有关，而与其他类型的硫化合物无关。这是根据对其他案例的经验观察得出的结论（Balouet et al., 2007b）。	在现场利用指南对树木进行了如下鉴定： ● E1 树为枫树；位于现场的南部边界； ● E2 树为黑槐；位于现场近现场北部边界的人行道上（也位于现场的西半部）； ● E3 树是一棵白蜡树（美洲白蜡树），位于现场东面面街对面的人行道上，是三棵树中最古老的一棵（详见图 14.3）。 ● E1 和 E2 树的树芯样本没有延续到 1982 年之前（这些树芯的年代大约在 20 世纪 80 年代中期）；因此，不能利用这两棵树的信息来揭示任何 1982 年以前的潜在排放；此外，在这两棵树上没有观察到铝异常，而近期现场的能量色散 X 线荧光成像以及硫和氯的能量色散 X 线散射图像的排放，图 14.4 的注释，图 14.4 显示了 E2 树的能量色散 X 线散射图像，而由 E2 树中可能显示出的硫和氯异常很可能是由于 2003 年在现场进行的挖掘行为造成的，而不是近期的能量色散 X 线成像图以及 1967年之前。另见图 14.4，图 14.4 显示了 E2 树中放大的大的树芯图像以及 1967光分析结果。 ● 从 E3 树收集到的树芯样本远早于 1982 年，可追溯到 20 世纪 40 年代初。因此，这些树芯可以捕捉到更早的排放物。这棵树的能量色散 X 线荧光数据确实显示出硫和氯（燃油标记物）存在一些异常，但在这棵树的树芯中也没有观察到明显的铝异常。图 14.5 描述了 E3 树的部分结果，包括放大的树芯图像以及 1967年和 1973 年硫和氯的能量色散 X 线荧光数据。在 1982 年之前，硫（20 世纪 50 年代的大部分时间以及 1967年和 1973 年）出现了一系列明显的异常现象。这些数据表明，1982 年之前，即 1973 年，至少发生过一次燃油泄漏，在那次泄漏中，硫和氯都出现了异常。

图 14.3 E3 树的详细信息

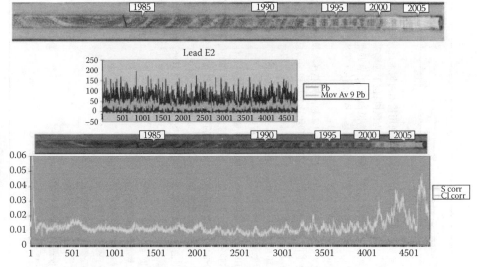

彩图 14.4

图 14.4 （彩图见二维码）E2 号树的部分树轮指纹鉴定结果：标明年份的放大树芯图像（上图）、整个树芯的铅图谱（中图）以及整个树芯的硫和氯图谱（下图）。放大后的树芯图像再次提供了硫和氯图谱，以便于识别每个异常点对应的年份（虽然没有铅异常点，但在 2002～2003 年期间出现了硫异常，同时还观察到轻微的氯异常点；这些异常点可能是由于这一时期在该现场进行的挖掘活动造成的，该活动可能移动了现场土壤中的旧燃油排放物）。能量色散 X 线荧光图谱数据以计数为单位；"Mov Av"代表移动平均值，指的是校正后的数据，每个数据点都经过前后两个点的校正，详情参阅 Balouet et al., 2007b。

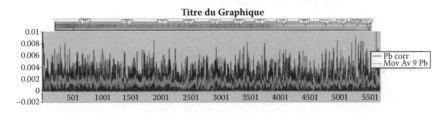

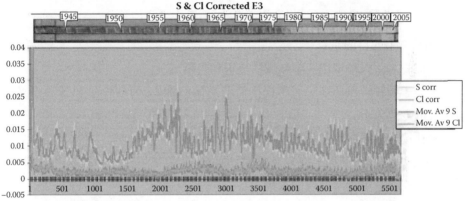

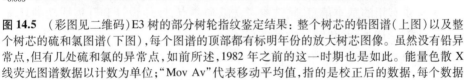

图 14.5 （彩图见二维码）E3 树的部分树轮指纹鉴定结果：整个树芯的铅图谱(上图)以及整个树芯的硫和氯图谱(下图)，每个图谱的顶部都有标明年份的放大树芯图像。虽然没有铅异常点，但有几处硫和氯的异常点，如前所述，1982 年之前的这一时期也是如此。能量色散 X线荧光图谱数据以计数为单位；"Mov Av"代表移动平均值，指的是校正后的数据，每个数据点都经过前后两个点的校正，详情参阅 Balouet et al.，2007b。

彩图 14.5

结　　论

编写本书的目的是：

- 提高对新兴环境法医学领域的认识和兴趣。
- 为了解和学习环境法医学提供简明易懂的指南，面向学生和各类感兴趣的专业人士。
- 让读者掌握应对各种环境挑战的适当策略。
- 从法庭开始，到场地修复和复原，展示大量的环境法医学技术和应用，以实现绿色可持续发展的未来。
- 提供有用的基本信息、精选参考文献和要点，以便设计和开展成功的环境法医学调查，并找到可靠的证据。

环境法医科学家要记住的主要要点包括以下几点：

- 将每个案件视为唯一。每个案件都是独特的，法医学调查应根据案件的具体情况和客户的需求量身定制。虽然一般的法医概念和调查步骤可用于各种案件，但不应教条化地去尝试。
- 设想一个"悬疑故事"。与侦探小说一样，环境司法案件也有其独特的故事。一旦设想出一个故事，法医学策略就会设计得更好，线索也会更明显。要破案，刑侦人员不仅要理解案件，还要"感受"案件，并且要有热情的态度。把法医学调查当作不同的案件是无法做到这一点的。我们不妨看看电视连续剧《犯罪现场调查》（CSI），它一直让全世界的观众惊叹不已。因此，关键在于讲故事，案件不仅仅是一项工作，而是结局难以预料的精彩侦探故事。
- 首先收集所有可用的事实。在查阅所有可用数据和历史信息之前，切勿匆忙下结论或计划实验方法。就像如果你是在极少数的雨天来到加州，你就不应该急于得出加州天气不好的结论。仅根据一些事实做出判断和解释可能会误入歧途。

- 将现有数据联系起来,以了解"全局"并找出数据缺口。了解案件的背景(包括一般背景和具体背景)至关重要。这就是为什么,特别是对于复杂的案件,强烈建议同时进行一般和具体的历史文件审查。虽然大多数调查人员都会做一些与手头案件有关的具体审查,但很少有人会花时间和精力进行一般性的审查,包括其他类似的报告案件、与某类企业普遍相关的历史做法,以及与该类企业相关的典型环境问题和污染物。这些信息可能不是现成的,客户也可能没有兴趣为此付费。不过,重要的是要教育客户和同行,让他们认识到收集一般信息的重要性,从而将事情置于适当的背景之下。

- 从最简单、最直接以及最适用的法医方法开始。并非所有的法医学技术都是复杂的。案件的胜负可能就取决于一份简单的文件或一些与对方假设相矛盾的直接检测(如案例研究 10.1 所示)。在制定策略时,一定要从最简单的调查方法和途径入手,然后再根据需要逐步推进。

- 从大局中寻找"不合适的细节"。法医学调查的力量在于细节。然而,对细节的解读也应从大局出发。例如,参见案例研究 14.1,在该案例中,一个不合适的小细节引发了法医学调查,调查发现了以前未考虑过的排放物,这些排放物在修复时对现场造成了影响。

- "寻找未知",并随时准备根据任何新的相关发现调整你的假设和方法。永远不要带着先入为主的观念和想法开始调查。尽量保持开放的心态,只有在查阅文件和获得任何实验证据供审查后,才能形成观点。此外,如果新的解释更符合现有证据,则应始终予以考虑。如案例研究 13.1 所示,这甚至可能带来科学发现。

- 达到可信度时就停止。无论在没有预算或时间限制的情况下,继续收集更多的数据和信息有多么诱人,都应如此。

- 使用两条或两条以上独立的证据链,除非案件可以直接侦破,而且可供选择的法医学技术有限。

- 在可行的情况下,以相互依存的方式组合使用各种证据链。通过将两种或两种以上的技术相结合来建立一条证据链,可以增强每种单一法医学技术的效果并克服其局限性。例如,对树木生长年轮中确定的元素标记进行相关的同位素分析,可以更准确地确定标记元素的来源,以及其污染排放的确切年代。

- 在介绍法医鉴定结果时，一定要讲一个"故事"。无论你是在法庭上面对陪审团，还是在客户面前，或者只是在会议上面对同行，你都应该将案件作为一个故事来介绍，以引起并保持听众的兴趣。如果你从一开始就设想好了案件的故事情节(如前所述)，这应该不难。

- 不断与客户和其他参与调查的人员沟通。沟通、透明和团队合作是司法案件成功的关键，才能经得起严格的审判和交叉审核的检验。

本书反映的主要概念

- 环境法医学是一个新兴的科学领域，它采用多学科的前沿方法和简单常用的方法来解决环境难题
- 环境法医科学家是一名"环境侦探"，面临着巨大的挑战和更大的责任。正是知识、毅力和智慧的结合造就了一名成功的法医学调查员
- 环境法医学调查具有长期效益，并全面了解受影响环境中发生的过程。最终，所有这些都将使我们能够为地球设计一个更环保、更可持续的未来

后记：未来会怎样？

不久前，一家提供修复产品的公司的同行找到我。他想更多地了解环境法医学领域，以便更好地理解和评定为什么在现场使用该公司的产品会取得成功。从根本上说，当一种修复产品似乎没有起到预期的作用时，我们只能怀疑这是否因为该产品不适用、使用不当，或者可能还有其他原因，比如额外的或持续的污染源，或者污染物的归宿（去向）和迁移发生了意想不到的变化。众所周知，环境法医学能够获取微小的细节并提供深入的环境信息，因此它可能会提供准确的答案。我很高兴地注意到，当遇到困难情况时，人们会求助于法医学，而这仅仅是一个开始。

当然，近年来我看到越来越多的环境应用和对环境法医学的兴趣。这反映在《环境法医学杂志》(*Environmental Forensics Journal*)上发表的文章种类越来越多，文章作者的原籍国也越来越多。世界各地的学生不断向我咨询如何从事环境法医职业，这也反映出人们对环境法医学领域的兴趣日益浓厚。此外，包括监管机构在内的众多专业人士越来越有兴趣学习和了解这门新兴科学所提供的独特工具和机遇。其中一些工具已得到广泛认可，并被纳入监管指导材料，例如同位素检测被用于评定监测自然衰减(MNA)发生情况。

然而，人们普遍认为环境取证等同于诉讼或某种法律纠纷，这显然是一种误解。本书中的一些案例研究提供了在法庭之外使用环境法医学的示例，这些示例与任何类型的争端都无关。此外，我最近参与撰写的一份出版物介绍了罗马尼亚的一个复杂案例研究，并详细讨论了环境取证在常规现场调查和修复中的相关性(Bica et al., 2009)。

总之，本书所反映的环境法医学调查在法律范围之外的主要应用和优势如下：

- 有效的场地修复。环境取证可确保量身定制修复设计，并有助于及时、经济高效地关闭现场。可将法医学技术纳入现场调查，这样有助于完善现场概念模型，确保所有来源都得到适当处理。

- 确定具体现场的修复限值。环境法医学技术提供了独特的工具,可用于确定具体现场的修复限值并获得监管部门的认可;这些限值应考虑到场外贡献以及潜在的自然背景型贡献。正如案例研究 7.1 所证明的那样,在许多情况下,使用针对具体现场的修复限值会大大节省与修复工作相关的成本。

- 预防未来可能发生的诉讼或为其做好准备。环境法医学研究有助于设计取样和分析方案,确保获得既可靠(在法庭上)又与责任相关的证据。即使在取样时不需要,这些证据也会永远存在,将来任何责任承担者都可以用它来证明自己无罪。否则,如果在未来的某个时间提起诉讼,证据可能很难甚至不可能检索到。

- 现场调查。环境法医学研究可以最大限度地确定潜在的责任方,以分担修复费用,尤其是在发现具有多种潜在来源的常见污染物(如氯化溶剂)的情况下。这就好比在找到并捕获潜在贡献者的机会很大时"钓到潜在贡献的鱼"。不过,时机可能至关重要。毕竟,如果不在正确的时间钓鱼,可能什么鱼也钓不到。将法医学技术纳入现场环境调查设计,可以最大限度地增加"钓到鱼"的机会。

- 接受非侵入性绿色修复替代方案。环境法医学为评定监测自然衰减等非侵入性替代修复方法提供了充分的工具。例如,同位素和手性指纹等具体的法医证据可提供令人信服的信息,帮助确定地下环境中是否确实发生了生物降解过程。监管机构普遍接受这些证据,并可能有助于规划未来的成本和评定现场关闭所需的时间。

毫无疑问,环境法医学不仅在咨询行业和法律界,而且在学术界、工业界和监管机构中都越来越受到关注。以前被认为只与法庭和法律纠纷有关的内容,现在已远远超出了法律领域。这是因为法医学技术提供了详细、准确和创新的信息,这些信息可用于基础科学、场地恢复,并最终确保我们的地球拥有一个更加绿色、可持续的未来。

预计和可能的未来趋势包括以下方面:

- 在日常现场调查/修复和土地交易中普遍使用法医学技术
- 结合使用各种相互依存的法医学技术,以获得"理想证据"
- 更多使用移动分析设备进行现场筛选、取样设计和现场分析以及实时监测

- 在世界各地的大学开设环境法医学课程
- 最终利用法医学技术实现更环保、更可持续的未来

仪器技术的飞速发展和科学进步将带来无限的可能性和法医学工具。在这种情况下，法医科学家的热情、毅力和创新精神将发挥重要作用。

参考文献

Abe, Y., Aravena, R., Zopfi, J., Shouakar-Stash, O., Cox, E., Roberts, J.D., and Hunkeler, D. 2009. Carbon and Chlorine Isotope Fractionation during Aerobic Oxidation and Reductive Dechlorination of Vinyl Chloride and *cis*-1, 2-Dichloroethene. *Environ. Sci. Technol.* **43**: 101 – 107.

Abelson, P.H., and Hoering, T.C. 1961. Carbon Isotope Fractionation in Formation of Amino Acids by Photosynthetic Organisms. *Proc. Natl. Acad. Sci. USA* **47**: 623 – 632.

Adriano, D.C. 2001. *Trace Elements in Terrestrial Environments: Biogeochemistry, Bioavailability, and Risks of Metals*. 2nd edition. Springer, New York.

Aigner, E.J., Leone, A.D., and Falconer, R.L. 1998. Concentrations and Enantiomeric Ratios of Organochlorine Pesticides in Soils from the U.S. Corn Belt. *Environ. Sci. Technol.* **32**: 1162 – 1168.

Aronovsky, R. G. 2000. Liability Theories in Contaminated Groundwater Litigation. *Environ. Forensics* **1**: 97 – 116.

Asher, B. J., Wong, C. S., and Rodenburg, L. A. 2007. Chiral Source Apportionment of Polychlorinated Biphenyls to the Hudson River Estuary Atmosphere and Food Web. *Environ. Sci. Technol.* **41**: 6163 – 6169.

Balouet, J.C. 2005. Dendroecology, a Key Forensic Age-Dating Tool. *J. Environ. Forensics* **6** (1): 3 – 4.

Balouet, J.C., and Oudijk, G. 2006. The Use of Dendroecological Methods to Estimate the Timeframe of Environmental Releases. *Environ. Claims J.* **18**(1): 1 – 18.

Balouet, J. C., Oudijk, G., Petrisor, I. G., and Morrison, R. 2007a. Emerging Forensic Techniques. In: *Introduction to Environmental Forensics*, 2nd edition. Edited by B. L. Murphy and R.D. Morrison. Elsevier, New York, 699 – 731.

Balouet, J.-C., Oudijk, G., Smith, K., Petrisor, I.G., Grudd, H., and Stocklassa, B. 2007b. Applied Dendroecology and Environmental Forensics. Characterizing and Age Dating Environmental Releases: Fundamentals and Case Studies. *Environ. Forensics* **8**(1): 1 – 17.

Balouet, J.-C., Smith, K.T., Vroblesky, D., and Oudijk, G. 2009. Use of Dendrochronology and Dendrochemistry in Environmental Forensics: Does It Meet the Daubert Criteria?

Environ. Forensics **10**(4): 268 – 276.

Balouet, J.-C., Burken, J.G., Karg, F., Vroblesky, D., Smith, K.T., Grudd, H., Rindby, A., Beaujard, F., and Chalot, M. 2012. Dendrochemistry of Multiple Releases of Chlorinated Solvents at a Former Industrial Site. *Environ. Sci. Technol.*, published on-line.

Beall, P.W., Stout, S., Douglas, G.S., and Uhler, A. 2002. On the Role of Process Forensics in the Characterization of Fugitive Gasoline. *Environ. Claims J.* **14**(4): 487 – 505.

Beauchemin, D. 2006. Inductively Coupled Plasma Mass Spectrometry. *Anal. Chem.* **78**: 4111 – 4135.

Benecke, M. 1998. Random Amplified Polymorphic DNA (RAPD) Typing of Necrophageous Insects (Diptera, Coleoptera) in Criminal Forensic Studies: Validation and Use in Practice. *Forensic Sci. Int.* **98**: 157 – 168.

Beneteau, K.M., Aravena, R., and Frape, S.K. 1999. Isotopic Characterization of Chlorinated Solvents—Laboratory and Field Results. *Org. Geochem.* **30**: 739 – 753.

Bern, A.M., Lowers, H.A., Meeker, G.P., and Rosati, J.A. 2009. Method Development for Analysis of Urban Dust Using Scanning Electron Microscopy with Energy Dispersive X-ray Spectrometry to Detect the Possible Presence of World Trade Center Dust Constituents. *Environ. Sci. Technol.* **43**: 1449 – 1454.

Bica, I., Alboiu, I.N., Iancu, I., Dimache, A., Stefanescu, M., Voicu, A., Lazaroaie, M., Cirstea, D., Onutu, I., A., and Petrisor, I.G. 2009. Innovative Forensic Assessment and Remediation Strategies for Polluted Aquifers. *Environ. Forensics* **10**(3): 214 – 228.

Bidleman, T.F., and Falconer, R.L. 1999. Enantiomer Ratios for Apportioning Two Sources of Chiral Compounds. *Environ. Sci. Technol.* **33**: 2299 – 2301.

Bidleman, T.F., Jantunen, L.M., Harner, T., Wiberg, K., Wideman, J.L., Brice, K., Su, K., Falconer, R.L., Aigner, E.J., Leone, A.D., Ridal, J.J., Kerman, B., Finizio, A., Alegria, H., Parkhurst, W.J., and Szeto, S.Y. 1998a. Chiral Pesticides as Tracers of Air-Surface Exchange. *Environ. Pollut.* **102**: 43 – 49.

Bidleman, T.F., Jantunen, L.M., Wiberg, K., Harner, T., Brice, K.A., Su, K., Falconer, R.L., Leone, A.D., Aigner, E.J., and Parkhurst, W.J. 1998b. Soil as Source of Atmospheric Heptachlor Epoxide. *Environ. Sci. Technol.* **32**: 1546 – 1548.

Blessing, M., Schmidt, T.C., Dinkel, R., and Haderlein, S.B. 2009. Delineation of Multiple Chlorinated Ethene Sources in an Industrialized Area—A Forensic Field Study Using Compound-Specific Isotope Analysis. *Environ. Sci. Technol.* **43**: 2701 – 2707.

Boehm. 2006. Polycyclic Aromatic Hydrocarbons (PAHs). In: *Environmental Forensics Contaminant Specific Guide*. Edited by R.D. Morrison and B.L. Murphy. Elsevier, Academic Press, Burlington, MA, 313 – 337.

Bohlke, J.K., Hatzinger, P.B., Sturchio, N., Gu, B., Abbene, I., and Maroczkowski, S.J.

2009. Atacama Perchlorate as an Agricultural Contaminant in Groundwater: Isotopic and Chronologic Evidence from Long Island, New York. *Environ. Sci. Technol.* **43**: 5619 − 5625.

Bookspan, S., Gravel, A. J., and Coreley, J. 2007. Site History: The First Tool of the Environmental Forensic Team. In: *Introduction to Environmental Forensics*, 2nd edition. Edited by B. L. Murphy and R. D. Morrison. Elsevier, Academic Press, Burlington, MA, 23 − 47.

Box, G. E. P., and Draper, N. R. 1987. *Empirical Model-Building and Response Surfaces*. John Wiley & Sons, New York.

Brazi, F., Naidu, R., and NcLaughlin, M. J. 1996. Contaminants and the Australian soil environment. In: R. Naidu et al., editors. *Contaminants in the Soil Environment in the Australasia − Pacific Region*. Kluwer, Dordrecht, Netherlands.

Breider, F., and Hunkeler, D. 2011. Position-Specific Carbon Isotope Analysis of Trichloroacetic Acid by Gas Chromatography/Isotope Ratio Mass Spectrometry. *Rapid Commun. Mass Spectrom.* **25**: 3659 − 3665.

Brenner, R. C., Magar, V. S., Ickes, J. S., Abbott, J. E., Stout, S. A. Crecelius, E. A., and Bingler, L. S. 2002. Characterization and Fate of PAH-Contaminated Sediments at the Wyckoff/Eagle Harbor Superfund Site." *Environ. Sci. Technol.* **36**(12): 2605 − 2613.

Brenner, R. C., Magar, V. S., Ickes, J. A. Foote, E. A., Abbott, J. E., Bingler, L. S., and Crecelius, E. A. 2004. Long-Term Recovery of PCB-Contaminated Surface Sediments at the Sangamo-Weston/Twelvemile Creek/Lake Hartwell Superfund Site. *Environ. Sci. Technol.* **38**(8): 2328 − 2337.

Brettell, T. A., Butler, J. M., and Almirall, J. R. 2009. Forensic Science. *Anal. Chem.* **81**: 4695 − 4711.

Brilis, G. M., Gerlach, C. L., and van Waasbergen, R. J. 2000. Remote Sensing Tools Assist in Environmental Forensics. Part 1: Traditional Methods. *Environ. Forensics* **1**: 63 − 67.

Bronders, J., Tirez, C., Desmet, N., Widory, D., Petelet-Giraud, E., Bregnot, A., and Boeckx, P. 2012. Use of Compound-Specific Nitrogen ($d^{15}N$), Oxygen ($d^{18}O$), and Bulk Boron ($d^{11}B$) Isotope Ratios to Identify Sources of Nitrate-Contaminated Waters: A Guideline to Identify Polluters. *Environ. Forensics* **13**(1): 32 − 38.

Brown, S. D., Sum, S. T., and Despagne, F. 1996. Chemometrics. *Anal. Chem.* **68**: 21R − 61R.

Burken, J. G., Vrobleski, D. A., and Balouet, J. C. 2011. Phytoforensics, Dendrochemistry, and Phytoscreening: New Green Tools for Delineating Contaminants from Past and Present. *Environ. Sci. Technol.* **45**(15): 6218 − 6226.

Burton, W. C., Plummer, L. N., Busenberg, E., Lindsey, B. D., and Gburek, W. J. 2002. Influence of fracture anisotropy on groundwater ages and chemistry, Valley and Ridge Province, Pennsylvania. *Ground Water* **40**(3): 242 − 257.

Busenberg, E., and Plummer, L. 1992. Use of Chlorofluorocarbons (CCl_3F and CCl_2F) as Hydrogeologic Tracers and Age-Dating Tools: The Alluvium and Terrace System of Central Oklahoma. *Water Resources Res.* **28**(9): 2257 – 2283.

Busenberg, E., and Plummer, L.N. 2000. Dating Your Groundwater with Sulfur Hexafluoride: Natural and Anthropogenic Sources of Sulfur Hexafluoride. *Water Resources Res.* **36**(10): 3011 – 3030.

Cano, R.J. 2010. Molecular Microbial Forensics. In: *Environmental Forensics: Proceedings of the 2009 INEF Annual Conference.* Edited by R.D. Morrison and G. O'Sullivan). RSC, Cambridge, UK, 240 – 258.

Cano, R.J., and Borucki, M.K. 1995. Revival and Identification of Bacterial Spores in 25- to 40-Million-Year-Old Dominican Amber. *Science* **268**: 1060 – 1064.

Carron, K., and Cox, R. 2010. Qualitative Analysis and the Answer Box: A Perspective on Portable Raman Spectroscopy. *Anal. Chem.* **82**: 3419 – 3425.

Chesson, L.A., Valenzuela, L.O., O'Grady, S.P., Cerling, T.E., and Ehleringer, J.R. 2010a. Hydrogen and Oxygen Stable Isotope Ratios of Milk in the United States. *J. Agric. Food Chem.* **58**: 2358 – 2363.

Chesson, L.A., Valenzuela, L.O., O'Grady, S.P. Cerling, T.E., and Ehleringer, J.R. 2010b. Links between Purchase Location and Stable Isotope Ratios of Bottled Water, Soda, and Beer in the United States. *J. Agric. Food Chem.* **58**: 7311 – 7316.

Cho, S., Kim, D., Park, J.-S., and Carlson, K. 2013. Measuring the Applicability of Biosensors to Detect Possible Terror Chemicals in Water Distribution Network. *Environ. Forensics* **14**(1): 69 – 79.

Christensen, L.B., and Larsen, T.H. 1993. Method for Determining the Age of Diesel Oil Spills in the Soil. *Ground Water Monit. Remediat.* **23**(4): 142 – 149.

Clark, H.F., Brabander, D.J., Erdil, R.M., et al. 2006. Sources, Sinks, and Exposure Pathways of Lead in Urban Garden Soil. *J. Environ. Qual.* **35**: 2066 – 2074.

Clark, I.D., and Fritz, P. 1997. *Environmental Isotopes in Hydrogeology.* Lewis, Boca Raton, FL.

Coleman, D.C., Liu, C.L., Hackley, K.C., and Pelphrey, S.R. 1995. Isotopic Identification of Landfill Methane. *Environ. Geosci.* **2**(2): 95 – 103.

Colwell, R.N. 1997. History and Place of Photographic Interpretation. In: *Manual of Photographic Interpretation*, 2nd edition. Edited by W.R. Philipson. American Society for Photogrammetry and Remote Sensing, Bethesda, MD, 3 – 47.

Cook, P., and Herzog, A. 2000. *Environmental Tracers in Subsurface Hydrology.* Kluwer Academic Press, Norwell, MA.

Corso, T.N., and Brenna, J.T. 1997. High-Precision Position-Specific Isotope Analysis. *Proc. Natl. Acad. Sci. USA* **94**: 1049 – 1053.

Crawford, O.G.S. 1923. Air Survey and Archeology. *Geograph. J.* **61**: 342 – 366.

Crawford, O.G.S. 1924. Archaeology from the Air. *Nature* **114**: 580 – 582.

DeLeo, P.C., Mudge, S.M., and Dyer, S.D. 2011. Use of Market Forensics to Estimate the Environmental Load of Ingredients from Consumer Products. *Environ. Forensics* **12**: 349 – 356.

Dorman, F. L., Whiting,, J. J., Cochran, J. W., and Gardea-Torresdey, J. 2010. Gas Chromatography. *Anal. Chem.* **82**: 4775 – 4785.

Douglas, G. S., Bence, A. E., Prince, R. C., McMillen, S. J., and Butler, E. L. 1996. Environmental Stability of Selected Petroleum Hydrocarbon Source and Weathering Ratio. *Environ. Sci. Technol.* **30**(7): 2332 – 2339.

Douglas, G.S., Emsbo-Mattingly, S.D., Stout, S.A., Uhler, A.D., and McCarthy, K.J. 2007. Chemical Fingerprinting Methods. In: *Introduction to Environmental Forensics*, 2nd edition. Edited by B.L. Murphy and R.D. Morrison, Elsevier, New York, 311 – 454.

Duncan, P.B., Morrison, R.D., and Vavricka, E. 2005. Forensic Identification of Anthropogenic and Naturally Occurring Sources of Perchlorate. *Environ. Forensics* **6**: 205 – 215.

Durfee, R.L., Contos, G., Whitmore, F.C., Barden, J.D., Hackman, E.E., III, and Westin, R.A. 1976. *PCBs in the United States—Industrial Use and Environmental Distribution*. U.S. Environmental Protection Agency, EPA Publication No. 560/6-76-005: 88. EPA, Washington, DC.

Dutta, T.K., and Harayama, S. 2000. Fate of Crude Oil by the Combination of Photooxidation and Biodegradation. *Environ. Sci. Technol.* **34**: 1500 – 1505.

Eakins, J.D. 1983. The ^{210}Pb Technique for Dating Sediments, and Some Applications. In: *Radioisotopes in Sediment Studies. Proceedings of the Meeting on Radioisotopes in Sediment Studies International Atomic Energy Agency*. Vienna, Austria, 31 – 47.

Ebert, J. 2007. Photogrammetry, Photointerpretation, and Digital Imaging and Mapping in Environmental Forensics. In: *Introduction to Environmental Forensics*, 2nd edition. Edited by B.L. Murphy and R.D. Morrison. Elsevier Academic Press, Burlington, MA, 49 – 82.

Eckstein, D., and Krause, C. 1989. Dendroecological Studies on Spruce Trees to Monitor Environmental Changes around Hamburg. *IAWA Bull.* **10**(2): 175 – 182.

Egan, B.A., and Murphy, B.L. 2007. Forensic Air Dispersion Modeling and Analysis. In: *Introduction to Environmental Forensics*, 2nd edition. Edited by B.L. Murphy and R.D. Morrison. Elsevier, New York, 577 – 610.

Eide, I., and Zahlsen, K. 2005. A Novel Method for Chemical Fingerprinting of Oil and Petroleum Products Based on Electrospray Mass Spectrometry and Chemometrics. *Energy Fuels* **19**: 964 – 967.

Ekwurzel, B., Schlosser, P., Smethie, W.M.J., Plummer, L.N., Busenburg, E., Michel,

R.L., et al. 1994. Dating Shallow Groundwater: Comparison of the Transient Tracers ^{3}H/^{3}He, Chlorofluorocarbons and ^{85}Kr. *Water Resources Res.* **30**(6): 1693 – 1708.

Environmental Protection Agency (EPA). 1992. *Estimating Potential for Occurrence of DNAPL at Superfund Sites.* Office of Solid Waste and Emergency Response (OSWER), U.S. EPA, Publication 9355.4 – 07FS. EPA, Washington, DC.

Environmental Protection Agency (EPA). 2005a. Focus On: Contaminant Fingerprinting for Hazardous Waste Sites. *Tech. Support Times* **Fall**, Issue 3, pp. 1 – 2.

Environmental Protection Agency (EPA). 2005b. Tree Core Analysis Brings Savings to Site Assessments. *Technol. News Trends* November, Issue 21, pp. 3 – 5.

Environmental Protection Agency (EPA). 2008. Use of Sediment Core Profiling in Assessing Effectiveness of Monitored Natural Recovery. *Sediment Issue* August, EPA/600/S-08/014.

Environmental Protection Agency (EPA). 2010. Applications of Stable Isotope Analyses to Environmental Forensics (Part 3) and to Understand Degradation of Chlorinated Organic Compounds. CLU-IN Internet Seminar. Presented by Paul Philp, October 2010.

Environmental Protection Agency (EPA). 2012. Using Phytoremediation to Clean Up Sites. http://www.epa.gov/superfund/accomp/news/phyto.htm.

Fernandez-Lima, F.A., Becker, C., McKenna, A.M., Rodgers, R.P., Marshall, A.G., and Russell, D.H. 2009. Petroleum Crude Oil Characterization by IMS-MS and FTICR MS. *Anal. Chem.* **81**: 9941 – 9947.

Fernandez-Varela, R., Gomez-Carracedo, M.P., Ballabio, D., Andrade, J.M., Consonni, V., and Todeschini, R. 2010. Self Organizing Maps for Analysis of Polycyclic Aromatic Hydrocarbons 3-Way Data from Spilled Oils. *Anal. Chem.* **82**: 4264 – 4271.

Fingas, M. 2012. Introduction to Oil Chemistry and Properties. In: *Proceedings of the Thirty-Fifth AMOP Technical Seminar on Environmental Contamination and Response*, June 5 – 7, Vancouver, Canada, 951 – 980.

Fritts, H.C., and Swetnam, T.W. 1989. Dendroecology: A Tool for Evaluating Variations in Past and Present Forest Environments. *Adv. Ecol. Res.* **19**: 111 – 188.

Fritz, S.J., Drimmie, R.J., and Fritz, P. 1991. Characterizing shallow aquifers using tritium and ^{14}C: periodic sampling based on tritium half-life. *Appl. Geochem.* **6**, 17 – 33.

Gapalakrishnan, G., Brgri, M.C., Minsker, B.S., and Werth, C.J. 2007. Monitoring Subsurface Contamination Using Tree Branches. *Groundwater Monit. Remediat.* **27**(1): 65 – 74.

Garcia-Reyes, J.F., Gilbert Lopez, B., and Molina-Diaz, A. 2008. Determination of Pesticide Residues in Fruit-Based Soft Drinks. *Anal. Chem.* **80**: 8966 – 8974.

Garrett, R.M., Pickering, I.J., Haith, C.E., and Prince, R.C. 1998. Photooxidation of Crude Oils. *Environ. Sci. Technol.* **32**: 3719 – 3732.

Garrison, A.W. 2002. Analysis of Chiral Pesticides and Polychlorinated Biphenyl Congeners in

Environmental Samples. In: *Encyclopedia of Analytical Chemistry*. Edited by R.A. Meyers. Wiley, New York, 2000, 6147 – 6158.

Garrison, A.W., Nzengung, V.A., Avants, J.K., Ellington, J.J., and Wolfe, N.L. 1997. Determining the Environmental Enantioselectivity of o, p′-DDT and o, p′-DDD. *Proc. Dioxin '97* **31**: 256 – 261.

Gauchotte, C., Connal, G., O'Sullivan, G., and Kalin, R.M. 2010. Position Specific Isotope Analysis: The Ultimate Tool in Environmental Forensics? In: *Environmental Forensics Proceedings of the 2009 INEF Annual Conference*. Edited by R. D. Morrison and G. O'Sullivan. RSC, Cambridge, UK, 60 – 72.

Gauchotte, C., O'Sullivan, G., Davis, S., and Kalin, R. 2009. Development of an Advanced On-line Position-Specific Stable Carbon Isotope System and Application to Methyl Tert-Butyl Ether. *Rapid Commun. Mass Spetrom.* **23**: 3183 – 3193.

Gauthier, T.D. 2002. Statistical Methods. In: *Introduction to Environmental Forensics*. Edited by B.L. Murphy and R.D. Morrison, Elsevier. New York, 391 – 428.

Gauthier, T.D., and Hawley, M.E. 2007. Statistical Methods. In: *Introduction to Environmental Forensics*, 2nd edition. Edited by B.L. Murphy and R.D. Morrison. Elsevier, New York, 129 – 183.

Gauthier, T.D., and Murphy, B.L. 2003. Age Dating Groundwater Plumes Based on the Ratio of 1, 1-Dichloroethylene to 1, 1, 1-Trichloroethane: An Uncertainty Analysis. *Environ. Forensics* **4**: 205 – 213.

Gerhartz, W. 1986. *Ullman's Encyclopedia of Industrial Chemistry*, 5th edition. VCH, Weinheim, Germany.

Ghazi, A.M. 2007. Applications of Laser Ablation Inductively Coupled Plasma Mass Spectrometry (LA-ICP-MS) in Environmental Forensic Studies. In: *Introduction to Environmental Forensics*, 2nd edition. Edited by B.L. Murphy and R.D. Morrison. Elsevier, New York, 637 – 669.

Goldberg, E. D. 1963. Geochronology with Pb-210. In: *Proceedings of a Symposium on Radioactive Dating*. International Atomic Energy Agency, Vienna, Austria, 121 – 131.

Graves, B.J., Jordan, D., Stephens, D.B., and Francis, M.A. 2000. Allocating Responsibility for Groundwater Remediation Costs. *The Trial Lawyer* **23**: 159 – 171.

Grip, W.M., Grip, R.W., and Morrison, R.D. 2000. Application of Aerial Photography and Photogrammetry in Environmental Forensics Investigations. *Environ. Forensics* **1**(3): 121 – 129.

Hadley, P., and Petrisor, I.G. 2013. Incremental Sampling: Challenges and Opportunities for Environmental Forensics. *Environ. Forensics* **14**(2): 109 – 120.

Hall, G.S., and Tinklenberg, J. 2003. Determination of Ti, Zn, and Pb in Lead-Based House

Paints by EDXRF. *J. Anal. At. Spectrom.* **18**: 775 – 778.

Hansen, A.B., Daling, P.S., Faksness, L.-G., Sorheim, K.R., Kienhuis, P., and Duus, R. 2007. Emerging CEN Methodology for Oil Spill Identification. In: *Oil Spill Environmental Forensics. Fingerprinting and Source Identification*. Edited by Z. Wang and S.A. Stout. Elsevier Academic Press, New York, 229 – 256.

Harner, T., Wiberg, K., and Norstrom, R. 2000. Enantiomer Fractions Are Preferred to Enantiomer Ratios for Describing Chiral Signatures in Environmental Analysis. *Environ. Sci. Technol.* **34**: 218 – 220.

Hegazi, A.H., and Andersson, J.T. 2007. Characterization of Polycyclic Aromatic Sulfur Heterocycles for Source Identification. In: *Oil Spill Environmental Forensics. Fingerprinting and Source Identification*. Edited by Z. Wang and S.A. Stout. Elsevier Academic Press, New York, 147 – 168.

Henry, R.C., and Christensen, E.R. 2010. Selecting an Appropriate Multivariate Source Apportionment Model Result. *Environ. Sci. Technol.* **44**: 2474 – 2481.

Heraty, L.J., Fuller, M.E., Huang, L., Abrajano, T., Jr., and Sturchio, N.C. 1999. Isotopic Fractionation of Carbon and Chlorine by Microbial Degradation of Dichloromethane. *Org. Geochem.* **30**: 793 – 799.

Hester, R.E., and Harrison, R.M. (Editors). 2008. *Environmental Forensics—Issues in Environmental Science and Technology*, Vol. 26. RSC, Cambridge, UK.

Heuer, H., Krsek, M., Baker, P., Smalla, K., and Wellington, E.M. 1997. Analysis of Actinomycete Communities by Specific Amplification of Genes Encoding 16S rRNA and Gel-Electrophoretic Separation in Denaturing Gradients. *Appl. Environ. Microbiol.* **63**(8): 3233 – 3241.

Hoefs, J. 2009. Geochemical Fingerprints: A Critical Appraisal. *Eur. J. Mineral* **22**: 3 – 15.

Horswell, J., Cordiner, S.J., Mass, E.W., Martin, T.M., Sutherland, B.W., Speier, T.W., Nogales, B., and Osborn A.M. 2002. Forensic Comparison of Soils by Bacterial Community DNA Profiling. *J. Forensic Sci.* **47**: 350 – 353.

Hunkeler, D., Aravena, R., and Cox, E. 2005. Assessment of Degradation Pathways in an Aquifer with Mixed Chlorinated Hydrocarbon Contamination Using Stable Isotope Analysis. *Environ. Sci. Technol.* **39**: 5975 – 5981.

Jackson, W.A., Bohlke, J.K., Gu, B., Hatzinger, P.B., and Sturchio, N.C. 2010. Isotopic Composition and Origin of Indigenous Natural Perchlorate and Co-occurring Nitrate in the Southwestern United States. *Environ. Sci. Technol.* **44**: 4869 – 4876.

Jasper, J.P., Edwards, J.S., Ford, L.C., Corry, R.A., Foure, F., and Eaton, A. 2002. Forensic Applications of Stable Isotopes: Arson and Pharmaceutical Counterfeiting. *International Technical Working Group on Fire and Explosives*, October 16, Orlando, FL, abstract.

Jeter, H. W. 2000. Determining the Ages of Recent Sediments Using Measurements of Trace Radioactivity. *Terra et Aqua* **78**: 21 – 28.

Johnson, G.W., Ehrlich, R., Full, W., and Ramos, S. 2007. Principal Components Analysis and Receptor Models in Environmental Forensics. In: *Introduction to Environmental Forensics*, 2nd edition. Edited by B.L. Murphy and R.D. Morrison, Elsevier, New York, 207 – 272.

Johnson, G. W., Quensen, J. F., III, Chiarenzelli, J. R., and Hamilton, M. C. 2006. Polychlorinated Biphenyls. In: *Environmental Forensics: Contaminant Specific Guide*. Edited by R.D. Morrison and B.L. Murphy, Elsevier Academic Press, Burlington, MA, 187 – 225.

Jones, W. J., Mazur, C. S., Kenneke, J. K., and Garrison, A. W. 2007. Enantioselective Microbial Transformation of the Insecticide Fipronil in Anoxic Sediments. *Environ. Sci. Technol.* **41**(24): 8301 – 8307.

Josephs, J., and Barnett, F. 2005. Focus On: Contaminant Fingerprinting for Hazardous Waste Sites. *U.S. EPA Technical Support Times*, **Fall**, Issue 3, 6 pages. http://www.epa.gov/osp/hstl/techsupp03.pdf.

Jury, W., and Farmer, W. 1984. Behavior Assessment Model for Trace Organics in Soil: III. Application of Screening Mode. *J. Environ. Qual.* **13**(4): 573 – 579.

Kabata-Pendias, A. 2001. *Trace Elements in Soils and Plants*. CRC Press, Boca Raton, FL, 413.

Kaplan, C.W., and Kitts, C.L. 2004. Bacterial Succession in a Petroleum Land Treatment Unit. *Appl. Environ. Microbiol.* **March**: 1777 – 1786.

Kaplan, I. 2001. Fingerprinting of High Boiling Hydrocarbons Fuels, Asphalts and Lubricants. *Environ. Forensics* **2**: 231 – 248.

Kaplan, I. 2003. Age Dating of Environmental Organic Residues. *Environ. Forensics* **4**: 95 – 141.

Kaplan, I.R., and Galperin, Y. 1996. How to Recognize a Hydrocarbon Fuel in the Environment and Estimate Its Age of Release. In: *Groundwater and Soil Contamination: Technical Preparation and Litigation Management*. Edited by T.J. Bois and B.J. Luther. Wiley Law, New York, 145 – 199.

Kaplan, I.R., Galperin, Y., Lu, S., and Lee, R. 1997. Forensic Environmental Geochemistry: Differentiation of Fuel-Types, Their Source and Release Time. *Org. Geochem.* **27**: 289 – 317.

Katyal, A., and Morrison, R.D. 2007. Forensic Applications of Contaminant Transport Models in the Subsurface. In: *Introduction to Environmental Forensics*, 2nd edition. Edited by B.L. Murphy and R.D. Morrison. Elsevier, New York, 513 – 575.

Katyal, A., and Petrisor, I.G. 2011. Flood Management Strategies for a Holistic Sustainable Development. *Environ. Forensics* **12**(3): 206 – 218.

Katyal, A., and Petrisor, I. G. 2012. Innovative Sustainable Drought Management Strategy

Incorporating Forensic Techniques and Policy Framework. *Environ. Forensics* **13**(2): 122 – 139.

Kennedy, S.K., Casuccio, G.S., Lee, R.J., Slifka, G.A., and Ruby, M.V. 1996. Microbeam Analysis of Heavy Element Phases in Polished Sections of Particulate Material—An Improved Insight into Origin and Bioavailability. In: *Sampling Environmental Media*, ASTM STP 1282. Edited by J. H. Morgan. American Society for Testing and Materials, West Conshohocken, PA, 1996.

Kennedy, S.K., Walker, W., and Forslund, B. 2002. Speciation and Characterization of Heavy Metal-Contaminated Soils Using Computer-Controlled Scanning Electron Microscopy. *Environ. Forensics* **3**: 131 – 143.

Kounaves, S.P., Stroble, S.T., Anderson, R.M., Moore, Q., Catling, D.C., Douglas, S., McKay, C.P., Ming, D.W., Smith, P.H., Tamppari, L.K., and Zent, A.P. 2010. Discovery of Natural Perchlorate in the Antarctic Dry Valleys and Its Global Implications. *Environ. Sci. Technol.* **44**: 2360 – 2364.

Krane, D.E., Sternberg, D.C., and Burton, G.A. 1999. Randomly Amplified Polymorphic DNA Profile-Based Measures of Genetic Diversity in Crayfish Correlated with Environmental Impacts. *Environ. Toxicol. Chem.* **18**: 504 – 508.

LaMontagne, M.G., Schimel, J.P., and Holden, P.A. 2003. Comparison of Subsurface and Surface Soil Bacterial Communities in California Grassland as Assessed by Terminal Restriction Fragment Length Polymorphisms of PCR-Amplified 16S rRNA Genes. *Microb. Ecol.* **46**: 216 – 227.

Larsen, M., Burken, J., Machackova, J., Karlson, U.G., and Trapp, S. 2008. Using Tree Core Samples to Monitor Natural Attenuation and Plume Distribution after a PCE Spill. *Environ. Sci. Technol.* **42**: 1711 – 1717.

Lega, M., Kosmatka, J., Ferrara, C., Russo, F., Napoli, R.M.A., and Persechino, G. 2012. Using Advanced Aerial Platforms and Infrared Thermography to Track Environmental Contamination. *Environ. Forensics* **13**(4): 332 – 338.

Lesage, S., and Lapcevic, P.A. 1990. Differentiation of the Origins of BTX in Groundwater Using Multivariate Plots. *Groundwater Monit. Remediat.* **Spring**: 102 – 105.

Liang, X. 1998. Dating Sediments on Several Lakes Inferred from Radionuclide Profiles. *J. Environ. Sci.* **10**(1): 56 – 63.

Limmer, M.A., Balouet, J.C., Karg, F., Vrobleski, D.A., and Burken, J.G. 2011. Phytoscreening for Chlorinated Solvents Using Rapid in Vitro SPME Sampling: Application to Urban Plume in Verl, Germany. *Environ. Sci. Technol.* **45**: 8275 – 8282.

Lindeberg, J. 2004. X-Ray Based Tree-Ring Analysis. *Acta Universitatis Agriculturae Sueciae.* Silvestria no 299. PhD Thesis, Swedish University of Agricultural Sciences. Umea. 110

pages.

Liu, C.-Q., Li, S.-L., Lang, Y.-C., and Xiao, H.-Y. 2006. Using δ15N- and δ18O-Values to Identify Nitrate Sources in Karst Ground Water, Guiyang, Southwest China. *Environ. Sci. Technol.* **40**: 6928 – 6933.

Liu, J., Carroll J.L., and Lerche I. 1991. A Technique for Disentangling Temporal Source and Sediment Variations from Radioactive Isotope Measurements with Depth. *Nuclear Geophys.* **5**: 31 – 45.

Liu, X., Wang, Z., Ma, X., and Yao, Z. 2013. Distinguishing Crude Oils from Heavy Fuel Oils by Polycyclic Aromatic Hydrocarbon Fingerprints. *Environ. Forensics* **14**(1): 20 – 24.

Lohman, J. H. 2002. A History of Dry Cleaners and Sources of Solvent Releases from Dry Cleaning Equipment. *Environ. Forensics* **3**: 35 – 58.

Lowry, M., Fakayode, S.O., Geng, M.L., Baker, G.A., Wang, L., McCarroll, M.E., Patonay, G., and Warner, I.M. 2008. Molecular Fluorescence, Phosphorescence, and Chemiluminescence Spectrometry. *Anal. Chem.* **80**: 4551 – 4574.

Lundegard, P.D., and Surgi, R. 2012. Allocation of Hydrocarbon Mixtures Based on Chemical Ratios. *Environ. Forensics* **13**(4): 293 – 297.

Ma, L., Li, Y., and Liu, Y. 2009. Oil Spill Monitoring Based on Its Spectral Characteristics. *Environ. Forensics* **10**(4): 317 – 323.

McLoughlin, P. 2010. Compound Specific Isotope Analysis and Solvent Case Studies: Forensic and Remedial Insights. Presented at ITRC meeting, Fall 2010, St. Louis, MO.

Meniconi, G., and Gabardo, T. 2002. Brazilian Oil Spills Chemical Characterization — Case Studies. *Environ. Forensics* **3**: 303 – 321.

Millette, J.R., and Brown, R.S. 2007. Environmental Forensic Microscopy. In: *Introduction to Environmental Forensics*, 2nd edition. Edited by B.L. Murphy and R.D. Morrison, Elsevier, New York, 611 – 635.

Mohr, T.K.G. 2010. *Environmental Investigation and Remediation: 1, 4-Dioxane and Other Solvent Stabilizers*. CRC Press, Boca Raton, FL.

Mohr, T.K.G. 2011. Forensic Applications for 1, 4-Dioxane and Solvent Stabilizers. Presented at GRA Forensics Conference, Irvine, CA, April.

Morrison, R. 1999. *Environmental Forensics Principles and Applications*. CRC Press, Boca Raton, FL.

Morrison, R. D. 2000a. Application of Forensic Techniques for Age-Dating and Source Identification in Environmental Litigation. *Environ. Forensics* **1**: 131 – 153.

Morrison, R.D. 2000b. Critical Review of Environmental Forensic Techniques: Part I. *Environ. Forensics* **1**: 157 – 173.

Morrison, R.D. 2000c. Critical Review of Environmental Forensic Techniques: Part II. *Environ.*

Forensics **1**: 175 – 195.

Morrison, R.D. 2002. Subsurface Models Used in Environmental Forensics. In: *Introduction to Environmental Forensics*. Edited by B.L. Murphy and R.D. Morrison, Elsevier, New York, 311 – 367.

Morrison, R.D., and Hone, J.R. 2010. Age Dating the Release of PCE, TCE and TCA Using Stabilizers and Feedstock Impurities as Indicators. In: *Environmental Forensics Proceedings of the 2009 INEF Annual Conference*. Edited by R.D. Morrison and G. O'Sullivan. RSC, Cambridge, UK, 289 – 304.

Morrison, R.D., and Murphy, B.L. (Editors). 2006. *Environmental Forensics—Contaminant Specific Guide*. Elsevier Academic Press, Burlington, MA.

Morrison, R.D., and O'Sullivan, G. (Editors) 2010. *Environmental Forensics—Proceedings of the 2009 INEF Annual Conference*. RSC, Cambridge, UK.

Morrison, R.D., and O'Sullivan, G. (Editors) 2012. *Environmental Forensics—Proceedings of the 2011 INEF Annual Conference*. RSC, Cambridge, UK.

Morrison, R.D., Murphy, B.L., and Doherty, R.E. 2006. Chlorinated Solvents. In: *Environmental Forensics: Contaminant Specific Guide*. Edited by R.D. Morrison and B.L. Murphy. Elsevier Academic Press, Burlington, MA, 259 – 277.

Mudge, S.M. (Editor). 2009. *Methods in Environmental Forensics*. CRC Press, Taylor and Francis Group, Boca Raton, FL.

Mudge, S.M. 2010. *Fatty Alcohols in the Terrestrial Environment: A Case Study around Lurray, Virginia*. American Cleaning Institute, Washington, DC. Available at http://www.aciscience.org/.

Murphy, B.L. 2002. Forensic Air Dispersion Modeling and Analysis. In: *Introduction to Environmental Forensics*. Edited by B.L. Murphy and R.D. Morrison. Elsevier, New York, 369 – 389.

Murphy, B.L. 2007. Age-Dating Gasoline Spills When Information Is Limited. *Environ. Forensics* **8**: 199 – 204.

Murphy, B.L., and Morrison, R.D. (Editors). 2002. *Introduction to Environmental Forensics*. Elsevier Academic Press, Burlington, MA.

Murphy, B.L., and Morrison, R.D. (Editors). 2007. *Introduction to Environmental Forensics*. 2nd edition. Elsevier Academic Press, Burlington, MA. http://books.elsevier.com/companions/9780123695222.

Nyquist, R.A., Leugers, M.A., McKelvy, M.L., Papenfuss, R.R., Putzig, C.L., and Yurga, L. 1990. Infrared Spectrometry. *Anal. Chem.* **62**: 223R – 255R.

Oldfield, F., and Appleby, P.G. 1984. Empirical Testing of ^{210}Pb-Dating Models for Lake Sediments. In: *Lake Sediments and Environmental History*. Edited by E.Y. Haworth and J.

W.G. Lund. University of Minnesota, Minneapolis, 93 – 124.

Oudijk, G. 2003. Estimating the Minimum Age of a Chlorinated Solvent Plume in Groundwater with Chlorofluorocarbon (CFC) and Tritium Methodologies: A Case Study. *Environ. Forensics* **4**: 81 – 88.

Oudijk, G. 2005. The Use of Atmospheric Contaminants to Estimate the Minimum Age of Environmental Releases Impacting Groundwater. *Environ. Forensics*, **6**: 345 – 354.

Oudijk, G., and Schmitt, L. 2000. Age dating of a chlorinated solvent plume in groundwater. In: *Tracers and Modelling in Hydrogeology* (Proceedings of the TraM'2000 Conference), IAHS Publication No. 262: 255 – 262.

Ouyang, Z., Noll, R. J., and Cooks, R. G. 2009. Handheld Miniature Ion Trap Mass Spectrometers. *Anal. Chem.* **81**: 2421 – 2425.

Parveen, S., Portier, K. M., Robinson, K., Edmiston, L., and Tamplin, M. L. 1999. Discriminant Analysis of Ribotype Profiles of *Escherichia coli* for Differentiating Human and Nonhuman Sources of Fecal Pollution. *Appl. Environ. Microbiol.* **65**(7): 3142 – 3147.

Patzek, T.W. 2001. The Forensic Application of Contaminant Transport Models. In: *Practical Environmental Forensics Process and Case Histories*. Edited by P.J. Sullivan, F.J. Agardy, and R.K. Traub. Wiley, New York, 123 – 150.

Peacock, E.E., Arey, J.S., DeMello, J.A., McNichol, A.P., Nelson, R.K., and Reddy, C.M. 2010. Molecular and Isotopic Analysis of Motor Oil from a Biodiesel-Driven Vehicle. *Energy Fuels* **24**: 1037 – 1042.

Peters, K.E., Walters, C.C., and Moldowan, J.M. 2005. *The Biomarker Guide*. 2nd edition. Cambridge University Press, Cambridge, UK.

Petrides, G.A. 1993. *Trees. The Concise Field Guide to 243 Common Trees of North America*. Peterson First Guides. Houghton Mifflin Company, Boston, MA and New York.

Petrisor, I.G. 2005a. Sampling and Analyses—Key Steps of a Forensic Investigation. Editorial. *Environ. Forensics* **6**(1): 1.

Petrisor, I.G. 2005b. Fingerprinting in Environmental Forensics. Editorial. *Environ. Forensics* **6**(2): 101 – 102.

Petrisor, I.G. 2006a. Focus on Perchlorate. Editorial. *Environ. Forensics* **7**(1): 1 – 3.

Petrisor, I.G. 2006b. Use of Oxygenates to Date a Gasoline Release. Letter from the Managing Editor. *Environ. Forensics* **7**(2): 103 – 104.

Petrisor, I.G. 2006c. Mercury—Hazards and Forensic Perspectives. Letter from the Managing Editor. *Environ. Forensics* **7**(4): 289 – 292.

Petrisor, I.G. 2007. Background in Environmental Forensics: "Raising the Awareness." *Environ. Forensics* **8**(3): 195 – 198.

Petrisor, I.G. 2012. Emerging Environmental Forensics Applications and Case Studies: Review of

Environmental Forensics Proceedings of the 2011 INEF Conference. *Environ. Forensics* **13** (4): 285 − 288.

Petrisor, I.G., and Kanner, A. 2010. Chinese Drywall—Environmental Forensic Opportunities. *Environ. Forensics* **11**(1 − 2): 6 − 16.

Petrisor, I.G., and Kitts, C. 2004. Advances in Forensic Microbiology. Editorial Letter. *Environ. Forensics* **5**(2): 59 − 60.

Petrisor, I. G., and Lazar, I. 2008. Sustainability: Perspectives and Opportunities. *Environ. Forensics* **9**(4): 277 − 282.

Petrisor, I.G., Parkinson, R.A., Horswell, J., Waters, J.M., Burgoyne, L.A., Catchside, D.E. A., Dejonghe, W., Leys, N., Vanbroekhoven, K., Pattnaik, P., and Graves, D. 2006. Microbial Forensics. In: *Environmental Forensics: Contaminant Specific Approaches*. Edited by R.D. Morrison and B.L. Murphy. Elsevier, New York, 227 − 257.

Petrisor, I.G., and Wells, J. 2008a. Tracking Chlorinated Solvents in the Environment. In: *Issues in Environmental Science and Technology, Vol. 26: Environmental Forensics*. Edited by R.E. Hester and R.M. Harrison. RSC, Cambridge, UK, 130 − 152.

Petrisor, I.G., and Wells, J. 2008b. Perchlorate—Is Nature the Main Manufacturer? In: *Issues in Environmental Science and Technology, Vol. 26: Environmental Forensics*. Edited by R.E. Hester and R.M. Harrison. RSC, Cambridge, UK, 105 − 129.

Petrisor, I.G., and Westerfield, W., III. 2008. Hot Environmental and Legal Topics: Greenhouse Gas Regulation and Global Warming. *Environ. Forensics* **9**(1): 1 − 5.

Prince, R.C., and Walters, C.C. 2007. Biodegradation of Oil Hydrocarbons and Its Implications for Source Identification. In: *Oil Spill Environmental Forensics. Fingerprinting and Source Identification*. Edited by Z. Wang and S.A. Stout. Elsevier, Academic Press, Burlington, MA, 362.

Rademacher, L. K., Clark, J. F., Hudson, G. B., Erman, D. C., and Erman, N. A. 2001. Chemical Evolution of Shallow Groundwater as Recorded by Springs, Sagehen Basin, Nevada County, CA. *Chem. Geol.* **179**: 37 − 51.

Ram, N.M., Wiest, M.A., and Davis, C.P. 2005. Cleanup Costs at Waste Sites. *Environ. Sci. Technol.* **39**(6): 129A-135A.

Robbins, J.A. 1978. Geochemical and geophysical applications of radioactive lead isotopes. In: *Biogeochemistry of Lead*, Edited by J.P. Nriago. North Holland, Amsterdam, 285 − 393.

Robson, M., and Harrad, S. 2004. Chiral PCB Signatures in Air and Soil: Implications for Atmospheric Source Apportionment. *Environ. Sci. Technol.* **38**: 1662 − 1666.

Rockmann, T., Kaiser, J., and Brenninkmeijer, C.A.M. 2003. The Isotopic Fingerprint of the Pre-industrial and the Anthropogenic N_2O Source. *Atmos. Chem. Phys.* **3**: 315 − 323.

Rong, Y. (Editor). 2011. *Practical Environmental Statistics and Data Analysis*. ILM, St.

Albans, UK.

Sacks, G. L., and Brenna, J. T. 2003. High-Precision Position-Specific Isotope Analysis of $^{13}C/^{12}C$ in Leucine and Methionine Analogues. *Anal. Chem.* **75**(20): 5495 – 5503.

Saha, M., Takada, H., and Bhattacharya, B. 2012. Establishing Criteria of Relative Abundance of Alkyl PAHs for Differentiation of Pyrogenic and Petrogenic PAHs: An Application to Indian Sediment. *Environ. Forensics* **13**(4): 312 – 331.

Sanders, N.L., Kothari, S., Huang, G., Salazar, G., and Cooks, R.G. 2010. Detection of Explosives as Negative Ions Directly from Surfaces Using a Miniature Mass Spectrometer. *Anal. Chem.* **82**: 5313 – 5316.

Schlosser, P., Stute, M., Dorr, H., Sonntag, C., and Munnich, K.O. 1988. Tritium/^{3}He Dating of Shallow Groundwater. *Earth Planetary Sci. Lett.* **89**: 353 – 362.

Schlosser, P., Stute, M., Sonntag, C., and Munnich, K.O. 1989. Tritiogenic ^{3}He in Shallow Groundwater. *Earth Planetary Sci. Lett.* **94**: 245 – 256.

Schmidt, G.W., Beckmann, D.D., and Torkelson, B.E. 2002. A Technique for Estimating the Age of Regular/Mid-grade Gasolines Released to the Subsurface since the Early 1970s. *Environ. Forensics* **3**: 145 – 162.

Scott, T.M., Caren, J., Nelson, G.R., Jenkins, T.M., and Lukasik, J. 2004. Tracking Sources of Fecal Pollution in a South Carolina Watershed by Ribotyping *Escherichia coli*: A Case Study. *Environ. Forensics* **5**: 15 – 19.

Scott, T.M., Parveen, S., Portier, K.M., Rose, J.B., Tamplin, M.L., Farrah, S.R., Koo, A., and Lukasik, J. 2003. Geographical Variation in Ribotype Profiles of *Escherichia coli* Isolates from Humans, Swine, Poultry, Beef, and Dairy Cattle in Florida. *Appl. Environ. Microbiol.* **February**: 1089 – 1092.

Shianna, K., Rytter, R., and Spanier J. 1998. Randomly Amplified Polymorphic DNA PCR Analysis of Bovine *Criptosporidium parvum* Strains Isolated from the Watershed of the Red River of the North. *Appl. Environ. Microbiol.* **64**(6): 2262 – 2265.

Shields, W.J., Tondeur, Y., Benton, L., and Edwards, M.R. 2006. Dioxins and Furans. In: *Environmental Forensics: Contaminant Specific Guide*. Edited by R.D. Morrison and B.L. Murphy. Elsevier Academic Press, Burlington, MA, 293 – 312.

Shin, W.-J., Lee, S.-W., Heo, S.-Y., and Lee, K.-S. 2013. Stable Isotopic Fingerprinting for Identification of Methyl Tert-Butyl Ether (MTBE) Manufacturer. *Environ. Forensics* **14**(1): 36 – 41.

Shouakar-Stash, O., Frape, S.K., and Drimmie, R.J. 2003. Stable Hydrogen, Carbon and Chlorine Isotope Measurements of Selected Chlorinated Organic Solvents. *J. Contaminant Hydrol.* **60**: 211 – 228.

Sikorski, J., and Bluszcz, A. 2003. Testing Applicability of ^{210}Pb Method to Date Sediments of

Human-Made Lake Kozlowa Gora. *Geochronometria* **22**: 63 – 66.

Silva, S.R., Ging, P.B., Lee, R.W., Ebbert, J.C., Tesoriero, A.J., and Inkpen, E.L. 2002. Forensic Applications of Nitrogen and Oxygen Isotopes in Tracing Nitrate Sources in Urban Environments. *Environ. Forensics* **3**: 125 – 130.

Smith, K.T., Balouet, J.C., and Oudijk, G. 2008. Elemental Line Scanning of an Increment Core Using EDXRF: From Fundamental Research to Environmental Forensics Applications. *Dendrochronologia* **26**: 157 – 163.

Smith, S.W. 2009. Review Chiral Toxicology: It's the Same Thing ... Only Different. *Toxicol. Sci.* **110**(1): 4 – 30.

Solomon, D. K., Cook, P. G., and Sanford, W. E. 1998. Dissolved Gases in Subsurface Hydrogeology. In: *Isotope Tracers in Catchment Hydrology*. Edited by C. Kendall and J.J. McDonnell. Elsevier, Amsterdam, 291 – 318.

Sorek, A., Atzmon, N., Dahan, O., Gerstl, Z., Kushisin, L., Laor, Y., Mingelgrin, U., Nasser, A., Ronen, D., Tsechansky, L., Weisbrod, N., and Graber, E. R. 2008. "Phytoscreening": The Use of Trees for Discovering Subsurface Contamination by VOCs. *Environ. Sci. Technol.* **42**: 536 – 542.

Stout, S. A., Uhler, A. D., and McCarthy, K. J. 2001. A Strategy and Methodology for Defensibly Correlating Spilled Oil to Source Candidates. *Environ. Forensics* **2**: 87 – 98.

Stout, S. A., Uhler, A. D., McCarthy, K. J., and Emsbo-Mattingly, S. 2002. Chemical Fingerprinting of Hydrocarbons. In: *Introduction to Environmental Forensics*. Edited by B.L. Murphy and R.D. Morrison. Elsevier Academic Press, Burlington, MA, 137 – 260.

Stout, S.A., and Wang, Z. 2007. Chemical Fingerprinting of Spilled or Discharged Petroleum— Methods and Factors Affecting Petroleum Fingerprints in the Environment. In: *Oil Spill Environmental Forensics. Fingerprinting and Source Identification*. Edited by Z. Wang and S. A. Stout. Elsevier Academic Press, Burlington, MA, 1 – 54.

Stout, S.A., and Wang, Z. 2008. Diagnostic Compounds for Fingerprinting Petroleum in the Environment. In: *Environmental Forensics*. Edited by R.E. Hester and R.M. Harrison. RSC, Cambridge, UK, 54 – 104.

Sturchio, N.C., Caffee, M., Beloso, A.D., Heraty, L.J., Bohlke, J.K., Hatzinger, P.B., Jackson, W.A., Gu, B., Heikoop, J.M., and Dale, M. 2009. Chlorine-36 as a Tracer of Perchlorate Origin. *Environ. Sci. Technol.* **43**: 6934 – 6938.

Sturchio, N.C., Clausen, J.L., Heraty, L.J., Huang, L., Holt, B.D., and Abrajano, T.A., Jr. 1998. Chlorine Isotope Investigation of Natural Attenuation of Trichloroethene in an Aerobic Aquifer. *Environ. Sci. Technol.* **32**(20): 3037 – 3042.

Sueker, J. K. 2001. Isotope Applications in Environmental Investigations: Theory and Use in Chlorinated Solvent and Petroleum Hydrocarbon Studies. *Remediation J.* **12**: 5 – 24.

Sueker, J. K. 2003. Isotope Applications in Environmental Investigations Part II: Groundwater Age Dating and Recharge Processes, and Provenance of Sulfur and Methane. *Remediation J.* **13**: 71 – 90.

Sueker, J. K., Ruby, M. V., Locke, W. W., and Martin, T. A. 2001. Determination of Sulfate Sources in a Groundwater Plume at a Pesticide Formulation Facility Using Stable Sulfur Isotopes. In: *Fourth International Symposium of Applied Isotope Geochemistry*, Pacific Grove, CA, U. S. Geological Survey and International Association of Geochemistry and Cosmochemistry, 179 – 181.

Sullivan, P. J., Agardy, F. J., and Traub, R. K. (Editors). 2001. *Practical Environmental Forensics—Process and Case Studies.* Wiley, New York.

Symphony IRI Group. 2011. InfoScan: Market Profile—Roanoke. http://www.infores.com/public/mrp/roanoke.htm.

Szabo, Z., Rice, D. E., Plummer, L. N., Busenberg, E., Drenkard, S., and Schlosser, P. 1996. Age-Dating of Shallow Groundwater with Chlorofluorocarbons, Tritium/Helium 3 and Flow Path Analysis, Southern New Jersey Coastal Plain. *Water Resources Res.* **32**(4): 1023 – 1038.

Thornton, I., and Culbard, E. 1986. *Lead in the Home Environment.* Science Reviews, Northwood, UK.

U.S. Department of Agriculture (USDA) Agriculture Research Service. 2004. Phytoremediation: Using Plants to Clean Up Soils. http://www.ars.usda.gov/is/ar/archive/jun00/soil0600.htm.

U.S. Geological Survey (USGS). 2004. *Preliminary Assessment of Using Tree-Tissue Analysis and Passive Diffusion Samplers to Evaluate Trichloroethene Contamination of Groundwater at Site SS-34N, McChord Air Force Base, Washington, 2001.* Water-Resources Investigations Report 02-4274. http://pubs.usgs.gov/wri/wri024274/pdf/wri024274.pdf.

U.S. Geological Survey (USGS). 2012. *Biomarker Chemistry and Flux Quantification Methods for Natural Petroleum Seeps and Produced Oils, Offshore Southern California.* Scientific Investigations Report 2011-5210. Bureau of Ocean Energy Management OCS Study BOEM 2011-016, Bureau of Ocean Energy Management, Washington, DC.

Usenko, S., Massey Simonich, S., Hageman, K. J., Schrlau, J. E., Geiser, L., Campbell, D. H., Appleby, P. G., and Landers, D. H. 2010. Sources and Deposition of Polycyclic Aromatic Hydrocarbons to Western U.S. National Parks. *Environ. Sci. Technol.* **44**: 4512 – 4518.

van Warmerdam, E. M., Frape, S. K., Aravena, R., Drimmie, R. J., Flatt, H., and Cherry, J. A. 1995. Stable Chlorine and Carbon Isotope Measurements of Selected Chlorinated Organic Solvents. *Appl. Geochem.* **10**: 547 – 552.

Varga, Z., Wallenius, M., Mayer, K., Keegan, E., and Millet, S. 2009. Application of Lead and Strontium Isotope Ratio Measurements for the Origin Assessment of Uranium Ore Concentrates. *Anal. Chem.* **81**: 8327 − 8334.

Wade, J.M. 2001. Age-Dating Diesel Fuel Spills: Using the European Empirical Time-Based Model in the U.S.A. *Environ. Forensics* **2**: 347 − 358.

Wagner, J. 2002. Screening Methods for Detection of Unknown Point Mutations. http://www-users. med. cornell. edu/~ jawagne/screening _ for _ mutations. html # Single-Strand. Conformational.Polymorphism.

Wang, Y. 2012. Gasoline Leakage Forensics Using Compound-Specific Hydrogen Isotope Analysis—A Case Study. In: *Environmental Forensics Proceedings of the 2011 INEF Conference*. Edited by R.D. Morrison and G. O'Sullivan. RSC, Cambridge, UK, 153 − 163.

Wang, Y., Jeffrey, A., and Smith, G. 2010. Forensic Application of Environmental Isotopes in Chlorinated Solvent investigations. In: *Environmental Forensics Proceedings of the 2009 INEF Annual Conference*. Edited by R.D. Morrison and G. O'Sullivan. RSC, Cambridge, UK, 38 − 50.

Wang, Z., Fingas, M., Blenkinsopp, S., Sergy, G., Landriault, M., Sigouin, L., Foght, J., Semple, K., and Westlake, D.W.S. 1998. Comparison of Oil Composition Changes due to Biodegradation and Physical Weathering in Different Oils. *J. Chromatogr. A* **809**: 89 − 107.

Wang, Z., Fingas, M., Owens, E.H., Sigouin, L., and Brown, C.E. 2001. Long-Term Fate and Persistence of the Spilled Metula Oil in a Marine Salt Marsh Environment. Degradation of Petroleum Biomarkers. *J. Chromatogr. A* **926**: 275 − 290.

Wang, Z., Fingas, M., Yang, C., and Christensen, J.H. 2005. Crude Oil and Refined Product Fingerprinting: Principles. In: *Environmental Forensics—Contaminant Specific Guide*. Edited by R.D. Morrison and B. Murphy. Elsevier, New York, 340 − 407.

Wang, Z., Fingas, M., Yang, C., and Christensen, J.H. 2006a. Crude Oil and Refined Product Fingerprinting: Principles. In: *Environmental Forensics. Contaminant Specific Guide*. Edited by R.D. Morrison and B. Murphy. Elsevier, New York, 340 − 407.

Wang, Z., Stout, S., and Fingas, M. 2006b. Forensic Fingerprinting of Biomarkers for Oil Spill Characterization and Source Identification. *Environ. Forensics* **7**: 105 − 146.

Wang, Z., and Stout, S. (Editors). 2007. *Oil Spill Environmental Forensics—Fingerprinting and Source Identification*. Elsevier Academic Press, Amsterdam.

Wolyniak, C.J., Sacks, G.L., Pan, B.S., and Brenna, J.T. 2005. Carbon Position-Specific Isotope Analysis of Alanine and Phenylalanine Analogues Exhibiting Nonideal Pyrolytic Fragmentation. *Anal. Chem.* **77**(6): 1746 − 1752.

Wong, C.S., and Garrison, A.W. 2000. Enantiomer Separation of Polychlorinated Biphenyl Atropisomers and Polychlorinated Biphenyl Retention Behavior on Modified Cyclodextrin

Capillary Gas Chromatography Columns. *J. Chromatogr.* **866**: 213 – 220.

Wong, C.S., Garrison, A.W., and Foreman, W.T. 2001. Enantiomeric Composition of Chiral Polychlorinated Biphenyl Atropisomers in Aquatic Bed Sediment. *Environ. Sci. Technol.* **35**: 33 – 39.

Wuerfel, O., Greule, M., Keppler, F., Jochmann, M., and Schmidt, T. 2013. Position-Specific Isotope Analysis of the Methyl Group Carbon in Methylcobalamin for the Investigation of Biomethylation Processes. *Anal. Bioanal. Chem.* **405**(9): 2833.

Yang, C., Wang, Z.D., Hollebone, B., Brown, C.E., Landriault, M., Fieldhouse, B., and Yang, Z.I. 2012. Application of Light Petroleum Biomarkers for Forensic Characterization and Source Identification of Spilled Light Refined Oils. *Environ. Forensics* **13**(4): 298 – 311.

Yang, Y.J., Spencer, R.D., Mersmann, M.A., and Gates T.M. 1995. Ground-Water Contaminant Plume Differentiation and Source Determination Using BTEX Concentration Ratios. *Ground-Water* **33**(6): 927 – 935.

Yanosky, T.M., and Kappel, W.M. 1998. Tree Rings Record 100 Years of Hydrologic Change within a Wetland. http://ny.water.usgs.gov/pubs/fs/fs05797/html2/FS057-97.html.

Zemo, D.A. 2009. Use of Parent Polycyclic Aromatic Hydrocarbon (PAH) Proportions to Attribute PAH Sources in Sediments: A Case Study from the Pacific Northwest. *Environ. Forensics* **10**(3): 229 – 239.

Zhang, R.-R., Zhan, C.-S., He, Z.-P., and Song, X.-M. 2012. Review of Environmental Multimedia Models. *Environ. Forensics* **13**(3): 216 – 224.

国际单位制和美国
计量单位转换表

量的名称	国际单位制	美国计量单位
长度	1 meter（m）= 0.001 kilometers（km）	3.280 8 feet（ft）= 1.093 6 yards（yd）
	1 centimeter（cm）= 0.001 meters（m）= 10 millimeters（mm）	0.032 8 feet（ft）= 0.39 inches（in.）
	1 kilometers（km）= 1 000 meters（m）	0.621 miles（mi）
	1 000 millimeters（mm）= 100 centimeters（cm）	39.37 inches（in.）= 0.000 62 miles（mi.）
重量	1 metric tonne（t）= 1 000 kilograms（kg）	2 204.6 pounds（lb）= 35 274 ounces（oz）
	1 metric tonne（t）	1.102 ton（t）
	1 gram（g）= 0.001 kilogram（kg）	0.035 3 ounces（oz）
体积	1 liter（L）= 1 cubic decimeter（dm^3）= 1 000 milliliters（mL）	33.814 ounces（oz）= 2.113 pints = 4.226 cups = 0.264 gallons（gal）
	1 cubic meter（m^3）= 1 000 cubic decimeters（dm^3）	1.308 cubic yard（yd^3）
面积	1 square centimeter（cm^2）= 100 square millimeters（mm^2）	0.155 0 square inches（in^2）
	1 square meter（m^2）= 10 000 square centimeter（cm^2）	1.196 square yard（yd^2）
	1 hectare（ha）= 10 000 square meters（m^2）	2.471 acres
	1 square kilometer（km^2）= 100 hectare（ha）	0.386 square mile（mi^2）
温度	1℃（Celsius）	33.8℉（Fahrenheit）
压强	1 bar = 1.019 7 kilograms/centimeter（kg/cm）	14.500 pounds per square inch（psi）